贵州轮胎股份有限公司前称贵州轮胎厂，始建于1958年，1996年改制为上市公司。是全国轮胎和工程机械轮胎配套、出口基地，主要生产“前进”、“大力士”等品牌汽车斜交轮胎、全钢载重子午线轮胎、工程机械轮胎、农业机械轮胎、林业机械轮胎、工业车辆轮胎、矿用轮胎和实心轮胎，规格品种多达2000多个，是国内规格品种较为齐全的轮胎制造企业之一。

贵州轮胎股份有限公司拥有雄厚的技术力量，建有国家级企业技术中心和博士后科研工作站，长期从美国、日本、韩国、澳大利亚等国家聘请资深技术专家进行现场指导和产品研发。产品通过了ISO9001质量体系认证、ISO/TS16949质量体系认证、国家强制性（3C）认证、美国交通部DOT安全标志认证、欧共体E-mark产品认证和军工产品质量体系认证等。

贵州轮胎股份有限公司建立了完善的国内市场网络体系，产品除畅销国内市场外，还出口到美国、英国、意大利、南非等70多个国家和地区，年出口量占总销量的25%以上。

GL贵州轮胎

引领无限动力

实力之道　厚积薄发

巅峰之道　高瞻远瞩

贵州轮胎股份有限公司高性能子午线轮胎生产线异地（扎佐）技术改造项目简介

2011年2月，贵州轮胎股份有限公司在贵阳市修文县扎佐镇丁官村举行了总投资71亿元的年产1280万条高性能子午轮胎异地技改项目奠基仪式。

贵州轮胎股份有限公司高性能子午线轮胎生产线异地（扎佐）技术改造项目一期——年产26万条全钢工程子午胎技术改造项目，截止到2013年底，设备基本安装调试完毕，已进入试生产阶段。

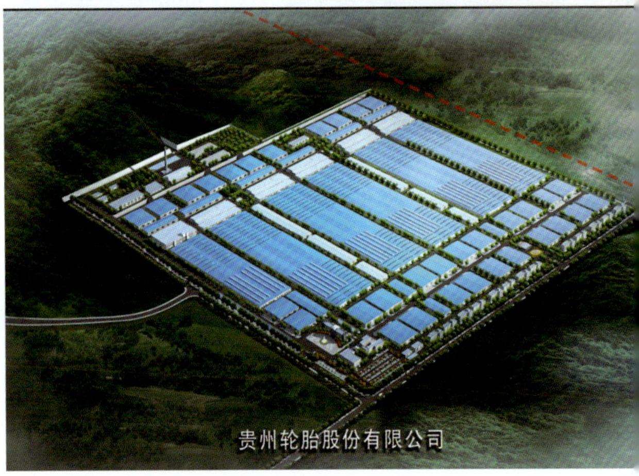

中国越野拉力赛
CHINA GRAND RALLY
AEOLUS
风神轮胎
绿色风神，全球共享
中国越野拉力赛官方指定专业轮胎
AEOLUS
欧盟先进环保标准，畅销国际
中国环保轮胎销量领先
专业越野订制高性能花纹
超长耐用无惧拉力赛挑战
高科技复合材料坚固可靠
国际汽联
CCTV5
中视体育
CCTV
FASC
ChinaEquity
信中利
Profit From Trust
河南省焦作市焦东南路48号　销售热线：0391-3999096
服务热线：400-6592669　网址：http://www.aeolustyre.com

海疆

环保橡胶油

Intertek

Expiration date: December 31, 2011
Reference No. ITSSHCL-0068

REACH Registration Certificate

In compliance with Regulation (EC) 1907/2006 of the European Parliament and of the Council of 18th December 2006 concerning the Registration, Evaluation, Authorisation and Restriction of Chemicals (REACH), the non-EU Manufacturer, as printed below, has appointed **REACH Only Representative Services GmbH, D-52072 Aachen, Paul-Gerhardt-Str.1**, to act as its Only Representative (OR) according to Article 8 of REACH regulation and completed the REACH registration process for the following substances.

Non-EU Manufacturer: **China Offshore Oil & Gas Development & Utilization Co.**
Principal place of business: **Room 507,CNOOC Kaikang Plaza NO.15 3 Block, Anzhen West Chaoyang District Beijing 100029, P.R.China**

Substance Name	EC No.	CAS No.
Distillates (petroleum), solvent-refined heavy naphthenic	265-097-6	64741-96-4

This Certificate represents that, based on all available information known to **Intertek Testing Services Ltd., Shanghai** who acts on behalf of the OR at this date, all duties under the REACH regulation regarding the registration according to Article 5, Article 6 and Article 7 of the regulation with respect to the above identified substance have been fulfilled.

Only Representative Details
OR Name: REACH ONLY REPRESENTATIVE SERVICES GmbH
Contact Person: Wilhelm Pfleger
Telephone No.: +49 711 27311-170
Email: Wilhem.Pfleger@intertek.com

Confirmed by signature, December 20, 2010

Xin Zhang, on behalf of Intertek Testing Services Ltd., Shanghai

“海疆”环保橡胶油是中海油气开发利用公司在“十一五”期间利用中海油环烷基重质原油的特性，采用抢先战略，以中海沥青股份有限公司为研发生产基地自主开发的润滑油产品。自2009年投放市场以来，一直秉承“绿色、环保”的发展理念，产品指标通过了BIU（德国生物致癌物研究院）、SGS（瑞士通标标准技术服务有限公司）和TÜV（德国技术监督协会）三家国际权威机构认证，于2010年12月13日通过欧盟REACH注册、2012年通过美国法规认证，并且产品的应用性能得到了北京橡胶工业研究设计院的认可。

通过市场开发和推广应用，产品被广泛应用于轮胎、合成橡胶领域，得到了国际知名轮胎及合成橡胶企业认可，与南通申华、倍耐力、固铂、横滨、东洋、万力轮胎等众多国际知名公司建立了良好的合作关系，产品销售区域覆盖广东、江苏、山东等10多个区域，并先后出口韩国、日本等国家。产品自投放市场以来，累计销售量近7万t，占据国内环保橡胶油市场较大份额，正努力发展成为国内环保橡胶油知名民族品牌！

中海油气开发利用公司
地址：北京市朝阳区安贞西里3区15号楼凯康海油大厦
邮编：100029 电话：86-10-84521868 传真：86-10-84521116

校企合作单位
青岛科技大学就业见习基地
产学研基地
宏宇慈善基金
HUGER CHARITABLE FUND
关爱社会
共襄善举
山东宏宇橡胶有限公司
SHANDONG HUGERUBBER CO.,LTD.
地址：山东省东营市西水工业园
网址：www.hugerubber.com

陕西延长石油西北橡胶有限责任公司

SHAANXI YANCHANG PETROLEUM NORTHWEST RUBBER LLC

公司董事长：黄建华

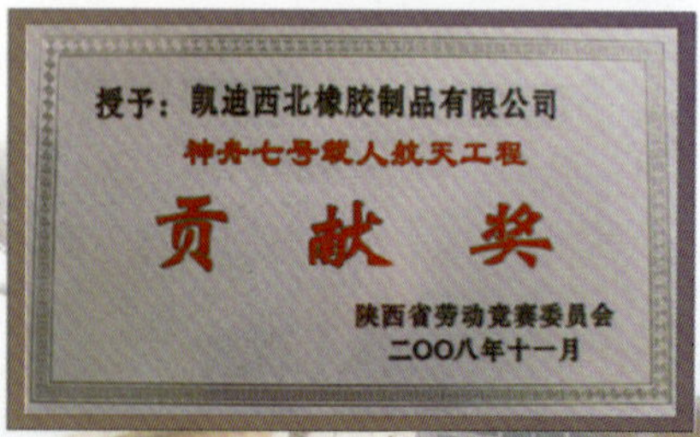

陕西延长石油西北橡胶有限责任公司是由原凯迪西北橡胶有限公司、陕西延长石油集团橡胶有限公司、延长橡胶（泰国）有限公司整合重组而成立的国有独立法人公司，隶属于陕西延长石油（集团）有限责任公司，于2012年12月注册成立，注册资本10亿元，是一家集天然胶种植与加工、子午线轮胎、橡胶制品制造销售研发于一体的大型橡胶企业。公司前身西北橡胶总厂，创建于1959年，是为西北地区军工配套的大型综合橡胶企业，是国内军工橡胶制品的"摇篮"，曾为我国的"两弹一星"、海上舰船艇以及"中国飞豹"、"神舟"系列飞船等国家重大建设项目提供科研成果和配套产品。

公司下设陕西延长石油集团橡胶有限公司、西北橡胶制品分公司、西北橡胶胶管分公司、延长橡胶（泰国）有限公司等4个实体单位，12个职能管理部门，总人数2800多人，其中具有高、中级专业职称285人，总占地面积3650亩，主要产品有子午线轮胎、胶管、胶布制品、橡胶制品、板材、密封件、天然胶等七大系列，主要有全钢子午线轮胎、半钢子午线轮胎、工业钢丝管、中低压胶管、飞机软油箱、空投油罐、隔膜、飞机坐舱气密带、特种胶布、特种胶板、软体贮运容器、聚氨酯制品、橡胶零件、胶粘剂、军工混炼胶等上百个品种、千余种规格，主要应用于汽车、煤炭、工程机械、石油、化工、冶金、航空航天、国防军工、橡胶加工等行业。建立了覆盖全国的经营销售网络，打开了北美、欧盟、中东、澳大利亚、北非等国际市场。

做领域精品　创延长特色

公司具有先进的生产技术和检测手段，拥有数百台套从国外引进的生产设备和检测设备，技术中心为“省级科研技术中心”。陕西省橡胶制品工程技术中心和陕西省橡胶产品质量监督检验站设在我公司。公司通过了ISO9001：2008质量体系认证，拥有进出口经营权。公司检测中心被中国石油和化学工业联合会认证为A级质量检验机构。

公司被评为陕西省“先进集体”，“国防科技工业协作配套先进单位”，荣获国家科学技术进步特等奖。公司领导班子获得国有企业“好班子”、“四好”领导班子等荣誉称号。

未来，我们将坚持“团结兴企、自救自强、诚信用户、追求卓越”的企业精神，将发展定位于全球市场，走国际化发展之路，做产业的组织者，产品的带动者，打造国内领先、世界先进的现代化橡胶产业基地。

子午线轮胎

泰国天然胶生产场景

高、中、低压胶管系列

橡胶制品系列

地址：陕西省咸阳市西华路1号
电话：029－33622691
　　　　33623827
传真：029－33623927
网址：http://kdxx.sxycpc.com

地址：陕西省咸阳市秦都区沣河新区
电话：029－38001998
传真：029－38001949
网址：http://ycrubber.com

Continental
The Future in Motion
8
同样座驾 别样感受
CFA
中国足协中国之队官方合作伙伴

科泰安®
COTAN

企业介绍

浙江科泰安轮胎有限公司成立于2002年，公司是一家专业研发、生产、销售特种安全轮胎的国家火炬计划重点高新技术企业。公司与国内多家知名院所合作，成立了高新技术企业省技术研究开发中心，并成功开发了数代领先水平的特种安全轮胎产品和与之配套的自动化生产线，填补了数十项国内及国际上在该技术领域的技术空白。

公司自成立以来，一直深受上级领导和各级政府部门的关注与支持，2010年被认定为国家高新技术企业，2011年公司主要产品“防扎（防弹）、防漏气安全轮胎”被认定为国家重点新产品。2012年又被认定为国家火炬计划重点高新技术企业。2013年承担“浙江省重大科技专项”重大项目。经过十多年发展，公司已成为国内特种安全轮胎行业的领先企业，销售网络已遍布全国各省、市、自治区。

公司通过不断引进和培养高技术人才，实现安全轮胎核心技术的突破与超越；不断创新和开发先进技术和设备，确保安全轮胎品质的稳定与提升；不断借鉴和融合国内外先进的管理理念，完善市场供应和管理；不断完善和丰富企业文化，提升科泰安人的追求和品味。科泰安人兢兢业业，追求完美品质，切实履行“科泰安，让轮胎更安全”的品牌承诺。

企业荣誉

2010年，被认定为国家高新技术企业

2010年，与国内著名高校联合组建研发团队，并设立省研发中心，掌握轮胎安全的前沿技术

2011年，主要产品被认定为国家重点新产品

2012年，获得ISO/TS16949国际质量管理体系认证

2012年，被认定为“国家火炬计划重点高新技术企业”

2012年，与国际轮胎行业知名企业形成战略合作伙伴关系

2013年，承担“浙江省重大科技专项”重大项目

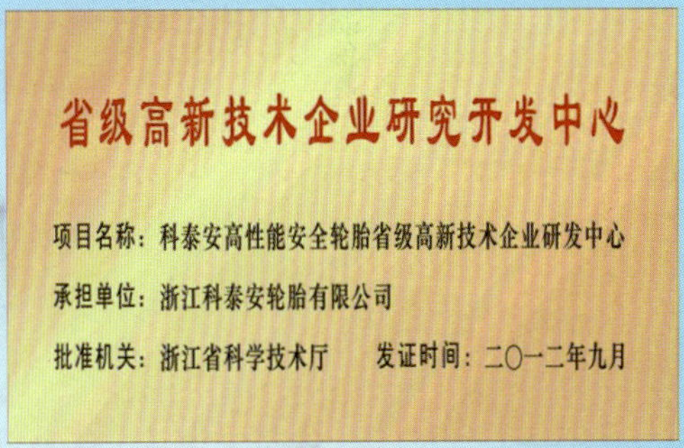

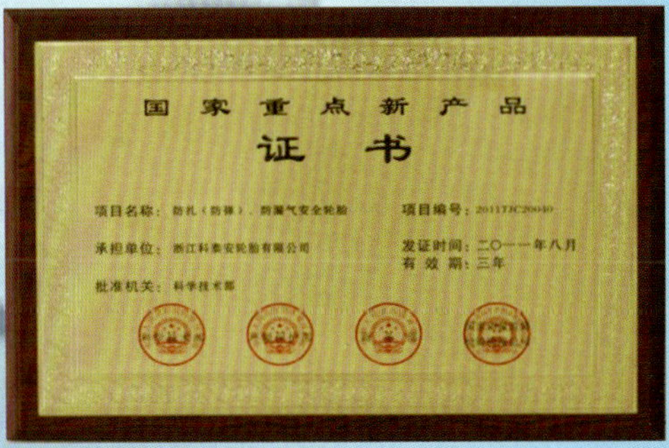

地　　址：浙江省武义县开发大道68号

客服热线：400-108-1818

官方网站：www.chinacotan.com

浙江科泰安轮胎有限公司

YUAN XING
远星轮胎
YUANXING TIRES
CORDIAL
地址：四川省成都市大邑县王泗经济开发区
ADD：Wangsi Economic Development Zone
of Dayi County,Chengdu.
电话TEL：028-88348111
传真FAX：028-88348222
网址Website：www.cn-yuanxing.com.cn
邮箱E-mail：yuanxing@cn-yuanxing.com.cn

四川远星橡胶有限责任公司成立于1996年，位于素有“西蜀望县”之称的成都大邑，紧邻国家级风景名胜区——西岭雪山。占地面积40余万㎡，不仅摩托车轮胎生产规模居国内前列，而且也是目前少有与豪爵、本田、雅马哈同时配套的内资摩托车轮胎企业，同时也是高新技术企业，其主要产品包括摩托车轮胎、电动车轮胎、ATV轮胎和高档仿革橡胶鞋底。

公司先后通过了ISO9001：2008质量管理体系认证、3C强制认证、美国交通部（DOT）认证、欧盟E4-mark认证、巴西INMETRO认证。先后申请了多项知识产权，其中摩托车轮胎知识产权73项。“远星”商标有三种不同定位品牌轮胎：高档轮胎（诚远 CORDIAL ）、中高档轮胎（吉斯通 KINGSTONG）、中档轮胎(金雨、YUANXING)，能够满足不同客户的差异化需求。

摩托车轮胎主要配套厂家有：豪爵、本田、雅马哈、钱江、大阳、力帆、隆鑫、徐州宗申等；电动车轮胎主要配套厂家有：爱玛、新日、雅迪、比德文、立马、绿驹、金彭、淮海等。公司于2012年成立了轮胎技术服务中心，主要负责产品的售后服务工作，消除了顾客的后顾之忧。

公司一直秉承“诚信为本、行稳致远”的经营理念，努力为客户提供性价比更优的产品。

胎面[illegible]

硫化生产车间

成型生产车间

Hongte
开启环保炭黑新时
Start A New Age of Green Carb
——Hongte Chemi
N115炭黑
N219炭黑
N220炭黑
N234炭黑
N326炭黑
N330炭黑
N375炭黑
N550炭黑
N660炭黑
HT6840炭黑

高新技术企业
National high-tech enterprise
宏特化工
n Black
l Industry

橡胶用炭黑商标品牌：
飞虎牌 安稳牌 珠源牌
快速响应满足客戶需求
打造云维飞虎服务品牌
云南云维飞虎化工有限公司
地址：云南省曲靖市沾益县花山工业园区
电话：0874-3061098 传真：0874-3061028 售后服务电话：15752158617
江西云维飞虎化工有限公司
地址：江西萍乡经济技术开发区工业园西区
电话：0799-2191986 传真：0799-2191987

业务板块（Business section）

- 橡胶机械研发
- 智能化物流系统
- 工程承包/项目管理
- 工程设计/咨询
- 工程监理
- 节能减排工程
  - ※ 硫化高效蒸汽节能系统
  - ※ 污水资源化
  - ※ 橡胶生产废气治理
  - ※ 海水淡化工程
  - ※ ……

为了创造低碳、清洁的环境和企业可持续发展
CGEC的工程师正在以下方向不断探索
节能工程、污水资源化、烟气治理、海水淡化……

CGEC将秉承科技创新的理念
致力于为您打造节能环保、信息化、自动化、
经济可靠的新型工厂

产品展示（Product Exhibition）

二/三/四复合挤出机
Duplex, triplex, and quadruplex extruders

二/三/四复合挤出生产线
Duplex, triplex, and quadruplex extrusion lines

双螺杆挤出压片机
Twin-screw sheeter

宽幅胶片挤出生产线
Wide rubber sheet extrusion line

单辊筒机头挤出机
Single roller head extruder

轮胎内衬层/薄胶片挤出压延生产线
Tire inner liner/thin extruding&calendering line

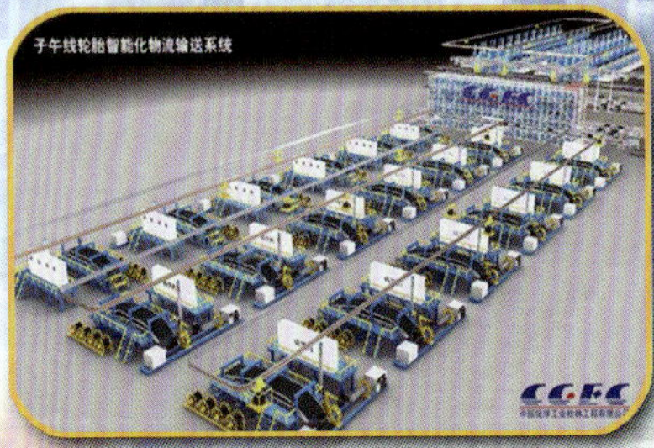

智能化物流系统
Intelligent logistics system

地址：广西桂林市七星路77号　邮编：541004
电话：0773-5833045/5833829　传真：0773-5833195
E-mail: cgec@vip.163.com　网址：www.cgec.com.cn

中国橡胶工业协会会员展示专版

WUXI DOUBLE ELEPHANT RUBBER & PLASTICS MACHINERY Co., Ltd.

直线：0510-88996860

压延机

橡胶破胶机精炼机系列

鼓式硫化机

胶片冷却机

PVC地板革压延生产线

常温自动化废旧轮胎处理成套生产线

PVC人造革生产线

X(S)M系列密闭式炼胶（塑）机

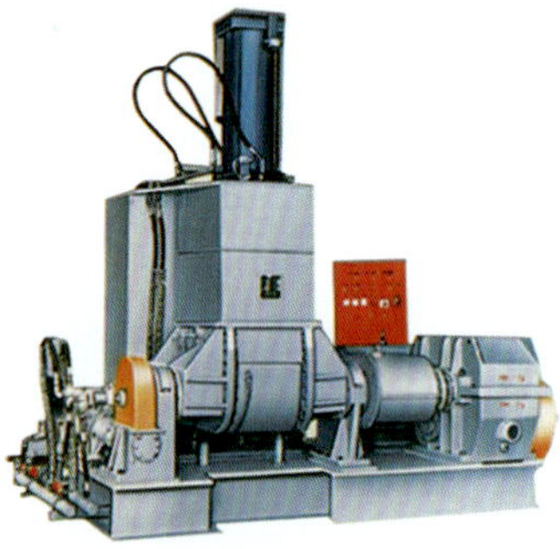

X(S)N系列加压式捏炼机

公司主要产品为钢丝绳、尼龙、聚酯等材料为骨架的高强力、节能型、环保型、安全型输送带和高强力PVC、PVG整芯阻燃输送带。其中钢丝绳带年生产能力为400万平方米，分层输送带年生产能力600万平方米,PVG、PVC输送带年生产能力为100万平方米。年产值可达10亿元。

公司以雄厚的技术力量，先进的生产设备，严格的质量管理，精良的科技队伍，高质量的产品，合理的价格和完善的售后服务，赢得了客商的一致赞誉。产品质量已达到国内同行业先进水平，受到众多客户的青睐和支持。产品在中国平煤神马集团公司内部被广泛使用在井下采煤运输、洗煤厂煤料运输、电石渣运输等领域。产品外销覆盖河南、山西、湖北、河北、天津等地区。公司产品可应用到矿山、港口、煤炭、冶金、电力、建材、化工、粮食等领域的物料输送；并可按用户要求制造特殊用途和特殊规格的产品。我们不仅为客户提供优质的输送带产品，也为客户提供永无止境的售后服务。

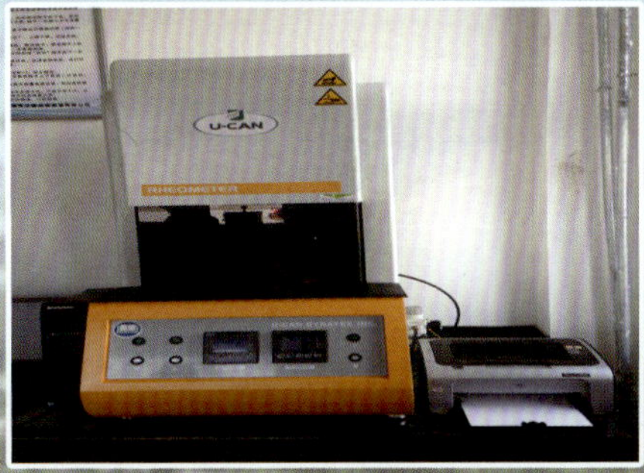

国家火炬计划重点高新技术企业
GUO JIA HUO JU JI HUA ZHONG DIAN GAO XIN JI SHU QI YE
达 中国胶管基地
兴 川环百年企业

主导产品

汽车、摩托车、高铁、船舶和石化等领域用各类软管及总成。公司专业研发、生产和销售各类车用软管及总成，主要产品包括：燃油管、冷却水管、制动软管、空调管、涡轮增压管等。

1. 燃油系统胶管及总成

燃油胶管在汽车燃料系统发动机、油箱、高压油泵与电控喷油器之间起着连接作用，输送燃料、油气及传递动力，工作温度 -40℃～125℃。

2. 冷却系统胶管及总成

冷却系统胶管主要包括：散热器管、暖风管、进出水管等。冷却水胶管连接发动机冷却系统各个部位，传输介质（冷却液、水或空气），工作温度 -40℃～160℃。空调胶管输送 R-134a 制冷剂介质，用于连接汽车空调系统冷凝器、压缩机和蒸发器，工作温度 -40℃～120℃。

3. 制动系统胶管及总成

制动软管包括液压、气压和真空液压制动软管 3 类。用于传输或储存汽车制动器加力的液压、气压或真空的柔性软管。通过输送制动液或空气介质，传递压力以达到汽车制动（刹车）的目的。

4. 动力转向系统胶管及总成

动力转向胶管是连接转向泵、贮油罐、转向器等转向系统主要部件的软管，输送介质为动力转向液，工作温度 -40℃～135℃，包括高压、低压动力转向胶管，通过动力转向液传输压力，实现汽车自由转向，起着控制方向的作用。

5. 进出气系统胶管及总成

进出气系统胶管主要包括：空滤胶管、涡轮增压胶管、中冷器胶管和曲轴箱通风管等产品。主要用于汽车涡轮增压系统增压器出气管、中冷器进出气管及其他各种波纹软连接管路，传输高压油气至发动机；通风管将曲轴箱内废气引入进气系统；空滤管是连接空滤器和发动机或增压器的波纹软管，传输空气和减缓震动，避免在发动机的震动或汽车在行驶中的颠簸等情况造成进出气系统连接管路的破裂；能很好地吸收运转中所产生的震动，起到缓冲和减震作用。

6. 车身附件系统胶管及总成

车身附件系统胶管包括天窗排水管、车灯洗涤管、底盘滴水管等，输送介质为冷水、洗涤剂，工作温度一般为 -40℃～100℃。

7. 其他专用软管

还可生产广泛用于汽车、摩托车、高铁、船舶和石化等行业特殊性能胶管，适用不同介质和不同环境温度，可根据用户需要的形式、规格、环境、空间等进行专门设计制造。

8. 模压及注塑制品

按用户要求设计制造。

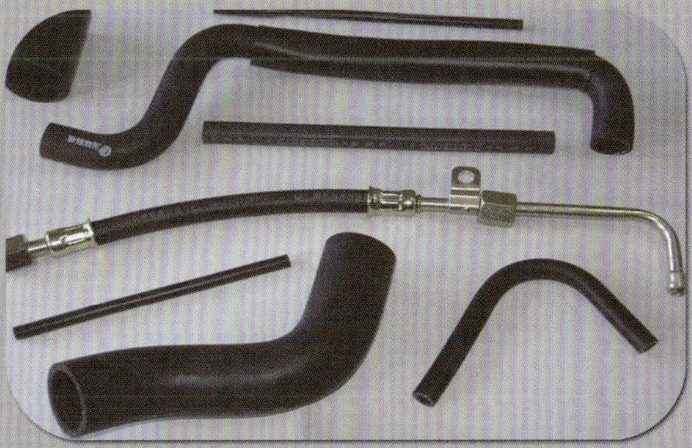

高深橡胶
Gaoshen Rubber

基本情况

云南高深橡胶有限公司（以下简称“高深橡胶”）成立于2006年12月11日，注册资本人民币3.206亿元，注册地在昆明嵩明杨林经济开发区内。高深橡胶的业务遍及全国和东南亚等10余个国家和地区，2013年营业收入超过100亿元，缴纳各项税收总计3亿元。

高深橡胶现已发展成为西南最大、国内较有影响力的橡胶种植、加工、贸易龙头企业。与此同时，高深橡胶获得了国家农业产业化重点龙头企业、高新技术企业，云南省战略新兴产业领军企业、云南省重点扶持的成长型中小企业，云南省重点上市培育企业等殊荣。

在天然橡胶加工业务方面，高深橡胶目前已经投资设立了6家加工厂，分别为海南高深（设计产能7万吨/年）、嵩明高深（设计产能5万吨/年）、德宏高深（设计产能5万吨/年）、版纳高深（设计产能3.5万吨/年）、耿马高深（设计产能3.5万吨/年）及老挝高深（设计产能1万吨/年）。

在天然橡胶种植业务方面，高深橡胶旗下子公司在缅甸万恒橡胶基地和老挝高深波里坎塞橡胶基地已经种植橡胶林达到15万亩，并准备在柬埔寨、越南等地继续追加投资，开展大面积橡胶种植计划。预计到2015年，高深橡胶的胶林开割率达到60%。

在天然橡胶贸易业务方面，高深橡胶不仅大大提高了云南胶农的经济收入、带动了当地经济的迅速发展，而且还在新家坡设立了贸易型的全资子公司，成为与世界进行橡胶贸易的纽带。

在生产技术及知识产权方面，高深橡胶拥有自己的企业技术中心，拥有一批专业的技术人才，目前拥有多项自主知识产权。目前，高深橡胶与北京化工大学在技术研究、产品开发、人才培养等方面开展全方位合作，在天然橡胶的干法、湿法改性方面做出了有益探索。

通过多年的实践和市场检验，“高深”橡胶品牌得到了诸如普利司通、住友轮胎、韩泰轮胎、正新橡胶、青岛双星等国内外知名轮胎企业的认可和好评，并建立了长期战略合作关系，在我国轮胎制造企业中及天然橡胶行业内具有很高的品牌信誉及知名度。

山东能源枣矿集团
SHANDONG ENERGY ZAOKUANG MINING GROUP CO.,LTD

山东八一轮胎制造有限公司

低温一次法炼胶技术

ARP自动生胶破碎系统

意大利钢丝压延生产线

液压氮气硫化机

山东八一轮胎制造有限公司成立于2005年9月，由枣矿集团、枣庄八一水煤浆热电公司、青岛赛轮股份公司共同建设。公司计划分三期工程建成年产360万套全钢载重子午胎的生产线，现一期、二期工程已经达产，具备了年产240万条全钢胎的生产能力。到2015年，公司三期工程全部建设完毕，年生产规模达到360万条。

目前，公司拥有“八亿、亿陆行、稳路德、平安路、安承”五大品牌，有内胎和无内胎上百个品种的产品，销售网络遍布全国各地及美国、中东、东南亚、非洲、前苏联等60多个国家和地区。公司的所有产品均通过了国家强制3C认证、美国DOT、尼日利亚SONCAP、印尼SNI、中东GCC等认证，公司先后建设了ISO9001、ISO/TS16949：2002、ISO14001：2004、GB/T28001-2001等管理体系。公司先后建成了市级技术中心、省级技术中心和检测中心。2012年10月，“低温一次法混炼技术”被山东省科技厅评为自主创新专项资金扶持项目，累计赢得各级奖励1500万元，与之配套的ARP生胶破碎系统，获得山东省经信委新兴产业及重点行业项目扶持、山东能源集团科技创新项目扶持资金共计200万元。

三复合

成型机

硫化机

各规格轮胎

联系电话：400—0632—181　地址：山东省枣庄市高新区天安一路1529号

唐山兴宇橡塑工业有限公司

Tangshan Xingyu Rubber&Plastic Industry Co.,Ltd.

唐山兴宇橡塑工业有限公司位于京、津、唐三角中心地带的玉田县城，地理优势得天独厚。始建于1992年，下设天然再生胶厂、天然内胎厂、丁基再生胶厂、丁基内胎厂、胶粉厂5个分厂，一个橡胶制品研究所，总占地面积20万平方米，企业员工1500多名，其中工程技术人员180多名，是集科、工、贸为一体的橡胶系列产品的综合企业。公司现为中国橡胶工业协会副会长单位、中国轮胎翻修与循环利用协会副会长单位，中国废旧橡胶循环利用示范单位，被行业专家认定为中国北方较大的废旧轮胎综合利用与内胎专业化生产基地。2011年9月公司被确定为国家“城市矿产”示范基地。

公司主导产品为“兴宇”牌胶粉、再生橡胶、内胎及垫带，分为天然橡胶、丁基橡胶两大系列，100多个品种，年产各种天然再生胶、丁基再生橡胶7万吨，各种汽车、农用车、工程车内胎1200万条。销售网络遍布全国28个省市自治区，为国内多个知名轮胎厂家配套，并远销东南亚、中东等十几个国家和地区。

公司设备、技术先进，采用现代企业管理制度，具有完善的质量保证体系及严格的检测手段。公司已顺利通过了ISO9001质量管理体系认证，相继通过环境管理体系认证、职业健康安全管理体系认证和CQC产品质量认证。公司产品被评为“中国橡胶工业协会推荐品牌”。

在兴宇公司，新的科研成果将会以快捷的方式，转化为生产力，以确保自己领先地位。公司自成立之初就十分重视科研与创新，每年投入到科研中的经费接近总收入的20%。

2007年兴宇公司成立企业技术中心，并被确定为河北省企业技术中心，下设一个唐山环科橡胶研究所，现有工程技术人员46人，其中高级技术人员6人，占技术人员13%，中级技术人员40人，占技术人员87%。

该平台以高技术为起点，坚持科学发展观，不断扩大规模，增加服务范围。继续对新材料、新技术加以应用试验，进行新工艺的推广；研究开发适应市场的橡胶制品新品种，不断延伸产业链条，把废旧橡胶循环利用工作做大做强，打造北方较大的废旧轮胎循环利用示范基地。

多年来，公司积极与中国橡胶工业协会、中国资源综合利用协会、天津橡胶工业研究所及国内一些大专院校合作，先后开发新产品26项，获得自主知识产权5项，对产业内的30多家中小微企业进行了再生胶及制品的试验和检测，并就生产工艺和出现的技术问题进行了攻关和技术指导。经过几年的不断努力，玉田县再生胶及橡胶制品企业数量由原来的十几家发展到165家，生产及配套企业325家。产品品种由最初几种增加到现在的110多个品种，有力地推动了玉田县再生橡胶及橡胶制品产业的持续发展，并对全国的废旧橡胶循环利用起到了一定的示范带动作用。

开展技术革新，寻求新的创新突破点，以达到降低成本，提高企业竞争力的目的。公司已与西安理工大学、天津大学、河北工业大学、河北理工大学等国内高等院校先后建立了长期稳定的产、学、研合作体制，为增强创新能力，铺垫了坚实的基础。

每年公司自主研发的新产品、新成果20多项，其中相继投放市场的约占60。新技术和新成果占到了公司投产品种的四1/4，研发创新所带来的经济效益占到公司销售额的30%以上，利润的42%左右。

在兴宇公司，领先的技术与工艺创新已经直接转化为公司效益，我们相信，目前的中国制造必然会转变为中国创造，未来的市场竞争，不再是产品间的竞争，而是企业品牌加科技的综合实力竞争。

厂址：河北省唐山市玉田县城北马头山工业园区　邮编：064100　电话：0315-6166836 6169378
传真：0315-6166836　热线电话：400-6522-365　网址：www.tsxyxs.com
邮箱：xyxs_9681@163.com

華月 保定华月胶带有限公司

BaoDingHuaYue Rubber Belts Co.,Ltd

30年发展历程　以质量求生存　以诚信做企业

保定华月胶带有限公司是河北省较大的输送带生产企业。

产品包括：钢丝绳芯输送带、管状输送带、钢网输送带、整芯阻燃输送带、普通用途织物芯输送带、波型挡边输送带等。

华月公司科研生产基地（新厂区）正在开工兴建。总占地面积12.8万平方米，规划投资6.1亿元。其中，包括年产1500万平方米高强力输送带项目，年产200万平方米整芯阻燃输送带项目，年产3万米500mm高波状挡边输送带项目，综合科研中心项目等。

整芯阻燃输送带项目于2014年10月1日投产，产品级别达到2500S，宽度1600mm。

预计，华月胶带有限公司科研生产基地（新厂区）于2015年底全部竣工投产。

华月科研生产基地（新厂区）

欧亚管业股份有限公司

欧亚管业股份有限公司是一家专业从事液压增强软管研发与生产的高新技术企业，是中国橡胶工业协会胶管胶带分会副理事长单位，通过了ISO9001质量体系认证和美国石油学会API认证。“欧亚”牌钢编胶管是中国橡胶工业协会推荐品牌。

公司主要生产钢丝缠绕胶管、钢丝编织胶管、钻探胶管、阻燃耐火高压胶管、海洋高压输油胶管、注水封孔器、海洋采油平台防腐立管等八大系列产品，年生产能力800万标米。

公司技术力量雄厚，与大连理工大学、河北工业大学等科研院校建立了协作关系，成立了河北省橡塑研究所和河北省柔性特种管工程技术研究中心，每年都推出5项以上的新技术、新产品，共有13项产品获得自主知识产权，5项产品被评为国家重点新产品，6项产品获得省、市科技进步奖。

公司工艺装备先进，从韩国、意大利引进了缠绕机、编织机、爆破试验台、脉冲试验台等先进的生产、检测设备，除能生产国家标准的产品外，还可生产SAE和DIN等国际标准的产品。产品畅销国内20多个省、市、自治区的石油、矿山、冶金、工程机械等领域，部分产品远销美国、俄罗斯、加拿大、阿根廷等国家。

为加快发展步伐，2013年公司投资10.75亿元在沧州渤海新区新上海洋软管和RTP管项目，关键设备、工艺、技术全部从国外引进，项目产品主要用于海洋及陆地石油、天然气输送，2014年7月份试生产，为公司实现跨越开辟新的增长点。

公司先后被命名为河北省小巨人企业、河北省高新技术企业、河北省产业集群龙头企业、河北省质量效益型先进企业、AAA级信用企业等荣誉称号。

地　　址：河北省景县景新大街北侧　　邮　　编：053500
电　　话：0318-4222310　4398333　4267899　4223612
传　　真：0318-4568777　　4225288
网　　址：www.ouyahose.com
电子邮件：sales@ouyahose.com

兴源集团 XINGYUAN GROUP

兴源集团地处全国百强县、孙武故里的东营市广饶县，是山东省优质产品生产基地龙头骨干企业。

集团创始于1994年，核心企业为兴源轮胎集团有限公司，辖10个子公司和一处三星级宾馆。是以轮胎制造为主导产业，集轮胎制造、内胎生产、国际贸易、热电联产、新型墙体、新型建材、精细化工、餐饮娱乐、新产品研发为一体，多元化经营的大型股份制民营企业集团，现有职工6800余人，工程技术人员680余人。

目前集团已形成年产580万条全钢载重子午胎、20万条全钢工程子午胎、15万条斜交工程胎、2万条巨型工程子午胎、年发电量12亿千瓦时、年产汽量300万吨的生产能力。主要有“兴源”、“华鲁”、“HILO”、“安耐特”、“国宝”、“强威”、“广大”、“AMBERSTONE”八大主导品牌，集团公司及产品已通过ISO/TS16949、ISO9001质量管理体系认证，ISO14001环境管理体系认证，CCC认证，17025国家实验室认可，美国DOT认证，欧洲ECE认证，巴西INMETRO认证，印度BIS认证，肯尼亚ITS认证，沙特GCC认证。

经过十几年的发展，集团公司已开发出18大系列、80多种规格、130多个花色品种的全钢载重/工程子午胎、斜交工程胎，相继在欧盟、美国、澳大利亚、南非、加拿大、中国等国家和地区取得自主知识产权62项。并在全国建立了100多个销售点，形成了覆盖国内30多个省市自治区、国外100多个国家和地区的销售网络。

兴源集团始终秉承“诚信立业，造福社会”的企业理念，以振兴民族工业为己任，着力打造中国轮胎产业知名品牌。先后获得“消费者满意单位”、“AAA级信用企业”、“国际化经营先进企业”、“高新技术企业”、“海关A类企业”等荣誉称号。其中，公司生产的“华鲁”、“HILO”牌全钢载重子午胎、工程胎还被评为山东省重点培育和发展的出口品牌。

山东万达宝通轮胎有限公司

BRIEF INTROCUTION TO SHANDONG WANDA BOTO TYRE CO., LTD

山东万达宝通轮胎有限公司是国内专注于生产全钢子午线胎、工程机械子午胎、半钢子午线轮胎及轻卡胎的大型企业之一。公司现有员工3600余人，大专以上学历人员占30%以上，其中，中级以上专业技术人员近800人，位于美丽的黄河入海口——东营。是中国万达集团全资子公司，其母公司万达集团创建于1988年，拥有总资产100多亿元、占地460多万平方米、员工12000多名，是一个涵盖轮胎、电缆、化工、地产开发四大产业，拥有企业技术中心、博士后科研工作站、实验室和省工业设计中心的重点高新技术企业。企业先后荣获中国质量诚信企业、全国五一劳动奖状、国家标准化良好行为AAAA级企业、改革开放30年山东省优秀企业、山东省人大立法联系点、东营市市长质量奖等荣誉称号，连续3年被评为黄河三角洲开发建设排头兵（企业）。

轮胎产业是万达集团支柱产业之一，轮胎项目自2003年11月开始上马建设以来，按照“技术一流，设备一流，规模经营，专业人才管理”的定位，先后从美、德、意、日、荷等国家引进了国际知名、业界一流的生产专用设备、实验检测等设备。近年来，公司以企业技术中心、博士后科研工作站和橡胶研究所为平台，加快新产品开发进度，新产品研发速度行业领先。目前，产品现已通过3C强制性认证、ISO9001、美国DOT、欧洲ECE、海湾GCC、巴西INMETRO等认证，产品遍及国内30多个省市、自治区，并已远销 美、欧、亚、非等130个国家和地区。多次被评为“外经贸工作先进单位”。

Located at beautiful and fertile Ken Li County, Dongying City, Shandong Province, a central city of the China Yellow River Delta , as a leading subsidiary company of China Wanda Group who is one of 500 top national industrial enterprise in economic strength, Shandong Wanda BOTO Tyre Co Ltd is a large scale of professional tire production enterprise mainly involving with development, production and sales of TBR, radial OTR ,light truck tires and Passenger Car Tyres.

Established in 2004 and with registration capital of 400 million yuan, the company owns over 4 billion yuan fixed assets and employs more than 3500 staff and workers. With annual production capacity of 1,500,000 unit of TBR , 30,000 unit of radial OTR tires, 15 million units of PCR tyres ,the company can produce and supply various series and more than 150 sizes and patterns of all steel truck and bus radial tires, all steel radial off-the-road tires and light truck tires, PCR tyre .

The company emphasizes tire quality and constantly standardizes its production operation. The company has successfully and separately passed authorization and audit of ISO TS16949, ISO 9001 quality ssystem and China Compulsory Certificate, acquired some foreign country certificates such as “DOT, ECE,REACH, IMETRO and GCC”.

圣泉集团
SQ GROUP
行业关键创新领导者
INNOVATION & SPECIALTY
酚醛树脂，我们更专业！
Leader of Key Innovation
in Phenolic Resin Industry.
为您提供橡胶轮胎增粘补强专业解决方案
Professional Solutions about the Tackifying and Reinforcing
圣泉公司为神舟系列飞船提供酚醛隔热保温材料
Supplier of Materials for Insulation Layer of Chinese Spaceship
圣泉集团
SQ GROUP
山东圣泉化工股份有限公司
Shandong Shengquan Chemical Co.,Ltd.
电话：0086-531-83511608　网址：www.shengquan.com

TOYO TIRES
driven to perform
城市SUV新静界
PROXES C100 SUV
优化花纹排列
·花纹块大小的合适分布，提高舒适性，同时降低花纹噪音，提高驾乘舒适性。
3节式可变节距花纹
·降低花纹噪音
4条宽主槽
·增强排水性，提高湿地性能
周向3条细沟槽
·减少胎面花纹块的变形，抑制偏磨
静音壁
·沟壁面设置高密度的凹凸纹，以降低花纹噪音。
静音壁
缠绕式冠部＆边缘部保护层
·提高高速性能
内侧
轮辋保护系统设计
·防外伤保护轮辋
高刚性胎侧胶配方
·提高操控性能和转弯性能
胎侧防外伤保护系统
·防外伤，保护轮胎胎侧
胎侧防外伤保护系统
高张力2PLY结构
·提高运动性能
耐外伤的坚固胎体
东洋轮胎
东洋轮胎(上海)贸易有限公司
www.toyo-tire.com.cn

WHY DUNLOP?
为什么是邓禄普?
强韧安全 爱车之选
关注官方微信
DUNLOP
始于 1888

东北助剂化工有限公司
Northeast Auxiliary Chemical Industry Co., Ltd
服务于世界橡胶工业
Service for the rubber industry worldwide
公司生产橡胶硫化剂、橡胶硫化促进剂、橡胶防老剂三大系列产品
促进剂：MBT（M） MBTS（DM）
ZMBT（MZ） CBS（CZ）
DCBS（DZ） TBBS（NS）
TBSI DPG（D） TMTD（TT）
防老剂：IPPD（4010NA）
6PPD（4020）和中间体RT培司
硫化剂：不溶性硫磺（HD系列、HS系列）
内贸：0318-6883018 6883028 外贸：0318-6883011 6883009 网址：www.dongzhuhg.com

新东岳集团有限公司是以生产摩托车胎、电动车胎、自行车胎、农用车胎、高档彩胎、丁基内胎等为主导产品的现代化企业，具有40多年的轮胎制造技术和经验。公司位于五岳之首泰山西麓，风景秀丽的东平湖畔，济广高速和105国道交汇处，地理位置优越，交通便利。企业现已形成年产1500万条摩托车胎、1500万条自行车胎、1000万条电动车真空胎、1000万条丁基内胎、500万条高档彩胎的生产能力。公司取得了摩托车胎“3C”国家强制认证，通过了“三体系”认证及美国交通部DOT、印尼SNI等标准认证；企业技术中心被评为“省技术中心”，获得40余项自主知识产权；公司产品凭借完美卓越的品质畅销全国各地，并出口欧洲、美洲、非洲、东南亚等地区，企业综合经济指标位居全国同行业前列。依靠雄厚的实力，公司入选“中国橡胶工业百强企业”，在摩托车胎行业中排名前列，同时当选为新一届“中国橡胶工业协会力车胎分会理事长单位”。

历经创业、扩张、跨越，新东岳品牌达到了前所未有的高度。我们将秉承诚信共赢的经营理念，继续努力再创辉煌，热忱期待与社会各界朋友真诚合作、携手发展、共赢美好未来！

电话：0538-2821032　　邮箱：dongyuegongsi@163.com
网站：www.xindongyue.cn　　地址：山东·东平新东岳工业园

WANDA TYRE

天津市万达轮胎集团有限公司

天津市万达轮胎集团有限公司创建于1988年，位于北辰区宜兴埠镇一街，原名为“天津市万里车胎厂”，坐落地点为京津塘高速公路宜兴埠收费处东侧，毗邻外环线、津围公路、京津塘高速公路。距北京仅45分钟路程，距天津港、开发区、保税区30分钟路程。只需15分钟便可到达天津机场，交通极为便利，地理位置十分优越。

集团公司创建初期投资总额仅为120万元，员工不足百人。全部建筑面积3000平方米，是一个仅能单一生产少数几种规格的有接口自行车内胎、设备简陋、工艺落后的村办小厂。

经过24年的发展，万达轮胎集团目前已经成为拥有3700多名员工，占地300多亩，建筑面积近20万平方米，资产总额近5亿元，大中型专用设备3796台（套），可生产全规格自行车内外胎、摩托车内外胎、电动车内外胎和载重轮胎、农用轮胎、ATV轮胎、ST拖车胎，是目前国内生产品种较多的大型轮胎企业之一。在全国同行业较大规模乡镇企业百强排名前列。早在1996年便通过了ISO9000质量体系认证。轮胎产品不仅通过了国家产品认证，而且获得了美国交通部DOT标准认证和多国的产品认证，为出口打下坚实基础。

2011年完成销售收入13.75亿元，比2010年增长了1.02亿元，增长率为7.8%。其中出口交货值7.6亿元，占销售收入约55.2%。连续两年实现了50%以上的平均增速，实现了两年翻一翻。出口产品主要为ATV轮胎、ST拖车胎和自行车胎、摩托车胎。销售市场50%以上在北美（以美国为主），近两年来又着力开发欧洲和非洲市场，并成功开发了俄罗斯、巴西、印度等新兴国家市场。今后新兴国家市场将是出口的增长点。

24年来，万达轮胎集团在企业规模化发展上取得了令人瞩目的发展业绩，取得了良好的经济效益和社会效益。在树立良好企业形象，强化内部管理，改善提高企业整体素质，搞好精神文明建设等诸多方面也同样成就显著，先后荣获了天津市“文明单位”、“管理优秀单位”、“花园工厂”、“综合治理先进单位”、“环保治理先进单位”、“AAA级信誉企业”等众多荣誉称号。2011年获得市级“技术中心”的认证。集团公司董事长因其出色的经营管理业绩和为发展地方经济、造福桑梓而作出的突出贡献，连续两届被评为天津市特等劳动模范，并被评为全国劳动模范。

联系地址：天津市北辰区津京塘高速公路宜兴埠收费处东

联系电话：022-26990915（办公/传真）

网址：http://www.tjwanda.com.cn

盛帮股份

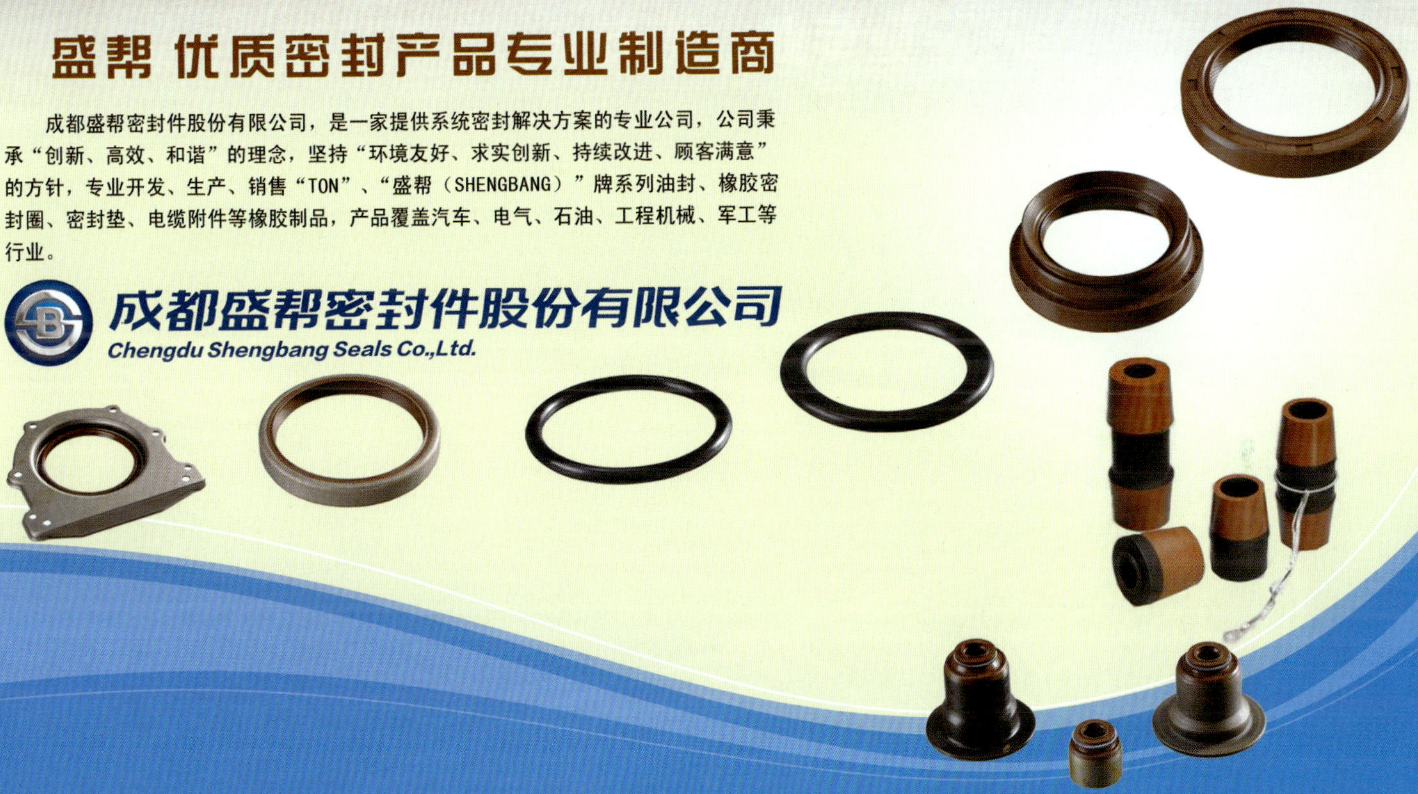

院士（专家）创新
工作站
高新技术企业
证书
四川省
企业技术中心
中国橡胶工业协会
常务理事单位
Executive Council Units

建新赵氏集团有限公司是一家专业生产汽车橡塑零部件的高新技术企业，其前身为宁海县建新橡胶厂，创建于1984年，1999年改制为宁海建新橡塑有限公司，2008年更名为建新赵氏集团有限公司，注册资金5000万元。拥有宁海建新密封条有限公司、宁海建新橡塑有限公司、宁波建新底盘系统有限公司、宁海建新胶管有限公司等多家子公司。

公司现有员工4000余人，其中集团本部有610人，公司通过加大科技投入和技术改造，提升企业的自主创新能力与生产能力，先后建立了省级企业工程技术中心、博士后工作站、院士工作站，投入6000万元引进了美国MTS三轴向动静态弹性体测试仪等一批国际一流开发试验设备，不仅成为国内相关汽车橡塑产品性能测试数据得到国际汽车厂家认可的民营企业，并使公司的测试能力达到了国际先进水平。

公司在不断提高研发能力的同时，不断提升企业的管理水平，先后通过ISO9001、ISO14001、TS/ISO16949质量体系，2013年实现销售20亿元。

1、公司愿景：成为世界级科研领先的汽车零部件提供商

2、发展模式定位：实现以技术创新驱动的经济发展模式，通过技术创新推动市场开拓，从而促进企业的经济发展

3、品牌定位：高新、高端

4、产品定位：行业同类产品前列

目前主要产品：中高档轿车密封条、减震件、底盘件等零部件

5、主要客户：一汽大众、上海大众、上海通用、神龙富康、美国通用、克莱斯勒、德国大众、奥迪等。

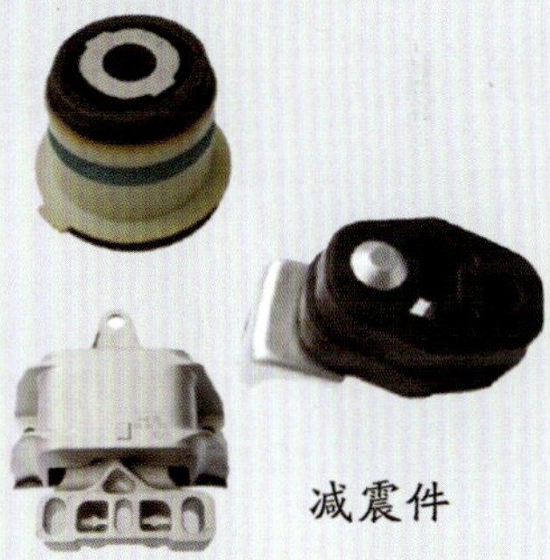

减震件

密封件

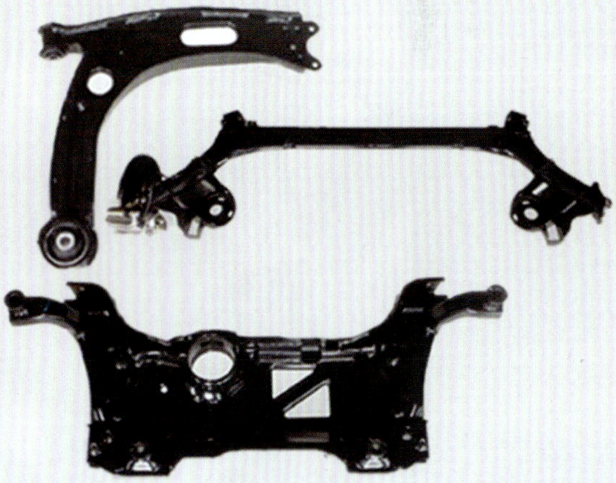

底盘件

骏马
Junma
江苏骏马集团
江苏骏马集团位于江苏省张家港市，是一家以生产经营轮胎骨架材料为主业的省级优秀民营企业，是亚洲较大的帘子布生产基地。主要产品有：锦纶6浸胶帘子布、聚酯浸胶帘子布、钢帘线三大轮胎骨架材料于一体。集团始建于1990年，现拥有总资产超70亿元，职工6000余人，占地面积110公顷。2013年，集团实现销售收入80亿元，利税2.5亿元，出口1.98亿美元。
骏马集团将一如既往，与你携手同行。兢兢业业的骏马人将奋力拼搏，谱写更加辉煌的篇章！
NO.88 NongLu Road Chenghang Yangshe
Town Zhangjiagang City Jiangsu Province
PRC P.C.215617
Tel:+86 512 5829 1688
Fax:+86 512 5829 2308
E-mail:office@junmachina.com
中国橡胶工业协会会员展示专版

内蒙古富特橡塑机械有限公司

FUTE

富特

2500mm宽幅胶片挤出压延（热贴合）生产线

——生产高品质输送带的关键设备

2500mm宽幅胶片挤出压延生产线
——中德（扬州）输送工程技术有限公司生产现场

该宽幅胶片生产工艺采用挤出压延法生产，主机机组由销钉式冷喂料挤出机及液压宽幅机头、两辊压延机组成，可直接生产宽度为3000mm，厚度为0.6～10mm的各种规格胶片制品，挤出胶片具有塑化效果好、气密度好、表面光滑无气泡等优点，若采用热贴合生产工艺，可以使输送带芯胶和盖胶一次性复合，复合性能显著提高。采用挤出压延工艺生产宽幅胶片具有生产效率高、节能显著、生产成本大大降低，并节省了大量设备投资，是目前宽幅胶片生产工艺的发展方向。

内蒙古富特橡塑机械有限公司是中国橡塑机械行业的骨干企业。富特公司挤出机系列产品率先通过鉴定并通过了ISO9001质量体系认证。公司拥有产品直销出口权。

富特公司具有雄厚的技术实力和研发能力，可为全钢载重子午胎、半钢子午胎、斜交胎、力车胎、胶带、胶管、胶条及各种橡胶制品提供大中小型各类成型挤出设备、热炼混炼设备、轮胎胎面生产线及各种胶片制品生产线，品种、规格齐全。

富特公司的产品销往中国各地并出口东南亚、欧美等国家和地区。

销钉式冷喂料挤出机系列产品之一

子午胎三角胶及力车胎生产工艺的新设备：小规格型复合挤出机
（专利号：ZL 03 3 06557.8）

公司主要产品

- ★ 新型挤出法（热贴合）内衬层生产线
- ★ 可替代压延生产工艺的各种规格胶片挤出法生产线
- ★ 各种规格的两复合、三复合、四复合销钉式冷喂料挤出机及其冷却联动生产线
- ★ 各种规格的销钉式冷喂料挤出机、普通冷喂料挤出机、热喂料挤出机、滤胶机等挤出机系列产品

三复合销钉式冷喂料挤出机组

XJDF-200×250双复合销钉式冷喂料挤出机
专利号：ZL 03 3 06558.6

胎面冷却生产线

内蒙古富特 FUTE INNER MONGOLIA
内蒙古富特橡塑机械有限公司
地址：内蒙古自治区呼和浩特市金川开发区
INNER MONGOLIA FUTE RUBBER & PLASTIC MACHINERY CO., LTD.
ADD: JIN-CHUAN DEVELOPMENT DISTRICT

内蒙古富特 FUTE INNER MONGOLIA
邮编：010080
电话：(0471)3601088
传真：(0471)3601969
Http:www.sinofute.com
HOHEHOT INNER MONGOLIA
CHINA P.R. 010080
TEL: (0471)3601088
E-mail:futerpm@vip.163.com

安徽中意胶带

安徽中意胶带有限责任公司是国内胶带行业十强企业之一，国家高新技术企业，安徽省矿用输送带工程技术中心和高分子材料与制品研究中心，从事高强力输送带和高分子耐磨聚氨酯材料等系列产品的生产和经营，为煤炭、冶金、电力、矿山、化工、建材、港口等行业提供优质的输送带和其它工矿橡塑制品，是全国高强力输送带和高分子耐磨材料的重要生产基地。

公司先后通过质量、环境、职业健康安全、测量和标准化管理体系认证，在同行业内率先建立并运行品牌培育管理体系。公司在全面质量管理的基础上，导入卓越绩效管理模式，注重过程控制和持续改进，提升了质量管理水平、品牌价值和经营绩效，连续多年获得安徽省质量奖和卓越绩效奖，2012年度被授予品牌培育示范企业。《基于科技创新的品牌培育战略实施》获得第二十届全国现代化管理创新成果奖。

公司坚持走科技兴企之路，依托技术创新求发展，凭借博士后科研工作站和省技术中心的技术研发平台，持续开展新产品、新技术的自主研发，引领行业技术发展的方向。公司先后开发出热塑性弹性体面整芯阻燃输送带、环保型钢丝绳芯阻燃输送带等新产品，并获得自主知识产权。特别是《热塑性弹性体面整芯阻燃输送带及其制造方法》的专利技术（专利号：ZL2007 1 0128942.8）荣获第十四届中国专利优秀奖，进一步提升了公司的核心竞争力。使用此项自主知识产权生产的热塑性弹性体面整芯阻燃输送带，工艺先进、配方独特，产品安全性能和黏合性能远高于MT914标准的要求，其技术水平和产品质量居国内同行业领先水平。该产品先后被认定为安徽省高新技术产品、安徽省自主创新产品和全国重点新产品。产品使用寿命长、不易脱层，满足不同工况条件的输送需要，有较高的市场竞争力。

公司奉守“诚信、友善，把用户利益置于公司利润之上”的宗旨，真诚永远为客户提供优质周到的服务。

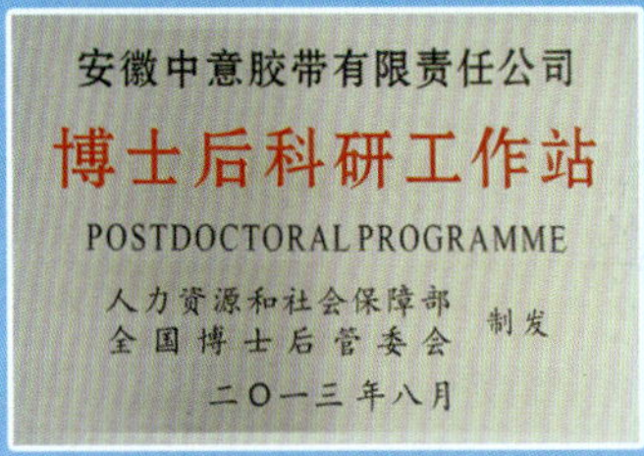

河南铂思特金属制品有限公司

河南铂思特金属制品有限公司创建于2009年，坐落于巩义市康店工业园区，总投资4.5亿元，拥有拉丝生产线31条，电镀生产线4条，各种直进拉丝机、半成品拉丝机、水浴热处理电镀黄铜线、水箱拉丝机等各种高精尖生产设备和检验设备585台，具有年产高压橡胶软管增强用钢丝8万吨的生产能力。目前，投资规模、技术研发、生产能力、技术水平、在国家同行业中位居前列，公司于2009年12月通过了GB/T 19001-2008/ISO9001:2008质量体系认证。

公司占地69930平方米，现有职工480余人，其中大专以上学历人员占30%,专业技术人员30名，技术力量雄厚，具有较强的技术研发和产品开发能力，公司产品品种全、规格多，既能生产Φ0.28㎜、Φ0.295㎜、Φ0.30㎜、Φ0.38㎜、Φ0.40㎜、Φ0.50㎜、Φ0.60㎜等常规品种，又能根据用户需要生产Φ0.15㎜～Φ1.0㎜ 不同规格不同强度级别的产品，各类产品工艺技术成熟稳定，可以满足不同客户对产品的不同需求。

公司成立以来，始终坚持“以人为本、科学高效”的管理理念，全面推行“全员市场化”成本管理模式，“市场细分化”销售管理模式，“质量精细化”质量管理模式。规范的人事管理制度，丰富多彩的企业文化建设，有效地调动了广大员工的工作积极性。规范科学的管理使铂思特公司得到了长足的发展，产品质量不断提高，生产规模不断扩大。同时，优良的产品品质、高效的运作方式得到了市场的认可和肯定。铂思特产品遍布祖国大江南北，销售网络覆盖河南、河北、山东、山西、广东、江苏、浙江、安徽、吉林、黑龙江、陕西、甘肃等23个省，产品远销美国、印度、意大利、罗马尼亚、土耳其、委内瑞拉、印度尼西亚等12个国家。公司先后被各级政府授予“AAA信用企业”“项目建设先进单位”、“纳税大户”、“先进企业工会”“郑州市级节水型企业”“郑州市工程技术研究中心”等荣誉称号。

地址：巩义市康店镇焦湾村
电话：0371-85606999　69077999
传真：0371-85605555　86537555
网址：www.best999.com.cn

东海橡塑（合肥）有限公司

TRFH CO., LTD.

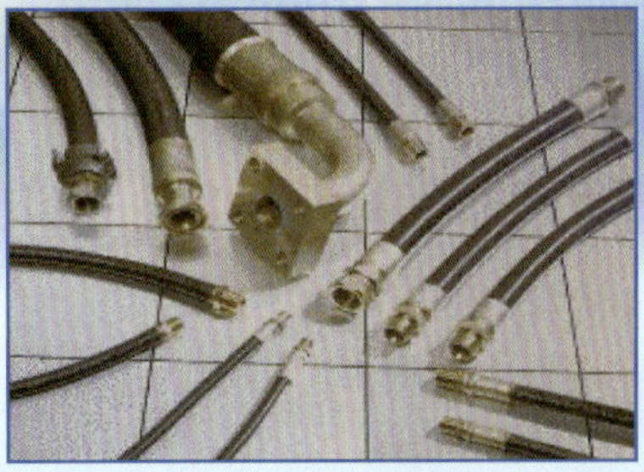

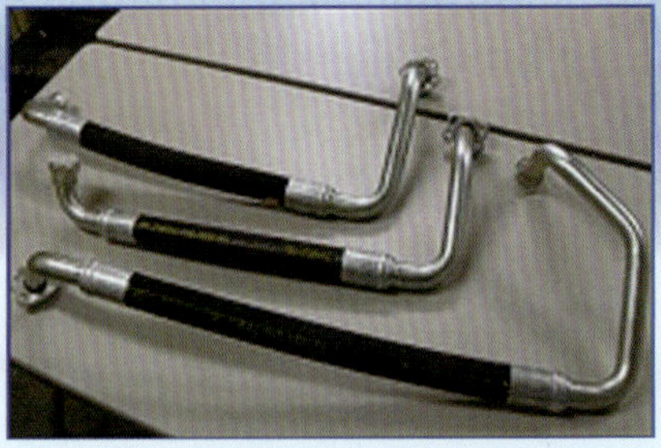

东海橡塑(合肥)有限公司是汽车用减震器及软管的日本较大的生产厂家[东海橡胶工业株式会社]与其主要销售代理店[富国物产株式会社]联合投资的日本独资企业。东海橡胶在世界24个国家拥有102个生产厂点(截止到2013年3月末为止)，是汽车用及各种产业用橡胶•塑料零部件的世界有数的制造厂家。为对应以中国建设机械为首的各种生产设备等市场扩大的需求，公司在投资环境优越的安徽省合肥市经济技术开发区选址，生产、销售高技术的油压机器控制用高压软管组件及相关产品。自东海橡胶在中国从1995年开展事业以来公司成为第15个生产据点。

自2005年3月份量产以来，公司在国内建立了以建设机械为主，包括挖掘机、叉车、数控机床、混凝土搅拌车、混凝土泵车、橡胶硫化机等多行业的客户群。所生产的高压油管及相关产品同时出口美国、巴西、印度、日本、印度尼西亚等国。

因市场需求及公司规模的不断扩大，在增强接头及组装能力的基础上，2007年在同一开发区内购买了新的土地，开始建设高压软管本体工厂。随着新软管本体工厂在2008年1月开始量产，公司率先在日系企业中实现了在中国的软管、接头、组装全面生产。新软管工厂的运作，将能够迅速对应世界范围内急剧增长的需求，也从而确立了在东海橡胶集团内作为第二大高压软管全球基地的供应体制。

我司始终把产品质量放在第一位，建立一套科学的质量保证体系，配备专业先进实验和检测设备，保证了产品的高品质和高性能。2005年先后通过了ISO9001 国际质量认证和 ISO14000 国际环境认证，并于2014年1月通过行业MA认证。在优先保证品质质量的前提下，对中国的基础开发建设及产业的发展作出相应贡献。

2011年11月，为了应对中国工程机械市场的快速发展，也为了近距离为客户提供更好的服务。东海橡塑（合肥）有限公司常州分公司正式成立并营业运行，集中、快速地为华东地域客户提供东海橡塑的产品及服务。截止到2012年底，又对软管工厂、接头工厂进行扩建，加大设备投资，提高了生产产能，以更好地满足不断增长的客户需求。2014年，我司新开发DIN标准ADVANSTAR 系列软管正式量产，从而再次健全了各客户市场的需求。

TRFH is the plant invested by Tokai Rubber, which is the biggest manufacturer of anti-vibration rubber and hoses for automobiles in Japan, with its major sale agent Fukoku-Bussan in 2004. As one of the leading companies of automotive and industrial use rubber and plastic products, Tokai Rubber has established production bases in eight countries all over the world. Tokai Rubber has expanded its business in China since 1995, and established TRFH as the 15th base. In order to meet the increasingly growing needs of the Chinese market of machinery and other kinds of equipments, TRFH was set up in economic and technological development zone of Hefei, the capital city of Anhui province and mainly engaged in the manufacture and sale of high-pressure hoses and other related products.

In order to expand production of metal fittings and assembly, we newly decided to acquire sites in the same development zone for building another plant, and also producing high-pressure hoses. Through this, we will handle all processes from the production of hoses and metal fittings to assembly. The start of integrated production is planned from January 2008 and operation of the new plant will enable a swifter response to increasingly growing demands in China and all over the world, as well as supplement production in Japan. Tokai Rubber intends to position the new plant as a second global supply base of high-pressure hoses, then to really establish and enhance the supply system for the demand of the world market.

We always put quality in the first position, to establish a set of scientific quality assurance system, equipped with advanced experimental and testing equipment, to ensure the high quality and high performance of the product. We passed ISO 9001 international quality certification and ISO 14000 international environmental certification in 2005, and in January 2014 by MA certification industry. In the most priority under the premise of quality, we make our own contributions to the development of industry.

In November 2011, in response to the development of chinese construction machinery market, also in order to close to provide customers with better service. We established Changzhou branch so that we can concentration and quickly to provide to the customers in the east China. In order to better meet the growing needs of customers at the end of 2012, we expansion our hose factory and fitting factory increasing equipment investment, improve our production capacity. In 2014, our company developed DIN standard ADVANSTAR series hose thus our varieties getting more complete.

東海橡塑(合肥)有限公司

公司所在地:中国安徽省合肥经济技术开发区耕耘路27号
邮编：230601
销售电话：0551-62580033
销售传真：0551-63853671

黄海 HUANGHAI

青岛黄海橡胶有限公司

QINGDAO YELLOWSEA RUBBER CO.,LTD

企业简介

青岛黄海橡胶有限公司是一家专业从事子午线轮胎生产经营的大型国有企业，其前身为曾享有国内“轮胎四大家族”盛誉的青岛第二橡胶厂。公司始建于1933年，在中国民族轮胎工业的发展史上留下了深刻足印，历获国家优质产品银质奖、金质奖，率先通过GB/T19001—ISO9001质量体系认证和产品质量认证，是国内较早获得“双认证”企业，拥有技术中心、博士后科研工作站等，为国内多家轮胎企业输送了众多技术、管理等人才，被誉为中国轮胎行业的“黄埔军校”。

公司主要生产经营各种规格全钢子午胎和半钢子午胎，拥有“黄海”、“力霸”、“路通达”、“海奥”四大自主民族品牌。公司研发的多种新产品填补了国内空白，并多次被评为新产品，深受国内外用户青睐，营销网络遍布全球各地。

公司实际控制人中国化工集团公司系113家国有重点企业之一。未来五年，黄海轮胎规划将全钢子午胎产销量提升至年产300万条，半钢子午胎产能将达到年产600万条，预计年销售收入可实现40亿元以上。

黄海轮胎愿与社会各界一起携手共进、合作共赢。

聘

因公司发展需要，特诚聘技术总监和外销总监各一名，待遇优厚、面议。联系电话：15376899588

邮箱：hhltqd@163.com

地址：青岛市城阳区棘洪滩街道金岭3号路　　邮编：266111

电话：0532-68016296　　传真：0532-68016038

网址：www.yellowsea.com.cn

YONGTAI
Shandong Yongtai Chemical Group Co., Ltd

捷豹路虎、雷诺等国际知名车企合作伙伴
——山东永泰化工有限公司

山东永泰化工有限公司成立于1996年，是以生产载重轮胎、轿车轮胎、高端铝镁合金车轮、汽车车身板件、发动机变速箱核心配件、结构组件、汽车模具等汽车零部件产品为主，集热电联产、新能源、矿业、金融、科研工贸于一体的大型轮胎生产、汽车配件制造企业。

永泰集团是东营市率先自主研发、设计、生产轿车子午胎的企业，是世界汽车拉力锦标赛轮胎供应商。在轮胎产业方面，永泰集团坚持做好做精做完美，着重先进技术的引进和高端设备的投入，研发和生产高、精、尖的产品，走产品差异化的道路。轮胎产品主要是以盾轮、奔纳斯、固得威、奔纳富等品牌为主，集团产品主要有轿车子午胎、轻型载重子午线轮胎、载重子午线轮胎、赛车胎、MT轮胎、雪地胎等，产品主要销往欧美、澳洲、中东、东南亚、非洲等100多个国家和地区。

永泰集团响应国家号召，积极转方式、调结构，在做好做精轮胎产业的同时，向更高新技术和国际化优质产业进行转型升级，先后在新能源、矿业、金融、汽车配件领域发展，企业竞争力和综合实力进一步得到提升。2013年7月23日，永泰集团斥资3000万英镑，成功并购了英国具有124年历史的考普莱国际控股有限公司，成为山东省较早并购英国公司的民营企业，为永泰集团实现了和国际知名汽车公司的联姻，使得永泰集团一步迈进了国际知名企业的门槛，成为捷豹路虎、雷诺、劳斯莱斯、宾利、丰田、通用等知名企业的供应商。

服务热线：400-0546-777
网　　址：www.yongtaigroup.com

中国橡胶工业协会会员展示专版

中国橡胶工业年鉴

CHINA RUBBER INDUSTRY YEAR BOOK

（2013～2014年）

中国橡胶工业协会　编

中国商业出版社

图书在版编目(CIP)数据

中国橡胶工业年鉴. 2013~2014 / 中国橡胶工业协会编.
-北京：中国商业出版社，2014.12
ISBN 978-7-5044-8285-8

Ⅰ. ①中… Ⅱ. ①中… Ⅲ. ①橡胶工业-中国-2013~2014-年鉴 Ⅳ. ①F426.7-54

中国版本图书馆 CIP 数据核字(2014)第 278383 号

责任编辑　张超美

中国商业出版社出版发行
(100053　北京广安门内报国寺1号)
010-63180647　www.c-cbook.com
新华书店北京发行所经销
北京科信印刷有限公司印刷
*
889×1194 毫米　大16开　21印张　600千字
2014年12月第1版　2014年12月第1次印刷
定价:500.00元
* * * * *
(如有印装质量问题可更换)

《中国橡胶工业年鉴》(2013～2014年)编辑委员会

（委员名单排列以姓氏笔画为序）

《中国橡胶工业年鉴》编辑部人员名单

编 辑 说 明

《中国橡胶工业年鉴》是由中国橡胶工业协会组织编纂，具有资料权威、反映及时、连续出版、功能齐全等特点的信息密集型工具书。

作为社会各界了解橡胶行业的窗口，《中国橡胶工业年鉴》能够为各界人士提供投资商机。该书按年度逐年编纂出版，宗旨是全面、系统、准确地反映我国橡胶工业的发展历程，为我国橡胶工业的发展提供指导。在编辑过程中，注意强化时代感和地方区域特色，重点介绍新情况、新成就，实现“知往鉴来，服务现实”，同时，力求发挥该书在国民经济建设的资政、参谋和信息作用。

2013～2014年版《中国橡胶工业年鉴》为第13版，在保持基本框架相对稳定的前提下，对部分内容进行更新、调整、充实。文章以2013年的数据为主、2014年上半年数据为辅，辑录了2013年中国橡胶工业的发展情况，包括轮胎、航空轮胎、力车胎、翻新轮胎、胶管、胶带、胶鞋、橡胶制品、乳胶制品、天然橡胶、合成橡胶、杜仲橡胶、炭黑、白炭黑、橡胶骨架材料、橡胶助剂、橡胶机械、轮胎模具、废橡胶综合利用等行业，及主要省（市、自治区）橡胶工业发展现状和项目进展情况，同时辑录了橡胶工业进出口贸易、橡胶工业年度重大科技成果、行业主要新闻、大事记和橡胶行业近5年的统计数据、2013年中国橡胶工业协会工作报告及会员单位销售收入排行榜、国外轮胎行业发展概况等多个板块，资料丰富，内容翔实，数据可靠。

《中国橡胶工业年鉴》力求行业内容的全面与深入，其中对胶鞋、浸胶骨架材料和橡胶机械标准现状及实施情况进行了详细解读，同时在绿色轮胎成为大趋势的情形下，对中国橡胶工业协会组织制定的《绿色轮胎技术规范》进行了详细解读，为中国未来绿色轮胎产业的发展提供了更加标准的操作规程。此外，该书还对橡胶行业“十三五”和“十四五”强国发展战略进行了论述，指明橡胶行业未来的发展方向。

由于各单位搜集数据的来源或口径不同，计算可能略有差异，编辑部工作人员做了最大努力，力求做到数据统一、准确。

在编纂和出版过程中，承蒙各单位和诸多专家的大力支持，在此，特向为本书撰稿、审稿的有关单位和专家致以衷心的感谢！

编辑出版工作是一项系统工程，涉及到方方面面。由于编辑水平有限，因稿源、编校、印刷等所造成的疏漏在所难免，恳祈各界人士继续对年鉴工作给予更多的支持帮助，对书中错漏之处予以批评指正，以利今后改进提高。

《中国橡胶工业年鉴》编辑部

目　　录

Contents

橡胶工业主要科技成果
Major science and technology achievements in the rubber industry

橡胶行业标准
Rubber industry standard

贸易摩擦
Trade friction

大事记
Chronicle of Events

橡胶工业进出口贸易
Import and export trade in the rubber industry

中国橡胶工业统计
Statistics of China Rubber Industry

全球橡胶工业概况
Survey of global Rubber Industry

插 89:杭州中策清泉实业有限公司

插 90:无锡天翔模具工业有限公司

插 91:湖北奥莱斯轮胎有限公司

插 92:厦门正新橡胶工业有限公司

插 93:建大橡胶(中国)有限公司

插 94:河北协美橡胶制品有限公司

插 95:广州钻石车胎有限公司

插 96:青岛华达橡胶制品有限公司

插 97:青岛景程橡胶制造有限公司

插 98:海南天然橡胶产业集团股份有限公司

插 99:威海市润通橡胶有限公司

插 100:尼纳斯石油(上海)有限公司

插 101:宁波汉圣化工有限公司

插 102:南京曙光硅烷化工有限公司

插 103:科迈化工股份有限公司

插 104:宜兴市聚金信化工有限公司

插 105:山西翔宇化工有限公司

插 106:广州市世达密封实业有限公司

插 107:安徽微威胶件集团有限公司

插 108:马鞍山宏力橡胶制品有限公司

插 109:神马实业股份有限公司

插 110:江苏宝钢精密钢丝有限公司

插 111:湖北福星新材料科技有限公司

插 112:亚东工业(苏州)有限公司

插 113:兖矿集团邹城金通橡胶有限公司

插 114:河北安耐胶带有限公司

插 115:保定海川胶带制造有限公司

插 116:浙江三维橡胶制品股份有限公司

插 117:青岛双凌科技设备有限公司

插 118:无锡市鑫园电子化工设备有限公司

插 119:浙江环球鞋业有限公司

插 120:河南荣光鞋业有限公司

插 121:浙江中远鞋业有限公司

插 122:山东舜合胶业有限公司

插 123:台州中宏废橡胶综合利用有限公司

插 124:俄罗斯西布尔有限责任公司北京代表处

插 125:南宁海钱贸易有限公司

插 126:上海科邦医用乳胶器材有限公司

插 127:上海连康明化工有限公司

插 128:《中国橡胶》杂志社形象宣传

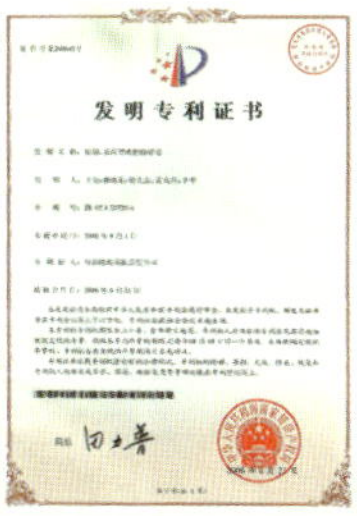

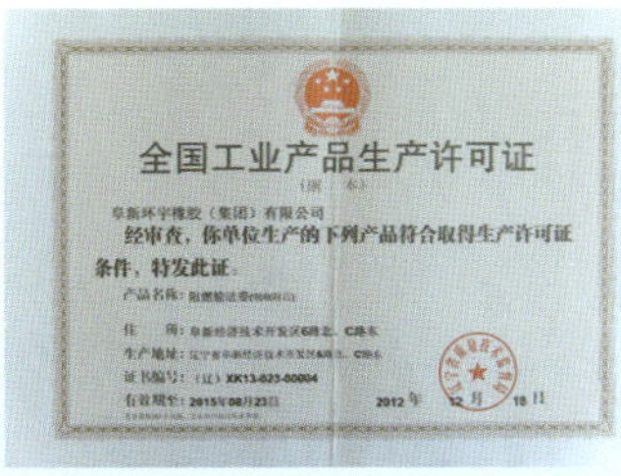

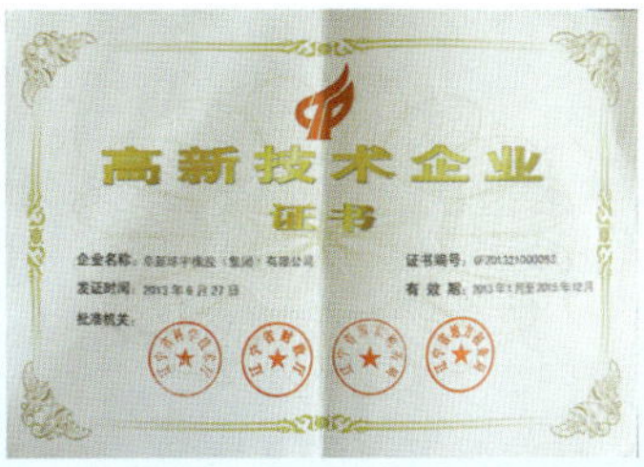

中国橡胶工业协会会员展示专版

阜新环宇橡胶（集团）有限公司

阜新环宇橡胶（集团）有限公司，是股份多元化的大型橡胶输送带生产企业，中国橡胶工业协会副会长单位，高强力和环保型输送带重点生产企业。环宇牌输送带为行业推荐品牌、“石油和化工行业知名品牌”。公司先后荣获全国“国家火炬计划重点高新技术企业”、“国家高新技术企业”、“辽宁省企业博士后科研基地”、“辽宁省知识产权工作先进单位”、“辽宁省专利产业化示范企业”、“辽宁省橡胶工程技术研究中心”“省技术中心企业”、“省高新技术企业”等300多项殊荣。

公司拥有一支具有自主研发能力的专业科研团队，其中具有高级职称的人员占20%以上，享受国务院特殊津贴专家一名。为充分发挥国家重点高等院校的科研实力，公司与北京化工大学、华南理工大学、沈阳化工学院、辽宁工程技术大学联合组建了国内一流的高分子工程技术和新材料研究开发中心；先后开发出高技术含量、高附加值的新产品，其中有13项新产品获得自主知识产权，且环宇IV—GF耐热输送带获得国家火炬计划项目证书；几年来，公司共主持或参与了12项国家标准和行业标准的起草与修订工作；每年研发和投放市场的新产品数量位于行业领先水平。

公司率先通过了质量、环境、职业健康安全和测量管理体系认证。现拥有国际、国内最先进的输送带生产设备。主导产品“环宇牌”输送带主要分为6大系列50多个品种，行销国内外冶金、煤炭、交通、电力、建材、化工等行业。产品出口20多个国家和地区，在国内外用户中享有很高的声誉。

地址：辽宁省阜新经济开发区开通街92号　邮编：123000　网址：www.fxjt.com.cn
电话：0418—2900095 2902008 2901976 2901767 6283803　传真：0418—2900927 2903048

中国橡胶工业

中国橡胶工业强国发展战略路线图

一、前言

建设橡胶工业强国是我国几代橡胶人的夙愿。加入WTO后，我国逐步成为世界橡胶工业大国，2006年顺势而为，适时提出“自主创新，建设橡胶工业强国”。2011年将建设橡胶工业强国正式纳入中国橡胶工业协会工作计划，并开始着手编写《建设世界橡胶强国框架意见》。2013年在习主席提出两个百年中国梦的强有力号召下，《中国橡胶工业强国发展战略研究》编写工作加速进行。这项工作由百名业界专家参与调研编写，近500名专家、学者、企业家参与讨论、修改和审校，经过一年左右的紧张工作，《中国橡胶工业强国发展战略研究》终于完稿并出版发行。《中国橡胶工业强国发展战略研究》以世界橡胶工业先进水平和当代高新技术水平为标准，高瞻远瞩，提出了中国橡胶工业强国发展战略目标和措施。内容涵盖所有橡胶产品、原材料和设备，还包括高新技术综合篇，内容广泛、全面、系统。《中国橡胶工业强国发展战略研究》的发行是中国橡胶业界的一件大事，必将强有力地加快中国橡胶工业强国的建设步伐，乃至最终建成橡胶工业强国。

二、中国橡胶工业大国的基本经济国情

我国目前是名副其实的橡胶工业大国，但还不是橡胶工业强国，正处于从橡胶工业大国向强国转变的阶段，基本经济国情包括以下两点内涵：

(一)中国目前是名副其实的橡胶工业大国

中国橡胶工业经济总量(包括品种、产量、产值、销售额和橡胶消耗等)居世界第一，并占有较大比例，在规模和数量上是名副其实的橡胶工业大国。

表1　2001～2013年中、美、日轮胎产量比较　　亿条

地区	2001	2002	2003	2004	2005	2006	2007	2008	2009	2010	2011	2012	2013
中国	1.41	1.61	1.88	2.30	2.5	2.85	3.37	3.55	3.85	4.43	4.56	4.7	5.29
美国	2.46	2.56	2.36	2.33	2.28	2.23	1.95	1.74	1.49	1.63	1.70	1.62	1.56
日本	1.62	1.68	1.7	1.83	1.85	1.85	1.86	1.82	1.39	1.65	1.61	1.55	1.54
全球				11.8	12.3	12.5	13.4	13.2	12.2	13.7	14.6	16	16.6
占世界比/%				20.20	20.32	22.72	25.12	26.92	31.60	32.45	31.30	29.33	31.96

表2　2001～2013年中、美、日橡胶消费量比较　　万t

地区	2001	2002	2003	2004	2005	2006	2007	2008	2009	2010	2011	2012	2013
中国	279	306	310	340	400	450	505	550	588	645	690	730	830
美国	281	301	300	305	316	300	291	274	213	266	290	270*	264*
日本	181	185	189	196	201	204	205	202	147	174	172	169	166
全球	1759	1843	1929	2059	2107	2232	2343	2288	2154	2483	2584	2598	2820
占世界比/%	15.86	16.06	16.07	16.51	18.98	20.16	21.56	24.04	27.29	25.98	26.70	28.10	29.43

注：* 为测算值。

表 3　2001～2013 年中、美、日合成橡胶产量比较

万 t

地区	2001	2002	2003	2004	2005	2006	2007	2008	2009	2010	2011	2012	2013
中国	105.2	113.3	127.2	123.5	132.53	145.8	163.6	161.71	197	241	260	282.6	294.3*
美国	206.21	216.44	227.01	228.89	231.22	256.94	265.8	227.53	196.2	232.2	249.75	227	220
日本	146.55	152.2	157.7	161.56	162.69	160.7	165.46	165.1	130.32	159.54	161.12	162.74	170.8
全球	1050	1087.7	1134.1	1197.7	1207.3	1261.2	1334.7	1289	1195.5	1358	1431	1440	1481.5
占世界比/%	10.02	10.42	11.22	10.31	10.98	11.56	12.26	12.55	16.48	17.75	18.17	19.63	19.87

注：* 此数据不包含热塑性弹性体。

表 4　2001～2013 年中、美、日炭黑产量比较

万 t

地区	2001	2002	2003	2004	2005	2006	2007	2008	2009	2010	2011	2012	2013
中国	76.8	85.8	101.8	138.1	161.7	185.2	232.9	242.8	283.1	337.5	385.4	436.4	471.3
美国	155	160	157	159	162	152.1	151.4	142.9	109.4	135.5	151	146.6	146.6
日本	72.8	74.8	77.9	80.2	80.1	81.9	83	81.4	57.6	72.3	67.9	63.5	63.5
全球	695	705	754	764.5	765.6	816.4	918	960.4	993.3	1100	1127.8	1193.8	1263
占世界比/%	11.05	12.17	13.50	18.06	21.12	22.68	25.37	25.28	28.50	30.68	34.17	36.56	37.32

表 5　2001～2013 年中、美、日、德橡胶机械销售额比较

万美元

地区	2001	2002	2003	2004	2005	2006	2007	2008	2009	2010	2011	2012	2013
中国	30000	35100	54217	73171	80247	86420	101266	110390	123167	159574	184127	168521	230000
北美	35000	27300	23660	27760	28140	25042	33800	33480	32000	32100	38890	42001	37270
日本	28000	27100	23487	26640	27180	17799	22980	18670	10000	9300	21940	23695	17810
德国	42000	36400	31547	36250	38510	44154	54370	45410	43300	45400	50400	54432	54420
全球	189312	196013	185120	263311	265097	282326	327466	347920	344679	402284	448897	454472	500790
占世界比/%	15.85	17.91	29.29	27.79	30.27	30.61	30.92	31.73	35.73	39.67	41.02	37.08	46

表 6　橡胶工业大国发展路线图

项目	初级阶段 2002～2004 年	中级阶段 2005～2008 年	高级阶段 2009～现在
橡胶消费量	2002 年我国橡胶消费量 306 万吨，超过美国 301 万吨，居世界第一。		
橡机销售额	2003 年我国橡胶机械销售额为 5.4 亿美元，超过德国 3.15 亿美元，居世界第一。		

续表 6

	初级阶段 2002～2004 年	中级阶段 2005～2008 年	高级阶段 2009～现在
轮胎产量		2005 年我国轮胎产量 2.5 销售额亿条，超过美国 2.28 亿条，居世界第一。	
出口轮胎		2007 年我国出口轮胎销售额 64.1 亿美元，超过日本 60.94 亿美元，居世界第一。	
非轮胎橡胶制品产量		胶鞋、自行车胎、胶管胶带、摩托车胎、橡胶配件等产品产量相继居世界第一。	
炭黑产量		2006 年我国炭黑产量 185.2 万吨，超过美国 152.1 万吨，居世界第一。	
其他原材料产量		废橡胶综合利用、橡胶助剂、橡胶工业用钢丝和帘帆布等产量相继居世界第一。	
合成橡胶产量			2009 年我国合成橡胶产能达 250 万吨，产量 197 万吨，超过美国的 196.2 万吨，位居世界第一。

总结以上表 1 至表 6 可以说明，我国橡胶工业大国的发展经历了以下 3 个阶段：

1. 从 2002 年至 2004 年为橡胶工业大国发展初级阶段

衡量一个国家橡胶工业规模的重要指标是橡胶消耗量。2002 年，我国橡胶消耗量开始居世界第一，2003 年我国橡胶机械销售额居世界第一。可以认为，从 2002 年开始我国初步进入世界橡胶工业大国行列，称作橡胶工业大国发展初级阶段。

2. 从 2005 年至 2008 年为橡胶工业大国发展中级阶段

轮胎是橡胶工业中耗胶量最大的产品，经济总量约占整个橡胶工业的 70%。2005 年，我国轮胎产量居世界第一，2007 年出口轮胎销售额居世界第一。在这期间，我国胶鞋、自行车胎、胶管胶带、摩托车胎、橡胶配件、炭黑、废橡胶综合利用、橡胶助剂、橡胶工业用钢丝和帘帆布等产品产量相继居世界第一。可以认为，从 2005 年开始我国进入橡胶工业大国发展中级阶段。

3. 从 2009 年至今为橡胶工业大国发展高级阶段

2009 年我国合成橡胶产量跃居世界第一。迄今为止综合统计说明，除了天然橡胶外，绝大部分橡胶产品、橡胶原材料和各种橡胶机械等生产规模和产量均居世界第一。可以说，从 2009 年开始我国已经进入橡胶工业大国高级阶段，成为名副其实的橡胶工业大国。

4. 逐渐向橡胶工业强国发展

我国在向橡胶工业大国发展的过程中，也在逐渐变强，“十一五”是我国橡胶工业历史上发展最快的时期，取得了重大业绩，而且产品结构不断优化，转变增长方式初见成效，进一步增强了我国世界橡胶工业大国的地位。“十二五”期间面临更大挑战，前几年尽管外部环境不利因素很多，但是，在向橡胶工业强国发展的道路上不断前进。

2013 年，轮胎子午化率达到 89%，绿色轮胎产业化开始启动。高强力输送带、线绳 V 带比例、钢丝编缠高压胶管比例大幅度增加。汽车用橡胶制品质量提高、品种增加。胶鞋行业企业结构不断优化。炭黑行业推广湿法造粒炭黑工艺，利用尾气生产汽、电等，降低炭黑油消耗和二氧化碳排放量取得重大进展，基本实现湿法造粒。橡胶助剂行业淘汰有毒有害产品，推广绿色助剂和清洁生产工艺，绿色助剂比例达到 92%。废旧轮胎橡胶综合利用率达到 75%，大力推广绿色环保再生橡胶产品和开展清洁文明生产，节能降耗取得显著成绩，每吨再生橡胶电耗降低 20%。

另外，天然橡胶产业在向海外发展方面取得重大进展，境外投资或控股的橡胶园达 11 万公顷，相当于国内种植面积的 1/10。境外投资或控股的天然橡胶加工厂 16 家，加工能力 90 多万吨。合成橡胶生产技术开发能力不断增强，现已掌握了主要胶种的工业化生产技术，形成了相对完备的合成橡胶产业体系，一部分合成橡胶新品种开发成功。橡胶机械与产品工业同步发展，企业国际竞争力和集中度大幅度提高，改变了国际橡胶机械的生产和市场格局。

（二）中国还不是橡胶工业强国

中国正在向橡胶工业强国发展，但还不是橡胶工业强国。我国的橡胶工业经济国情依然是“大”而不“强”。虽然在某种程度上，“大”是“强”的重要基础，但两者本质不同。“大”描述的是规模和数量，而“强”表现的是效率和质量。不“强”主要表现在我国橡胶工业现代化水平低、自主创新能力较弱，国际竞争力不强、经济运行质量不高，与世界橡胶工业强国美国、法国、德国、意大利、日本等国家比，差距依然很大。

中国橡胶工业协会根据国家有关部委和中国社科院等有关工业现代化和工业强国的文献，对照橡胶工业强国著名公司的先进指标，结合我国橡胶工业的现状，制定了《中国橡胶工业现代化评价办法》，基本涵盖了橡胶工业强国的主要特征，并进行量化和明确了指标的权重，是评价企业和行业橡胶工业强国水平的有效办法。经过对轮胎等 11 个专业等数十家企业的测评预测，2013 年我国橡胶工业各专业的现代化指数大约在 31 ~69.6 之间，我国橡胶工业综合平均现代化指数约为 49，即为世界先进水平的 49%，也即为橡胶工业强国水平的 49%。

目前我国橡胶工业不强的具体表现如下：

1. 劳动生产率低

高生产效率的特征是工业强国“强势”的综合体现，是目前我国橡胶工业与美、日、法、德等橡胶工业强国最根本的差距。据 2013 年度全球轮胎 75 强排行榜，诺基亚轮胎以人均 50.8 万美元销售额居劳动生产率之首，第 2 位是住友轮胎 37.8 万美元，第 3 位东洋轮胎 37.3 万美元。据估算，我国 2013 年橡胶工业人均销售额为 96.6 万元，相差较远。我国大多数轮胎企业人均销售额为世界先进水平的 1/3 至 1/2，2013 年据 47 家轮胎厂统计平均人均销售额约为 120.3 万元，差距很大。

我国非轮胎橡胶制品人均销售额与国外企业差距更大。日本、德国、瑞典等著名专业非轮胎橡胶企业的人均销售额一般在 40 万美元以上，最高达 100 万美元以上，我国一般在 40 万 ~100 万元人民币。

2. 产品价格低

在国内，外资企业在品牌、技术等方面都具有优势，其全钢载重子午胎的价格比国内企业高 20% ~30%；乘用胎（半钢子午胎）的价格更是高出 50% 以上；国内乘用车轮胎配套市场，外资企业品牌占据了 70% ~80% 的市场份额。

据海关统计，我国出口轮胎的价格更低。以出口美国的乘用车轮胎价格为例，2013 年我国出口美国的各种规格乘用轮胎价格，一般为其他国家和地区出口美国同类产品平均价格的 56% ~82%。小于 13 英寸的乘用胎价格是其他国家和地区出口美国同类产品平均价格的 56%，仅为德国轮胎的 14%，详见表 7。

表 7　2013 年美国乘用胎(小于 13 英寸)主要进口国家的价格情况

进口国家/地区	总进口数量/条	平均进口价格/美元·条$^{-1}$
中国大陆	655604	23.93
墨西哥	203051	32.54
泰国	75612	29.6
中国台湾	69487	25.98
印度尼西亚	68805	25.07
德国	65154	168.89
总进口	1284411	42.52
中国占总进口比例	51%	中国是平均价格的 56%

另外,2013 年我国出口美国的摩托车胎和自行车胎价格仅为其他国家和地区出口美国同类产品平均价格的 37% 左右,是德国产品的 22%。

产品价格低还突出表现在各类进出口橡胶产品价格的对比上,详见表 8。

表 8　2013 年中国各类进出口橡胶产品价格的对比情况

内容	进口量/万 t	进口额/亿美元	进口均价/美元·吨$^{-1}$	出口量/万吨	出口额/亿美元	出口均价/美元·吨$^{-1}$	进口价/出口价
硫化橡胶板、片及异型材(制品)	2.4	2.28	9500	15.4	2.85	1851	5.13
胶管	3.8	6.4	16842	16.5	8	4848	3.47
输送带及传动带、V 带等	1.9	3.18	16737	24.7	8.18	3312	5.05
新的充气橡胶轮胎	11.8	9.8	8305	499.3	161.5	3235	2.57
避孕套等卫生及医疗制品	0.37	1.44	38919	1.5	1.34	8933	4.36
硫化橡胶的其他制品(海绵制品,门垫,密封垫,码头碰垫)	7.17	20.66	28815	40.3	26.26	6516	4.42
各种形状的硬质橡胶及硬质橡胶制品	0.0489	0.0964	19714	1.168	0.4118	3526	5.59

表 8 表明,2013 年我国橡胶产品平均进口价格高于出口价格 4 倍的产品分别是 4017 项下的硬质橡胶及其制品,4008 项下的硫化橡胶板、片及异型材(制品),4010 项下的输送带及传动带、V

带以及避孕套等卫生及医疗制品。

3. 利润率低

据2013年度全球轮胎75强排行榜，申报利润的20家企业无一亏损，平均税前营业收入利润率为10.7%，较上年度增加2个百分点；平均净利润率为5.4%，较上年度增加1个百分点。诺基亚轮胎收益率居首，税前营业收入率及净利润率分别为24%及20%，阿波罗、大陆轮胎、正新国际、米其林、韩国轮胎、倍耐力等净利润率都保持两位数增长。2013年我国47家轮胎企业平均税前营业收入利润率约4.9%，不到75强的一半。

据2013年度全球非轮胎橡胶制品50强排行榜，按利润率排名，汤姆金斯公司、安塞尔公司、特雷勒堡公司、新田公司、顶级手套公司、派克－汉尼芬公司、佛雷依登贝格公司、威力塔斯公司、伊顿公司及达特威勒持股公司分列前10位。其中，汤姆金斯公司、安塞尔公司利润率超过10%。我国株洲时代新材料科技股份有限公司销售收入突破5亿美元大关，名列第36位，利润率4.2%；安徽中鼎密封件公司名列第40位。

4. 自主创新能力较弱

一个国家的自主创新能力，一定程度上反映在企业的研发投入、专利申请以及获得专利的数量上。首先研发投入方面的差距是很大的，据中国上市轮胎企业调查，近几年研发投入占销售额的比例不断增加，达到3%左右，与世界著名轮胎企业接近，但是投入金额差距巨大，一般仅为其1/6左右。

在轮胎专利方面，随着中国成为世界轮胎大国，国内轮胎企业申请专利快速增长，但是发明专利很少，专利质量与国外轮胎企业相比差距很大。

(1)研发能力底子相对较薄，创新能力相对缺乏积累，导致目前中国本土企业在轮胎专利申请上还仅停留在“保量”的基础阶段，专利质量(包括授权量、保有量等)有待进一步提高。

(2)在重点研发领域与国外先进企业相比，轮胎材料、轮胎机械等领域的专利数量、质量都不高。大量分散而重复的申请，使得中国本土企业没形成系统的专利联盟和壁垒。

(3)专利布局不合理，对于海外市场布局更是相当初级。从全球专利布局情况来看，国内企业与国外企业之间的差距明显。统计数据显示，国内重点企业均只在中国进行了专利申请，尚未发现海外市场专利布局行为。国外龙头企业则在全球五大区局域均有专利申请，加强了技术和贸易保护，而国内轮胎企业在国外愈来愈多地遭受技术和贸易壁垒。

(4)由于自身专利意识的缺乏和政策引导力度有待进一步加强，中国本土轮胎企业在专利运营上尚未起步。

5. 产业集中度低

我国合成橡胶、天然橡胶、橡胶助剂、骨架材料和橡胶机械等产业集中度比较高，前10家销售额占全国比例超60%，但橡胶产品产业集中度比较低。2013年度全球轮胎75强排行榜中，销售额超过百亿美元的企业有普利司通、米其林、固特异和大陆4家，合计销售额845.92亿美元(2012年销售额)，占全球轮胎销售额1872.50亿美元的45.18%。我国中策橡胶集团以45.58亿美元第二次名列第10名。中国大陆上榜的轮胎企业与上年相比大都有了较大的提升，但是与国际四大轮胎品牌相比，即便是我国几家大型轮胎企业，其规模还是比较小的。特别是轮胎企业上榜数量26家，占75家的34.67%，但26家合计销售额252.08亿美元，仅占全球轮胎销售额13.46%。可见企业集中度之低。

6. 信息化与自动化融合程度低

信息化将信息技术、网络技术、现代管理与制造技术相结合，带动了技术研发过程创新和产品设计方法与工具的创新、管理模式和制造模式的创新，实现产品的数字化设计、网络化制造和敏捷制造，快速响应市场变化和客户需求，全面提升制造业发展水平。

自动化是将完备的感知系统、执行系统和控制系统与相关机械装备完美结合，构成了高效、高可靠的自动化装备和柔性生产线，将实现自动、柔性和敏捷制造。

目前橡胶工业的“两化”融合程度相对较低，低端CAD软件和企业管理软件得到普及，但应用于各类复杂产品设计和企业管理的智能化高端软件产品缺失。大多数企业在生产制造过程中一定程度地应用了自动化技术，但应用于提高产品质量、实现节能减排、提高劳动生产率的智能化技术严重缺乏。同时,信息技术和相关软件产品与制造工艺技术融合不够。

很多软件公司与橡胶企业结合,开发了多种企业内外部各层次、各部门资源信息管理需要的平台。其中ERP(企业资源管理)和PLM(产品生命周期管理)等软件已在企业推行,取得一定效果,特别是在轮胎生产和销售领域已经有30多家轮胎企业和众多的轮胎经销商、零售商开始应用。但据调查估计,目前我国橡胶加工企业信息化水平较低,信息化项目(如ERP、PLM等软件)覆盖率和企业覆盖率均在30%左右,而且存在各个平台之间无缝衔接效果较差。轮胎企业MES(操作系统)系统实现了企业、工厂、车间、工序、机台、销售、物流、市场信息化的集成管理和控制,创造了轮胎产业的一种新型管理模式,已在部分轮胎厂推行,提高了企业工艺控制水平和生产效率,但尚需进一步扩大推广和提高。

有的国外轮胎和橡胶配件工厂已经基本实现了无人化。单机效率高,广泛采用现代物流技术。从炼胶、半成品制造、产品成型、硫化、检测到入库,基本都是自动化,原材料、半成品和成品的移动实现连续化,大量采用自动导引车(AGV)和机器人来完成,生产效率比传统工厂提高50%。国内在自动化方面差距比较大,效率低,用人多。

我国橡胶工业不强的表现,除了以上六方面外,在环境保护、质量、品牌等方面差距也很大。

三、关于中国橡胶工业强国总战略目标和确定依据

中国橡胶工业强国的总战略目标是:争取"十三五"末(2020年)进入橡胶工业强国初级阶段,"十四五"末(2025年)进入橡胶工业强国中级阶段。

提出的依据具体如下:

(一)符合习主席提出的中国两个百年的发展目标

习主席提出的"中国梦",包括两个百年战略目标,即在中国共产党成立100年(2021年)时,全面建成小康社会;在新中国成立100年(2049年)时建成富强民主文明和谐的社会主义现代化国家。橡胶工业强国的总战略目标基本符合两个百年战略目标。

(二)与国家有关中长期发展规划目标以及有关行业强国建设的目标相吻合

工信部赛迪研究院的一份研究报告提出工业强国建设的时间表是:在2015年基本建成具备整体优势和局部强势的现代工业体系,在2020年基本建成世界工业强国。

《国家中长期人才发展规划纲要(2010~2020)》(2010年6月)、《国家中长期教育改革与发展规划纲要(2010~2020)》(2010年7月)、《国家中长期科学与技术发展规划纲要(2006~2020)》(2006年2月)分别提出,在2020年将我国建成世界人力资源强国、人才强国和科技创新强国的三大目标。

中国社科院2012年9月6日《中国工业大国国情与工业强国战略》报告中提出,我国工业强国战略目标应该是在2020年初步建成世界工业强国,2040年全面建成世界工业强国。

2013年1月,中国工程院启动了《制造强国战略研究》,提出了在2020年进入制造强国行列的指导方针和优先行动。预计中国将可能在2020年进入制造强国行列中。调研显示,我国已经具备建设制造强国的基础和优势:第一,我国拥有巨大市场;第二,我国制造业具备完整的产业链;第三,在制造业数字化方面掌握了核心关键技术;第四,拥有独特的人力资源优势;第五,在自主创新方面已取得了一些辉煌成就。

(三)符合目前我国橡胶工业现代化进程

根据《中国橡胶工业现代化水平评价办法》(试用稿),经过各个专业数十家企业初步测算统计,我国目前橡胶工业各专业的现代化指数大约在31~69.6之间,我国橡胶工业综合平均现代化指数约完成了49%,如果不考虑其他影响,仅仅简单地按照目前我国橡胶工业现代化水平年均增长的趋势外推,大约在"十三五"末(2020年),我国橡胶工业将完成工业现代化进程的71.9%,即进入橡胶工业强国初级阶段,也可以说初步建成橡胶工业强国;"十四五"末(2025年)完成92.7%,进入橡胶工业强国中级阶段,也可以说基本建成橡胶工业强国。

四、中国橡胶工业强国发展战略技术经济指标分解目标

根据橡胶工业强国总战略目标，对于2020年、2025年橡胶工业强国发展战略技术经济指标分解目标如表9。其中"目前"为各专业及部分企业，根据中橡协字［2014］45号《中国橡胶工业现代化水平评价办法》(试用稿)预测。

表9　橡胶工业强国发展战略技术经济指标分解目标

指标类型	指标	标准值	权重	目前	初级阶段2020年（"十三五"末）	中级阶段2025年（"十四五"末）
一、效率指标	1. 人均销售额/万元		15			
	轮胎	200		120	148.1	172.1
	力车胎	100		55	60	80
	胶管胶带	180		75	115	150
	胶鞋	80		30	60	80
	橡胶制品	100		50	90	100
	乳胶	100		33.2	55	75
	炭黑	100		76	80	85
	废橡胶综合利用	100		55	70	80
	橡胶机械模具	100		32	65	100
	橡胶助剂	100		80	100	150
	骨架材料	150		92	150	190
	2. 销售利润率/%		15			
	轮胎	10		4.7	6.4	8
	力车胎	15		5.8	10	12
	胶管胶带	15		6.8	10	13
	胶鞋	10		4.5	6	10
	橡胶制品	15		5	8	11
	乳胶	8		3.95	5.5	6.5
	炭黑	15		1	5	10
	废橡胶综合利用	10		5	7	9
	橡胶机械模具	15		7	10	13
	橡胶助剂	12		7	12	15
	骨架材料	10		5	12	13

续表 9－1

指标类型	指标	标准值	权重	目前	初级阶段 2020 年（“十三五”末）	中级阶段 2025 年（“十四五”末）
二、技术创新指标	3. 设备国际水平/%		3			
	轮胎	80		70	74	76.9
	力车胎	80		60	70	80
	胶管胶带	90		65	75	90
	胶鞋	80		20	50	80
	橡胶制品	80		30	60	80
	乳胶	80		20	35	65
	炭黑	80		76	80	80
	废橡胶综合利用	80		40	60	80
	橡胶机械模具	80		50	60	80
	橡胶助剂(绿色化率)	95		92	95	98
	骨架材料	95		90	95	98
	4. 研发费占销售额比/%	3	8			
	轮胎			1.4	1.9	2.4
	力车胎			1	2	3
	胶管胶带			1.25	2.1	2.8
	胶鞋			0.3	1	3
	橡胶制品			0.4	2	2.5
	乳胶			0.5	1	2
	炭黑			0.4	2.5	3
	废橡胶综合利用			1.5	2.5	3
	橡胶机械模具			1.5	2.2	3
	橡胶助剂			2.8	3.5	4.5
	骨架材料			1	3	3
	5. 专利质量/%		7			
	轮胎	10		5	6.7	8.2
	力车胎	10		5	7	10
	胶管胶带	20		15	18	20
	胶鞋	10		2	8	8
	橡胶制品	10		3	5	8
	乳胶	40		18	29	40
	炭黑	10		5	6.5	8
	废橡胶综合利用	30		11.2	25	30
	橡胶机械模具	10		4.5	6	7.5
	橡胶助剂	65		50	60	65
	骨架材料	20		12	15	20

续表 9－2

指标类型	指标	标准值	权重	目前	初级阶段 2020 年（“十三五”末）	中级阶段 2025 年（“十四五”末）
三、国际化竞争指标	6. 产品出口与进口价格比	1	7			
	轮胎			0.38	0.6	0.8
	力车胎			0.37	0.6	0.8
	胶管胶带			0.24	0.42	0.75
	胶鞋			0.3	0.6	1
	橡胶制品			0.4	0.6	0.7
	乳胶			0.49	0.6	0.75
	炭黑			0.5	0.7	1
	废橡胶综合利用			0.9	1	1
	橡胶机械模具			0.6	0.73	0.88
	橡胶助剂			0.95	1	1
	骨架材料			0.85	0.9	1
	7. 出口＋境外工厂销售额占总销售额比/%	30	5			
	轮胎			36	37.6	38.8
	力车胎			23	25	30
	胶管胶带			5	12	20
	胶鞋			5	15（自有品牌）	30（自有品牌）
	橡胶制品			8	15	20
	乳胶			42.6	45	50
	炭黑			20	30	35
	废橡胶综合利用			12	15	25
	橡胶机械模具			20	25	30
	橡胶助剂			29.6	35	40
	骨架材料			20	25	30

续表 9-3

指标类型	指标	标准值	权重	目前	初级阶段 2020 年（“十三五”末）	中级阶段 2025 年（“十四五”末）
四、信息化指标	8. 信息化投入占销售额比/%	0.5	5			
	轮胎			0.4	0.47	0.53
	力车胎			0.15	0.25	0.4
	胶管胶带			0.09	0.25	0.45
	胶鞋			0.05	0.3	0.5
	橡胶制品			0.1	0.3	0.4
	乳胶			0.05	0.25	0.4
	炭黑			0.3	0.4	0.5
	废橡胶综合利用			0.1	0.3	0.5
	橡胶机械模具			0.25	0.4	0.5
	橡胶助剂			0.2	0.35	0.5
	骨架材料			0.1	0.25	0.5
	9. 信息化率/%	100	7			
	轮胎			42.9	60.8	78
	力车胎			50	70	90
	胶管胶带			28	55	85
	胶鞋			20	60	100
	橡胶制品			25	70	80
	乳胶			20	40	80
	炭黑			80	90	100
	废橡胶综合利用			25	50	80
	橡胶机械模具			20	50	80
	橡胶助剂			50	80	95
	骨架材料			60	80	95
	10. 信息化集成度/%	100	8			
	轮胎			50	66.5	81.6
	力车胎			40	60	80
	胶管胶带			15	55	85
	胶鞋			5	60	100
	橡胶制品			20	65	80
	乳胶			20	40	80
	炭黑			80	90	100
	废橡胶综合利用			20	50	80
	橡胶机械模具			20	50	80
	橡胶助剂			60	75	95
	骨架材料			65	75	95

续表 9－4

指标类型	指标	标准值	权重	目前	初级阶段 2020 年（“十三五”末）	中级阶段 2025 年（“十四五”末）
五、可持续发展指标	11. 每吨标煤能源产生现价工业产值/万元・吨标煤$^{-1}$		8			
	轮胎	20		17.5	18.5	19.2
	力车胎	20		5	7	10
	胶管胶带	25		12	18	23
	胶鞋	10		4	6	10
	橡胶制品	10		3.5	6.7	10
	乳胶	5		1.95	3	4.5
	炭黑	35		28	30	35
	废橡胶综合利用	5		4.26	5.215	5.81
	橡胶机械模具	15		10	12	15
	橡胶助剂	3.33		1.8	2.5	3.33
	骨架材料	3.5		3	3	3.5
	12. 每吨标煤能源生产产品/吨产品・吨标煤$^{-1}$		7			
	轮胎	5		4.28	4.56	4.78
	力车胎	5		3.3	4.5	5
	胶管胶带	6		3.8	4.8	6
	胶鞋	7		3	5	7
	橡胶制品	10		3.3	5	8
	乳胶	2		0.56	0.8	1.8
	炭黑	–		–	–	–
	废橡胶综合利用	10		9.46	10.43	11.62
	橡胶机械模具	–		–	–	–
	橡胶助剂	1.67		0.9	1.25	1.67
	骨架材料	4		3.03	3.1	3.5
	13. 用水重复利用率/%	95	5			
	轮胎			80	90	95
	力车胎			85	93	96
	胶管胶带			60	75	95
	胶鞋			80	90	95
	橡胶制品			80	90	95
	乳胶			77.5	85	90
	炭黑			80	90	95
	废橡胶综合利用			90	95	95
	橡胶机械模具			–	–	–
	橡胶助剂			60	80	90
	骨架材料			90	95	95

续表 9－5

指标类型	指标	标准值	权重	目前	初级阶段 2020 年（“十三五”末）	中级阶段 2025 年（“十四五”末）
现代化指数（平均值）				49.2	71.9	92.7
	轮胎			62.8	76.5	88.7
	力车胎			48.2	66.4	85.4
	胶管胶带			41.8	65	88.2
	胶鞋			31	63.6	98.6
	橡胶制品			34.6	66	84.1
	乳胶			40.8	59.9	86
	炭黑			57.9	76.2	92.2
	废橡胶综合利用			54.7	76.4	94.1
	橡胶机械模具			43.9	64.8	87.4
	橡胶助剂			69.6	92.2	116
	骨架材料			56.1	84.2	99

五、中国橡胶工业主要产品产量、销售额和生胶消耗预测

我国橡胶工业今后 10 年的发展，主要是调整结构，用高新技术改造传统橡胶工业，提质增效，重点放在提高质量、自动化水平、信息化水平、生产效率、环境保护和经济效益上，加快橡胶工业强国建设。

具有一定的产业规模和生产能力，是橡胶工业强国的基础。今后 10 年橡胶工业总量要保持增势，但年均增长稍低于现有水平，继续稳固中国橡胶工业国际领先的规模影响力和出口份额。

销售额 2013～2020 年年增长 7%，2020 年达到 1.49 万亿元；2020～2025 年年增长 6%，2025 年达到 1.99 万亿元。

生胶消耗量 2013～2020 年年增长 6%，2020 年达到 1200 万吨；2020～2025 年年增长 4%，2025 年达到 1500 万吨。

表 10　2014～2025 年中国橡胶工业发展预测

	2013	2014	2015	2016	2017	2018	2019	2020	2021	2022	2023	2024	2025
销售额/亿元	9280	9930	10625	11368	12164	13016	13927	14902	15796	16743	17748	18813	19942
年增长/%		7	7	7	7	7	7	7	6	6	6	6	6
轮胎/亿条	5.29	5.71	6	6.3	6.61	6.94	7.29	7.66	7.96	8.28	8.61	8.96	9.31
年增长/%		8	5	5	5	5	5	5	4.5	4.5	4.5	4.5	4.5
自行车外胎/万条	59000	69000	77000	82250	86370	90700	95200	100000	103000	105100	107000	108200	108300
年增长/%		16.9	11.6	6.8	5	5	5	5	3	2	1.8	1.1	0.1

续表 10

	2013	2014	2015	2016	2017	2018	2019	2020	2021	2022	2023	2024	2025
摩托车外胎/万条	18000	18900	20400	22060	23820	25700	27750	29970	31160	32100	33000	33900	34500
年增长/%		5	7.9	8.1	8	7.9	8	8	4	3	2.8	2.7	1.8
输送带/亿 m^2	5.2	5.5	5.7	6	6.2	6.5	6.7	7	7.2	7.3	7.5	7.6	7.8
年增长/%		5.5	4.2	4.2	4.2	4.2	4.2	4.2	2	2	2	2	2
V 带产量/亿 Am	22	23.2	24.2	25.2	26.3	27.4	28.5	29.7	30.3	30.9	31.5	32.2	32.8
年增长/%		5.5	4.2	4.2	4.2	4.2	4.2	4.2	2	2	2	2	2
胶管产量/亿 Bm	13	14.3	14.9	15.5	16.2	16.9	17.6	18.3	18.7	19	19.4	19.8	20.2
年增长/%		10	4.2	4.2	4.2	4.2	4.2	4.2	2	2	2	2	2
再生胶和胶粉/万 t	430	465	508	557	610	668	732	803	865	931	1003	1081	1164
年增长/%		8.2	9.2	9.5	9.6	9.6	9.6	9.6	7.7	7.7	7.7	7.7	7.7
橡胶消费/万 t	830	880	933	989	1048	1111	1177	1248	1298	1350	1404	1460	1518
年增长/%		6	6	6	6	6	6	6	4	4	4	4	4
炭黑产量/万 t	471.3	504	540	577	618	661	707	757	798	842	889	938	989
年增长/%		7	7	7	7	7	7	7	5.5	5.5	5.5	5.5	5.5
橡胶助剂/万 t	100	107	110	115	123	131	140	150	159	169	179	189	200
年增长/%		7	2.8	4.1	7	6.9	6.9	7.1	6	6	6	5.8	5.8
钢丝/万 t	260	273	287	301	316	332	348	366	380	396	412	428	445
年增长/%		5	5	5	5	5	5	5	4	4	4	4	4
帘帆布/万 t	49.1	51.06	53.11	55.23	57.44	59.74	62.13	64.61	66.55	68.55	70.6	72.72	74.9
年增长/%		4	4	4	4	4	4	4	3	3	3	3	3
合成橡胶/万 t	294	313	338	365	395	426	460	497	529	564	600	639	681
年增长/%		8	8	8	8	8	8	8	6.5	6.5	6.5	6.5	6.5
橡机销售额/亿元	130	145	160	170	180	190	200	210	219	229	240	250	262
年增长/%		11.5	10.3	6.3	5.9	5.6	5.3	5	4.5	4.5	4.5	4.5	4.5

六、中国橡胶工业各专业强国发展预期目标特征

根据中国橡胶工业强国总战略目标和对于2020 年、2025 年橡胶工业强国发展战略技术经济指标分解目标，以及参考中国橡胶工业规模预测，对中国橡胶工业各专业强国发展预期目标特征汇总如表 11 和表 12。

表 11　中国橡胶工业强国发展战略各专业集中度目标特征汇总　　销售额

产品／时间	目前（2013 年）	"十三五"末（2020 年）	"十四五"末（2025 年）
轮胎	前 10 家占全国 44.8%	前 10 家占全国 51.1%	前 10 家占全国 52.4%
力车胎	前 5 家占全国 54%，前 10 家占全国 78%	前 5 家占全国 60%，前 10 家占全国 85%	前 5 家占 75%，前 10 家占全国 90%
胶管胶带	前 10 家占全国 34.5%	前 10 家占全国 39.7%	前 10 家占全国 45%
橡胶制品	前 10 家占全国 40%	前 10 家占全国 50%	前 10 家占全国 60%
胶鞋	前 5 家占全国 46.6%，前 10 家占全国 64%	前 5 家占全国 60%，前 10 家占全国 75%	前 5 家占全国 70%，前 10 家占全国 80%
乳胶	前 5 家占全国 26%，前 10 家占全国 32%	前 5 家占全国 32%，前 10 家占全国 46%	前 5 家占全国 40%，前 10 家占全国 60%
再生胶	前 10 家占全国 21.45%	前 10 家占全国 30%	前 10 家占全国 38%
炭黑	前 5 家占全国 40%，前 10 家占全国 70%	前 5 家占全国 50%，前 10 家占全国 80%	前 5 家占全国 65%，前 10 家占全国 85%
橡胶助剂	前 10 家占全国 65.3%	前 10 家占全国 70%	前 10 家占全国 80%
骨架材料	33 家占全国 90%	25 家占全国 90%	20 家占全国 90%
橡胶模具	前 5 家占全国 50%，前 10 家占全国 60%	前 5 家占全国 60%，前 10 家占全国 70%	前 5 家占全国 70%，前 10 家占全国 80%
橡胶机械	前 10 家占全国 60%	前 10 家占全国 65%	前 10 家占全国 68%

表 12　中国橡胶工业强国发展战略各专业企业竞争力预期目标特征汇总　　销售额

产品／时间	目前（2013 年）	"十三五"末（2020 年）	"十四五"末（2025 年）
轮胎	1 家企业进入世界轮胎前 10 强	2 家进入世界轮胎前 10 强	3 家进入世界轮胎前 10 强
力车胎	1 家企业进入世界力车胎前 10 强	2 家企业进入世界力车胎前 10 强	3 家企业进入世界力车胎前 10 强
胶管胶带	无 1 家进入世界非轮胎前 50 强	2 家进入世界非轮胎前 50 强	5 家进入世界非轮胎前 50 强
橡胶制品	2 家进入世界非轮胎前 40 强	3 家进入世界非轮胎前 50 强，2 家进入世界非轮胎前 30 强	4 家进入世界非轮胎前 50 强，2 家进入世界非轮胎前 30 强
胶鞋		1 家成为世界级企业	2 家成为世界级企业
乳胶	1～2 家进入世界前 50 强	1～2 家进入世界前 20 强	1～2 家进入世界前 10 强
废橡胶	1 家成为世界级废橡胶综合利用企业	3 家成为世界级废橡胶综合利用企业	5 家成为世界级废橡胶综合利用企业

续表 12

时间＼产品	目前(2013 年)	“十三五”末(2020 年)	“十四五”末(2025 年)
炭黑	3 家进入世界炭黑前 10 强	5 家进入世界炭黑前 10 强，2 家进入 5 强	6 家进入世界炭黑前 10 强，3 家进入 5 强
橡胶助剂	1 家进入世界前 5 强	3 家进入世界前 5 强	4 家进入世界前 5 强
骨架材料		1 家成为世界级骨架材料企业	2 家成为世界级骨架材料企业
橡胶模具	2 家进入世界轮胎模具前 10 强(但没有权威部门认定)	3 家进入世界轮胎模具前 10 强,2 家进入前 5 强	4 家进入世界轮胎模具前 10 强,3 家进入前 5 强
橡胶机械	4 家进入世界橡机前 10 强，1 家进入前两强	5 家进入世界橡机前 10 强	6 家进入世界橡机前 10 强，2 家进入前 3 强
合成橡胶		2 家成为世界级合成橡胶企业	2 家成为世界领先合成橡胶企业

七、中国橡胶工业强国发展战略措施

(一)新材料

材料是橡胶工业的基础,新材料是橡胶工业发展的先导。

橡胶工业的原材料分三大类,即主体材料、骨架材料和助剂材料,可以说这三大类材料决定了橡胶产品的特性和功能。橡胶工业的发展基本上取决于这三大类材料的发展。

目前,三大类材料 60% 的原料来源于石油和煤炭等化石资源。今后,三大类材料的原料的发展方向有四方面:一是提高现有产品的性能和质量,以降低原材料消耗和延长产品寿命;二是改变现有原材料产品的形态,以改善加工工艺,提高质量,降低能耗,改善环境;三是扩大使用热塑性弹性体和树脂,以有利于废旧橡胶产品的回收利用;四是开发生物及生物基材料,代替合成材料,逐步减少橡胶工业对化石资源的依赖。根据以上原则,今后橡胶新材料的发展路线图如表 13。

表 13　橡胶新材料技术路线图

		“十二五”	“十三五”	“十四五”
一、目录	1. 原料结构目标	60% 来源于化石资源	55% 来源于化石资源	50% 来源于化石资源
	2. 品种结构目标 扩大使用热塑性弹性体和树脂。	消费 140 万吨,占橡胶消费的 15%,主要用在胶鞋上。	消费占橡胶的 25%，稳定在胶鞋的应用，扩大在汽车橡胶配件的应用。	消费占橡胶的 30%，稳定在胶鞋、汽车配件的应用,开发和扩大在胶带、轮胎的应用。

续表 13

<table>
<tr><th></th><th>“十二五”</th><th>“十三五”</th><th>“十四五”</th></tr>
<tr><td>二、措施</td><td colspan="3">1. 天然橡胶：开发天然胶乳和白炭黑组合的湿法混炼胶；研究开发航空天然橡胶、纳米黏土天然橡胶和低生热天然橡胶等。

2. 合成橡胶：扩大应用钕系顺丁橡胶、溶聚丁苯橡胶、集成橡胶 SIBR 和合成杜仲胶（TPI），以满足绿色轮胎要求，降低燃料消耗；开发应用合成橡胶和白炭黑组合的湿法混炼胶；开发生物基合成橡胶，以减少对化石资源的依赖。

3. 热塑性弹性体：开发饱和加氢制备的耐温性能高的 SEBS 和聚烯烃类弹性体（TPO 或 TPV），扩大在汽车橡胶配件的应用；开发高气体阻隔聚酰胺弹性体，用于轮胎气密层；热塑性医用溴化丁基橡胶研发及产业化；开发生物基热塑性弹性体。

4. 杜仲等生物橡胶：杜仲胶由现在的百吨装置，扩大至千吨和万吨装置；开发蒲公英橡胶和银菊橡胶；开发生物基高分子原料乙烯、丙烯、异戊二烯等。

5. 炭黑和白炭黑：开发低滚动阻力炭黑；扩大白炭黑应用；开发高分散性白炭黑；推广非石油基炭黑 CF；开发纳米级无机补强材料。

6. 骨架材料：扩大应用芳纶纤维；开发超高强度钢丝帘布和钢丝纤维；开发无碱低密度玻纤维应用；开发超高分子量聚乙烯纤维（PE）及应用；开发应用 PEN 聚酯纤维；开发高强度人造丝及应用；开发尼龙 65 生物基纤维帘帆布及应用；开发碳纤维橡胶产品。骨架材料形态：开发轮胎用浸胶帘布条（免压延）；开发用于全自动化轮胎成型用的浸胶线绳；开发输送带直径直纬帆布和浸胶帆布（免压延）。

7. 橡胶助剂：开发高热稳定性不溶性硫黄；白炭黑分散剂；母粒化的环保促进剂和防老剂；有机锌非石油资源的有机和无机填料；开发新的促进剂 TBzTD、ZBEC、TBSI 等；开发新型防老剂 3100、4030、天然氨基酸、新型浅色防老剂、高性能长效性防老剂 TAPTD 等高端产品。</td></tr>
</table>

（二）智能制造

以智能机器人和 3D 打印技术为代表的智能制造装备时代，将是人类工业发展历史上的一个巨大进步。

橡胶工业是典型的劳动密集型传统工业，目前面临诸多因素的制约，亟待转型升级。例如，大部分工序劳动强度大，部分工序劳动环境恶劣，产品质量受人为因素影响大，劳动力成本不断上升，橡胶原材料 60% 来源于不可持续的化石资源等，这些问题严重影响橡胶工业强国的建设，需要通过智能制造，改造和提升橡胶工业。要经过 5 ~ 10 年的努力，形成完整的橡胶工业智能制造体系，实现生产过程自动化、智能化、精密化、绿色化，带动橡胶工业整体技术水平的提升，总体技术水平迈入国际先进行列。具体是结合我国橡胶工业的实际，重点推进 10 条自动化生产线的开发和推广。

1. 轮胎全自动化生产线，将机器人技术、AGV 导引车、自动化仓储、现代物流技术、信息技术（ERP/MES/PCS 等）、人工智能技术（REID/TPMS）、物联网技术、大数据技术等融入轮胎制造的全生命周期，实现从原材料、半成品、成型、硫化、检测、配送、码垛、仓储全过程的自动化、透明化、可视化、柔性化，人员、设备、物料、质量等关键要素有效协调和控制。半成品、成品质量提升，生产效率提高 50%，人工成本减低 50%。

2. 摩托车胎全自动化生产线，参照轮胎全自动化生产线内容。

3. 自行车胎全自动化生产线，参照轮胎全自动化生产线内容。

4. 热塑性弹性体输送带全自动化生产线，应用适用于输送带的热塑性弹性体新材料和骨架材料，采用挤出设备，全自动化生产高质节能的输送带。

5. 切割 V 带全自动化生产线，开发全自动化的切割 V 带用成型、切割、打磨等设备，并采用现代物流技术和装置，实现从原料、成品、检测到仓储的自动化生产管理。

6. 模压橡胶制品全自动化生产线，从半成品的制备、金属件的清洗、涂胶、硫化、仓储等，实现全过程智能化管理。

7. 3D 打印橡胶制品全自动生产线，应用热塑性弹性体或者树脂取代传统橡胶，开发汽车用防振橡胶、防尘罩、胶管等产品 3D 打印设备，并采用现代物流技术和装置，实现从原料、成品、检测到仓储的自动化生产管理。

8. 胶鞋工业智能设备及自动化生产线，智能设备包括自动化制鞋机器人、鞋底打磨机器人、自动涂浆机器人、3D 打印胶鞋设备、鞋帮自动化生产流水线和胶鞋自动化成型流水线等。通过采用胶鞋工业智能设备及自动化生产线，解决生产中的“脏、累、险”，减轻劳动强度，改善劳动环境，提高劳动生产率 30% 以上，降低工人成本。

9. 废橡胶再生胶（胶粉）全封闭、自动化生产线，从废橡胶清洗、粉碎、拌料、脱硫、包装、仓储等全过程的封闭、自动化生产，彻底解决废气、废水、粉尘、噪音的污染，大幅度提高生产效率，实现废橡胶处理全过程的智能化。

10. 橡胶助剂全自动化生产线，生产过程智能化和产品包装至仓库自动化生产线管理。

（三）低碳经济和循环经济

橡胶工业 60% 的原材料来源于化石资源，在生产过程中消耗大量能源，产生大量废旧橡胶产品需要处理，发展低碳经济和循环经济，是橡胶工业可持续发展的必由之路。

橡胶工业低碳经济和循环经济的目标是，经过 10 年左右的努力，实现橡胶工业原材料从以化石资源为主，逐渐过渡到以天然资源为主和废旧橡胶产品的彻底回收利用。具体措施如下：

1. 稳定和扩大天然橡胶生产，增加品种，开发湿法混炼胶。

2. 推动杜仲等天然橡胶的生产。

3. 开发生物基合成橡胶、热塑性弹性体、合成纤维等。

4. 调整产品结构，生产节能产品，如绿色轮胎、节能输送带等。

5. 加强工厂能源管理，使用节能设备，加强工艺管理降低能耗，废热回收利用，太阳能应用。

6. 调整原材料路线，逐渐扩大使用易再生的材料，如热塑性弹性体、树脂等。

7. 建立废旧橡胶回收利用体系，继续发展再生胶和胶粉，开发燃烧热利用。

8. 减少工厂边角余料，全部回收利用。

9. 降低能源消耗，彻底回收利用工厂余热。

10. 用水重复利用率达到 95%。

（四）现代企业模式

现代资本运营是指企业将自身所拥有的各种生产要素或社会资源，通过兼并、收购、重组、参股、控股、交易、转让、租赁等形式予以优化配置，以实现企业利润最大化、市场占有率最大化以及风险最小化目标的一种经营活动。

我国金融业今后将步入重构阶段，为实体经济发展提供更多的金融产品。金融业的发展将为橡胶行业的发展提供强有力的支持。应该抓住这个机遇，借力资本，改造和提升我国橡胶工业。

1. 鼓励、支持、引导风险投资、创业投资以及民间资本进入传统橡胶产业，借助资本运营，实施兼并重组、促进高新技术在橡胶工业上的应用，进而改造传统橡胶工业，提高运行质量，加快我国橡胶工业向强国发展的步伐。

2. 拟通过上市公司兼并重组、品牌共享兼并重组、产销一体等方式，实现上下游企业兼并重组，建立纵向资产重组企业、横向资产重组企业、品牌共享重组企业、轮胎电商企业、橡胶制品电商企业和境外投资企业。

（五）现代营销模式

在电子商务的时代，网络营销、数据库营销、直复营销、一对一营销、精准营销等新的营销模式越来越被熟知与采用。企业的经营理念和营销方式，企业与企业之间的关系，企业与消费者之间的关系都发生了巨大的改变。依托于网络这种崭新的媒体所进行的营销活动是企业整体营销战略的一个组成部分，是以互联网为基本手段来实现企业的总体经营目标，其基本职能在于营造企业的网上营销环境和促进企业的客户交换关系。传统的营销模式（制造商→批发商→零售商→消费者）对外销售产品，冗长的流通环节大大增加了产品的成本，同时还降低了产品的时效性。与传统的营销模式相比，在产品、价格、渠道、促销等很多方面，现代营销模式都有很大的优势。

橡胶产品不同于一般消费品，除了相同的销售环节外，还需要产品安装和售后服务，创建适合橡胶产品特点和国情的现代销售模式势在必行。

无论是轮胎和橡胶制品制造企业，还是橡胶原材料企业、橡胶机械企业，以及经销企业、零售商等等，都面临着电子商务对现有营销模式的冲击，应该结合国情，充分利用电子商务，创建中国特色的国际化、专业化的橡胶工业电子商务模式。争取“十三五”末电子商务销售额达到橡胶工业销售额的10%，“十四五”末达到20%。

根据国内外电子商务发展趋势，结合中国橡胶工业发展和产品营销的现状，今后橡胶工业电子商务的发展有如下模式：

1. 全球橡胶工业综合电子商务平台。有实力的企业，面向全球，建立综合的橡胶工业电子商务平台，业务范围包括轮胎等橡胶产品以及原材料、设备等。

2. 全球轮胎电子商务平台。有实力的企业，面向全球，建立专业的轮胎电子商务平台。

3. 全球橡胶制品电子商务平台。有实力的企业，面向全球，建立专业的橡胶制品电子商务平台。

4. 连锁经营和电商相结合的模式。传统轮胎连锁经营和电子商务相结合，是一种利用我国本土优势，线上虚拟店与线下实体店相结合的电子商务模式，这一模式有效地解决了传统电子商务用户消费体验、售后服务和客户信任的问题，培育发展民族品牌的线上与线下相接合的连锁模式，与厂家直销、代理模式、大客户、新媒体等模式共存，为广大轮胎生产厂商和用户消费者搭建一个科学、规范、健康的轮胎营销市场（平台）。

5. 企业为主的电商模式。有条件的企业，利用企业现有营销网络，引进电商模式，创建适合自己的电商平台。

（六）人才发展

所谓人才是指具有中专（职高）学历及以上、具有初级职称及以上或具有初级职业技能资格及以上的工作人员。人才是第一资源，建设橡胶工业强国，需要一大批从事橡胶工业科研开发、生产技术、企业管理、产品营销等的专业人才。根据我国橡胶工业的发展需要，参考目前橡胶工业人才数量占从业人数的比例，预测到2020年我国橡胶工业人才资源总量需要61万人左右，人才资源占从业人员比重达到50%，基本满足橡胶工业发展需要。到2025年我国橡胶工业人才资源总量需要83万人左右，人才资源占从业人员比重达到60%，为实现橡胶强国战略提供智力保障。

今后，我国橡胶工业强国战略人才发展的总体目标是：培养和造就一支素质优良、富于创新、乐于奉献的橡胶人才队伍，确立我国橡胶工业人才竞争优势，建设国际一流的橡胶人才队伍，为实现我国橡胶工业强国奠定人才基础。

要坚持把工人、企业经营管理人才和专业技术人才这三支队伍建设好。要通过培训和引进国内外人才等方式，全面提高企业管理水平和竞争力。

要重视现代职业教育。国内最近几十年高校自身教学学科调整，橡胶工艺、橡胶机械等学科先后被调整为高分子化工或橡塑化工等，学习面广而不精。从建设橡胶工业强国战略考虑，拟建立综合的“现代橡胶技术职业学院”，设立天然橡胶、合成橡胶及热塑性弹性体、轮胎、橡胶制品、废橡胶循环利用等专业，全面培养建设橡胶工业强国所需要的人才。

（七）重大科技开发和建设项目

围绕建设橡胶工业强国的目标，参考各篇提供的项目，经过选择、补充、汇总了55项具有重大影响的科技开发和建设项目如表14，供有关部门、行业、企业、科研院校等参考。

表 14　橡胶工业强国发展战略重大科研开发和建设项目

类别	项目名称	项目内容	完成时间	预期效果
轮胎	1. 轮胎试验场建设项目	建成大型专用轮胎试验场，试验场有完整的模拟轮胎各种使用环境的道路，配备专用试验检测设备，具备完善的轮胎检测手段，检验轮胎在各种专用道路的安全行驶性能。资质得到国际权威机构认可。	“十三五”期间	建成后将立足国内面向世界，为绿色轮胎发展服务，加快新产品研制和开发速度，改变目前国内依赖国外检测的局面。
	2. 乘用子午线轮胎全自动化生产线	主要实现：胎胚输送系统自动化、成品轮胎实现自动汇总、输送和自动修毛，自动分拣、自动检测、分级、入库。	“十三五”期间	半成品物流高度自动化，产量将提高 10%。同时大大提高动平衡均匀性检测的一次合格率，降低外观不良率，达到世界一流轮胎自动化生产水平。
	3. 绿色轮胎技术研究及产业化项目	1. 从结构、配方、工艺、装备和测试等方面对绿色轮胎性能指标进行技术研究，并形成产业化生产。第一阶段绿色轮胎产量占子午胎产量 50%，第二阶段绿色轮胎产量占子午胎产量 80%。 2. 开发智能轮胎，并实现产业化。	2020 年前完成第一阶段，2025 年完成第二阶段	1. 形成绿色轮胎系统化研究发展体系。 2. 随着国外技术标准或法规的制定和提升，我国轮胎产品技术指标也随欧美发达国家要求同步提升。
	4. 全天然概念轮胎	从橡胶、骨架材料、补强剂、软化剂等主要材料，采用天然材料制造轮胎。	“十四五”期间	轮胎材料从目前的 60% 依赖化石资源，改变为主要用天然材料制造，化石资源使用比例降低到 10% 以下。
力车胎	5. 摩托车胎、自行车胎外胎全自动化生产线	开发子午线摩托车胎成型机、自动裁、送帘布，自动裁、送胎面胶，自动夹送钢丝圈、自动成型、自动贴胎面、自动压实的全自动外胎成型机、机械手自动装、卸胎的自动硫化机等，并采用现代物流技术和信息技术，实现全自动化生产。	“十三五”期间	生产效率大幅度提高，达到国际先进水平。
	6. 开发力车内胎自动硫化系统	研制用于内胎硫化的机器手，研制内胎半成自动充气、硫化三要素的智能控制系统，各种界面协调联接。	2015 年单台机器人用于实际生产，2020 ~ 2025 年建成无硫化生产线。	大大提高劳动效率，节约人工成本。

续表 14-1

类别	项目名称	项目内容	完成时间	预期效果
胶管胶带	7. 热塑性弹性体芳纶输送带智能生产线	采用新型热塑性弹性体和高强度纤维芳纶，利用挤出工艺，智能化管理，实现输送带生产材料和工艺设备的重大变革。	2015~2020年	实现输送带生产过程节能20%，由于输送带带体薄而轻，减小电机负载，节能20%~30%。
	8. 助力转向器及冷却水胶管项目	节能环保、高性能的新型产品，具有进口替代效应的高技术产品。	2016年前	实现高性能汽车助力转向器胶管总成系统的模块化生产。
	9. 切割V带自动化生产线	开发全自动化的切割V带用成型、切割、打磨等设备，并采用现代物流技术和装置，实现从原料、成品、检测到仓储的自动化生产管理。	"十三五"期间	提高切割V带质量和生产效率，节省人工。
	10. PA吹塑管总成	开发汽车发动机和涡轮增压系统的PA连接管路及总成。	"十三五"期间	在小排量发动机上实现高功率高扭矩输出的技术，大幅度提高发动机的功率和扭矩，进而促使整车实现节能、环保、低碳、小排量、大动力和低成本等功能特性。
	11. 3D打印汽车用热塑性弹性体胶管	选择耐油、耐高温的热塑性弹性体，采用3D打印设备，制造汽车用油管和水管。	"十四五"期间	改变传统胶管的制造方式，提高质量，减少人工。
橡胶制品	12. 橡胶制品全自动化生产线	1. 对橡胶制品的骨架、预成型胶料应用射频技术、条码识别系统、磁性导引技术，实施生产工位的无人智能配送。 2. 对于金属件的清洗、涂胶、产品的硫化和表面处理、利用机器人操作。 3. 从半成品的制备、硫化、仓储等，实现全过程智能化管理。	2015~2020年	该项目实施后可以节省用工达76%以上，生产效率将提升34.5%，质量出错率下降98.5%。
	13. 防震橡胶制品仿真模拟设计研究	针对传统橡胶减震器设计方法长周期、高成本的不足，提出橡胶减震器的虚拟设计思想，搭建了虚拟设计平台，实现了参数化建模与虚拟仿真、分析的集成。	"十三五"期间	提高效率，降低开发周期。
	14. 核工业耐高强辐射密封产品	研发用于核工业设施高辐射区密封圈。	"十三五"期间	达到德国同行业水平。

续表 14-2

类别	项目名称	项目内容	完成时间	预期效果
胶鞋	15. 特种防护功能胶鞋研究	通过新材料新技术的开发，结合先进的设计理念，提高胶鞋的防护性能，如护踝、阻燃、防刺、防油、防静电等性能，从而用于劳保、公安及军队等行业中的工作、训练鞋靴。	2015～2017年	通过提高胶鞋的功能性和防护性，结合胶鞋的优点，研制防护功能突出的胶鞋产品，从而拓展其在劳保及军队等领域的应用范围，提升胶鞋在国民经济中的地位。
	16. 胶鞋工业智能设备及自动化生产线	智能设备包括自动化机器人，鞋底打磨机器人，自动涂浆机器人，3D 打印胶鞋设备，鞋帮自动化流水线，胶鞋自动化成型流水线。	2014～2020年	通过采用胶鞋工业智能设备及自动化生产线，解决生产中"脏、累、险"，代替人的繁重劳动，减轻劳动强度，提高劳动生产率 30% 以上，降低人工成本。
乳胶	17. 聚氨酯避孕套的研发应用	水性聚氨酯材料用于避孕套的生产，包括生产工艺路线的确定、与工艺相适应的生产设备的改进，以及聚氨酯避孕套产品标准的制定。	"十二五"至"十三五"期间	1. 聚氨酯避孕套具有高致密性、无蛋白质过敏的特点。 2. 聚氨酯避孕套能代表避孕套的发展方向。 3. 填补国内的空白。
	18. 乳胶制品生产包装智能生产线	在橡胶避孕套、乳胶手套等乳胶制品生产上研发智能生产线（一体化机）。	"十三五"至"十四五"期间	1. 产能提高 30% 以上。 2. 降低劳动力成本 20% 以上。 3. 产品质量得到有效保证。 4. 增强乳胶制品在国际上的竞争实力。
乳胶	19. 3D 打印技术在乳胶制品模型设计上的应用	采用 3D 技术对乳胶工业手套、家用手套、劳保手套等乳胶制品进行模型设计。	"十三五"至"十四五"期间	使用 3D 技术打印的乳胶制品模型，使设计更具人性化，穿戴更舒适。设计者从繁琐的手工绘图设计中解放出来，提高工作效率。
炭黑	20. 研发低滚动阻力炭黑品种系列	研发为"绿色轮胎"配套的低滚动阻力炭黑品种。	"十二五"期间	使轮胎达到欧盟标签法 C 级以上的要求。
	21. 研发高性能轮胎炭黑品种系列	研发高性能轮胎炭黑品种，包括超高里程的子午线轮胎、高速度级别的子午线轮胎和赛车轮胎等配套的高补强、高耐磨性炭黑品种系列。	"十二五"期间	在原有性能的基础上，生产高补强、超高耐磨性炭黑品种系列。
	22. 研发特种炭黑品种系列	导电炭黑、高档色素炭黑等系列品种。	"十二五"至"十三五"期间	取代进口。

续表 14－3

类别	项目名称	项目内容	完成时间	预期效果
废橡胶综合利用	23. 万吨废旧轮胎绿色自动化粉碎示范生产线	废旧轮胎子口圈自动切割、轮胎通过设备自动剪切粉碎，钢丝通过磁选自动分离，分选的胶粉通过程控进入粉仓储存，全过程计算机控制，生产线规模 1 万吨/年以上，能耗控制在 300kWh/吨。	2020 年	在不增加能耗的情况下，减少劳动强度，节约人工 50% 以上，改变胶粉收集储存过程，达到清洁生产，用程控改变人工操作。
	24. 废旧轮胎生产再生橡胶万吨自动化示范生产线	从废旧轮胎粉碎、胶粉储存、自动计量混合、常压脱硫、精炼等工序实现全部密闭及自动化生产。形成 1 万吨/年以上规模生产能力，能耗控制在 7000kWh/吨。	2025 年前	生产过程全部采用计算机进行控制，环保、绿色。再生橡胶符合欧盟 REACH 法规化学品控制限量要求。
翻胎	25. 巨型工程轮胎翻新技术装备	胎体检查机、轮胎打磨机、胎面胶缠绕机、全自动轮胎硫化机。配方材料、工艺技术。	2020 年前	提高巨型工程轮胎质量，解决依赖进口局面。
	26. 开发航空子午线轮胎翻胎技术装备	开发胎体检查机、轮胎静平衡机、航空轮胎打磨机、胎面胶缠绕机、全自动硫化机以及配方材料、工艺技术等。	“十三五”期间	填补进口。
机械模具	27. 轮胎活络模具自动化生产线	采用机器人和现代物流技术，实现全自动化生产。	2020 年之前	技术水平达到国际领先水平。
	28. 钢质活络模具型腔制造技术及产业化	项目研发钢质活络模具型腔的设计、制造技术，开发系列化核心专用装备，实现关键核心装备的国产化和自主化。	“十三五”期间	技术水平达到国际领先水平，产业规模达到世界第一。
橡胶助剂	29. 促进剂 M 清洁生产工艺	1. 通过反应动力学研究催化体系，提高反应收率、降低“三废”排放。 2. 开发溶剂法精制路线，杜绝含盐废水的产生。	2015～2018 年	产生的废水量由 20 吨减少到 2 吨以下；废水由原来的高盐改变为低盐或者无盐废水。实现促进剂的清洁生产。
	30. 不溶性硫黄气化一步法连续生产工艺	目前是间隙法生产工艺，目标是实现气化一步法连续生产工艺，进一步实现全自动化和信息化。	2015～2018 年	实现硫黄生产的自动化和信息化。
	31. 促进剂生产工艺自动化和信息化技术	促进剂是在反应釜完成合成工艺，大多数仍然是手工控制，目标是实现促进剂生产工艺的中控自动化。	2015～2020 年	实现促进剂生产中控自动化，提高人均销售收入，从而提高企业和行业的现代化指数，做强橡胶助剂工业。

续表 14 - 4

类别	项目名称	项目内容	完成时间	预期效果
骨架材料	32. 超高强度钢帘线和胎圈钢丝开发利用	研制超高强度钢帘线和胎圈钢丝生产工艺装备和黏合技术，开发高性能子午线轮胎。	“十三五”期间	达到世界先进水平。
	33. 生物基纤维尼龙65帘布的开发和应用	采用生物原料，制造尼龙65纤维和帘帆布，试制轮胎和输送带。	“十三五”和“十四五”期间	代替化石资源为原料的尼龙66和尼龙6纤维。
	34. 轮胎用高气体阻隔聚酰胺弹性体的研制	利用热塑性硫化橡胶制备技术，选用合适的硫化体系、相容剂及相匹配的加工工艺来开发这种新材料	2013～2016年	使气密层的质量减少，可使轮胎气体阻隔层减重60%、气密性提高10倍，油耗降低1%，并且加工方法简单，提高了生产效率。社会效益与经济效益巨大。
热塑性弹性体	35. 万吨级热塑性医用溴化丁基橡胶研发及产业化	项目开发出万吨级规模医用TPV产业化的完全预分散动态硫化工艺新方法，完成2种医用TPV的配方和工艺开发，并达到10000吨/年的产能。	2017年	降低生产能耗75%，实现材料的循环使用和无废边生产，胶塞产品品质得到提升。将打破国际垄断，成为国际上第二个拥有生产医用热塑性弹性体IIR/PP型TPV的国家。
	36. 生物基工程弹性体开发	由可再生的生物质资源，比如玉米、土豆、甘蔗等经发酵得到生物基单体，比如癸二酸、衣康酸、丁二酸、1,3－丙二醇及1,4－丁二醇，再经化学合成得到工程弹性体。	“十三五”至“十四五”期间	生物基弹性体可以像传统的天然橡胶或者合成橡胶一样制成轮胎以及其他一些橡胶制品，降低对三叶天然橡胶和合成橡胶的依赖度。
杜仲胶及生物基橡胶	37. 培育建设3～5个万亩园林化高产杜仲胶基地	以新建为主，在有条件的地区以新建和传统林矮株化改造相结合，发展立体种植，基地规模为10万～30万亩。	2020年前	园林化杜仲基地达到100万亩以上，满足5万吨以上杜仲胶生产原料所需。
	38. 建设5～8家杜仲综合利用示范基地	通过产学研结合，充分开发利用杜仲的系列产品。	2020年前	建立起比较完整的杜仲产业链，提升各产品附加值，降低杜仲胶生产成本。
	39. 蒲公英种植示范园、蒲公英橡胶提取技术设备开发及应用	1. 建设蒲公英种植示范园。 2. 开发蒲公英橡胶提取技术设备。 3. 蒲公英橡胶在轮胎等橡胶制品中的应用研究。	“十三五”至“十四五”期间	开发新的天然橡胶资源，降低对三叶天然橡胶和合成橡胶的依赖度。
	40. 生物基合成橡胶的开发	1. 生物基乙烯、丁二烯、异戊二烯等合成橡胶原料的开发。 2. 用生物基合成橡胶原料制造乙丙橡胶、异戊橡胶等合成橡胶。	“十三五”至“十四五”期间	降低对化石资源的依赖度。

续表 14-5

类别	项目名称	项目内容	完成时间	预期效果
新材料	41. 湿法混炼胶	1. 重点研究合成橡胶和天然橡胶的湿法混炼技术与工艺，使橡胶（溶液）与填料在液相状态下混合并均匀分散。 2. 分别建成万吨级天然橡胶和合成橡胶湿法混炼示范工厂。	"十三五"期间	获得性能优异的混炼胶，该混炼胶可应用于绿色轮胎的生产，并达到节能减排效果。
	42. 炭黑-白炭黑一体化生产项目	该项目主要进行炭黑和白炭黑一体化生产工艺的研发。	"十三五"期间	通过废热、废料的循环利用，实现节能减排。
	43. 石墨烯橡胶复合新材料开发应用	采用石墨烯与顺丁橡胶、硅橡胶等高分子材料复合，开发耐高温、导电等优异性能的新材料。制造汽车用橡胶制品。	"十三五"期间	提高汽车用橡胶产品耐热等性能，可使橡胶制品的耐疲劳性能提升 45% ~60%。
	44. 年产 10000 吨芳纶帘帆布项目	1. 开发芳纶原料苯二甲酰氯清洁生产工艺，并建设万吨级生产装置。 2. 建设年产 10000 吨芳纶纤维和帘帆布及线绳生产线。	"十三五"期间	芳纶纤维具有高强度、高模量、低密度的特性，非常适合作为轮胎、输送带、传动带等橡胶产品的骨架材料应用，替代钢丝和尼龙、聚酯纤维，使产品节能、环保。
营销	45. 跨境轮胎电商平台	建立跨境轮胎电商交易服务系统和行业信息流转与决策支持系统。	"十三五"期间	改变传统轮胎营销方式，降低营销成本，实现轮胎内外贸健康增长。
	46. 跨境橡胶制品电商平台	建立跨境橡胶制品电商交易服务系统和行业信息流转与决策支持系统。	"十三五"期间	改变传统橡胶制品营销方式，降低营销成本，实现轮胎内外贸健康增长。
橡胶机械与成套设备生产线	47. 连续挤出橡胶混炼生产线	通过三维 CAD 软件和有限元等方法，对连续挤出橡胶混炼机进行设计，并配套上辅机系统，建成连续挤出橡胶混炼生产线	"十三五"期间	实现橡胶混炼由间歇式到连续式的转变，达到减少占地面积，提高混炼胶质量和生产效率，降低能耗，改善环境，并为轮胎等产品全自动化连续生产，提供前部工序的支持。
	48. 钢帘布 L 型冷喂料大型挤出生产线	采用 L 型冷喂料大型挤出机，挤出 500 ~1000mm 钢帘布，并设计前后配套装置，形成自动生产线。	"十三五"期间	实现钢帘布挤出生产，提高质量。

续表 14－6

类别	项目名称	项目内容	完成时间	预期效果
橡胶机械与成套设备生产线	49. 轿车子午胎柔性成型系统	该项目涵盖轿车子午胎生产的成型、生产、信息化管理、物流、仓储等各个工序，通过将智能化输送技术有效的植入到轿车子午胎生产的成型环节。	“十三五”期间	使轮胎柔性自动化成型生产系统的单胎成型时间达44秒，定位精度0.05mm。
	50. 卫星式积木化轮胎集成制造系统	项目针对传统轮胎企业投资额度大、用工人数多、工厂规模大、战略位置布局难、工序配合难等问题，结合橡胶新材料和新工艺的出现，研发小型化的钢丝帘布压延线、精密挤出机和集成化成型机，最终完成卫星式积木化轮胎集成制造中心的研发。	“十三五”末	满足轮胎企业多规格小批量生产的需求，保障轮胎企业投资规模最小化。
	51. 全新概念轮胎自动化生产线	彻底变革轮胎传统成型概念，半成品形态实现条块化，将机器人技术、AGV导引车、自动化仓储、现代物流技术、信息技术（ERP/MES/PCS等）、人工智能技术（REID/TPMS）、物联网技术、大数据技术等融入轮胎制造的全生命周期，实现从原材料、半成品、成型、硫化、检测、配送、码垛、仓储全过程的自动化。	“十四五”期间	半成品、成品质量提升，生产效率大幅度提高，基本上实现无人化生产，达到世界先进水平。
科研	52. 建立国家级橡胶材料检测研发平台	开展橡胶材料及制品机理研究、检测方法研究；开展橡胶制品及材料的解剖分析；开展检测设备研制。	“十三五”期间	为社会提供检测、技术咨询服务；为企业提供橡胶检测员培训；参与国际的能力验证项目、获得国际相关领域认证。
	53. 建立国家级“橡胶科学研究院”	橡胶是关乎国计民生的基础产业和战略物资，建立国家级橡胶科学研究院，全面开展橡胶原材料、应用和装备现代化研究。	“十三五”末	从事橡胶材料的开发和应用研究工作，适应橡胶工业强国发展的需要。
	54. 橡胶工业知识产权电子商务平台	通过“众研”的模式，集知识产权挖掘、检索、评估、保护、运用、交易、产业化“一站式”的电子商务交易平台。	“十三五”末	提高橡胶工业自主创新水平。
人力发展	55. 建立综合的“现代橡胶技术职业学院”	设立天然橡胶、合成橡胶及热塑性弹性体、轮胎、橡胶制品、废橡胶循环利用等专业。	“十三五”期间	全面培养建设橡胶工业强国所需要的橡胶专业人才。

八、政策支持

为达到建设橡胶工业强国的目标，除企业自身的建设与努力以外，还需要国家政策扶持，建议如下：

（一）轮胎试验场

在轮胎试验场的建设上，支持集中力量建设大型、具有综合性能的轮胎试验场。统一由第三方进行管理与运作，做到公平、公正。希望国家给予土地和资金的支持。

（二）取消天然橡胶进口关税

随着橡胶工业对天然橡胶的需求量增大，国产天然橡胶根本无法满足国内企业需求，80% 依靠进口。建议逐步取消进口关税乃至达到零关税。

（三）天然橡胶价格调控政策

天然橡胶价格巨幅波动，损害了天然橡胶生产者和消费者的利益。建议政府出台相应价格调控政策，通过建立价格稳定基金等，在胶价低于一定价位时给予胶农一定的补贴，在价格过高时对价格进行平抑，通过对天然橡胶市场进行调控，保证植胶生产者和下游产业的利益。

（四）建立第三方检验测试平台

在橡胶行业，国家出台政策并给予资金支持，依托技术实力强的单位建立产品、原材料第三方检验测试平台，为整个行业服务。

（五）支持电子商务的发展

对于开展轮胎、橡胶制品电子商务活动的主体在税收方面给予一定的政策支持，减少税负；同时，对于涉及到跨境电商的部分，在关税方面也给予一定的政策支持。

附件

《中国橡胶工业现代化水平评价办法》(试用稿)

（中橡协字［2014］45 号）

一、工业现代化定义

中国橡胶工业现代化是指我国橡胶工业在经济发展过程中，在现代科学技术进步的推动下，持续变革和发展，工业结构变化，整体工业生产力水平不断提高，最终达到当今世界先进水平的过程。

二、工业实现现代化途径

1. 必须以信息化带动工业化，以工业化促进信息化，探索科技含量高的新型工业化道路。

2. 必须由数量扩张向质量提高转变，从工业大国向工业强国的转变。

三、工业现代化的标志分析

现代化是一个历史性的、动态的概念，因而现代化水平的判断标准是随着时代不同而不同的。

现代化是一个世界性的概念，现代化的标准在同一时代、在世界范围内是统一的。无论是发展中国家，还是发达国家，现代化的标准应该一致。

现代化水平的判断是在用相对静态的标准判断动态事物的发展水平。

一般认为，实现工业现代化存在三个方面的标志，即工业增长效率方面的标志、工业结构方面的标志和工业环境方面的标志。

1. 工业总体上由高速增长到长期稳定增长的转变，是实现工业现代化的基础性标志。工业基本实现现代化，工业增长呈现缓慢稳定增长的趋势，但由于合理的工业结构和先进技术的应用，劳动生产率达到了很高水平，而且劳动生产率的增长速度也很快。

2. 工业结构的高级化，是工业现代化实现的核心标志。工业现代化水平的工业结构方面的指标是工业的高加工度化和技术集约化的程度，工业的高加工度化和技术集约化构成了工业结构的高级化基本内涵。

3. 形成绿色工业生产体系，保证工业经济与环境协调发展，是实现工业现代化的环境标志。随着工业增长方式从粗放的数量扩张向集约的质量提高的转变，能源消耗和环境污染的程度逐渐降低，这也正是工业现代化的实现过程。

四、工业现代化评价指标

根据工业现代化的三大标志，设计了如下表所示的工业现代化的评价指标。在选择工业现代化评价指标时遵循了三方面原则：一是重视指标的国际可比性和资料的可获取性，尽量选取量化、相对量指标；二是指标数量尽可能地少，使具体计算评价过程简单明了；三是考虑到橡胶产品的差异，部分具体指标又细分为轮胎等不同产品企业现代化评价指标。

橡胶工业现代化评价指标

分类标志	指标类型	具体评价指标	标准值		权重
工业效率指标	总体效率指标	1. 人均销售额/万元	轮胎	200	15
			力车胎	100	
			胶管胶带	180	
			胶鞋	80	
			橡胶制品	100	
			乳胶	100	
			炭黑	100	
			废橡胶综合利用	100	
			橡胶机械模具	100	
			橡胶助剂	100	
			骨架材料	150	
		2. 销售利润率/%	轮胎	10	15
			力车胎	15	
			胶管胶带	15	
			胶鞋	10	
			橡胶制品	15	
			乳胶	8	
			炭黑	15	
			废橡胶综合利用	10	
			橡胶机械模具	15	
			橡胶助剂	12	
			骨架材料	10	
工业结构指标	技术创新指标	1. 设备国际化/%	轮胎	80	3
			力车胎	80	
			胶管胶带	90	
			胶鞋	80	
			橡胶制品	80	
			乳胶	80	
			炭黑	80	
			废橡胶综合利用	80	
			橡胶机械模具	80	
			橡胶助剂(绿色化率)	95	
			骨架材料	95	
		2. 研发费占销售额比/%	3		8
		3. 专利质量/%	轮胎	10	7
			力车胎	10	
			胶管胶带	20	
			胶鞋	10	
			橡胶制品	10	
			乳胶	40	
			炭黑	10	
			废橡胶综合利用	30	
			橡胶机械模具	10	
			橡胶助剂	65	
			骨架材料	20	

续表

分类标志	指标类型	具体评价指标	标准值		权重
工业结构指标	国际化程度指标	1. 产品出口与进口价格比值	1		7
		2. 出口额加上境外工厂销售收入占销售收入比例/%	30		5
	信息化水平指标	1. 信息化投入占销售额比/%	0.5		5
		2. 信息化率/%	100		7
		3. 信息化集成度/%	100		8
工业环境指标	可持续发展水平指标	1. 每吨标煤能源产生现价工业产值/万元·吨标煤$^{-1}$	轮胎	20	8
			力车胎	20	
			胶管胶带	25	
			胶鞋	10	
			橡胶制品	10	
			乳胶	5	
			炭黑	35	
			废橡胶综合利用	5	
			橡胶机械模具	15	
			橡胶助剂	3.33	
			骨架材料	3.5	
		2. 每吨标煤能源生产产品/吨产品·吨标煤$^{-1}$	轮胎	5	7
			力车胎	5	
			胶管胶带	6	
			胶鞋	7	
			橡胶制品	10	
			乳胶	2	
			炭黑	–	
			废橡胶综合利用	10	
			橡胶机械模具	–	
			橡胶助剂	1.67	
			骨架材料	4	
		3. 用水重复利用率/%	95		5

(一)工业增长效率方面,选取 2 个评价指标

1. 人均销售额,是指企业年度人均销售收入额,反映企业劳动生产效率,体现企业生产技术水平、经营管理水平、职工技术熟练程度等,在一定程度上反映企业的现代化水平。

2. 销售利润率,是指企业实现的总利润对同期的销售收入的比率。用以反映企业销售收入与利润之间的关系,是反映企业获利能力的指标,这项指标越高,说明企业销售收入获取利润的能力越强。

(二)工业结构方面,选取3类8个评价指标

1.技术创新指标

(1)设备国际化,是指企业在用达到国际水平的主要工业生产设备数量与全部主要生产设备数量的比值,反映工业生产设备主要技术经济参数的先进水平,进而反映工业技术的现代化水平。此项指标橡胶助剂企业选取为橡胶助剂产品绿色化率。

(2)研发经费占销售额比,是指企业每年用于研究开发新产品、新技术等活动的费用占销售收入的比例,是企业生存、持续发展和开拓创新的原动力,进而反映实现工业现代化的能力。

(3)企业申请并拥有专利,一方面是知识产权的保护意识,更是反映企业的研发能力,在行业中技术领先的程度。专利质量,是指企业拥有发明专利数占专利总数的比率,计算方法为:专利质量=发明专利数/(发明专利数+实用新型专利数+外观设计专利数)。

2.国际化程度指标

一般而言,国际竞争力高,在一定程度上反映其具有较高的现代化水平。

(1)产品出口与进口价格比值,是反映产品国际竞争力水平的指标,表示出口产品平均价格较进口产品平均价格的比值,即比值=出口产品平均价格/进口产品平均价格。该指标小于1,表明进口产品为高附加值产品为主;指标大于1,表明出口产品为高附加值产品为主。出口产品平均价格采用本企业出口产品的平均价格;进口产品平均价格,请参照当年度中国海关进口同类产品的平均价格。

(2)出口额加上境外工厂销售收入占企业总销售收入比例,是反映企业对国际市场的依存程度,在一定程度上也反映行业的国际竞争力水平。

3.信息化水平指标

(1)信息化投入占销售收入比重,是指信息化基础建设投入及信息系统运维投入占销售收入比重,是企业满足业务发展需要,提升信息化水平的基础,反映企业实现工业现代化的能力。

(2)信息化率,是指企业应用信息技术的单一业务环节占所有业务环节的比例。企业业务环节可划分为产品设计、工艺设计、生产管理、生产制造、采购管理、销售管理、财务管理、质量和计量、能源和环保、安全管理、项目管理、设备管理、人力资源管理、办公管理等14个。

(3)信息化集成度,是指企业14项单一业务环节按照产品、企业管理、价值链三个维度的综合集成程度。具体可参见GB/T 23020-2013《工业企业信息化和工业化融合评估规范》。

(三)在环境和可持续发展方面,根据侧重点不同,选取3个评价指标

1.每吨标煤能源产生现价工业产值,旨在从效益角度反映企业的能源利用率,进而从环境保护角度说明工业现代化程度。

2.每吨标煤能源生产产品,旨在从企业生产产品过程中的能源利用效率角度,反应橡胶行业在环境保护方面的工业现代化程度。标准值参照中国橡胶工业协会自律标准XXZB/LT-102-2014《绿色轮胎技术规范》等规范。

3.用水重复利用率,旨在从企业生产产品过程中的水资源利用效率角度,反应橡胶行业在环境友好方面的工业现代化程度。标准值参照发改委、环保部、工信部正在起草的《轮胎行业清洁生产评价指标体系》(征求意见稿)。

五、工业现代化评价办法

(一)现代化水平指数的计算方法

1.对数据进行无量纲化处理,使量纲不同的各指标的数据转化为可以直接进行合并计算的数值。具体计算方法为:

$$Pi = Di/Si$$

其中:Pi为第i个要素指标无量纲化后的值,Di为第i个要素指标的实测值,Si为第i个要素指标的标准值。

2.对各指标无量纲化后的值进行加权合成,得出企业现代化水平指数。指数计算公式为:

$$A = \sum_{i=1}^{n}(Pi \times Wi)$$

其中:A为企业现代化水平指数,n为现代化水平构成的要素指标个数,Pi为第i个要素指标无量纲化后的值,Wi 为第 i 个要素指标的权重。

(二)评价方法

1. 企业

企业按照上述计算方法,得出本企业现代化水平指数 A 的值,若值大于 70,判断企业已经进入现代化初级阶段。

2. 细分专业

各分会依托现有报送统计数据的企业,根据各企业报送的现代化水平指数的值判断本分会所属专业的现代化水平。具体判断方法如下:

(1)统计样本企业现代化水平指数达到 70 以上的企业数占样本总数的 70% 以上。

(2)统计样本企业现代化水平指数达到 70 以上企业的销售收入总和占样本企业销售收入总和的 70% 以上。

(3)同时满足上述两个条件,则判断本专业已经进入现代化初级阶段。

3. 全行业

依据各个分会统计各个细分专业的现代化水平状况,判断我国橡胶工业的现代水平。具体判断方法如下:

(1)统计细分专业现代化水平达到现代化初级阶段的数量占统计细分专业数量的 70% 以上。

(2)统计细分专业到达现代化水平初级阶段的专业的销售收入总和占所有专业销售收入总和的 70% 以上。

(3)同时满足上述两个条件,则判断我国橡胶工业已经进入现代化初级阶段。

(三)评价级别

1. 现代化水平初级阶段:现代化水平指数达到 70 以上。

2. 现代化水平中级阶段:现代化水平指数达到 80 以上。

3. 现代化水平高级阶段:现代化水平指数达到 90 以上。

注:"中国橡胶工业现代化水平评价办法"(试用稿),是结合《中国橡胶工业强国发展战略研究》编写工作,经过各分会(委员会)秘书处及有关企业试运用评价办法,对本专业和企业的现代化水平状况进行测评,并提出了修改补充意见。根据反馈意见,于 2014 年 8 月 27 日对评价办法进一步修订后以中橡协字[2014]45 号印发,请各有关单位在推进强国战略过程中,作为一个工具试用。

(中国橡胶工业协会名誉会长　范仁德)

2013 年橡胶行业运行情况及 2014 年展望

一、2013 年橡胶行业经济运行情况

2013 年，对于橡胶行业来说，是充满了风险和挑战的一年。世界经济复苏无力，国际市场疲软，贸易保护主义严重；国内经济下行，行业产能结构性过剩，自主创新能力弱，品牌竞争力不强，市场需求波动和理念滞后，产品价格下降，加之企业生产经营成本上升，节能减排、资源环保压力等都十分沉重，无不对全行业构成严峻挑战。

在种种压力和挑战面前，中国橡胶工业全行业团结奋进，积极应对，致力于稳增长、调结构，2013 年我国橡胶工业取得了稳中有进、稳中向好，经济运行质量有所提升的良好局面。

2013 年，橡胶行业经济运行情况可归纳为四点：一是整体运行平稳，高性能产品增长较快；二是利润小幅上升，艰难困境有所改变；三是市场走势波动，产品价格重心下移；四是行业出口有增有减，总体呈现微增长。

1. 经济运行整体平稳，高性能产品增长较快

据中国橡胶工业协会对轮胎、力车胎、胶管胶带、橡胶制品、胶鞋、乳胶、炭黑、废橡胶综合利用、橡胶机械模具、橡胶助剂、骨架材料 11 个分会重点会员企业统计，2013 年工业总产值同比（下同）增长 3.80%，销售收入增长 2.73%。图 1 ~ 图 5 为中橡协统计行业运行情况。

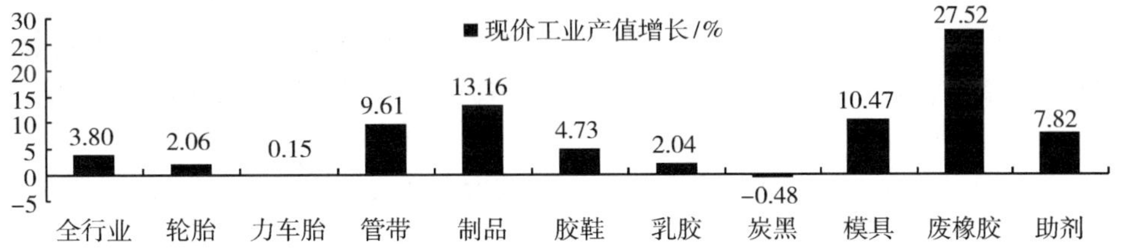

图 1　2013 年橡胶各专业工业总产值增长情况

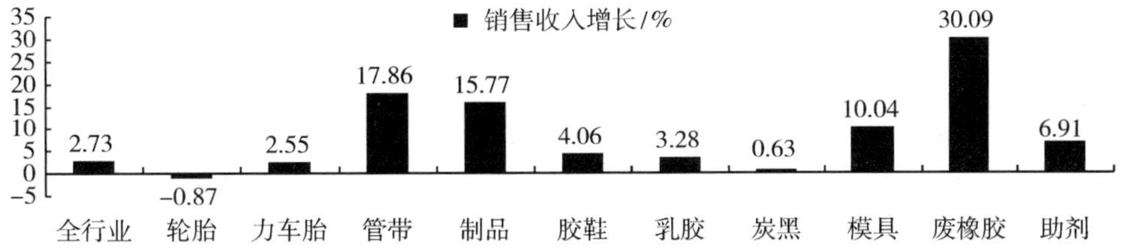

图 2　2013 年橡胶各专业销售收入增长情况

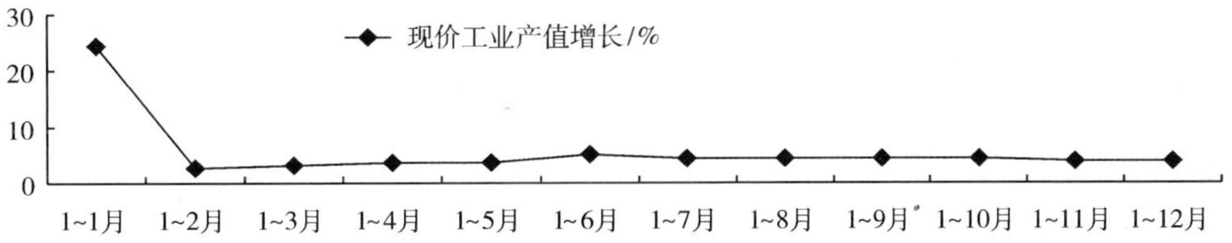

图 3　2013 年橡胶行业工业产值同比增长趋势

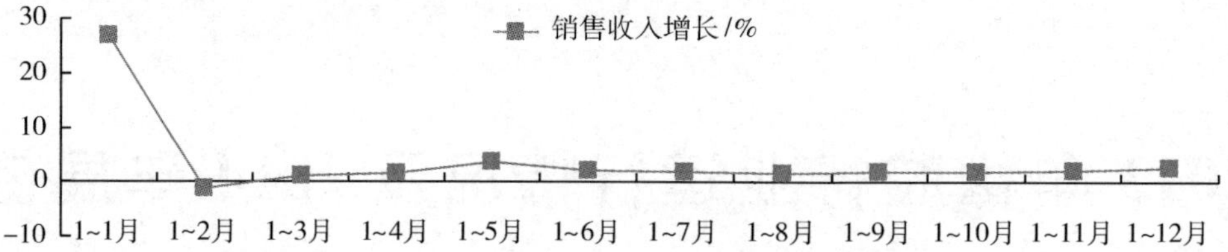

图 4　2013 年橡胶行业销售收入同比增长趋势

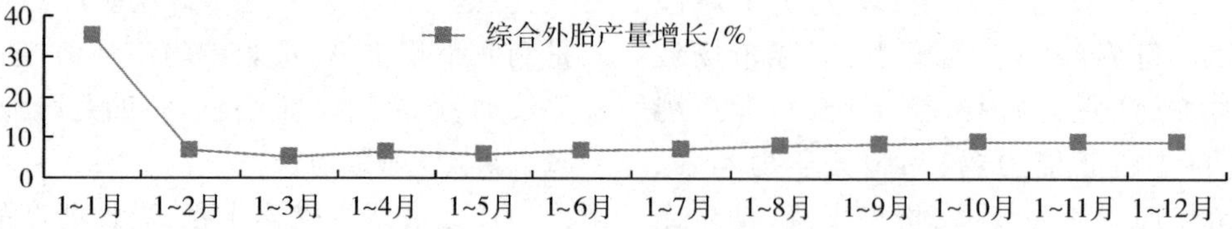

图 5　2013 年轮胎综合外胎产量同比增长趋势

从全行业看,产值、销售收入仍保持 1 位数低增长,但增幅平稳,下滑颓势基本得到遏止。

2013 年,橡胶行业主要产品产量增幅较大,有橡胶价格及市场的原因,也是行业结构调整使然。一些企业停掉了落后产品,大力发展优势主导产品,技术含量和附加值较高、符合市场需求的高性能产品、品牌产品增长率上升为两位数。如子午线轮胎、电动自行车胎、强力输送带、钢编胶管等产品产量均为两位数增长;城镇化的推进,使胶鞋产品结构发生调整,农耕用鞋、作业用鞋量逐渐缩减,中国驰名商标和省级著名品牌产品受到追捧。此外,绿色轮胎产业化进程加快;轮胎模具市场向规模大、品种全、质量好、技术领先的企业集中。2012 ~ 2013 年全国主要橡胶制品生产情况见表 1。

表 1　2012 ~ 2013 年全国主要橡胶制品生产情况

产品名称	2012 年	同比/%	2013 年	同比/%
轮胎/亿条	4.7	3.07	5.29	12.5
子午胎	4.14	4.02	4.76	14.9
全钢子午胎	0.95	4.5	1.07	12.6
子午化率/%	88.09	-	88.98	-
摩托车胎/亿条	1.7	6.25	1.85	8.82
自行车胎/亿条	3.5	-7.9	3.0	-14.3
电动自行车胎/亿条	1.8	2.1	2.1	16.7
输送带/亿 m^2	4.8	14.3	5.2	8.3
强力输送带	3.8	21	4.2	12
V 型带/亿 Am	21	10.5	22	4.8
胶管/亿 Bm	12	9.1	13	8.3

续表

产品名称	2012 年	同比/%	2013 年	同比/%
钢丝编织胶管	2.4	20.0	3.5	45.8
胶鞋/亿双	15.9	9.7	15	-5.7
避孕套/亿只	70	2.9	71.3	1.9
橡胶外科手套/亿副	17	6.3	16.5	-2.9
橡胶其他手套/亿副	15	7.1	15.2	1.3
O 型密封圈/亿个	45	15.6	46.90	4.23
汽车减震制品/亿个	143	-16.9	150	4.9
出口汽车橡胶配件产量/亿个	259	-15.6	289	11.5
再生胶/万 t	350	16.67	380	8.57
胶粉/万 t	40	11.11	50	25
炭黑/万 t	432	12.12	470	8.85
湿法炭黑	415	11.26	458	10.36
橡胶助剂/万 t	89	8.54	100.00	12.36
促进剂	32.2	9.15	36.00	11.80
防老剂	32	0.30	33.00	3.13
钢帘线/万 t	159.7	5.7	182.8	14.5
管带钢丝/万 t	11.5	23.7	13.1	13.9
胎圈钢丝/万 t	59.3	11.9	63.6	7.3
锦纶帘布/万 t	28.9	-9.1	30.5	5.5
涤纶帘布/万 t	15.6	-4.3	18.6	19.2
子午胎模具/万套	2.85	3.1	3.2	12.3

注:表中数据为中橡协统计并测算全国主要橡胶产品产量情况。

2013 年,全国橡胶工业销售收入达到 9280 亿元。

2013 年,全国消耗生胶 830 万吨,增长 13.7%。其中,天然橡胶 420 万吨,增长 21.7%;合成胶 410 万吨,增长 6.49%。2012 ~2013 年全国生胶消耗情况见表 2。

表 2　2012 ~2013 年全国生胶消耗情况

项目	2012 年	同比/%	2013 年	同比/%
橡胶消耗/万 t	730	5.8	830	13.7
天然橡胶	345	7.81	420	21.74
合成橡胶	385	4.05	410	6.49

2. 利润小幅上升,艰难困境有所改变

2013 年,主要原材料橡胶价格回落,使多年以来因橡胶原材料价格居高不下、企业生产经营难以为继的困境有所改善。协会统计的重点企业(不包括助剂、骨架)利税增长 17%,利润增长 18%;行业销售收入利润率达 5.57%,提高 0.74 个百分点。协会统计 2013 年橡胶行业销售收入利润率趋势见图 6,各专业销售收入利润率见图 7。

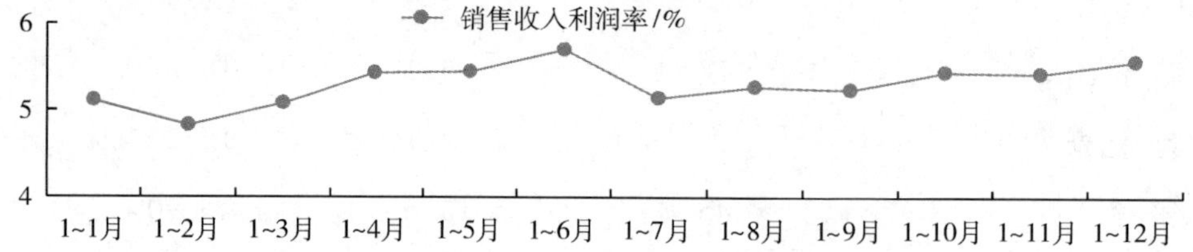

图 6　2013 年橡胶行业销售收入利润率趋势

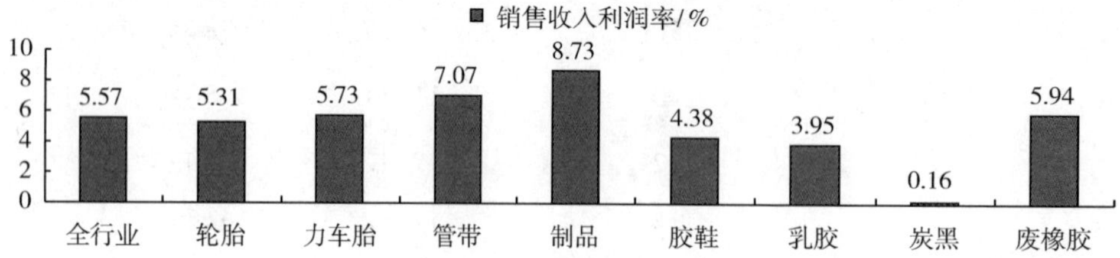

图 7　2013 年各专业销售收入利润率

但统计企业中仍有 11% 亏损,亏损额增长 41%。炭黑和废橡胶综合利用行业的销售收入利润率低于 2012 年,其中炭黑利润负增长。之所以如此,主要是炭黑产品同质化比较严重,企业靠拼价格获得市场,利润势必下降。因此,调整产品结构、企业转型升级、实现差异化发展已刻不容缓。

3. 市场走势波动,产品价格重心下移

2013 年,橡胶原材料价格的低迷波动态势,给轮胎等橡胶制品企业盈利创造了条件,同时也给产品销售价格带来不确定性,产品价格重心不断下移,企业利润增幅持续回落。迫于市场压力,轮胎产品 2013 年数次下调销售价格。

根据对市场上 4 种载重子午胎和 4 种轿车子午胎零售价格的监测,2013 年 12 月载重胎价格指数为 91.50,减少 8.57 个基点;轿车子午胎价格指数为 91.73,减少 7.95 个基点。2011 ~2013 年载重胎和轿车胎价格指数趋势见图 8 和图 9。2009 ~2013 年技术分类天然胶价格走势见图 10。

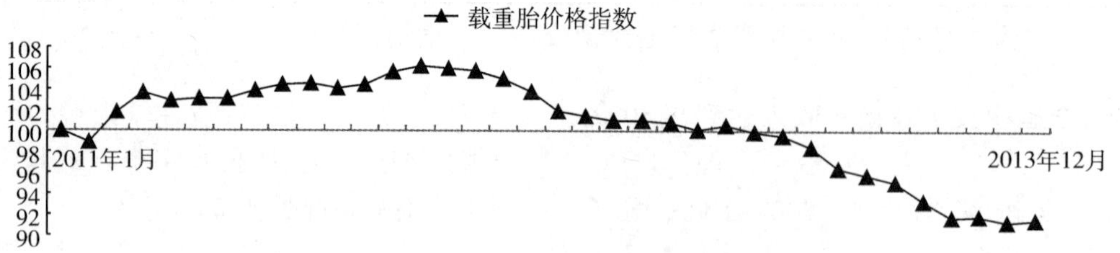

图 8　2011 ~2013 年载重胎价格指数趋势

4. 行业出口有增有减,总体呈现微增长

据中橡协对重点会员企业统计,2013 年,行业出口交货值增长 0.84%,增幅小于上年。主要行业中,管带、助剂出口态势好于上年,其他专业增幅小于上年。轮胎出口量升价跌:出口量增长 9.42%,出口率(量)为 42.16%,增加 0.14 个百

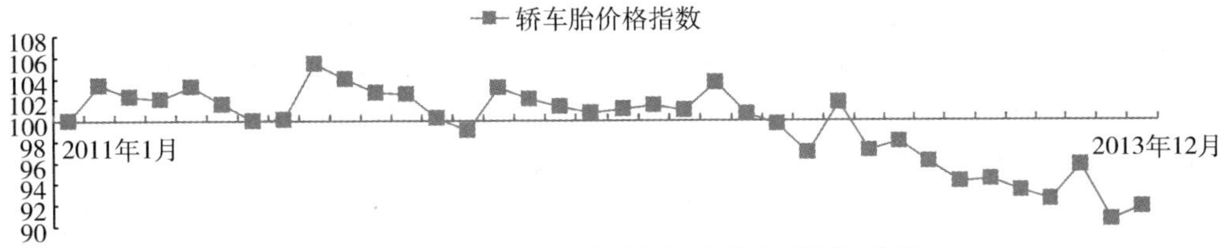

图 9　2011～2013 年轿车胎价格指数趋势

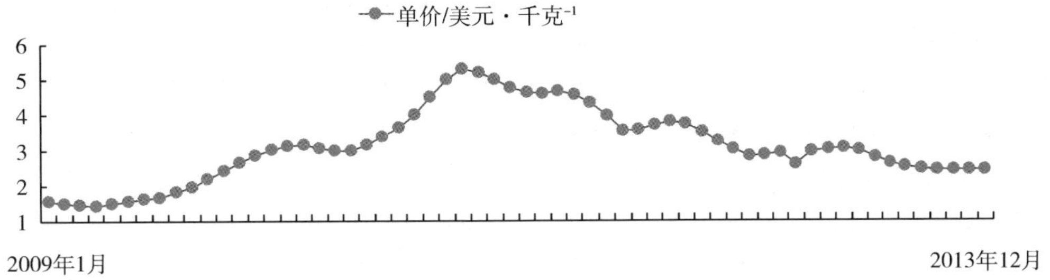

图 10　2009～2013 年技术分类天然胶价格走势

分点；出口值下降 1.96%，出口率（值）为 33.83%，减少 1.39 个百分点。2013 年协会统计各专业出口交货值增长情况见图 11；2013 年协会统计行业出口交货值增长情况见图 12；2012～2013 年全国轮胎出口情况见表 3。

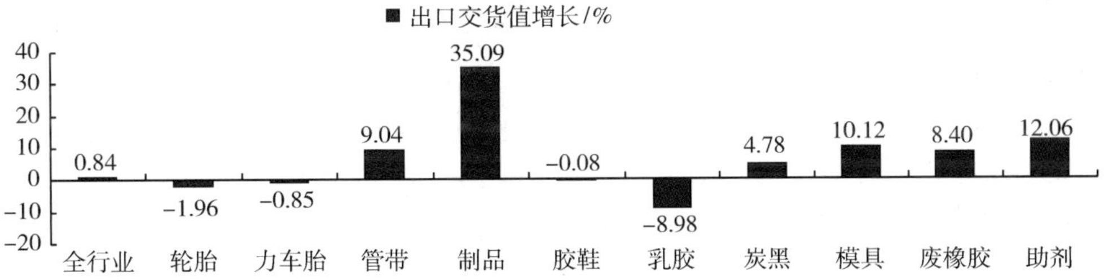

图 11　2013 年各专业出口交货值增长情况

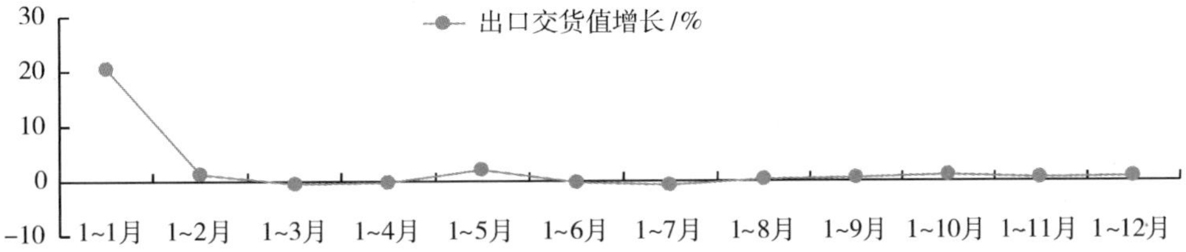

图 12　2013 年行业出口交货值增长情况

表 3　2012～2013 年全国轮胎出口情况

	2012 年	同比/%	2013 年	同比/%
出口轮胎数量/万 t	441	9.6	499	13.3
轿车胎	151	6.1	176	16.5
卡客车胎	233	13.1	267	14.4
出口轮胎金额/亿美元	159	7.6	162	1.7
轿车胎	59	5.7	62	5.2
卡客车胎	81	8.9	81	0.9

注：表中数据为海关统计数据。

总体看,2013 年,在国际市场微弱回升,橡胶原材料价格弱势波动的情况下,橡胶行业经济运行保持平稳,行业调结构、转方式,提高发展质量和效益取得进展。

二、橡胶行业面临的形势及发展预测

2014 年,国内外经济环境都在发生调整变化。

从国际看,世界经济仍处于危机后的恢复期,总体态势趋于稳定。欧洲经济走出衰退将增强全球经济的增长动力,但需要高度关注美国量化宽松政策退出对美国经济复苏的影响和对新兴经济体的冲击。同时,国际市场竞争将更加激烈,各种形式的贸易保护主义将更加频繁出现,行业面临的贸易摩擦会不断增多。

从国内看,我国经济增长已进入从高速到中高速的换挡期,经济下行的压力仍然存在。但是,中央坚持稳中求进的工作总基调,完善调控方式手段,强化经济发展方式转变的内生动力,加快经济结构调整优化,依靠科技创新,推动产业向价值链中高端跃进,将给橡胶行业创造转型升级、可持续发展的环境和条件。

2013 年,我国汽车产销双双突破 2000 万辆,分别增长 14.76% 和 13.87%,再创全球产销最高纪录。在中国连续 5 年成为全球最大汽车市场的背景下,我国宏观经济只要保持连续稳定增长,刚性需求的推动作用则将保证我国车市继续实现两位数增长。2014 年中国汽车产销增长率可期 10% 左右,加上全国汽车保有量,这都将给橡胶行业发展提供机遇。

新型城镇化的推进,城市化与信息化,绿色、低碳等新趋势相结合,以及加快推进西部大开发、振兴东北等老工业基地等所涉及的交通、水利等重点基础设施建设,也将为橡胶行业发展带来新的机遇。行业龙头企业在调整和改革中不断进步,也将带动和促进整个行业的发展。

从中长期看,中国橡胶工业仍处于重要的战略机遇期,具备持续、健康发展的多种有利条件。

因此,预计 2014 年中国橡胶工业主要经济指标将稳中有升,经济运行保持平稳。

1. 主要产品产量将保持增长

高附加值、市场需求潜力大的新产品增长较快,轮胎子午化率将达到 90% 以上。但市场竞争也将进一步加剧,因此结构调整,创新运营模式和思维方式至关重要。2014 年全国主要产品产量预测见表 4。

表 4　2014 年全国主要产品产量预测

产品名称	2014 年	同比/%
轮胎/亿条	5.62	6.24
子午胎	5.11	7.35
全钢子午胎	1.12	4.7
轮胎子午化率/%	90.93	1.97
摩托车胎/亿条	2.1	13.51
自行车胎/亿条	2.8	-6.7
电动自行车胎/亿条	2.3	9.5
输送带/亿 m^2	5.5	5.8
高强力输送带	4.7	11.9
V 型带/亿 Am	22.5	2.3
胶管/亿 Bm	15.5	19.2
钢丝编织胶管	4.5	28.6

续表

产品名称	2014 年	同比/%
O 型密封圈/亿个	49.71	6
汽车减震制品/亿个	157	5
出口汽车橡胶配件产量/亿个	318	10
胶鞋/亿双	14.7	-2.0
避孕套/亿只	72.5	1.7
橡胶外科手套/亿副	17	3.0
橡胶其他手套/亿副	16	5.3
再生胶/万 t	410	7.89
胶粉/万 t	55	10.0
炭黑/万 t	498	5.91
湿法炭黑	485	5.9
橡胶助剂/万 t	105.00	5.00
促进剂	38.00	5.56
防老剂	35.00	6.06
钢帘线/万 t	193.7	6.0
管带钢丝/万 t	13.8	5.3
胎圈钢丝/万 t	67.5	6.1
锦纶帘布/万 t	30.5	0.0
涤纶帘布/万 t	19.7	5.9
子午胎模具/万套	3.4	6.3

2. 出口小幅增长

2014 年，外围经济总体向好，美国经济正在稳健复苏，欧元区经济继续改善的可能性也较大，全球贸易形势有望进一步好转，一批发展中国家正在积极推进工业化，将为我国橡胶工业发展提供新的机遇。

但是，汇率波动，出口转型难度大，欧美经济增长对进口的依赖度可能降低，美联储退出量化宽松政策可能会导致其他新兴经济体需求下滑等，这都会影响行业出口。因此，2014 年橡胶行业出口回升幅度有限。

预计全国轮胎出口增长 10% 左右，增幅低于上年；出口金额增幅将高于上年。

为稳定和拓展出口，一是继续调整出口结构，提高出口产品的科技含量和附加值；二是我国企业要创造新的比较优势，采取有效措施开拓国际市场；三是加快走出去的步伐。近年来，中策、三角、玲珑、双钱、赛轮等一批企业纷纷走出国门，在国外设立工厂，以稳定橡胶原材料供应和拓展国际市场份额。行业走出去的步伐还需进一步加大。

3. 橡胶消耗增幅或低于上年

2014 年，天然橡胶市场供过于求现象可能仍将存在。预计 2014 年全国生胶消耗增长 10% 左右，达到 900 万吨以上。其中，天然橡胶增长 14% 左右，约 480 万吨；合成橡胶增长 5% 左右，约 430 万吨。

三、协会重点抓好的主要工作

1. 做好《橡胶工业强国发展战略研究》，推进实施橡胶工业强国建设

与国际先进水平相比，目前我国橡胶工业大而不强的矛盾十分突出，研发创新能力不足，产业结构、产品结构不合理，产能结构性过剩，同质化竞争激烈以及资源环境的约束等，都制约我国橡胶工业由大向强发展，成为橡胶强国梦的羁绊。

编制橡胶工业强国战略，制定今后10年我国橡胶工业强国发展目标、路径和战略措施，引导全行业全面推进实施强国战略，加快由橡胶大国向强国迈进的步伐。同时，为国家、地方、行业、企业制定“十三五”发展规划提供方向和借鉴，以“橡胶工业强国梦”有力支撑中华民族伟大复兴的“中国梦”。

2. 大力推动绿色轮胎产业化发展，促进行业转型升级上台阶

为加快轮胎产品的质量升级和结构调整，应对欧盟以及其他发达国家轮胎标签法规的实施，协会大力推进绿色轮胎产业化进程。目前协会已组织完成工信部立项的《绿色轮胎产业研究》课题，2013年底《绿色轮胎技术规范》自律标准已在行业内广泛征求意见，并于2014年3月1日开始试行。在试行期间，将通过多种渠道听取意见，并向有关部门争取行业或国家标准立项，使之更具有权威性，成为强制性标准。

橡胶行业将以绿色轮胎产业化为契机，全面推进橡胶工业节能、环保和清洁生产的步伐，引导全行业推进绿色生产、绿色产品，提高行业科学发展的水平，实现产业升级。

3.《轮胎行业准入条件》出台

由协会配合工信部组织编制的《轮胎行业准入条件》经过多次研究修改，目前工信部已正式发布，该准入条件于2014年10月1日起实施。《准入条件》在工艺、质量和装备，能源和资源消耗以及环境保护等方面提出相关的要求，并通过公告管理，加强对全国轮胎行业的监管，规范行业生产经营秩序，抑制以现有技术装备盲目发展、低水平重复建设，防止加大结构性过剩，加快推动行业结构调整，引导行业持续健康发展。

今年开年，山东省出台停止新增轮胎产能的政策。山东是我国轮胎生产大省，其轮胎产量占全国轮胎总产量的50%左右，而且增产势头强劲，如果山东这项政策得到落实，对于防止和化解我国轮胎过剩产能，推进行业结构调整、转型升级具有积极意义。

4. 推进行业标准化工作和行业自律工作，引导行业健康发展

重点推进生产技术标准、行业自律规范、行业节能减排标准的制定工作，加强行业自律，完善行业自我约束和相互监督机制，促进行业健康有序发展。

5. 关注行业热点难点，积极组织有效应对

高度关注橡胶等主要原材料市场的变化情况，继续推进建立有利于稳定天然胶价格的组织及机制；关注国际市场的风险及机遇，加强产业安全预警和贸易协调；适时向政府有关部门反映行业诉求，提出政策建议，为企业发展营造良好的政策环境。

6. 进一步推进品牌战略工作，全面提高产品档次和市场竞争力，推进企业兼并重组

协会开展质量授信和品牌推荐活动以及中国橡胶工业百强排序、诚信轮胎经销商和诚信橡胶贸易商培育推介发布等活动，是推动名牌战略实施，鼓励、宣传和肯定企业品牌培育的结果。通过协会推介以及重要的市场评价，为名牌战略打下坚实的基础。

行业将进一步开展上述活动，提高优质产品、优秀企业的市场知名度和竞争力，为企业兼并重组创造条件。推进企业兼并重组，提高产业集中度，淘汰落后，促进产品结构调整及企业转型升级。

橡胶工业行业多、产品多，每大类产品、每个专业都应该培育打造知名品牌产品。协会要与企业共同努力，把中国橡胶工业的百强企业、授信企业、诚信企业、推荐品牌搞好，增强影响力。

橡胶工业过去的发展靠的是改革开放，橡胶行业的广大企业是改革开放的受益者。在新一轮深化改革中，橡胶行业与相关行业将携手努力，坚持稳中求进，大力调整转型，努力赢得2014年稳健发展，赢得全行业持续上台阶发展！

（中国橡胶工业协会会长　邓雅俐）

主要橡胶制品及其配套行业

轮　胎

轮胎工业作为汽车等现代制造业产业链的重要一环,在经历一轮又一轮的技术革命后,正引领着世界各地发生着新变化。随着国民经济的迅猛发展,我国轮胎产业也进入快速发展阶段,已基本实现了轮胎子午化,并成为了世界轮胎生产大国和消费大国。全国正在实现两个"百年中国梦",对轮胎行业来说,"中国梦"就是轮胎工业强国梦。

【基本情况】

近年来,面对国内外复杂的经济形势,我国轮胎行业审时度势,抓住机遇,迎难而上。"十一五"和"十二五"前期,我国轮胎产能、产量不断增长,子午化率不断提高,但轮胎产业大而不强。2005～2013年中国轮胎产量增长情况见表1。2011～2013年中国轮胎产能增长情况见表2。

表1　2005～2013年中国轮胎产量增长情况　　亿条

年份	总产量	全钢胎	半钢胎	斜交胎	子午化率/%
2005	2.5	0.3	1.1	1.1	59
2006	2.85	0.39	1.45	1.01	64
2007	3.37	0.51	1.86	1.00	70
2008	3.55	0.58	2.09	0.88	75
2009	3.85	0.68	2.33	0.84	78
2010	4.44	0.90	3.08	0.68	84
2011	4.55	0.90	3.08	0.58	87
2012	4.70	0.95	3.19	0.56	88
2013	5.29	1.07	3.69	0.53	89

表2　2011～2013年中国轮胎产能增长情况

万条

项目	2011年	2012年	2013年
新增产能	3200	2800	2400
载重子午胎	278.4	243.6	208.8
乘用子午胎	2921.6	2556.4	2191.2

表1显示,2013年全国轮胎产量5.29亿条,同比(下同)增长12.6%,其中子午线轮胎产量4.76亿条,增长15.0%。斜交胎0.53亿条,下降5.4%,子午化率达89%。子午线轮胎产量中,全钢胎1.07亿条,增长12.6%;半钢胎3.69亿条,增长15.7%。从表2数据测算,全国子午线轮胎增长幅度与全国汽车增长幅度接近。2006～2013年中国汽车产量具体数据见表3。

表3　2006～2013年中国汽车产量　万辆

年份	总产量	货车	客车	轿车
2006	799	260	144	395
2007	973	299	179	495
2008	935	227	204	504
2009	1379	305	327	747
2010	1827	392	477	958
2011	1864	399	478	987
2012	1926	305	547	1074
2013	2211	403	562	1246

注:数据来源于中国汽车工业协会。

据中汽协公布,2013年全国汽车产销2211.68万辆和2189.41万辆,分别增长14.8%和13.9%。

我国轮胎产业虽然发展很快,产量居世界首位,但高品质轮胎不多,因此存在低端轮胎产能过剩、高端轮胎稀缺问题,每年需从国外进口巨型工程子午胎、民用航空胎等高端产品和特种轮胎。

低端轮胎产能过剩主要表现在:斜交轮胎中的900－20、650－16等载重轮胎和轻卡轮胎;子午线轮胎中的900R20、650R16等普通型载重轮胎和轻卡轮胎市场需求下降。

据中橡协轮胎分会对45家轮胎企业2005～2013年的销售收入和利润额情况统计分析,利润率有升有降,具体数据和分析见表4。2010～2013年国内部分上市轮胎企业销售毛利率变化见表5。

表4　45家轮胎企业销售收入和利润额情况统计分析　亿元

年份	销售收入	利润额	利润率/%	分　析
2005	754.67	30.36	4.02	
2006	957.36	21.40	2.24	反倾销出口影响
2007	1168.89	43.88	3.75	
2008	1356.38	15.66	1.16	天然橡胶等原材料价格高
2009	1436.31	71.51	4.98	
2010	1763.68	70.82	4.02	
2011	2108.05	54.14	2.57	天然橡胶等原材料价格高
2012	2147.94	94.84	4.42	
2013	1895.27	100.71	5.31	天然橡胶等原材料价格较低

表5　2010～2013年国内部分上市轮胎企业销售毛利率变化　%

企业名称	2010年	2011年	2012年	2013年
风神股份	13.64	15.86	18.71	19.20
黔轮胎	14.76	12.78	16.46	18.00
青岛双星	7.74	6.26	9.00	8.50
佳通	11.15	10.66	19.01	22.73
赛轮股份	8.35	7.98	9.79	14.27
双钱股份	15.06	11.23	18.58	12.11

注:以上数据来自于上市公司报表。

【经济运行】

2013年中橡协统计轮胎生产企业主要经济指标见表6。从中橡协轮胎分会对48家会员企业年报的情况看,2013年轮胎行业经济运行主要有以下两个特点:

1. **轮胎产量增长销售收入下降**

2013年,中橡协统计48家企业的轮胎产值2163.15亿元,增长1.46%;轮胎产量3.71亿条,增长8.96%,其中子午线轮胎产量3.32亿条,增长9.79%;轮胎销售收入2047.68亿元,下降1.14%;轮胎出口交货值748.00亿元,下降2.17%;轮胎产成品库存货值2013年12月末160亿元,降低2.75%。

表6　2013年中橡协统计轮胎生产企业主要经济指标

项　　目	2013年	2012年	同比/%
工业总产值(按现行价计算)/万元	22689413.9	22345496.4	1.54
轮胎产值	21631497.2	21319934.5	1.46
子午线轮胎产值	18969237.9	18788676.3	0.96
工业销售产值(按现行价计算)/万元	22601547.0	22096820.7	2.28
轮胎销售产值	21209207.9	21042956.4	0.79
出口轮胎交货值/万元	7480023.9	7645896.5	-2.17
子午线轮胎	6877594.3	7030505.8	-2.17
全钢子午线轮胎	3799758.2	4235557.3	-10.29
工业增加值/万元	4621644.9	4025114.4	14.82
综合轮胎外胎产量/条	371256342	340742792	8.96
子午线轮胎	331824795	302238394	9.79
全钢子午线轮胎	89043159	82299059	8.19
出口轮胎交货量/条	167495045	151934621	10.24
子午线轮胎	155055463	139066053	11.50
全钢子午线轮胎	30638292	28452795	7.68
工业生产能源消费/吨标煤	3420027.7	3105441.9	10.13
轮胎天然橡胶消耗量/t	2471376.4	2328828.9	6.12
轮胎合成橡胶消耗量/t	1216625.8	1110298.2	9.58
轮胎锦纶帘子布消耗量/t	132484.9	129463.3	2.33
轮胎涤纶帘子布消耗量/t	63212.6	53730.1	17.65
轮胎钢帘线消耗量/t	1295337.0	1166698.7	11.03
全部从业人员平均人数/人	191565	187024	2.43
全部从业人员劳动报酬/万元	978588.0	861713.1	13.56
销售收入总额/万元	23043636.0	22316572.7	3.26

续表

项　目	2013 年	2012 年	同比/%
轮胎销售收入	20476803.9	20713557.4	-1.14
子午线轮胎	18116953.2	18155359.8	-0.21
全钢子午胎	12153576.1	12432536.9	-2.24
销售费用/万元	1033293.6	953377.8	8.38
管理费用/万元	746327.2	732160.6	1.93
财务费用/万元	386581.6	449034.1	-13.91
利息支出	363488.2	413412.9	-12.08
销售税金及附加值/万元	127561.2	118759.4	7.41
应交增值税/万元	320903.5	292711.7	9.63
销项税额/万元	2485521.6	2523755.4	-1.51
实现利润总额 /万元	1120336.5	854549.1	31.10
实现利税总额/万元	1604998.0	1274823.8	25.9
产成品成本费用总额/万元	19577963.6	18902359.0	3.57
工业中间投入/万元	15539498.1	15693314.5	-0.98
平均资产总额/万元	18722071.7	17011078.6	10.06
固定资产净值平均余额 /万元	7186942.2	6690787.5	7.42
流动资产平均余额/万元	9345884.1	8520811.1	9.68
资产总额期末数/万元	20250017.0	18885135.9	7.23
负债总额期末/万元	12499226.6	11939931.2	4.68
平均所有者权益/万元	6248414.2	5809816.8	7.55
应收账款净值/万元	2310616.0	2262233.1	2.14
轮胎产成品存货/万元	1595147.0	1640265.3	-2.75
子午线轮胎	1294929.8	1305807.9	-0.83
全钢子午线轮胎	877807.8	891243.7	-1.51
全员劳动生产率/元·人年$^{-1}$	241257	215219	12.10
销售收入利润率/%	4.86	3.83	1.03
万元工业增加值能耗/吨标煤·万元$^{-1}$	0.74	0.77	-4.08
流动资金周转率/次	2.47	2.62	-0.15
轮胎产品销售率/%	98.05	98.70	-0.65
总资产报酬率/%	10.51	9.92	0.59
净资产收益率/%	17.93	14.71	3.22
资产负债率/%	61.72	63.22	-1.50

2. 轮胎行业经济效益增幅回落

中橡协轮胎分会48家会员企业统计数据显示，实现利润112.03亿元，增长31.1%，增幅回落40.3个百分点；实现利税160.50亿元，增长25.90%，增幅回落13.6个百分点。

3. 轮胎出口量增价跌

2013年，中橡协统计轮胎出口交货量1.67亿条，增长10.24%，出口交货值748.00亿元，下降2.17%。2013年轮胎分会统计的会员企业轮胎分类产量和出口交货量见表7。

表7　2013年中橡协轮胎分会会员企业轮胎分类产量和出口交货量　　万条

产品名称	轿车胎	轻载胎	载重胎	工程胎	工业胎	农业胎	实心胎	合计
产量	19883.71	6415.36	8557.5	295.64	784.66	1082.96	105.81	37125.64
子午胎	19881.21	4885.93	8386.70	37.92	6.05	2.71	0.00	33200.52
斜交胎	2.50	1529.43	170.80	257.72	778.61	1080.25	105.81	3925.12
出口量	10290.97	2676.24	2899.48	110.53	342.75	364.90	64.63	16749.32
子午胎	10288.75	2326.06	2845.84	38.46	4.37	2.07	0.00	15505.55
斜交胎	2.22	350.18	53.64	72.07	338.38	362.83	64.63	1243.77

【行业大事】

1.《中国橡胶工业强国战略研究》轮胎篇编写工作启动

在中国橡胶工业协会统一部署下，启动了《橡胶工业强国发展战略研究》轮胎篇编写工作。轮胎分会从15个企业抽调24名专家、技术骨干，组织落实强国战略的编制工作。通过橡胶轮胎工业强国发展战略研究活动，规划和制定今后10年中国轮胎工业强国发展的目标、路径和战略措施，引导全行业推进实施强国战略，加快由轮胎大国向强国迈进的步伐，为行业和企业“十三五”发展提供方向和借鉴。

2. 积极倡导绿色轮胎发展，《绿色轮胎技术规范》颁布

2013年，轮胎行业进入了绿色升级的新时期，绿色生产、绿色轮胎产品不仅是应对欧盟轮胎标签法的实施，更是我国轮胎行业由大变强的战略。风神轮胎股份有限公司作为全球首家实现子午胎系列产品100%绿色制造的企业，坚持无差别地向全球输出绿色产品，得到了国内外客户的好评。同时双钱、中策橡胶、三角、玲珑、贵轮和赛轮等企业生产的全钢胎先后被美国环保署认定为绿色轮胎。轮胎分会理事长、风神轮胎董事长王锋代表中国工业企业在联合国第三届绿色工业大会上做了典型发言。

2013年，在“绿色轮胎产业发展研究”课题完稿的基础上，中橡协又组织企业制定了《绿色轮胎技术规范》，于2014年3月正式试行。轮胎行业正逐渐形成一整套绿色轮胎生产工艺和标准化生产模式，轮胎分级制度的建立已在路上。

3. 引导行业健康发展，《轮胎行业准入条件》正式实施

为有效地遏制轮胎行业盲目、低水平重复建设，引导行业健康有序的发展和产业结构转型升级，中国橡胶工业协会受国家工信部委托制定《轮胎行业准入条件》。2014年9月17日，工信部正式发布《轮胎行业准入条件》，并于2014年10月1日起实施。准入条件从产品范围、产业规模、工艺装备、产品质量、能源资源、安全环保和监督管理等方面提出要求。

4. 天然橡胶价格低迷，商业收储机制见雏形

由于全球天然橡胶周期性供过于求，国产合成橡胶产能扩大，期货市场价格引导等原因，天然橡胶价格持续低迷，轮胎售价不断下滑。2013年中橡协轮胎分会统计46家重点轮胎企业产量增长8.4%，销售收入下降0.9%，企业亏损面达15.21%；2014年1～4月，产量增长13.56%，销售收入下降2.21%，企业亏损面达23%，且还有进一步扩大的趋势。

天然橡胶价格过高和过低,都会严重损害上下游企业的共同利益。主要轮胎企业达成了共识,有义务承担一定的社会责任,在国家财政以及银行贷款给予适当支持下,建立天然胶商业收储机制,不以赢利为目的,通过市场的高抛低吸,平抑市场价格波动,在市场上发出行业的声音,掌握天然橡胶价格的主动权。由多家大型轮胎企业作为基金发起人,成立基金管理公司。

5.走出国门,积极参与国际经营

在国家对外投资政策指引和协会推动下,轮胎行业先后有多家企业走出国门,参与国际经营。赛轮股份在越南西宁省设立全资子公司(轮胎厂),从事轮胎生产、销售和橡胶研发等商务活动;玲珑集团在泰国建立轮胎厂,年产700万条高性能半钢子午胎;中策橡胶集团在泰国投资建立年产量500万条乘用胎厂;三角集团计划在俄罗斯下诺夫哥德州建立轮胎厂;双钱集团在泰国建有橡胶加工厂等。通过境外投资办公司、建工厂等形式,实现国际化经营战略。

6.提高产业集中度,兼并合作重组取得成效

为改变轮胎行业企业众多、产业集中度低、资源利用率低、低水平重复建设现象,有条件的大企业集团应逐步进行兼并重组。中国化工橡胶公司旗下的风神、黄海、桂林、双喜4块轮胎业务,由风神董事长王锋担任4个企业的董事长,实行协同战略;中策橡胶集团收购富阳公牛载重子午胎;双星集团兼并湖北东风和河南中原轮胎;赛轮股份有限公司与金宇集团轿车胎和沈阳和平子午胎实行战略合作;双钱集团与新疆昆仑实现股权合作、与辽宁朝阳浪马轮胎签订战略合作协议。通过优势企业的兼并重组、战略合作、整合技术和品牌等资源,提高了产业集中度,实行规模化、集约化经营。

7.积极应对贸易摩擦,合理维护企业权益

中国轮胎产量已连续10年居全球首位,占到全球总量1/3,一些国家对华贸易保护主义抬头。2013年的贸易摩擦事件有:埃及对我国卡客车轮胎发起反倾销日落复审调查;美国对我国非公路用轮胎展开日落复审;哥伦比亚对我国大客车或货运机动车轮胎作出反倾销终裁等。为力争使出口企业减小损失,中橡协组织企业积极应诉,维护合法权益。同时,从行业企业自律角度讲,国内轮胎企业应加快产品升级,通过走高端路线,提升产品附加值,规避相应的风险。

8.反映企业呼声,争取政策支持

向国家发改委、国务院关税税则委员会等部委反映轮胎行业、企业强烈要求取消斜交工程轮胎3%消费税;呼吁国家取消天然橡胶进口20%的高关税;恳求政府有关部门指导汽车产业建立配套轮胎商务认证的标准和程序,从政策上支持配套和更换自主品牌轮胎;橡胶轮胎行业的人大代表向“两会”建议(提案)从政策上支持鼓励绿色轮胎发展;制定中国橡胶轮胎行业相关环保法律法规;扶持杜仲橡胶资源在轮胎产品上的开发应用。

9.探索销售新模式,进入电商新时代

我国轮胎行业的竞争格局将由高价格、高毛利转向低单价,创新营销模式和思维方式相当重要,从传统的线下销售到利用电子商务营销是尝试也是渠道。现在已有部分轮胎企业进军电商轮胎销售领域。

10.强化绿色轮胎检测手段,轮胎试验场建设取得新进展

在政府有关部门和协会的关心指导下,玲珑集团在建的中亚轮胎试验场项目和中车汽车技术研究中心在建的盐城汽车(轮胎)试验场进展顺利,检测轮胎的部分试验项目2014年可以投入使用。

2014年7月1日,玲珑集团与西班牙IDIADA就中亚轮胎试验场合作运营战略合作项目在山东招远举行了项目签约仪式。这不仅保证了试验场的独立性和公允性,而且能够引进世界一流的管理经验和运营模式。试验场部分试验检测项目将于2015年对外开放运营,承接轮胎研发、新产品性能评价、国内外法规测试项目的检测及汽车相关的试验测试能力。该试验场年可试验轮胎2847车次项目,年试验里程690万公里。

中汽中心盐城汽车试验场于2014年7月25日投入试运行,12月底欧盟标签法要求的测试均可投入使用,并将于2015年5月全面投入使用。

【存在问题】

1. 产业集中度低，创新能力不足，轮胎生产厂多而散，新产品新技术研发投入少而散，与国外企业相比存在较大差距。

2. 轮胎产能结构性过剩、产品同质化和企业之间趋同性，导制市场恶性竞争，打价格战，致使有些知名的自主品牌轮胎在国内外市场上卖不出好价钱，轮胎附加值越来越低。

3. 劳动力成本和水、电、气生产成本不断上升，将导制轮胎企业经营更加困难。

4. 制约因素更加凸显，环保、能源、交通等矛盾加剧，导制生产和使用成本增加，限购汽车、限额牌照等不利于汽车产业和轮胎产业发展的政策，还将在一些大中城市陆续出台。

5. 进口天然橡胶的不合理高关税严重阻碍轮胎行业的转型升级和结构调整。

6. 国际经济发展的不稳定和贸易保护主义的日趋严重，将导制轮胎出口阻力增大，市场竞争更加激烈。

【展　望】

1. 轮胎产量预测

据业内人士预测，2014 年全国轮胎产量约 5.62 亿条，增长 6%，其中子午线轮胎产量 5.11 亿条（全钢胎 1.12 亿条、半钢胎 3.99 亿条），子午化率约 90%。

据中汽协预测，2014 年全国汽车预计仍保持 8% 左右的增速。需求总量大约 2400 万辆。

2. 轮胎产业发展趋势

(1) 总体趋势

①轮胎刚性需求的基本面是好的。

②按照市场规律，轮胎产业发展速度将放缓增长。

③国家加大对中西部经济发展力度，给轮胎工业发展创造有利空间。

④国家产业政策将对轮胎产业发展作出适当调整。

(2) 外部环境好转

①十八届三中全会的精神，成为中国经济工作的亮点。

②积极的财政政策和稳健的货币政策，固定资产的投资有望增加，将有利于载重子午线轮胎市场的增长。

③收入增加的民生计划和扩大内需的政策，将有利于增强城乡居民购买汽车和轮胎的需求，千人汽车拥有量在现有 82 辆（世界平均 165 辆）的基础上，将会有所提高。

3. 主要工作和建议

(1) 推进橡胶轮胎工业强国发展战略研究，实施强国战略

完成《中国橡胶工业强国发展战略研究》轮胎篇的编写工作，提出轮胎工业强国发展目标值，为“十三五”规划打好基础。

(2) 提升生产自动化水平，改变传统轮胎工业

轮胎企业要从依靠劳动力转向依靠智力，提高生产效率和产品质量，降低资源、能源消耗，实现绿色制造。

(3) 加快轮胎商业模式转变，提高经营效益

轮胎商业模式转变：一是真正把轮胎品质做到卓越和创新；二是实现营销增值销售，扩大品牌影响力，使消费者满意；三是降低生产管理成本，提高产品竞争力。

(4) 争取国家政策支持，促进轮胎工业健康发展

①建议国家政府部门适时将绿色轮胎自律标准升级为行业或国家标准，扩大高性能、安全环保轮胎的比例，使我国绿色轮胎尽快市场化。

②工业和信息化部研究制定的《轮胎行业准入条件》出台后，轮胎行业必须严格贯彻执行。

③建议国家政府部门从法律法规方面维护遵纪守法企业的合法权益，从政策上支持鼓励绿色轮胎生产企业。同时，对主动淘汰落后产能的企业要给予政策扶持。

④恳请取消天然橡胶进口 20% 关税税率。征收天然橡胶 20% 进口关税，既不符合国际惯例，也不利于我国战略资源储备和轮胎橡胶工业的发展。

⑤建议国家增加天然橡胶收储量。建立健全国家战略资源调节机制，既可以确保国家橡胶战略资源安全，又能稳定橡胶价格。

⑥建议建立天然橡胶商业收储机制。由协会牵头，轮胎企业参与，成立天然橡胶商业收储

项目公司，既要企业自筹资金，也希望银行信贷予以支持。

⑦鼓励国内轮胎企业走出去，参与国际化橡胶生产经营，缓解我国天然胶资源严重不足的局面。

⑧恳请取消斜交工程胎3%的消费税，扶持轮胎产业发展。

⑨建议国家有关部门从政策上扶持杜仲橡胶产业的综合发展，为调整充实橡胶轮胎战略资源创造条件。

⑩继续呼吁国家有关部门对轮胎试验场建设用地和资金等方面给予支持。

（史一锋）

航 空 轮 胎

航空轮胎是轮胎工业的一部分，在国民经济中有着不可或缺的地位。航空轮胎产业是技术密集型、资本密集型产业，具有产品技术性能复杂、对技术和设备的依赖程度高、研发人员在职工中所占比重较大等特点。

【基本情况】

目前，我国有3家航空轮胎生产企业：中国化工集团曙光橡胶工业研究设计院有限公司、三橡有限公司、银川佳通长城轮胎有限公司。全国航空轮胎生产能力约28万条/年，其中斜交轮胎27.7万条/年，子午线轮胎3000条/年。

我国航空轮胎工业经过50多年的发展，在设计、制造、试验/测试方面已达到技术成熟程度，与国际先进水平齐头并进。3家企业先后共开发出近200多种规格的航空轮胎，满足国产飞机配套、维修需求，部分规格可满足进口大型客机（波音/空客系列）维修需求。

中国化工集团曙光橡胶工业研究设计院有限公司（以下简称：曙光院）为国有企业，位于广西壮族自治区桂林市，前身是桂林特种轮胎研究所，创建于1970年；1974年更名为“曙光橡胶工业研究所”，1996年改为“中橡集团曙光橡胶工业研究设计院”，2014年8月起用现名。曙光院是目前国内率先掌握航空子午线轮胎技术，并取得唯一装机使用资格的单位，也是国内唯一航空轮胎技术研发中心，是我国唯一获得美国联邦航空管理局（FAA）颁发的适航认证书（TSOA）企业，也是国内首家获得我国民用航空总局（CAAC）颁发的适航认证书（CTSOA）企业。生产能力为10万条/年；产品品种有航空斜交轮胎、航空子午线轮胎。可生产80多种规格品种的航空轮胎，满足国内外70多种机型的需求。

三橡有限公司（以下简称：沈阳三橡）为民营企业，位于辽宁省沈阳市，前身是沈阳第三橡胶厂。生产能力为10万条/年；产品品种有斜交航空轮胎。可生产近100种规格品种的航空轮胎，满足国内外70多种机型的需求。

银川佳通长城轮胎有限公司（以下简称：银川佳通）为外资企业，位于宁夏回族自治区银川市，前身是银川橡胶厂。生产能力为8万条/年；产品品种有斜交航空轮胎。可生产50多种规格品种的航空轮胎，满足国内外40多种机型的需求。

我国航空轮胎生产企业普遍使用进口GK400、F270密炼机，以及国内新型S型四辊压延机、自动胶囊反包成型机、B型胶囊硫化机等整套先进的轮胎工装设备。在航空轮胎模具加工方面，普遍应用CAD、CAE和CAM进行设计，应用数控机床、电火花工艺和专用刻字设备进行加工，曲线轮廓加工精度从“十一五”之前的0.3mm提高到了0.005mm。

所使用的试验/检测设备有航空轮胎动力模拟试验机、大压力自动控制的轮胎爆破试验机、静负荷试验机、美国Micro Poise公司静平衡试验机、美国孟山都公司X射线检查试验机、德国Steinbichler公司数字式全息试验机、轮胎耐久性试验机、轮胎静平衡试验机、RPA2000橡胶加工性能试验机、橡胶臭氧老化试验机等。在标准化方面，已经建立起航空轮胎和航空轮胎系列及相应的试验方法的国家标准体系，并按期进行标准制/修订。全国航空轮胎标准化分技术委员会依托单位为曙光院。

除上述3家航空轮胎生产企业外，国内还有近10家航空轮胎维修企业，承包国内航空公司的轮胎维修业务。主要代表单位有普利司通航空轮胎（中国）有限公司、晋江邓禄普太古飞机轮胎有限公司、无锡翼龙航空设备有限公司和凌云科技集团有限责任公司等。

普利司通飞机轮胎（中国）有限公司为外资企业，位于山东省青岛市；成立于2005年，是日本航空轮胎制造商——普利司通公司在中国的航空轮胎加工、检测、维修及售后服务基地。可翻修14种规格品种航空轮胎，其中子午线轮胎、斜交轮胎各7种，翻修轮胎能力约4万条/年，可满足国内各大航空公司的绝大多数飞机型号营运需要。

晋江邓禄普太古飞机轮胎有限公司为合资企业，位于福建省泉州出口加工区内。成立于2008年，2009年10月投入运营，占地面积1.3万平方米，每年可维修2.5万条航空轮胎，主要面向亚太地区，服务波音737、波音747和空客320等重要机型。

无锡翼龙航空设备有限公司为民营企业，创建于2001年，位于无锡市扬名高新技术产业园内，可翻新波音737、波音737NG和波音757轮胎。

凌云科技集团有限责任公司为国营企业，总部位于湖北省武汉市，是一家集航空装备修理、改装，航空部件及设备研制，建筑幕墙和节能门窗设计、安装于一体的跨行业、跨地区现代企业集团，总资产26亿元，年产值20余亿元，可维修伊尔-76、图154和Y-7、Y-8、Y-12飞机起落架（含轮胎）。

四川奥特附件维修有限责任公司为民营企业，总部位于四川省成都高新区，可维修空中国王B200/B300公务机起落架（含轮胎）。

【新建项目】

在“十二五”前期，航空轮胎新建项目有青岛森麒麟轮胎有限公司航空轮胎项目。该项目2012年6月研制成功波音737-700/800型飞机主轮胎，并通过国家实验室航空轮胎动力试验测试。2013年8月通过适航审查，2014年7月获颁CTSOA适航证书。该项目设计生产能力为8万条/年。

【科技创新】

航空子午线轮胎是斜交轮胎的升级换代产品，优势明显。与航空斜交轮胎相比，子午线轮胎更耐磨耗，使用寿命更长，抗刺扎、耐切割、防爆破性能更好。从航空轮胎的战略物资属性考虑，掌握航空子午线轮胎技术，既可提升我国航空轮胎技术水平，还可减轻国家安全风险，其意义重大。

2013年，曙光院继续加大力度研发航空子午线轮胎，包括通过产学研结合，开展轻质高强度骨架材料、纳米补强材料、绿色助剂等新材料研发，在新研发规格中大胆尝试新工艺，与橡胶机械企业合作开发适用新设备等。目前曙光院已掌握高载、高速、高压航空子午线轮胎的设计、试验、制造技术，正在逐步形成大中小全规格产品系列。与前几年相比，在轮胎设计、力学分析、结构优化、材料优选、工艺技术、装备研究等方面的水平有了大幅度提升，企业创新能力及体系建设得到进一步完善，在航空子午线轮胎技术进步方面积累起更丰富的经验，为我国航空轮胎子午化夯实了产业基础。

【存在问题】

国外研制、生产航空轮胎始于一战期间，比我国早近50年。尽管新中国建立以来，我国航空轮胎行业在自主研发、技术创新方面做了许多工作，也收到了较大成效，但是与国外先进水平相比，仍然存在相当大的差距。具体表现在以下方面：

1. 基础理论研究薄弱

以法国米其林集团公司、英国邓禄普航空轮胎公司、日本普利司通公司为首的国外企业一向重视基础研究，长期坚持的结果是拥有独创的轮胎结构设计理论、自成体系的轻质高强骨架材料、先进的试验方法和验证设备、指标值领先于国际标准的企业标准，从而确保占领世界技术前沿。相比之下，我国航空轮胎研制存在着重视解决“有无”、“能用”，而忽视基础理论研究的问题，造成发展后劲不足，从而制约了技术创新和体系化建设的推进，从根本上拉大了与国外先进水平的差距。

航空胎产业是技术密集型、资金密集型产业，长期经济基础薄弱是基础研究落后的主要原因。世界三巨头每年的研发资金投入占到当年销售收入的3%～5%。与世界列强相比，国内航空轮胎企业缺乏充足的经费支撑和科研保障条件。

2. 产品子午化率低

由于航空子午线轮胎更适合现代高性能飞机的发展需要，国外在为新机型配套轮胎时首推航空子午线轮胎。目前，欧美等国家航空轮胎子午化率已达到70%，新研飞机标准配件是子午线轮胎的比例达到90%以上。相比之下，我国航空子午线轮胎研究刚起步，有待产业化的进一步扩大。

3. 装备水平亟待提高

航空轮胎是一种特种轮胎，其工装设备与汽车轮胎有很大的不同。经过几十年的自主研发，航空斜交轮胎已有成套国产装备，但航空子午线轮胎尚处在技术成长期，自主研发的关键设备有待优化。由于航空子午线轮胎研制技术难度大、要求精度高，而且工艺过程与汽车轮胎有很大的差异，所以需要采用专用工装设备进行研制和生产。目前的情况是，一方面，航空子午线轮胎的研发技术在我国已取得了突破性进展；另一方面，若要满足现代化机型发展对航空子午线轮胎的需要，实现大批量生产，工装设备必须与之配套跟上。

轮胎科研试制是航空轮胎研发过程中的必备环节，产品的概念创新往往伴随着试制手段及工艺工装等方面的创新，先进的制造技术创新又会推动产品技术的创新。国外一流航空轮胎企业十分注重配置精良的试制设备，用于新产品、新工艺的探索性研究，为航空轮胎的技术创新设计提供保障。而我国长期以来在试制条件方面投入不足，新原理、新方案不能及时得到试制与验证，严重制约了航空轮胎技术创新的发展以及研制保障能力水平的提高。

此外，柔性制造也是航空轮胎业界的一个迫切需求。航空轮胎规格繁多，加工尺寸覆盖范围广。多品种、小批量研制生产是航空轮胎的特点。因此，航空轮胎企业特别期待实现柔性制造，以便提高设备利用率，降低制造成本。

【措施建议】

我国民航总局统计数据显示，2013 年，我国运输飞机有 2100 多架，除 300 多架为货运飞机之外，其余均为客运飞机。按照飞机轮胎的总使用寿命为 150 次起飞计算，全年我国航空业需要 28 万条航空轮胎。

波音民用飞机集团最新发布的《当前市场展望》称，未来 20 年我国需要 5580 架新飞机，届时我国民航机队的规模将达到现有的 3 倍。在此期间，我国国内市场客运量年均增幅为 7%，航空轮胎年均需求增幅为 6%。

目前，我国民用/通用航空业每年消耗的航空轮胎除小部分由本土企业提供外，大部分由国外轮胎巨头，如法国米其林集团公司、日本普利司通公司、美国固特异轮胎橡胶公司等企业提供。除了国产飞机基本采用国产轮胎外，进口民用飞机的航空轮胎国产化率平均不到 5%，发展空间巨大。

民用航空轮胎市场的现状是，本土企业能提供的产品价格低，本土企业不能提供的产品价格高。同规格产品，溢价可能高达 3 倍。航空轮胎除了是航空器的必需品和消耗件之外，同时还是战略物资。

面对国际航空轮胎发展趋势的新格局与我国航空业发展需要，国内航空轮胎工业的发展方向和目标是增强自主研发能力，掌握关键技术，提升核心竞争力，发展绿色轮胎，扩大品牌知名度，推动轮胎经营模式转变，提高产业集中度。普及应用高强度、抗疲劳纤维，推广“子午化＋芳纶化”技术，更多采用低断面和无内胎结构，并逐步实现绿色环保与智能化。

继续瞄准世界先进水平，对比发现技术差距，依托能力优势较强、基础较好的单位，首先解决基础薄弱、能力提升问题，重点构建航空轮胎自主研发体系和平台，加强基础理论研究，提高设计水平，缩小与国外的差距，实现航空轮胎技术研发领域跨越式发展。

航空轮胎企业要加强与相关研究机构及生产厂家的合作，持续开展新型工装设备研究，提高轮胎的制造水平和非标检测能力，为高性能航空轮胎的研制、生产提供基础支持。

航空轮胎是消耗件，同时也是战略物资。军用飞机没有轮胎就不能起飞、降落，无法执行作战任务。民航飞机不仅是国民经济发展不可或缺的重要手段，而在战时，民航飞机可以迅速转化成重要的运输能力。建立我国航空轮胎能力保障体系，意义重大，建议国家在发展航空轮胎产业方面给予政策扶持。

（邓海燕）

力 车 胎

【基本情况】

随着我国经济增速放缓,经济低速增长成为新常态。我国力车胎行业2013年受自行车、电动车、摩托车产量萎缩,产销失衡扩大,配套车胎需求下降,出口车胎增幅下滑,力车胎行业增长幅度平缓。但是,由于力车胎产品与生产、生活密切相关,用途广泛,需求广阔,因此,力车胎行业生产销售仍保持平稳发展。在传统自行车胎市场萎缩同时,新产品补充了市场的需求,因此,市场销售的调整,实际上是产品结构的调整。虽然原材料价格逐步下降,但工人工资持续上升,加上其他各种费用上涨,造成力车胎行业利润下降。2013年力车胎分会38家会员企业统计指标见表1。

表1　2013年力车胎分会38家会员企业部分统计指标

指标名称	2013年	同比/%
力车胎工业总产值(现价)/亿元	170.41	0.20
力车胎销售收入/亿元	175.02	2.90
力车胎产品出口交货值/亿元	42.34	-1.20
力车胎实现利润/亿元	10.03	9.00
全员劳动生产率/元·人$^{-1}$	205582.0	12.05
自行车外胎产量/万条	38917.4	7.80
电动自行车外胎	18163.3	29.80
自行车内胎产量/万条	40368.6	12.50
摩托车外胎产量/万条	14882.5	5.30
摩托车内胎产量/万条	16762.2	14.10
丁基内胎产量/万条	38940.7	20.2
内胎丁基化率/%	66.00	3.72

【市场供需】

1.配套方面

2013年,力车胎配套的摩托车、自行车产量均下降,电动自行车产量惯性增长。摩托车生产了2289.17万辆,下降(同比,下同)3.12%,其中三轮摩托车生产242.42万辆,增长4.78%,占摩托车总产量的10%,三轮车产销形势好于两轮车。2013年自行车总产量为8201万辆,下降0.9%,产量继续回落。电动自行车全国产量3695万辆,增长5.4%,增长幅度回落到一位数。

近两年,自行车产量连年下降,传统自行车功能正发生改变,运输、代步功能逐渐减弱,娱乐休闲、健身运动功能逐渐增强。由于自行车功能的改变,小规格休闲娱乐车胎占自行车胎比重较大,运动型自行车胎向宽断面方向发展。国际上对适合亚洲人的27.5吋和适合欧美人的29吋山地自行车近期比较推崇。

2. 维修方面

据摩托车、自行车行业的统计，目前，我国摩托车社会保有量为1.1亿辆，自行车社会保有量3.7亿辆，电动自行车保有量1.81亿辆。按照普通自行车4年更换一次轮胎，电动自行车两年更换一次轮胎、摩托车前轮4年、后轮3年更换一次轮胎，全国维修市场每年需1.85亿条自行车外胎，1.81亿条电动车外胎，3200万条摩托车外胎。

近两年，随着电动自行车产量大幅增长，电动车已成为老百姓不可缺少的交通和谋生工具，它既减轻了城市交通压力，也提高了城市空气质量。在农村，随着电动车的普及和新产品的不断涌现，三轮、四轮电动车受到农民欢迎，它作为低收入者自谋出路的一种重要劳动工具，在载客、短途运输货物等方面发挥了很大作用。三轮、四轮电动车保有量已突破1000万辆，未来几年，还会保持供求两旺的局面。

3. 出口方面

和全国橡胶行业一样，2013年我国力车胎产品出口出现下滑势头。出口四大品种中，只有摩托车外胎出口量增长，摩托车内胎和自行车内外胎出口量均下降。据海关数据，2013年，力车胎（摩托车内外胎、自行车内外胎）出口额9.55亿美元，下降0.7%。其中，摩托车外胎出口92484.69吨，增长11.29%；摩托车内胎出口86930.83吨，下降1.17%；自行车外胎出口81216.88吨，下降7.59%；自行车内胎出口43455.80吨，下降12.43%。从全年各月出口量（图1～4）看到，2013年10月份以后，摩托车内外胎、自行车内外胎出口量逐步回升，除了摩托车外胎出口回升速度较大以外，其余产品仍然比去年下降。

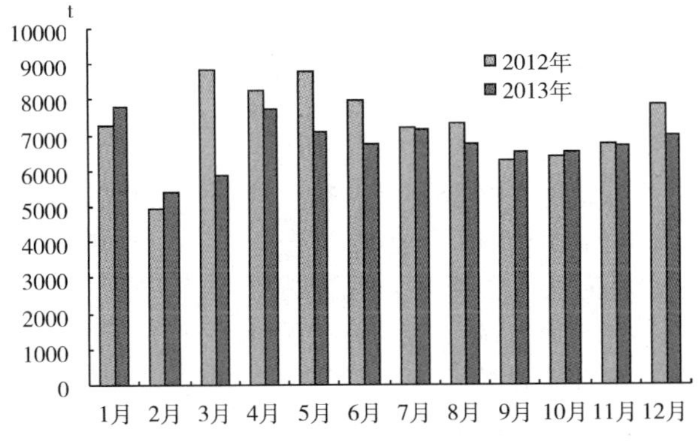

图1　2013年自行车外胎出口情况

由于国际经济下滑，市场不景气，国外为了保护本国民族产业，增加贸易壁垒。2013年12月份巴西宣布对进口自中国的摩托车轮胎征收2.21～7.4美元/千克反倾销税，征税期限为5年。目前，巴西还正对进口我国的摩托车内胎、自行车内外胎进行反倾销调查。这种贸易壁垒的增多，加上人民币升值，对我国力车胎产品出口造成了一定影响。2013年自行车外胎、内胎和摩托车外胎、内胎出口情况见图1～4。

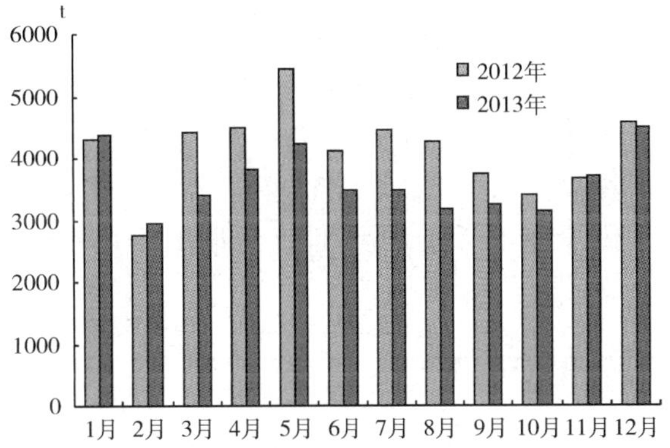

图2　2013年自行车内胎出口情况

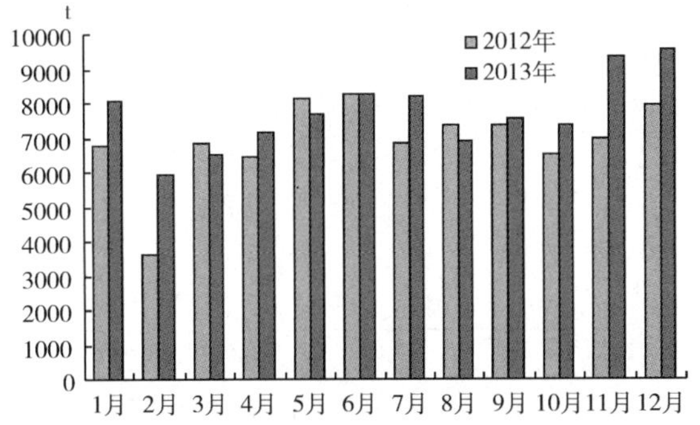

图3　2013年摩托车外胎出口情况

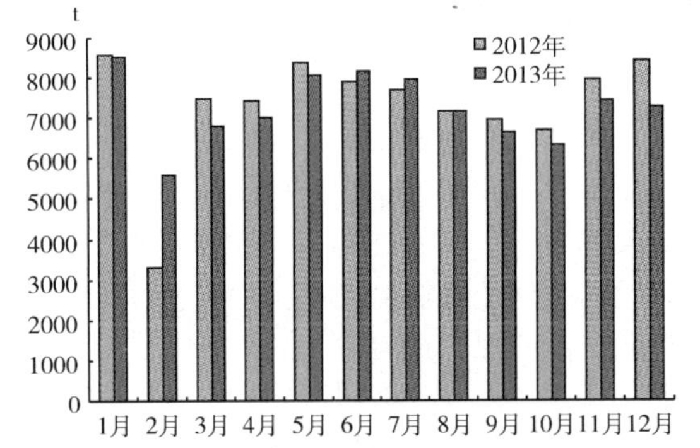

图4　2013年摩托车内胎出口情况

【生产与效益】

2013 年,力车胎产品市场出现了分化,山东、华北、东北等地市场销售很好,三轮、四轮的电动车胎和摩托车胎均出现供不应求的情况,两轮电动车胎和电摩托车胎配套和维修需求大。电动车胎成为行业的利润增长点。据估算,2013 年,全国共生产了 1.85 亿条摩托车胎,3 亿条自行车胎,2.1 亿条电动车胎,8.8 亿条摩托车和自行车内胎。由于新建、扩建的企业增加,行业摩托车外胎和自行车外胎产量的集中度有所下降,但是内胎产量集中度逐步提高。据力车胎分会的统计数据,行业内胎生产前 5 名集中度为 73.45%。

力车胎行业是劳动力密集型、劳动强度大、生产环境高温型的产业,因此,招工情况长期困扰企业。由于整车产量下降,部分企业开工不足,个别地区对用工需求有所下降。但由于工人工资连年上涨,用工成本增加。社会对环境保护要求提高,企业环保费用一路上涨。在原材料价格方面,力车胎产品各主要原材料价格下滑,力车胎分会对会员企业的统计数据显示,2013 年国产标准 5 号胶下降 17.67%,高耐磨炭黑下降 1.45%,尼龙帘子布 1260 下降 3.07%。总体上,力车胎行业 2013 年工资约占成本的 16%,能源约占成本的 14%。在各方面因素影响下,行业利润增长幅度下降,实现利润仅增长 12.1%,行业平均销售利润率为 5.73%。2013 年我国力车胎销售收入前 10 名企业见表 2。2013 年自行车外胎产量、内胎产量前 10 名企业见表 3,2013 年摩托车外胎产量、内胎产量前 10 名企业见表 4。

表 2　2013 年中橡协会员企业力车胎销售收入前 10 名企业

排名	企业名称	销售收入 /万元	实现利润 /万元	销售利润率/%
1	厦门正新橡胶工业有限公司	364357.0	55588.0	15.25
2	中策橡胶集团有限公司	287626.3	11250.4	3.91
3	新东岳集团有限公司	124880.5	5653.0	4.52
4	江苏三元轮胎有限公司	109323.0	2764.0	2.52
5	青岛喜盈门双驼轮胎有限公司	106477.3	1828.6	1.71
6	青岛东方工业品(集团)有限公司	101816.0	530.0	0.52
7	四川远星橡胶有限责任公司	97358.0	4079.0	4.18
8	江苏飞驰股份有限公司	90486.0	1189.0	1.31
9	天津万达轮胎集团有限公司	74470.3	1355.0	1.81
10	伊诺华橡胶(平湖)有限公司	42414.0	406.5	0.95

表 3　2013 年中橡协会员企业自行车外胎、内胎产量前 10 名企业　　万条

排名	企业名称	外胎	排名	企业名称	内胎
1	中策橡胶集团有限公司	8665.0	1	中策橡胶集团有限公司	13220.1
2	青岛东方工业品(集团)有限公司	7840.0	2	厦门正新橡胶工业有限公司	10621.0
3	厦门正新橡胶工业有限公司	5767.0	3	江苏飞驰股份有限公司	4924.0
4	天津万达轮胎集团有限公司	4289.0	4	河北协美橡胶制品有限公司	4409.0
5	新东岳集团有限公司	1746.0	5	伊诺华橡胶(平湖)有限公司	1156.3
6	河北协美橡胶制品有限公司	1599.0	6	上海天马万虹胶制品有限公司	1023.9
7	江苏三元轮胎有限公司	1344.0	7	福建和兴橡胶工业有限公司	901.8
8	江苏飞驰股份有限公司	1283.0	8	广州飞旋橡胶有限公司	800.4
9	伊诺华橡胶(平湖)有限公司	1124.0	9	新东岳集团有限公司	764.7
10	山东佳程橡胶工业有限公司	739.9	10	天津万达轮胎集团有限公司	640.2

表4　2013年中橡协会员企业摩托车外胎产量、内胎产量前10名企业　万条

排名	企业名称	外胎	排名	企业名称	内胎
1	青岛喜盈门双驼轮胎有限公司	2245.8	1	江苏飞驰股份有限公司	4517.0
2	厦门正新橡胶工业有限公司	2085.0	2	新东岳集团有限公司	2395.4
3	新东岳集团有限公司	1921.2	3	厦门正新橡胶工业有限公司	1895.0
4	四川远星橡胶有限责任公司	1507.9	4	青岛喜盈门双驼轮胎有限公司	1756.1
5	江苏飞驰股份有限公司	1307.0	5	四川远星橡胶有限责任公司	1601.5
6	江苏通用科技股份有限公司	729.4	6	福建和兴橡胶工业有限公司	980.4
7	山东佳程橡胶工业有限公司	546.5	7	重庆威星橡胶工业有限公司	553.7
8	重庆威星橡胶工业有限公司	520.0	8	青岛华达橡胶制品有限公司	541.0
9	中策橡胶集团有限公司	481.3	9	江苏通用科技股份有限公司	526.5
10	天津万达轮胎集团有限公司	452.6	10	重庆金盾橡胶制品有限公司	505.1

【进出口】

2013年,我国力车胎产品出口经历前两年大幅增长后,各产品出口出现分化。力车胎分会统计会员企业出口交货值下降1.2%。海关统计数据显示,摩托车外胎出口仍显示强劲,但摩托车内胎、自行车内、外胎出口有所下降。由于新兴经济体国家经济疲软,国外贸易保护对我国力车胎产品实施反倾销案增多,对产品出口带来了一定影响。泰国在2012年对中国摩托车内胎征收反倾销税后,2013年12月巴西又宣布对进口自中国的摩托车胎征收2.21~7.40美元/千克反倾销税,征税期限为5年。2014年2月,巴西外贸委员会发布第5号令,决定对进口自中国的自行车胎征收0.28~3.85美元/千克的反倾销税,征税期限为5年。2013年力车胎分会会员企业出口交货值前10名企业见表5。2013年全国摩托车胎和自行车胎出口情况见表6。

表5　2013年力车胎分会会员企业出口交货值前10名企业

排名	企业名称	出口交货值/万元	同比/%	主要出口产品
1	青岛东方工业品(集团)有限公司	95850.0	94.19	自行车胎
2	厦门正新橡胶工业有限公司	81214.0	-11.69	自行车胎、摩托车胎
3	江苏飞驰股份有限公司	44916.0	-8.73	自行车胎、摩托车胎
4	中策橡胶集团有限公司	43250.1	23.78	自行车胎、摩托车胎
5	天津万达轮胎集团有限公司	22289.8	13.07	自行车胎、摩托车胎
6	青岛喜盈门双驼轮胎有限公司	20328.4	26.97	摩托车胎
7	江苏三元轮胎有限公司	16915.0		自行车胎、摩托车胎
8	青岛茂润轮胎有限公司	12563.0	5.93	摩托车胎
9	广州飞旋橡胶有限公司	12504.5	-32.48	自行车胎
10	四川远星橡胶有限责任公司	11287.0	5.78	摩托车胎

表 6 2013 年全国摩托车胎和自行车胎出口情况

项 目	摩托车外胎		摩托车内胎		自行车外胎		自行车内胎	
出口总量/千克		92484684		86930832		81216878		43555796
出口总额/美元		288463544		227438498		240752557		198681840
出口平均价/美元·千克$^{-1}$		3.12		2.62		2.96		4.56
出口方式								
进料加工		51302621		39750979		27260449		198681840
一般贸易		40373635		46289979		50602991		22815991
企业类型								
外商独资		15422872		6285456		26437798		14611993
国有企业		2673277		1590919		12098262		2883485
集体企业		7408992		6492152		6671398		1255886
中外合资		20549879		6060202		7139498		5562547
私人企业		46408963		66441480		28859029		18604518
发货地	山东青岛	34327147	山东青岛	52242743	厦门特区	13704935	厦门特区	8233380
	浙江杭州	7424602	山东潍坊	5694588	天津西青	7316034	浙江杭州	4502391
	厦门特区	5258579	山东东营	4391336	天津北辰	6387115	深圳特区	3508101
	四川成都	4674957	江苏南通	3244260	浙江杭州	5595605	江苏南通	2433117
	广东广州	3901462	江苏张家港	2771198	深圳特区	5576518	江苏宿迁	2384510
出口国别(地区)	尼日利亚	26471757	尼日利亚	22229455	墨西哥	8503994	巴西	4146805
	菲律宾	6789937	马来西亚	7666530	巴西	6431510	美国	3483242
	哥伦比亚	4603479	巴西	6595486	哥伦比亚	3814069	墨西哥	3041184
	墨西哥	3777533	泰国	5130049	日本	3779705	德国	2262527
	马来西亚	2747582	阿根廷	3926200	朝鲜	2554153	尼日利亚	2172567
	巴西	2636284	墨西哥	3218076	乌克兰	2389259	法国	1392380

注:数据来源由海关统计。

从表 6 看到,我国力车胎产品出口仍然是以沿海地区企业出口为主,按地区划分,有山东、江苏、浙江、广东、成都、重庆等。山东出口摩托车内外胎量远超其他地区,摩托车内胎占全国出口量的 70% 以上,但是这些内胎以低价产品为多,售价比自行车内胎出口价低 42%。厦门一直稳居自行车内、外胎出口第一名。总体来看,南方地区出口自行车胎量较大。近年来,西南地区摩托车胎生产企业逐步增多,并发展较快。

在出口国别(地区)方面,多年来,尼日利亚是我国摩托车胎出口最大客户,巴西由于对我国摩托车胎征收反倾销税,将逐渐减少进口。总体上,我国摩托车胎的客户基本上是发展中国家,也间接说明我国摩托车胎仍然属于低档次的产品。随着环保、健身的理念在欧美国家受到重视,我国自行车胎出口在欧美有一定的市场。2012 ~ 2013 年海关统计摩托车、自行车胎出口、进口量价对比见表 7 和表 8。

表 7　2012～2013 年摩托车、自行车胎出口量价对比

项目		摩托车外胎	摩托车内胎	自行车外胎	自行车内胎
2012 年	出口总量/千克	83105576	87962805	87883983	49623968
	出口总额/美元	263273354	226185734	248539643	224086594
	出口平均价/美元・千克$^{-1}$	3.17	2.57	2.83	4.52
2013 年	出口总量/千克	92484684	86930832	81216878	43555796
	出口总额/美元	288463544	227438498	240752557	198681840
	出口平均价/美元・千克$^{-1}$	3.12	2.62	2.96	4.56

表 8　2012～2013 年摩托车、自行车胎进口量价对比

项目		摩托车外胎	摩托车内胎	自行车外胎	自行车内胎
2012 年	进口总量/千克	356154	162502	1572980	136016
	进口总额/美元	4047863	643307	15571762	1514753
	进口平均价/美元・千克$^{-1}$	11.37	3.96	9.90	11.14
2013 年	进口总量/千克	225851	64333	1466045	165390
	进口总额/美元	2197810	364180	14934074	1723989
	进口平均价/美元・千克$^{-1}$	9.73	5.66	10.19	10.42

近两年，我国力车胎产品出口价格稳定上升，虽然上升幅度不大，但考虑到我国的经济大环境及行业的竞争，这种价格稳定上升显得可贵。我国每年也进口部分摩托车胎和自行车胎，基本是比较高档的产品。简单从进出口价格比较，国外车胎进口价是国内出口价的 1～2 倍，说明我国力车胎产品竞争力还有一定的提升空间。

【产业布局】

近两年，力车胎行业出现了一轮新建、扩产的高潮，行业产能大幅增加。原来的企业扩产投资几千万元，现新建企业投入超亿元的项目也有。新投入的资金已经开始逐渐离开沿海地区，趋向中西部发展，如鲁西、苏北、河南、贵州、川渝等地。这些地区工资成本及能源成本较低，符合国家发展政策，能够合理分布企业，减少运输费用。这些因素，将使我国力车胎行业的发展趋于平衡，发展更好。

目前，我国力车胎的生产企业数量没有准确的统计数，估计有 300～400 家。相对集中在山东、江苏、天津、河北、浙江、广东、福建、四川、重庆等省、市。

山东省是全国力车胎企业数量最多的省份，估计占全国力车胎生产企业总数的一半。主要的产品是摩托车胎，部分是电动车胎。山东地区的三轮、四轮摩托车胎和电动车胎也具有国内规格最多、产量最多特点。山东省比较重要的力车胎企业有新东岳集团有限公司、青岛喜盈门双驼轮胎有限公司、青岛东方工业品(集团)有限公司、山东佳程橡胶工业有限公司、新轮轮胎有限公司、青岛茂润轮胎有限公司等。胶南地区是力车胎企业密度最高的地区，基本上是生产摩托车胎，企业产品出口比例高，属于中低档产品。

江苏省是经济比较发达省份。近两年，该省的电动自行车产业快速发展，带动了江苏省的电动车胎的生产，苏北地区近年在引资方面政策优

惠，政府服务做得到位，大力吸引资金，促进了该地区的力车胎行业发展，主要产品为电动自行车胎，部分摩托车胎。重点企业有江苏飞驰股份有限公司、江苏通用科技股份有限公司、徐州汉邦轮胎有限公司、江苏三元轮胎有限公司、江阴市安基橡胶工业有限公司、苏州晨新轮胎有限公司等。

天津市和河北省是我国自行车及自行车零件的重要生产基地，邢台市河古庙是知名的自行车零件集散地，但产品属于低档次产品。天津市万达轮胎集团有限公司是该地区最大企业，产品包括自行车胎、ATV胎、摩托车胎，万达公司是目前国内ATV胎最大生产企业，产量1万条/天，产品全部出口。万达公司在河北邢台购买700亩地主要扩大力车胎产品生产。该地区还有河北协美橡胶制品有限公司、天津市飞亚达橡胶制品有限公司、巨丰（天津）轮胎有限公司等大型企业及一大批小型企业。

中策橡胶集团有限公司是最早开发研究电动车胎的企业，产品质量处于国内一流水平。目前，朝阳电动车胎市场占有率高达25%，公司自行车胎也是国内优质产品。近年，中策摩托车胎加快了发展速度。浙江省内还有伊诺华橡胶（平湖）有限公司、浙江力王轮胎有限公司等中型企业及一些小型力车胎生产企业，浙江省力车胎产品质量相对较高。

广东省力车胎行业产品比较全面，出口比例较高。由于有接近港澳和传统出口海岸的优势，广东一直是国内力车胎重要生产基地。江门大长江是国内产量最大的摩托车生产企业，广州地区还有20多家摩托车企业，因此，国内力车胎企业均十分重视广东市场，可以说，广东也是全国摩托车胎最大的配套和集散地。广东的力车胎企业有广州钻石车胎有限公司、广州飞旋橡胶有限公司、深圳建泰橡胶有限公司、东莞晋勇橡胶公司等。

福建省是我国较早开放的地区，与我国台湾地区有地域、语言接近等有利条件，因此中国台湾正新公司20多年前就在厦门建立了厦门正新橡胶工业有限公司，是我国最大的力车胎企业，规模大，产品档次高，出口到世界各地。正新给中国力车胎行业带来了世界最新技术，直接推动了我国力车胎行业发展，同时也给我国力车胎行业培养了一批力车胎技术人才，这些技术人员流转到各个力车胎企业，提升了整个行业的水平。一批正新公司出来的技术人员，在福建地区发展起力车胎设备生产企业，成为一个特色。

川渝地区是近年力车胎企业发展最快的地区。近10年来，四川、重庆地区涌现出一大批摩托车企业，如隆鑫、力帆、宗申等知名摩托车企业，成为全国主要的摩托车生产基地，由此带动了川渝地区的摩托车胎产业发展。目前，主要企业有四川远星有限责任公司、重庆威星橡胶工业有限公司、重庆九龙橡胶制品制造有限公司、重庆金盾橡胶制品有限公司等，还有部分中小企业和初建的企业，产品基本以摩托车胎为主。四川远星是国内摩托车胎产量最大的企业（厦门正新是台资企业）。由于拥有工资成本低、能源成本低、配套资源丰富等优势，川渝地区的力车胎行业将在一段时期内具有较大的发展潜力。

【技术进步】

1.目前，力车胎企业认识到，提高生产效率，提高产品质量，离不开先进的设备，好的设备才能生产出好的产品。2012～2013年，力车胎企业大部分进行了技术改造，主要项目有：密炼机、上辅机、电子小料称、双向导热胶囊硫化、复合胎面挤出等新设备和新工艺。大容量270升的密炼机及上辅机，是力车胎行业密炼工序的重要先进配置，能大大提高生产效率，提高胶料混炼质量，降低能耗。双向导热胶囊硫化工艺可以减轻劳动强度，解决招工困难、环保安全问题，已经成为力车胎行业发展方向。力车胎行业复合胎面挤出目前已发展到双复合、三复合，内蒙古一家设备厂试验制造了一台四复合挤出机。复合挤出可以充分发挥车胎的功能，增强力车胎性能。

2.我国力车胎行业发展到今天，跟世界工业国家发展过程中遇到过的一样，劳动力不足，招工困难成为企业最大困扰。力车胎生产外胎工序劳动强度大，内胎劳动密集，这些因素阻碍了力车胎行业的发展，也不符合国际潮流。要改变这种情况，力车胎行业需要实现生产自动化。近两年，大多企业投入开发了一批自动化设备。如研究开发摩托车外胎硫化机器手，已经在山东企业投入使用，内胎自动硫化机器手臂已经批量投入使用。内胎后工序，如上气门嘴、包装占用大量的人力，行业已经在节省人工方面取得了一些成绩。另外，力车胎企业车间物流环节采用运输线，可以提高自动化程度，减少人力，车间更加有序。总之，力车胎行业两年来围绕提高自动化，减轻劳动强度，减少用工等方面采取各种措施，稳步向自动化生产发展。

3. 随着国内外重视和提倡绿色生产，我国力车胎行业也越来越重视节能环保。力车胎行业在节能方面主要工作是使用导热油或氮气代替蒸汽硫化，有的企业为了降低能耗，把蒸汽管道整体改造，并更换高质量的疏水器，效果较明显，估算一项改革节能 2%。在小的措施方面，企业开始注意机台、管道甚至软管、模具的保温，减少热量损失，降低能耗。

在环保方面，力车胎企业逐渐予以关注，逐步开发研究绿色力车胎。受国外限制有毒有害产品进口，一些出口比例较大的企业正逐步在生产过程中，不用或少用有毒有害原材料，如产品不再使用含有煤焦油的再生胶，使用符合国际市场要求的环保原材料。力车胎生产企业产生较多的气味，影响居民或操作工人的健康。近两年，很多企业采取了对气体进行过滤后排放的措施，为改善环境做了较大工作。

4. 随着产品质量的提高，消费者对力车胎产品提出了更高的质量要求。力车胎企业为保证使用者满意，对出厂产品加强了检验，在检测设备上的投入大大增加，很多企业都配备了原材料化学检验、拉力计、硫化仪、磨耗机、轮胎试验机、动平衡试验机、里程机等仪器，多方面检测试验产品，个别企业还建起了或正在筹建力车胎试验场，以保证产品出厂质量。

【问题与建议】

1. 由于近年来力车胎行业扩产或新建的企业多，行业产能大幅增加，产能过剩，造成行业集中度分散，市场混乱，这种情况阻碍了行业的发展。由于力车胎企业大部分是民营企业，企业发展还没有长远的规划，在规模、资金上实力不足，目前还没有一家上市公司。因此，行业至今没有出现过兼并重组等情况，行业集中度不但没有提高，近年反而下降。力车胎行业要继续发展，需要一些有实力的企业进行重组整合。大中企业应该要有这种规划，希望国家能有扶持的政策，提高力车胎企业进入门槛控制，让行业健康发展。

2. 电动自行车轮胎的相关标准由于尚未发布实施，使已形成大规模生产电动自行车胎的企业无所适从。近两年，由于轮辋轮胎没有标准，出现了质量问题时，车胎生产企业与整车厂发生了大量的摩擦，甚至出现了交通安全事故。没有国家标准，质量监督机构无法正常检验监督，影响到人民生命安全。希望国家有关部门尽快发布实施电动自行车胎的相关标准。

3. 1994 年国家实行税制改革，将摩托车胎列入轮胎范围征收 10% 消费税，直至 2007 年降为 3% 征收。摩托车胎是摩托车的配套零件，在社会发展中已不属于高档消费品，而是人民生活必需品，更是农民、农村、农业的生产工具。摩托车胎征收消费税，直接增加了农民的负担，影响了国家改善农业、提高农民收入和开发西部的部署。为与国家的农业政策匹配，摩托车胎的“消费税”应该取消。

（杨灿光）

胶　管

【基本情况】

2013 年至 2014 年上半年，胶管行业经济指标呈现小幅波动，整体来看稳定增长，盈利状况向好。

胶管行业发展的推动力来自应用要求和环保要求的不断提升。应用要求主要包括环境温度、压力、弯曲半径、输送介质、脉冲寿命、胶管内径等；环保要求主要涉及汽车工业，包括介质的渗透性、废气排放、介质（如燃油和制冷剂）的变化等。

随着轿车国产化，与之配套的制动胶管、空调胶管、燃油胶管也都有了大量的需求，还有油田的开发、钻探胶管以及输油胶管的需求也在扩大，由于 PVC 树脂管生产线的引进，大量的 PVC 树脂管挤占了部分胶管市场，替代了部分胶管。煤炭和石油工业的发展促使高压钢丝编织和缠绕胶管的用量增幅较大。

【企业结构】

截至 2013 年底，全国胶管生产企业有 800 多家，规模以上企业 300 多家，其中钢丝编织和钢丝缠绕胶管生产企业 200 多家，大口径钢丝缠绕胶管（主要为石油钻探胶管）生产企业约 10 家。生产汽车胶管企业有 60 多家，到 2014 年有两家上市公司，分别为美晨科技和天津鹏翎，外资企业 20 家，占 1/3 左右，占据大部分配套市场。除少数几家外资企业生产液压胶管外，大多为汽车用胶管生产企业，如法国哈钦森公司、美国派克 - 汉尼芬公司、德国大陆公司、美国库珀标准汽车配件公司、日本东海橡胶工业公司、美国固特异公司、日本丰田合成公司、美国伊顿公司、日本横滨橡胶公司、意大利马奴里橡胶公司。

随着汽车工业市场化进程的加快，国内一些专业的汽车胶管生产厂家逐渐成长起来，比如四川川环、宁波丰茂、美晨科技及天津鹏翎等，这些专业的汽车胶管厂家由于适应市场化的竞争，逐步转变为汽车胶管行业的中坚力量。但汽车胶管市场的产量一半仍来自外资企业，高档、豪华汽车胶管市场多半甚至全部的市场份额均被外资企业占据。外商纷纷进入中国投资兴建胶管生产企业，一是看好中国的胶管大市场（尤其是汽车用胶管市场），欲以其先进的技术和设备分享市场份额；二是进行战略东移，中国是东移的主要目的地之一，以此降低生产成本，实现其国际化竞争大目标；三是就地就近供应和服务用户，而且往往是其原来的用户。在国际市场上，各大型汽车胶管跨国公司在管理、技术、设备等方面都具有很强的实力，其销售收入绝大部分是国内一般汽车胶管企业销售收入的 50 倍左右，尽管国内同行业企业还不足以与之抗衡，但中国本土企业往往能在某些项目上利用自己的优势取得一些突破。

大量小型胶管企业生产的胶管包括各种结构、规格和性能的钢丝增强胶管、纤维增强胶管、树脂胶管、夹布胶管、特种用途胶管和纯胶管，应用于国民经济各个部门。小型胶管生产企业分布在全国各地，但大部分集中在河北、浙江、山东、辽宁等中原和沿海地区。这些小型企业虽然技术和设备比较落后，但是它们生产各种各样不同类型的胶管，都有其各自的销售市场。

目前中国胶管产业存在外资、民资、国资三大资本主体。我国本土各类胶管生产企业多为中小型企业，分布区域围绕国内主要汽车主机厂、工程机械制造中心、大型煤矿油田等，已形成以广州、天津、沈阳、上海、河北景县等地及其周边为主的生产集聚地，并开始向区域性胶管产业集群发展，其中汽车用胶管多集中于上海、广州、天津、长春、浙江、湖北等地区。

【产品产量】

中国橡胶工业协会胶管胶带分会2013年统计数据表明，受橡胶原材料价格低迷影响，2013年胶管行业整体盈利状况基本呈现扭转向好状况，但由于企业环境成本、用工成本、物流成本等不断提高，全行业销售收入同比保持增长，利润增幅走势趋平。

2013年中橡协107家会员企业的统计数据显示：管带行业完成工业总产值162.91亿元，增长(同比，下同)9.51%；销售收入186.94亿元，增长8.55%。

主导产品产量方面：胶管2.16亿Bm，增长15.86%，其中，钢丝编织胶管10516.49万Bm，增长22.61%；化纤缠绕管5905.23万Bm，增长12.59%；汽车专用胶管完成3.74亿根，增长11.42%。

【进出口】

据中橡协统计，2013年胶管出口量增长23.62%。

2013年胶管产品出口量及所占比例见图1。

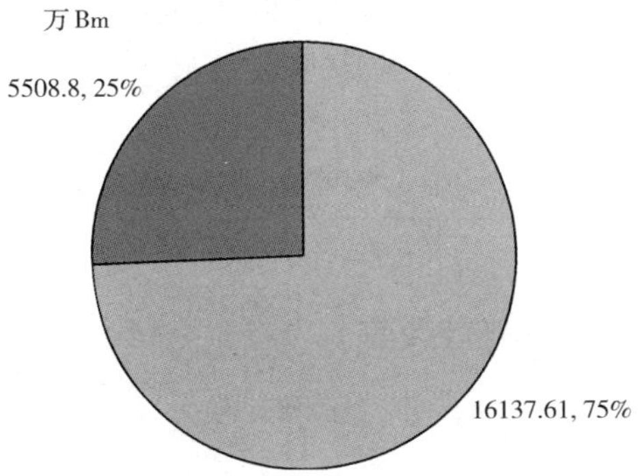

图1　2013年中橡协统计胶管产品出口量及所占比例

【市场供需】

外资企业依靠自身的技术和经济实力抢占了国内高端市场，并从高端产品开始扩张，从抢点式转向控制全局，从产品单一式转向系列化，从最初设立生产基地到后期建设研发中心，在中国市场的经营步步为营。而内资企业虽然数量众多却不占优势，整体品牌处于市场低端，产品同质化严重，低水平大众化产品严重过剩，而高性能绿色安全的产品供应不足。这种情况导致外资企业设法满足国内高端市场，并逐步渗透中低端市场，而内资企业则被迫抢占国外低端市场。

【科技创新】

我国胶管骨干企业积累了多年的配方设计及工艺制造经验，工艺技术成熟，产品质量稳定，在胶管的匹配连接、脉冲疲劳性能、低介质渗透性能方面形成了专有技术。产品综合性能达到了国际先进水平，其中汽车冷却水管、燃油胶管分别达到代表目前国际较高水平的德国大众公司的TL52361和TL52424标准，其他胶管也都达到日本、美国及欧洲国家先进标准。在产品技术开发能力及科研技术水平上建立了与国际先进同行竞争的平台，具备了与国外同行竞争的能力。胶管骨干企业已在运用UG、pro－e、CATIA和CAD等先进的三维设计工具进行产品及工装、模具的设计，实现了与国内外先进汽车公司设计标准工具的统一。部分企业拥有先进的模流分析及三座标结构分析系统，可对胶料的配方和产品的空间结构进行分析。同时，在产品开发过程中采用相关计算机技术对于产品性能和可靠性进行模拟验证，有效优化设计，提高产品开发效率，缩短开发周期。

胶管骨干企业目前拥有胶管材料及成品性能的测试设备，其中燃油流经试验仪、液体高压脉冲试验机、涡轮增压胶管空气脉冲试验机、综合程控橡胶老化试验机等台架试验设备均为国际先进水平。我国胶管骨干企业也拥有汽车胶管与汽车发动机冷却系统、真空制动系统、燃油系统、变速箱油冷系统、进气系统、涡轮增压系统等多个汽车系统的匹配技术，并具备与主机厂同步开发新车型的能力。

【品牌建设】

1．中国橡胶工业百强企业

2014年度中国橡胶工业百强企业中的胶管企业名单见表1。

表1　2014 年度中国橡胶工业百强企业中胶管企业名单

排名	企业名称	销售收入/亿元
29	陕西延长石油西北橡胶有限责任公司	17.19
45	天津鹏翎胶管股份有限公司	10.04
74	欧亚管业股份有限公司	6.44
78	山东美晨科技股份有限公司	6.05

2. 质量授信复审

2013 年通过中橡协质量授信复审胶管产品名单见表 2。

表2　2013 年通过质量授信复审胶管产品名单

企业名称	产品类型	证书编号
山东悦龙橡塑科技有限公司	压缩空气用橡胶软管	QA－JG－01－01
	焊接及切割用橡胶软管 氧气橡胶软管	QA－JG－01－02
	焊接及切割用橡胶软管 乙炔橡胶软管	QA－JG－01－03
	喷砂橡胶软管	QA－JG－01－04
烟台泰悦软管科技有限公司	旋转钻探和减震用橡胶软管和软管组合件	QA－JG－03－01

广州市质量技术监督局公布的 2013 年广州市胶管产品质量监督抽查结果表明，依据 GB/T 3683－2011 和 GB/T 10544－2003 等标准，对静液压要求、泄漏试验、低温屈挠性能、层间黏合性能、耐油性能和最小弯曲半径等项目进行的检验，4 家企业生产的 5 批次产品，经检验全部受检产品符合标准要求。山东省质量技术监督局公布的 2013 年第 2 批胶管产品质量监督抽查结果显示，依据 GB/T 3683－2011 和 GB/T 10544－2003 等标准的要求，对橡胶软管和软管组合件产品的尺寸、层间黏合性能、耐磨性能、泄露试验、爆破压力试验、脉冲性能、低温曲挠试验等 12 个项目进行的检验，20 家企业生产的 20 批次橡胶软管和软管组合件产品的绝大部分企业符合标准要求。

3. 胶管行业 10 强企业

根据 2012 年度与 2013 年上半年企业的工业总产值、胶管产值、胶管产量、钢编胶管产量、汽车胶管产量和出口交货值、实现利税等指标及其同比增减率，同时也根据企业的生产技术条件和技术装备，技术创新、开发能力等因素，中橡协胶管胶带分会评定的胶管 10 强企业见表 3。

表3　2013 年度胶管 10 强企业

排名	企业名称
1	天津鹏翎胶管股份有限公司
2	山东美晨科技股份有限公司
3	欧亚管业股份有限公司
4	南京七四二五橡塑有限公司
5	四川川环科技股份有限公司
6	漯河市利通橡胶有限公司
7	河北恒宇橡胶制品集团有限公司
8	山东悦龙橡塑科技有限公司
9	广州天河胶管制品有限公司
10	陕西延长石油西北橡胶有限责任公司

【存在问题】

1. 胶管厂家过多，各厂发展不平衡，产品品种不足，质量问题较多。

2. 夹布胶管所占比例仍然很高，而钢丝、纤维缠绕、编织胶管所占比例仍然低于20%（国外高压钢丝编织、缠绕胶管的产量约占胶管总产量的30%），而且高技术、高附加值的胶管很少，例如海洋输油用漂浮胶管、大口径胶管。

3. 目前胶管行业由于受技术装备、研制条件以及资金不足等方面影响，很少有较高技术附加值的胶管产品投入市场。

4. 企业利润低，产品价格低，与国外同行竞争处于劣势。

虽然各大汽车集团迫于成本压力，加大全球采购力度，国内企业往往能在某些项目上利用自己的成本优势取得一些突破。但国内汽车胶管行业目前的市场化程度很高，现有竞争对手之间竞争的核心是价格，其次是质量管理竞争和新品研发竞争。新品研发竞争主要体现在应用新材料、新工艺、新设备上。随着汽车整车市场和零部件市场的竞争不断加剧，目前分散的中国零部件产业结构经过重组整合有望形成若干家大型零部件供应集团。当主机厂对产品质量、价格和及时供货等方面提出更高标准时，部分内部运作效率低下、产品质量差或产品质量不稳定的汽车胶管生产企业将最终被淘汰或被兼并。随着汽车整车厂商压缩供应链条和控制成本的不断推进，以及国内汽车零部件生产商本身实力不均衡的特点，国内汽车零部件供应体系结构将发生重组和分化，汽车零部件生产商将逐渐地分化成为三级体系，一级供应商为系统或模块集成商，直接向主机厂供货；二级供应商围绕一级供应商，向其供应组件；三级供应商则围绕二级供应商供应零件。一级供应商将在行业竞争中掌握更多的主动。

【主要差距】

1. 企业规模。发达国家的大型企业多为跨国型集团公司。我国胶管专业，虽然整体规模很大，但各企业的规模很小。人力、物力和财力相当分散。多数企业没有研究与开发机构，自主创新很少，不能形成强有力的竞争能力，有些企业在国内具有较强的竞争能力，也有国内名牌产品，但在国际市场上竞争力则显不足。

2. 生产工艺水平。发达国家的胶管企业普遍采用世界上先进的胶管成型设备和生产线，生产过程的自动化水平比较高，挤出机、编织机、钢丝倒线和合股机采用自动测控技术，尽量减少人为因素的影响，从而保证生产效率和产品质量一致性。

我国企业自动化水平很低。除了一些大型胶管生产企业外，大多数中、小型企业内胶挤出仍然是人工测控。计算机在胶管生产、配方设计和性能分析中的应用仍是凤毛麟角。有些企业进行了胶料配方的计算机辅助设计，但不完善，应用也不普遍。从总体看，我国胶管的设计和生产，基本上仍然是人工作业。我国胶管成型设备仍处于仿制阶段，有些小型制造企业的设备水平仍然很低。汽车胶管行业因为工艺链较长，设备几乎全部为专有设备，投入大、专业性强、精度高，采用机电一体化手段保证控制水平。同时随着汽车主机厂商对汽车胶管的生产材料和产品性能不断提出新要求，设备更新较快，对新进入厂商的资金能力和管理效率提出了较高要求，为确保汽车胶管的产品质量，相应的测试设备、测试技术和手段必不可少。汽车胶管行业的测试设备多为专用设备，精度要求高，测试面广，测试过程需要对测试经验要求较高，国内企业对此力不从心。

【建　议】

1. 加强产业链建设

现代制造业的竞争已经由单个企业间的竞争向产业链间的竞争演变，能否与产业链上的优势企业建立长期稳定、互利共赢的合作关系成为企业谋求实现更高层次发展的关键因素之一。胶管产业链的延伸是解决同质化竞争，缓解总量压力的关键，是一个企业由大变强的标志之一。胶管企业加强产业链建设首先要重视与下游用户建立紧密的合作关系，及时了解、甚至引导客户需求。随着社会的进步，下游用户不仅仅对胶管品种和质量不断产生新需求，也对相关服务提出了更高要求。胶管企业必须紧密联系用户，及时掌握用户各方面需求的变化情况。面对日益激烈的市场竞争,胶管企业要加快转变服务理念,提高客户管理和服务水平。与销售产品相比,提供服务的要求更高,内涵更广,覆盖了从产品研发、生产、应用再到回收利用的全生命周期过程。企业只有以用户为中心,才能不断提高服务水平,在市场竞争中占得先机。

2. 加强行业管理

尽快启动立项,制定胶管行业的产业政策或准入条件,规范生产经营秩序,使胶管行业的健康发展有章可循。同时增强政府宏观引导的科学性、连续性和及时性,促进行业平稳健康发展。从四方面建立行业准入门槛,即投资规模门槛、实际产能门槛、产品能耗门槛和工装设备能力门槛。此外还要建立进入国外贸易的门槛。使有关部门与行业协会能够有章可循、有法可依,对行业的发展热点和难点问题及时跟踪研究,对行业的不良现象要采用适当的方式予以曝光批评,以促进行业有序、健康的发展。

3. 借鉴先进国家经验

发达国家的大型企业多为跨国型集团公司。在一个集团内,除了轮胎和其他橡胶制品工厂之外,还有若干家胶管生产厂,各胶管生产厂实行专业化生产。例如,美国固特异公司有 14 家胶管厂,分布在美国和其他一些国家。意大利的马奴里公司有 10 家液压胶管生产厂,8 家汽车用胶管生产厂,分布在意大利和其他国家,还有 1 家海上输油胶管生产厂。意大利 IVG 公司有 7 家胶管厂,分布在意大利和其他一些国家。德国大陆公司有 12 家生产汽车用胶管和其他工业用胶管的工厂,分布在德国和世界各地。日本东海橡胶公司在海外 8 个国家有 17 家汽车用胶管生产厂,仅中国就有 3 家。这样分工和分布,不但使生产专业化,而且工厂靠近用户,就地提供产品和服务,形成强大的竞争能力,有利于占领国际市场。

另外,国外一些公司经常进行机构重组,由于经济、管理和其他原因,有时将其所属的胶管厂出售给其他公司,或者从其他公司收购胶管生产厂,以获得更大的利润。马奴里公司出于战略考虑,将其盈利的汽车用胶管业务出售给其他公司,以利于集中精力生产液压胶管和海上输油胶管,在出售汽车用胶管业务的同时,收购液压胶管厂,以便保持其市场的领导地位。

除了胶管生产厂之外,跨国公司还有自己的研究与开发机构,不但产量和销售额,而且技术水平都处于世界领先地位,拥有强大的竞争能力。

4. 淘汰落后产能,实现"两化"融合

由于种种因素,我国胶管行业产能严重过剩。在市场经济条件下,适度的产能过剩有利于发挥竞争机制的作用。但是,现阶段我国胶管行业的产能过剩已经超出正常的市场竞争范围,这既有周期性下行的因素,也有体制机制、管理方式、发展方式等深层次原因。其中一部分产能是同质化增长,同时国内产业集中度偏低,在目前出口下降,国内市场乏力的形势下,进一步加剧了胶管产品的国内外市场竞争,不利于品牌建设和培育健康的市场秩序,导致企业效益下降。

近年来由于轮胎盲目发展受挫,又转向扩大胶管等产品产能,掀起新一轮的盲目发展浪潮,给我国胶管工业健康发展带来无穷隐患。胶管行业淘汰落后产能比过去更为重要和紧迫。企业亟须采用高端技术和先进装备,提高劳动效率、降低人工成本、提高产品品质。因此,关注前沿信息,采用高端技术和先进装备,实现工业化和信息化融合,淘汰落后产能,是胶管行业转型升级的必由之路。

5. 认真研究国外先进标准

如美国机动车工程师学会(Society of Automotive Engineers)的 SAE 标准,该组织是国际上最大的汽车工程学术组织,研究对象是轿车、载重车及工程车、飞机、发动机、材料及制造等。SAE 所制订的标准具有权威性,广泛地为汽车行业及其他行业所采用。此外,还要研究德国大众公司的汽车冷却水管、燃油胶管 TL52361 和 TL52424 标准。

6. 积极组织制定有关自律标准

作为推进行业转型升级的重要举措,要采取积极步骤在行业内启动中国橡胶工业协会自律标准的制定和宣贯执行。系统制定行业自律标准,切实解决标准缺失的现状。

7. 建立胶管贸易预警机制

引导出口企业调整出口产品结构,通过技术提升,实现出口产品向高端化与差异化发展,以优质优价赢取市场；要加强自律，共同维护行业和企业的利益，建立贸易预警机制，积极组织应对贸易摩擦案件。

8. 创造公平竞争的市场环境

完善市场进入和退出制度，规范生产经营秩序，使有关部门与行业协会能够有章可循、有法可依，促进行业平稳健康发展。在工艺、环保、能源消耗、技术标准等方面提出行业要求，并通过公告管理，加强对全行业的监管，遏制行业盲目发展，制止低水平重复建设，引导行业健康发展。

9. 督促企业加快产品结构调整

引导企业向安全、节能、环保方向升级换代，鼓励企业加快技术创新和产品创新。从协会角度上，积极协调，帮助企业争取政府对产品、产业政策的支持。同时，搭建相关平台，协调组织好企业与高等院校、科研院所的合作。

10. 做好品牌培育和推荐工作

积极组织开展品牌创建活动。品牌推荐要与产品结构相结合，与标准执行相结合，促使企业全面提高产品的档次，积极向下游行业宣传和推荐大而强、大而优的优秀企业及其品牌，提高其知名度和影响力。

【展　望】

胶管产品的主要发展趋势是大长度、大口径和高压力，当前各行各业用户在耐高温、耐低温、耐屈挠疲劳、耐特殊介质和增大流量等方面对胶管提出了更高要求。这些要求具体体现在胶管的编缠化和树脂化趋势上，这些趋势互相影响、促进，推动着胶管工业的发展。

胶管行业应当加强自主创新，开发具有自主知识产权的技术和产品，特别注重开发适应新应用领域的产品（如耐特殊介质和环境的胶管和诸如海洋波浪发电等特殊应用胶管）、高技术含量的产品和高附加值的产品，提升产品的档次，填补国内空白，使我国胶管技术和产品的研究与开发走在世界前列。

国产汽车胶管基本上是消化吸收国外产品，某些高档轿车用胶管尚不能生产。随着汽车行业的快速发展，人们对汽车产品提出了如环保、节能、安全等越来越多和越来越高的要求，从而对与汽车整车行业相配套的零部件生产行业提出了相应的技术进步、产品更新要求，要开发无噪声汽车刹车胶管、节能胶管，开发物美价廉的胶管。胶管生产企业为了适应激烈的市场竞争，必须紧跟汽车行业的发展趋势，对产品材料配方和生产工艺及技术进行持续改进和创新。

今后尤其要重点关注节能与新能源汽车用胶管。2012 年 6 月，国务院发布《节能与新能源汽车产业发展规划（2012 ~ 2020 年）》，为我国节能与新能源汽车产业的发展指明了方向、明确了任务、提供了保障。工业和信息化部会同相关部委制定了《乘用车企业燃料消耗量核算办法》。从 2012 年开始，乘用车新车燃料消耗量管理将延伸到进口汽车，国产、进口汽车的企业平均燃料消耗量评价考核体系已基本建立。新能源汽车产业技术创新工程正式启动。国家明确对符合条件的、全新设计开发的新能源汽车车型及动力电池等关键零部件技术研发项目给予专项资金支持。迄今有 25 个以上项目已列入新能源汽车产业技术创新工程支持项目名单。

国产高压胶管脉冲寿命大多还没有达到发达国家胶管企业的 100 万次，并且有些工程机械液压胶管尚不能生产。为提升我国高压钢丝编织胶管和缠绕胶管的技术和性能水平，需在技术、工艺、材料等方面进行自主创新，加快产品的更新换代。

树脂（热塑性塑料）胶管。在扩大生产和继续改进中、低压树脂胶管的同时，研究与开发高压钢丝增强（编织和缠绕）树脂胶管，使我国树脂胶管的类型更趋齐全，提高树脂胶管所占比重，达到发达国家 50% 以上的水平，从而改善我国胶管的产品结构。我国中低压树脂胶管已经大量生产，包括可折叠式和 O 形剖面形状，主要使用 PVC 材料。PU 和 PE 增强胶管，包括高压钢丝增强的 PU 和 PE 胶管，虽然有生产，但是数量不多，在液压领域应用更少。

工程机械用高压液压钢丝缠绕胶管。我国早已能够生产这种胶管，但有些性能，尤其是耐脉冲性能仅能达到 50 万次标准要求，达不到 100 万次的先进水平。应在工艺方面进行改进，使产品性能始终保持一致，提高产品档次。

致密型薄壁钢丝编织胶管。国外已经商品化生产40年左右，并且已制定标准，但是我国尚未生产。开发致密型钢丝编织胶管，研究新型增强材料如扁钢丝的应用，提高胶管屈挠性，降低胶管弯曲半径。应用于狭小的空间装配，这正是机械制造厂的未来要求。这种胶管的开发主要在于工艺和装备。钢丝编织胶管生产厂家应开发这种胶管，以填补国内空白。开发薄壁胶管和轻体胶管，使用高强度增强材料，减少增强层数和内外胶层厚度，实现胶管轻量化。

目前，代表着胶管技术水平的高压胶管和汽车胶管两大类产品，在发达国家已占到胶管总产值的70%~80%，不少产品已涉入高新技术领域，附加价值甚高，已成橡胶工业经济的主要增长点之一。许多非轮胎橡胶制品企业都已将胶管生产列为企业生存发展的重点产品。

技术创新是一个从产生新产品或新工艺的设想到市场应用的完整过程。它包括新设想的产生、研究、开发、商业化生产到扩散一系列活动，本质上是一个科技、经济一体化过程，是技术进步与应用创新共同作用催生的产物。胶管已呈现橡塑结合、以塑代橡、相互渗透、难以割舍的形势，目前，全球胶管年耗用的塑料树脂已超过橡胶，达到了65%以上，橡胶退居第二约占30%，热塑性弹性体上升至5%。

汽车产业的快速发展带来了世界性的能源危机、环境污染、温室效应加重等一系列严重的社会和发展问题。由此，国际社会包括中国相继出台了《废车回收指令》、《REACH法规》、《欧IV排放标准》等相关的法律、法规和提倡新能源汽车，以期待解决和改善这些问题。对于汽车流体管路产品而言，开发并应用适应于这种需求的高分子材料成为发展趋势。例如满足耐生物燃油的橡胶材料、满足废车回收指令的热塑性弹性体、满足节省燃油的车辆轻量化需求的以塑代金、以塑代橡胶的材料技术等。

工程机械行业用液压胶管的发展方向：开发紧凑型液压胶管，如SAE 100R16、SAE 100R17等；开发高脉冲性能的胶管，高脉冲性能达到100万次以上，如挖掘机用胶管；开发薄外覆层胶管，适应于无需剥除外胶扣压以提高效率；超高压液压胶管；耐高低温液压胶管。

（陶大君　李　鸿）

胶　带

【基本情况】

2013 年，胶带行业经济指标虽然呈现一定波动，但就整体来看是稳定增长，行业整体盈利状况向好，影响胶带行业经济指标的主要因素是市场需求不旺。2013 年至今，行业主要原材料橡胶价格回落，使多年以来因橡胶原材料价格不断飚升，企业生产经营难以为继的困境有所改变，但是也充满了风险和挑战。如世界经济复苏无力，国际市场疲软，国际贸易保护主义严重；国内经济下行、行业产能相对过剩、原材料价格下降致使产品价格下降、企业生产经营成本上升，而自主创新能力不足以及资源环保的压力等。

中国橡胶工业协会胶管胶带分会 2013 年统计数据表明，受橡胶原材料价格低迷影响，2013 年胶带行业整体盈利状况基本呈现扭转向好，但是由于企业环境成本、用工成本、物流成本等不断提高，全行业销售收入保持增长，利润增幅走势趋平。

运行特点：

1. 我国胶带行业产量及销售收入连续几年没有出现大幅增加的局面，但能维持整体利润增长。通过分析对比，可以明显看出我国胶带行业呈现与世界跨国大公司同步发展的态势。2013 年度全球主要生产胶管胶带产品的非轮胎橡胶制品 50 强排行榜显示，胶管胶带世界跨国大公司的销售收入近几年增长势头受阻，但得益于材料成本的下降，维持利润指标向好。

2. 不同产品品种和具体经济指标增减互显。在整体经济增速放缓的大背景下，国内经济形势依然严峻，使得市场竞争愈加激烈，产品降价销售已成为常态。阻燃输送带市场明显萎缩，生产销售下降较大。

尽管如此，行业仍然不乏亮点出现。例如，全年汽车产销增长虽然减缓，但受商用车产销持续回暖影响，汽车 V 带销售及利润率均增长明显，普通 V 带等传动带与其他产品相比，产业集中度相对较高，在产量增长不大的情况下，得益于销售价格坚挺与材料成本的下降，两种因素的同时作用使利润增幅显著。

3. 全球经济虽然有复苏迹象，但其不确定的因素一再增加，在这样的经济大环境下，行业的出口贸易也受到严重影响。输送带出口量止住下滑略有增长，但其出口量占我国输送带总产量的比例降幅较大，V 带出口量在上年同期减少的基础上继续下滑。

4. 虽然销售价格下降，但行业的利润同比却有一定增幅，这主要是由于原材料价格继续回落所致。全年原材料价格总体呈现波动低迷态势，天然橡胶和合成橡胶价格持续低迷波动，原材料大幅持续降价有效地降低了生产成本，由此让出了一定利润空间。

5. 行业内部冷热不均。技术水平高、知名品牌的企业不缺市场，尤其是几家上市公司产销两旺，利润也高，而有的企业经营艰难，断断续续生产，甚至长时间关停。值得关注的是，由于产品技术同质化严重，一味低价竞争，地方产业集群整体经济指标开始出现下滑。目前输送带下游市场如煤炭、钢铁景气度低，竞争加剧，许多小厂和民营企业在低端市场搏杀价格，同时国外行业巨头伺机进入，加剧了企业的两极分化。

6. 行业结构调整加快，刺激寻找新的增长点。有的企业停掉了落后产品，大力发展自己的优势主导产品，尤其是成功将产业链向上下游延伸见到收效，经济指标显著提升。

7. 产品质量比较稳定。如 2013 年根据《中华人民共和国产品质量法》、《浙江省产品质量监督条例》的规定，浙江省质量技术监督局组织开展了全省胶带产品监督抽查，抽查了天台地区 30 家企业的 30 批次胶带产品，全部合格。

8. 在国家淘汰落后产能的产业政策和市场需

求不旺的共同作用下，盲目增加落后或同质化产能的趋势有所遏制，尤其较长时间以来产能持续增加的输送带生产线。2013 年新增普通输送带生产线的现象减少，即使已经在建的生产线也出现调整现象。

9. 2014 年开局至今，胶带行业依然波动不大，呈现与整个经济大形势同步起伏的态势。

【科技创新】

我国传动带龙头企业浙江三力士股份有限公司 2013 年取得两项新产品成果，一是高性能 HNBR 汽车同步带产品创新了芳纶短纤维补强的复合材料生产工艺，帆布搭接采用超声波缝合技术，底胶采用高速压延技术，厚度在线实时监控系统；二是新开发的 S 系列、H 系列农机带投放市场反馈良好，满足了客户需求，底胶再生胶配方用量减少，节约原材料消耗，产品通过了欧盟 REACH 144 和 RoHS 8 法规的检测，特种底胶耐油带经过试验改进，产品动态试验寿命提高一倍，并符合欧盟 REACH 环保法规。

我国最大的输送带国有企业青岛橡六输送带有限公司 2014 年以创建国家级技术中心为动力，以高新技术为手段，率先引进机器人操作现代化输送带生产线，打造我国智能信息化的输送带生产基地。公司研发的达到国际先进水平的耐高温提升带和耐高温挡边输送带新产品通过了技术鉴定。

科技部科技型中小企业技术创新基金公布了 2013 年第二批验收合格项目公告，其中宁波丰茂远东橡胶有限公司的环保型花纹汽车多楔带，因其具有噪声小、柔韧性强等特点，广泛适用于小轿车。

【产品产量】

据中橡协胶管胶带 107 家会员企业统计，2013 年，完成管带产值 162.91 亿元，同比（下同）增长 9.51%；销售收入 186.94 亿元，增长 8.55%。

输送带产量 4.77 亿 m^2，增长 12.20%。其中，普棉带产量 12539.74 万 m^2，增长 7.65%；尼龙带（EP）15271.78 万 m^2，增长 13.72%；钢绳带 9493.61 万 m^2，增长 15.67%，其中钢绳难燃带 2460.69 万 m^2，下降 4.15%；PVC、PVG 整芯带产量 6449.80 万 m^2，下降 5.48%；其他带产量 1857.09 万 m^2，下降 15.94%。V 带产量 18.98 亿 Am，增长 10.21%，其中线绳 V 带 18.63 亿 Am，增长 9.84%；汽车专用 V 带产量 0.66 亿条，下降 13.15%。2013 年阻燃输送带和汽车专用 V 带市场明显萎缩，两大产品的生产销售同比下降较大。2013 年中橡协统计 V 带产品产量及比例见图 1。

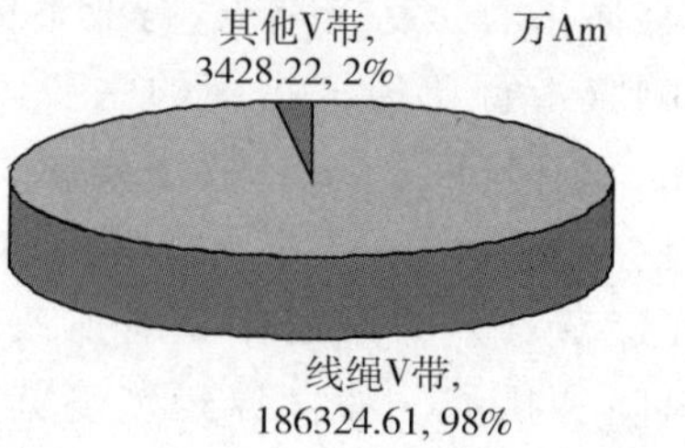

图 1　2013 年中橡协统计 V 带产品产量及比例

【进出口】

2013 年中橡协统计输送带产品出口量增长 2.13%，V 带出口量下降 3.33%。

2013 年输送带产品出口量及所占比例见图 2。2013 年 V 带产品出口量及所占比例见图 3。

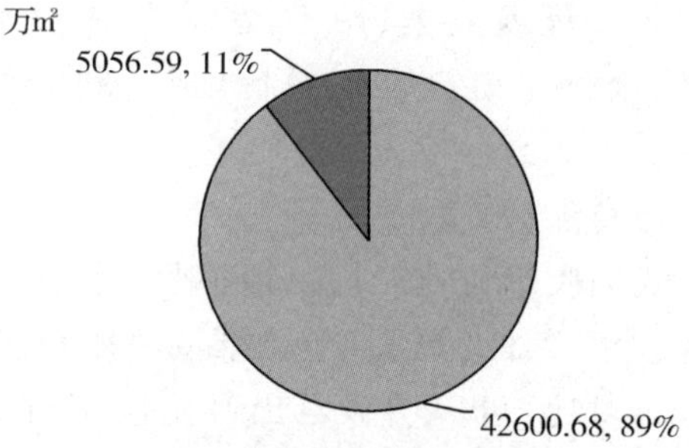

图 2　2013 年中橡协统计输送带产品出口量及所占比例

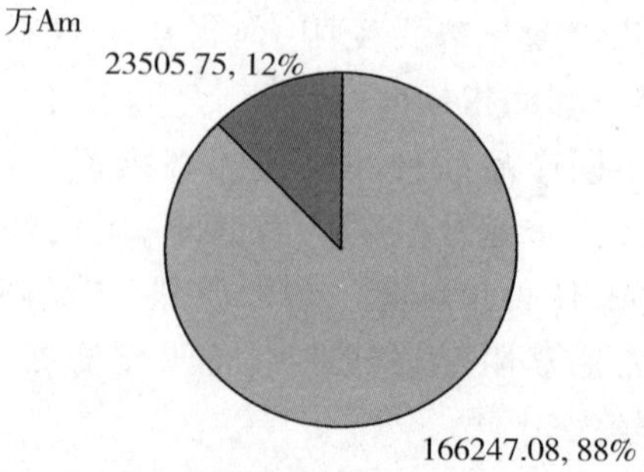

图 3　2013 年中橡协统计 V 带产品出口量及所占比例

【在建项目】

2013年输送带上市企业浙江双箭橡胶股份有限公司的年产500万平方米特种橡胶输送带生产线及研发中心项目开建,同时环保型热塑性弹性体输送带压延生产线技改项目投产。

青岛橡六输送带有限公司2014年将完成异地搬迁。

【区域集群】

浙江三门、天台两个“胶带工业城”以及博野输送带工业城在当地政府和行业协会的支持下,3个胶带生产基地从提升装备技术水平、新产品研发、调整产品结构及管理水平等方面均取得了明显进步,得到了快速稳定的发展。同时也带动了当地区域经济的发展,提高了地区知名度,为企业更好地发展提供了有力支撑和保证。

河南尉氏V带产业方面已经形成规模化和专业化,在V带产品方面有发展思路和目标,有发展重点和领域,有加快产业发展的保障措施。V带产品销售收入、品种规格、产品质量、设备装备水平、检测设备、实施标准等方面都在向较高的水平迈进。经过努力,该地区的地方产业集群有望成为新的全国V带产业工业基地。

【品牌建设】

1. 中国橡胶工业百强企业

2014年中国橡胶工业协会继续开展“中国橡胶工业百强企业”的评定工作,经专家评审、行业公示,百强企业名单在2014年3月召开的“2014中国橡胶工业年会暨中国橡胶工业展”上正式发布。百强企业都是行业里的排头兵,拥有超前的战略思维、持续的创新能力、响亮的商标品牌、优秀的人才队伍、独特的企业文化和强烈的社会责任感,对促进中国橡胶工业的发展作出了重要贡献。2014年度中国橡胶工业百强企业中的胶带企业见表1。

表1 2014年度中国橡胶工业百强企业中的胶带企业名单

排名	企业名称	销售收入/亿元
29	山东安能输送带橡胶有限公司	16.60
31	山东祥通橡塑集团有限公司	15.73
34	浙江双箭橡胶股份有限公司	12.86
43	三力士股份有限公司	10.14
46	阳泉煤业(集团)奥伦胶带分公司	9.75
48	浙江三维橡胶制品股份有限公司	9.71
49	保定华月胶带有限公司	9.58
72	青岛橡六输送带有限公司	6.46
78	尉氏县久龙橡塑有限公司	5.89
79	无锡宝通带业股份有限公司	5.61
80	阜新环宇橡胶(集团)有限公司	5.34
84	浙江奋飞橡塑制品有限公司	5.03
86	安徽中意胶带有限公司	4.97

2. 推荐品牌

为实施品牌战略，培育和打造有市场信誉和影响力的橡胶名牌产品，实现建设世界橡胶工业强国的战略设想，2014 年中橡协推荐了胶带产品品牌，见表 2。

表 2　2014 年中橡协推荐胶带产品品牌

产品名称	商标	企业名称
织物芯管状输送带	双箭	浙江双箭橡胶股份有限公司
织物芯管状输送带	银河德普	山东安能输送带橡胶有限公司
织物芯管状输送带	橡六	青岛橡六输送带有限公司

3. 质量授信复审

2013 年胶带行业通过中橡协质量授信复审产品名单见表 3。

表 3　2013 年胶带行业通过中橡协质量授信复审产品名单

公司名称	产品名称	标识	产品类型	证书编号
青岛橡六集团有限公司	中华橡六		普通用途织物芯输送带	QA－SSD－01－01
			普通用途钢丝绳芯输送带	QA－SSD－01－02
			普通用途防撕裂钢丝绳芯输送带	QA－SSD－01－03
			一般用途织物芯阻燃输送带	QA－SSD－01－04
			煤矿用织物整芯阻燃输送带	QA－SSD－01－05
			煤矿用织物整芯阻燃输送带	QA－SSD－01－06
			煤矿用阻燃钢丝绳芯输送带	QA－SSD－01－07
			煤矿用阻燃钢丝绳牵引输送带	QA－SSD－01－08
			帆布芯耐热输送带	QA－SSD－01－09
			耐寒输送带	QA－SSD－01－10
			耐油输送带	QA－SSD－01－11
			耐酸碱输送带	QA－SSD－01－12
浙江双箭橡胶股份有限公司	双箭		普通用途织物芯输送带	QA－SSD－02－01
			普通用途钢丝绳芯输送带	QA－SSD－02－02
			一般用途阻燃织物芯输送带	QA－SSD－02－03
			煤矿用织物整芯阻燃输送带(PVG)	QA－SSD－02－04
			煤矿用织物整芯阻燃输送带(PVC)	QA－SSD－02－05
			煤矿用途阻燃钢丝绳芯输送带	QA－SSD－02－06
			帆布芯耐热输送带	QA－SSD－02－07

续表 3-1

公司名称	产品名称	标识	产品类型	证书编号
阜新环宇橡胶（集团）有限公司	环宇		普通用途织物芯输送带	QA-SSD-03-01
			普通用途钢丝绳芯输送带	QA-SSD-03-02
			普通用途防撕裂钢丝绳芯输送带	QA-SSD-03-03
			一般用途织物芯阻燃输送带	QA-SSD-03-04
			煤矿用织物整芯阻燃输送带(PVG)	QA-SSD-03-05
			煤矿用织物整芯阻燃输送带(PVC)	QA-SSD-03-06
			煤矿用阻燃钢丝绳芯输送带	QA-SSD-03-07
			煤矿用阻燃钢丝绳芯牵引输送带	QA-SSD-03-08
			帆布芯耐热输送带	QA-SSD-03-09
			耐寒输送带	QA-SSD-03-10
无锡宝通带业股份有限公司	宝通		帆布芯耐热输送带	QA-SSD-04-01
			普通用途织物芯输送带	QA-SSD-04-02
			普通用途钢丝绳芯输送带	QA-SSD-04-03
			煤矿用阻燃钢丝绳芯输送带	QA-SSD-04-04
			一般用途织物芯阻燃输送带	QA-SSD-04-05
			煤矿用织物叠层阻燃输送带	QA-SSD-04-06
山东悦龙橡塑科技有限公司	悦龙		一般传动用V带	QA-CDD-01-01
			一般传动用窄V带	QA-CDD-01-02
			联组普通V带	QA-CDD-01-03
	悦龙		普通用途织物芯输送带	QA-SSD-05-01
			一般用途织物芯阻燃输送带	QA-SSD-05-02
			帆布芯耐热输送带	QA-SSD-05-03
浙江三维橡胶制品股份有限公司	三维		普通V带	QA-CDD-03-01
			普通用途织物芯输送带	QA-SSD-07-01
			一般用途织物芯阻燃输送带	QA-SSD-07-02
兖矿集团唐村实业有限公司	兖矿长龙		煤矿用织物整芯阻燃输送带(PVG)	QA-SSD-11-01
			煤矿用织物整芯阻燃输送带(PVC)	QA-SSD-11-02
			普通用途织物输送带	QA-SSD-11-03

续表 3－2

公司名称	产品名称	标识	产品类型	证书编号
沈阳泰丰胶带制造有限公司	TAIFENG		普通用途织物芯输送带	QA－SSD－13－01
			普通用途钢丝绳芯输送带	QA－SSD－13－02
			一般用途织物芯阻燃输送带	QA－SSD－13－03
			煤矿用织物整芯阻燃输送带	QA－SSD－13－04
			煤矿用阻燃钢丝绳芯输送带	QA－SSD－13－05
			帆布芯耐热输送带	QA－SSD－13－06
			耐寒输送带	QA－SSD－13－07
台州收获橡塑有限公司	收获	收获 S SHOUHUO	橡胶输送带	QA－SSD－14－01
尉氏县久龙橡塑有限公司	耐驰	NAI耐驰CHI	联组普通 V 带	QA－CDD－08－01
			联组窄 V 带	QA－CDD－08－02
			一般传动用窄 V 带	QA－CDD－08－03
			一般传动用普通 V 带	QA－CDD－08－04

4. 输送带和 V 带 10 强企业

根据 2012 年度与 2013 年上半年企业的工业总产值、出口交货值、实现利税等指标及其同比增减率，同时也考虑到已知企业的生产技术条件和技术装备、技术创新、开发能力等因素，胶管胶带分会评定的输送带和 V 带 10 强企业见表 4 和表 5。

表 4　2013 年输送带排名 10 强企业

排名	公司名称	排名	公司名称
1	浙江双箭橡胶股份有限公司	6	安徽中意胶带有限责任公司
2	青岛橡六集团有限公司	7	山东祥通橡塑集团有限公司
3	山东安能输送带橡胶有限公司	8	浙江三维橡胶制品股份有限公司
4	无锡宝通带业股份有限公司	9	阳泉煤业（集团）奥伦胶带分公司
5	阜新环宇橡胶（集团）有限公司	10	保定华月胶带有限公司

表 5　2013 年 V 带排名 10 强企业

排名	公司名称	排名	公司名称
1	浙江三力士橡胶股份有限公司	6	尉氏县久龙橡塑有限公司
2	浙江三维橡胶制品股份有限公司	7	浙江沪天胶带有限公司
3	宁波丰茂远东橡胶有限公司	8	浙江紫金港胶带有限公司
4	宁波伏龙同步带有限公司	9	尉氏县中原橡胶有限公司
5	浙江奋飞橡塑制品有限公司	10	杭州橡胶（集团）永固橡胶厂

【面临挑战】

从 2013 年至今的行业运行情况看,胶带行业依然面临六大挑战,即:产品结构性过剩矛盾突出的挑战;多因素成本上涨的挑战;技术人才缺乏和创新能力不足的挑战;贸易摩擦加剧的挑战;劳动力缺乏的挑战;环保和节能减排的挑战。

胶带行业的发展依赖于整个宏观经济形势。我国经济社会发展的内外环境仍不容乐观。世界经济虽然复苏进程可能会有所加快,但仍然处于深度调整中,外需难以根本好转,天然橡胶价格变化方向不确定;国内经济企稳回升的基础仍有待进一步夯实,经济的内生动力仍需进一步加强,产能过剩、资源环境瓶颈、财政金融风险等突出矛盾仍亟待进一步消解。

行业最主要应用领域是煤炭、汽车、钢铁、水泥等行业,今后国家陆续出台淘汰落后产能的政策,钢铁行业和水泥行业首当其冲,这些行业又是环保和节能减排的重点目标。

胶带行业本身节能减排压力是空前的,由于胶带企业不仅本身是燃煤大户,而且本身的炼胶和硫化工序也是污染气体排放源,要执行国家标准 GB 27632－2011《橡胶制品工业污染物排放标准》的要求和企业的“三废”排放须符合地方有关环保标准,企业再按照新近颁布的《大气污染防治目标责任书》落实责任。

目前,国内胶带企业处于“小、多、散”的状况,技术研发的软硬件水平较低,高技术含量和高附加值产品短缺,产品同质化现象和结构性过剩矛盾突出,导致行业内盲目竞争。

【发展建议】

总的看来,我国胶带行业的发展是挑战与机遇并存,今后仍然面临着复杂严峻的经济形势。业内应当取得共识,必须加快技术创新,实现转型发展,以高新技术改造传统胶带行业,将挑战的压力转变为动力,这是我国胶管胶带行业继续平稳较快发展的必由之路。

我国胶管胶带行业要从以下 6 个方面发展:加快技术创新,实现转型发展;加强产业链建设;借高新材料、信息化、光机电一体化等新技术强业;把战略性新兴产业与传统产业的胶管胶带融合发展;争取原材料价格话语权;高度重视专业人才的培养和使用。

1. 全面推进行业技术创新和管理创新工作

进一步推动行业技术创新成果、专有及关键实用技术等交流推广应用,借高新材料、信息化、光机电一体化等新技术助企强业。

在当前市场出现萎缩的背景下,胶带同质化产能扩张依然严重。因此必须加大新材料、信息化、光机电一体化等高新技术的开发与应用。目前与胶带行业有关的高新技术领域主要有:信息通信技术、生物技术、新材料技术、光机电一体化技术以及辐射技术等。胶带行业的新型原材料、新产品、新设备、新工艺等进步都受益于高新技术的应用。例如在原材料方面,近年来热塑性弹性体、液体橡胶、集成橡胶、生物橡胶等均取得进展,拓展了原材料来源;信息化技术应用的例子则包括产品设计、工艺控制等电脑化,胶带企业信息化管理系统化,销售方式电子商务化等;另外,设备机电一体化和机器人在胶带行业上的应用等,将大大提高产品质量,降低用工成本,解决劳动强度大等问题。“两化”融合是信息化和工业化的高层次深度结合,以信息化带动工业化、以工业化促进信息化,走新型工业化道路,其核心就是信息化支撑,追求可持续发展模式。

行业除了大力推广密炼机上辅机系统、热塑性弹性体橡胶复合汽车空调管等成熟高新技术的应用,还要加强杜仲橡胶在输送带和传动带上的应用,以及超高相对分子质量聚乙烯纤维、碳纤维、机器人在胶带行业的应用等前瞻性技术开发。

加大对标准内产品的抽检力度,规范行业标准的执行力度。并将其纳入到行业名牌企业争创范围,逐步减少和杜绝非标产品与劣质产品流入市场。

加快产品结构调整,引导企业向安全、节能、环保方向升级换代,鼓励企业加快技术创新和产品创新。协会积极协调,帮助企业争取政府对产品、产业政策的支持。同时,搭建相关平台,协调组织好企业与高等院校、科研院所的合作。

做好品牌培育和推荐工作,积极组织开展品牌创建活动。品牌推荐要与产品结构调整相结合,与标准执行相结合,促使企业全面提高产品的档次，积极向下游行业宣传，推荐大而强、大而优的企业及品牌，提高其知名度和影响力。

成立行业协会自律组织，并聘请相关上游、下游企业参与，研究制定和完善自律标准，对未严格按自律要求执行的，要有相应的处罚措施。

在行业内部，在原材料供应商中推行建立战略合作供应商关系。

2. 积极组织制定胶带行业自律标准

要引导行业健康发展，必须有章可循，及时出台行业亟须的自律标准，作为国家标准和行业标准的先导或补充。要提高行业科学发展的水平，实现产业升级，向智能化、绿色生产等高端方向发展，推进行业节能、环保和清洁生产的步伐，引导全行业推进绿色生产、绿色产品，必须按照科学可行的标准执行。由于现行国家标准无法涉足胶带行业的这些方面，造成标准的缺失，严重影响行业的发展。作为推进行业转型升级的重要举措，要采取积极步骤在行业内启动行业自律标准的制定和宣贯执行。系统制定行业自律标准，切实解决标准缺失的现状。

按照中国橡胶工业协会自律标准开展行业产品质量达标活动，创造条件把行业的产品质量自律和监管向制度化和常态化过渡。

引导胶带出口企业调整出口产品结构，通过技术提升实现出口产品向高端化与差异化发展，以优质优价赢取市场；要加强自律，共同维护行业和企业的利益，建立贸易预警机制，积极组织应对贸易摩擦事件。

胶带行业的门槛相对较低，初期投资要求不是太大，行业缺乏有效的监控和统一管理，职能严重缺失，造成行业内部新兴企业和老企业，包括老企业和老企业之间、外资企业和内资企业、大企业和小企业之间在执行标准方面各有不同，使企业间产品质量、产品品质上差异较大，不利于行业的健康发展和正常竞争。

尽快启动立项，制定胶带行业准入条件，创造公平竞争的市场环境，完善市场进入和退出制度，规范生产经营秩序，使有关部门与行业协会能够有章可循、有法可依，促进行业平稳健康发展。在工艺、环保、能源消耗、技术标准等方面提出要求，并通过公告管理，加强对全国胶带行业的监管，遏制行业盲目发展，制止低水平重复建设，引导行业健康发展。产品档次低，同质化竞争严重。低档次产品严重过剩，造成了对国家能源和资源的严重浪费。

3. 引导全行业全面推进实施强国战略

我国胶带企业的总体水平与国外大企业相比，在工艺技术、管理水平、设备装备、自动化程度和产品档次等方面还处于较低层次，企业参与国际市场竞争能力较弱，出口产品档次低、标准低、价格低，生产的产品质量满足不了国外中高档市场的要求。企业亟须在管理、技术、装备、品牌培育方面下大功夫。

只有知道未来，才能发展当下。改革开放36年，胶带行业实现了由小到大的发展，但与国际先进水平相比，大而不强的矛盾十分突出。研发创新能力不足，产业结构、产品结构不合理，产能过剩，同质化竞争激烈以及资源环境的约束等，都成为我国胶带行业转型升级、上台阶发展的羁绊，推进实施胶带行业强国建设任务紧迫。

通过橡胶工业强国战略有关胶带部分的编制工作，引导全行业全面推进实施强国战略。其中一项重要内容，就是与国外先进企业的主要经济技术指标进行对标，找出差距和不足，进而制定措施，缩短差距，弥补不足。坚持对标国外先进企业先进技术，加强与国外相关企业沟通和合作，积极引进消化和吸收国外先进的制造技术和工艺技术。目前来说，首先要加强行业内部，特别是行业内大企业间主要经济技术指标的对标工作，各企业上报的相关资料、数据要真实，使参与对标交流的企业能从中找到不足和差距，有的放矢提高管理水平等，逐步达到共同提高的目的。总结改革开放以来，特别是近10年来行业取得的成就和经验，对照国际先进水平，根据创新驱动、调整结构、转型升级、提质增效、节能环保、绿色循环，持续健康发展的要求，规划和制定今后10年我国胶带行业强国发展目标、路径和战略措施，推进实施强国战略，加快由胶带大国向强国迈进的步伐。

4. 加快推进产业结构调整

引导企业加快兼并、重组、收购的步伐，推动行业尽快组建大型企业集团，实行强强联合，在未来几年之内尽快组建 4 ~ 6 个大的输送带企业集团、2 ~ 4 个传动带企业集团，以增强企业的市场竞争能力，从而规范管理，加快推进我国企业参与国际市场竞争的整体实力。

5. 大力发展轻型输送带

轻型输送带在我国是新兴的朝阳产品。轻型输送带广泛应用于食品加工、物流运输、农产品加工、石材加工、娱乐健身、烟草生产、木材加工、纺织印染、电子制造、印刷包装等行业。根据其覆盖层材质的不同又可以分为普通高分子材料轻型输送带（以 PVC 输送带为主）、热塑性弹性体轻型输送带（TPU、TPEE 输送带）及其他类型轻型输送带。

目前，轻型输送带产品规格已达上千种，下游应用领域在不断增加，从最初的轻工电子生产流水线到纺织印染、石材木材加工、食品加工等，除传统的钢铁、煤炭、电力、水泥、港口等五大行业外的其他领域目前均可使用，其性能和应用领域随着高分子材料改性技术的发展而不断发展。

在输送带行业内，轻型输送带代表了输送带轻量化、安全、环保、节能的发展方向。国内对轻型输送带的需求始于食品、电子和烟草等行业从国外引进的整条生产流水线。流水线使用的输送带属于耗材，需要定期更换，而当时国内企业没有能力生产。由于行业技术门槛较高加上国外企业实行技术封锁，20 世纪 90 年代中期引进的 3 条轻型输送带生产线未能达到预期效果，2000 年以前我国的轻型输送带主要依赖进口。自 2002 年起，一批国内轻型输送带制造企业快速成长，我国轻型输送带主要依赖进口的格局被迅速打破。目前，国内企业已经占据了普通高分子材料轻型输送带国内市场的主要份额，但高端热塑性弹性体输送带市场仍以进口产品为主。

目前国内参与国际市场竞争的企业较少，且基本以 PVC 类输送带产品为主，热塑性弹性体输送带很少，主要是因为国内目前仍采用涂覆工艺生产热塑性弹性体类输送带，其产品性能、精度、使用寿命相比国外压延工艺产品差距较大，部分领域无法替代进口产品，其质量难以获得国际客户认可。

总体来看，我国橡胶输送带的下游应用在过去数十年中变化不大，仍然是以传统的重工、矿业为主，并根据这些行业的特殊要求向耐高温、阻燃、高强度等方向发展，而轻型输送带的下游应用领域则在不断增加。全球节能、环保趋势将提高输送带中轻型输送带的比例，与传统的橡胶输送带等相比，新材料轻型输送带具有诸多优点：首先，更加安全卫生。相比于传统输送带，TPU 产品和食品级 PVC 输送带因符合 EU 和 FDA 的严格标准而被广泛应用，而 TPEE、PE 输送带因其表层材质满足燃烧无毒的要求而被应用于烟草行业；其次，改性相对容易，能满足多样化的性能需求。除了覆盖层材料本身的良好特性外，通过物理、化学改性，可以使新材料轻型输送带产品具备耐酸碱、耐油和有机溶剂等特点，满足下游行业多样化的使用需求；再次，在性能相近的情况下，新材料轻型输送带的重量、厚度远小于传统橡胶输送带，柔韧性更出色，设备轮径小，因而更加节能。

轻型输送带通过配方设计和结构设计的改进，可以用较少的材料达到适合的性能特性。轻型输送带能够降低输送过程的能耗，有效发挥其在物料输送方式中的优势，还可以提高废旧输送带产品回收利用率。

6. 多措并举延长优化产业链，积极主动化解行业产能过剩矛盾

化解产能严重过剩，是当前和今后一个时期推进产业结构调整的重中之重，行业不能等待观望、回避矛盾、把问题往后拖，延误时机。破解产能过剩迷局，实现行业的可持续发展，企业坐等通过市场手段与政策引导是不可取的。我们要科学判断行业发展规律和市场供需形势，关注监管政策、产业政策，主动通过自身转型升级，推动过剩产能早消化、技术工艺早升级，尽快实现包袱早卸掉、风险早化解、问题早解决，深刻认识化解过剩产能对自身发展的紧迫性和重要性。

【展 望】

经过前期的快速发展，胶带企业正认真审视产业发展的内在矛盾和定位，把企业发展由量的增长为主转到质的提高为主，转变经济发展方式，调整产业、产品结构，提高经济增长的质量，建设新的生产力模式；依靠低成本和廉价劳动力的时代正在结束,胶带行业发展的技术瓶颈和同质化凸显,提高自主技术创新能力是企业寻求发展的突破口。提高自主创新能力,首先要整合各方面创新资源,建立以企业为主体的产学研用合作模式,或是建立技术创新联盟,以企业为主体、产学研合作,瞄准国际胶带产业发展趋势,大力推动我国胶带产业在新产品技术、新材料技术、新工艺技术、核心装备技术、信息化控制技术等领域进行自主创新,提升产业核心竞争力;其次要拓展思路,实现新人才战略,加大技术创新投入;在调整产品结构、调整原材料结构、提高工艺装备水平、发展生产性服务、市场服务等方面上台阶,向高端化发展。

行业的今后发展趋势,将与整个宏观形势的走势息息相关,国家将加快推进经济发展方式转变和经济结构调整,着力扩大国内需求、加强自主创新和节能减排、深化改革开放、保障和改善民生,保持经济平稳较快发展和物价总水平基本稳定,保持社会和谐稳定。我们要密切关注上下游行业的发展变化,对行业的前景作出正确分析判断。

预测"十二五"末期,我国胶带行业将发展循环经济和名牌战略,转变增长方式;技术创新、产品创新、效益创新,以节能、安全、环保新产品替代现有老产品,实现企业效益最大化;进一步发展大型企业、企业集团和区域集约化生产,提高产业集中度,改变小型生产企业太多、太杂的现状,对一些胶带企业兼并重组,实施胶带产业整合,推行大公司集团战略,以提高企业的竞争力带动我国胶带行业集中度的进一步提高。

胶带胶管行业作为我国国家政策支持发展的产业,未来仍将保持较高的发展速度,经营环境仍将持续改善,市场需求保持稳定增长态势。同时,由于国内胶带市场竞争激烈,劳动力成本持续上升,行业整体经营利润受挤压,随着经济下行压力增大,行业进入转型升级的时期。胶带产品作为工业配套产品,未来低端产品的市场需求将逐步减少,对高质量、高品质的高档产品需求将逐步增多。

(陶大君　李　鸿)

胶　　鞋

【基本情况】

当前，中国经济进入增速换挡、转型升级的关键期，在国外经济环境不断发生变化，国内市场发展也面临诸多矛盾和机遇的形势下，胶鞋行业渡过了2012年的市场低迷期，2013年行业呈现了回暖趋势。随着近年来我国劳动力成本的不断提高，劳动密集型企业承受了很大的压力，加之新生代劳动务工人员的就业取向发生改变，导致企业招工难的问题愈加突出，使我国制鞋企业不得不向人力成本较低的东南亚地区以及我国中西部地区搬迁转移，且这种转移还将持续。因此，近些年胶鞋加工企业的分布状况和格局正随着搬迁转移进度发生着变化，这给胶鞋行业的持续回暖埋下了不稳定因素。

近两年来，为了提高产量和效率，胶鞋企业纷纷新增生产线，还有其他行业转产，选择经营胶鞋产业并购置新生产线，导致国内胶鞋行业出现严重的产能过剩。同时，我国以代加工为主要生存手段的制鞋生产企业，虽然在加工技术上成熟且先进，但面对出口订单逐年缩减、企业利润被压缩、生存面临威胁的窘况下，特别是多年来为外来品牌贴牌加工的企业，他们不甘于退出行业，进而转战国内市场，这也加剧了国内胶鞋市场产品过剩的矛盾。许多中小企业陆续退出，具有实力的大中型企业在技术创新和转型升级方面勇于投入和探索，倒逼胶鞋行业必须朝着“强”的方向前行。

【产品产量】

2013年，根据中橡协胶鞋分会对会员企业统计，胶鞋产量合计34940万双，同比（下同）增长8.97%。其中，布胶鞋产量为29639万双，增长6.96%；全胶鞋1585万双，下降8.66%；实现胶鞋销售量31471万双，增长6.74%。胶鞋内销量29526万双，增长7.91%。产量增长的原因是2012年胶鞋行业下滑严重，基数较低，2013年胶鞋市场回暖。2013年中橡胶协会员企业胶鞋产量前10名企业见表1，2013年各种胶鞋季度同比

表1　2013年中橡协会员企业胶鞋产量前10名企业　　万双

企业名称	2013年	2012年	同比/%
四川省资阳市征峰胶鞋有限公司	6333.00	6275	0.9
际华3537制鞋有限责任公司	4786	4367.37	9.6
际华3517橡胶制品有限公司	3151	3080	2.3
上海回力鞋业有限公司	2352.80	1717.8	37.0
际华3539制鞋有限公司	1999.39	1144.95	74.6
青岛环球集团股份有限公司	1822	1443	26.3
山东鲁泰鞋业有限公司	1477.00	1363	8.4
浙江环球鞋业有限公司	1322.62	1088.81	21.5
重庆强步鞋业有限公司	1245.00	863	44.3
浙江人本鞋业有限公司	1057.18	1117	-5.4

情况见图1,2013年各月胶鞋产量出口量同比情况见图2,2013年胶鞋销售量和内销量见图3,2014年1~4月胶鞋分省市产量见表2,2014年1~4月国家统计胶鞋产量各省市情况见图4。

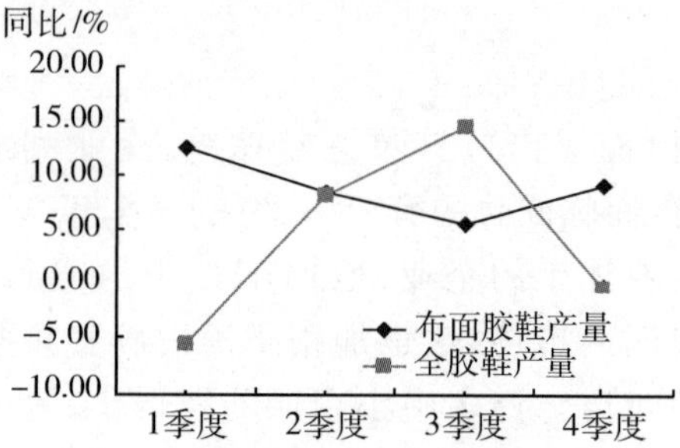

图1 2013年中橡协统计各种胶鞋季度同比情况

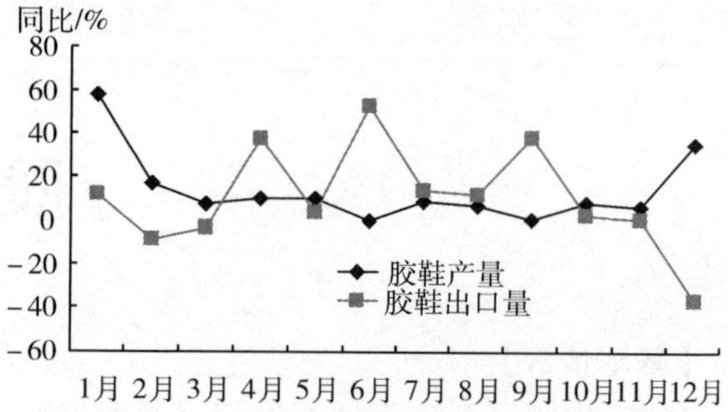

图2 2013年中橡协统计各月胶鞋产量出口量同比情况

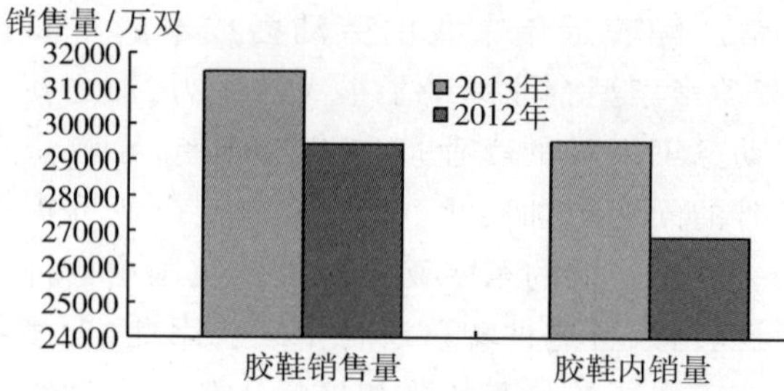

图3 2013年中橡协统计胶鞋销售量和内销量

表2和图4表明,我国2014年1~4月胶鞋加工量呈现增长趋势,东部地区制鞋量缩减比较明显,重庆、湖南、河南胶鞋生产量占比较大,我国胶鞋制造的区域性迁移已经看到了效果,陆续完工企业已经开始产生经济效益。

表2 2014年1~4月中橡协统计胶鞋分省市产量 万双

地区	企业数/个	4月			1~4月累计			
		本月	去年同月	同比/%	本月累计	去年累计	同比/%	占比/%
全国	45	3544	3602	-1.6	13080	12032	8.7	100.00
北京	2	14	9	55.6	32	24	33.3	0.25
天津	1	19	16	18.8	64	71	-9.9	0.49
河北	2	80	80	0.0	322	289	11.4	2.46
辽宁	1	16	14	14.3	57	48	18.8	0.43
上海	4	43	61	-29.5	193	234	-17.5	1.48
江苏	2	43	42	2.4	145	145	0.0	1.11
浙江	12	337	349	-3.4	1003	704	42.5	7.67
安徽	1	19	18	5.6	63	55	14.5	0.48
福建	6	270	305	-11.5	1258	1504	-16.4	9.62
江西	1	16	14	14.3	67	58	15.5	0.51
山东	1	4	79	-94.9	14	243	-94.2	0.11
河南	2	366	354	3.4	1363	1337	1.9	10.42
湖南	1	790	690	14.5	3117	1959	59.1	23.83
广东	2	91	103	-11.7	294	319	-7.8	2.24
重庆	6	1011	1082	-6.6	3528	3472	1.6	26.98
贵州	1	425	386	10.1	1560	1570	-0.6	11.93

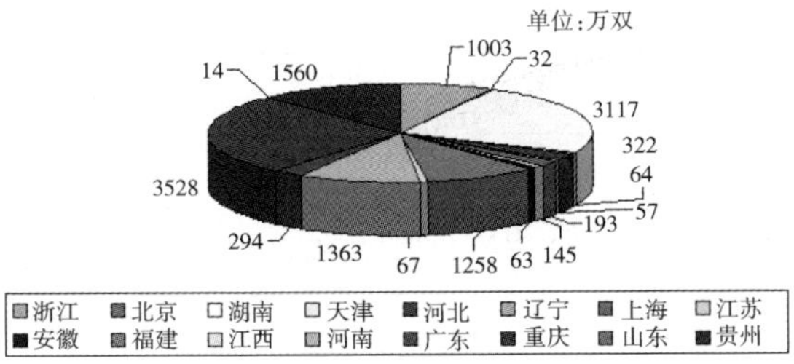

图 4　2014 年 1 ~ 4 月国家统计胶鞋产量各省市情况

【品种与质量】

随着我国制鞋加工工艺的成熟与完善、生产技术水平的不断提高和发展,制鞋业早已改变了按材质划分皮鞋、胶鞋、布鞋、塑料鞋的分类方法。

胶鞋也由单一热硫化工艺向冷粘、注塑与热硫化相结合的方向发展,许多专业生产硫化鞋的企业也购入了冷粘鞋生产线、注塑鞋机和浇注鞋机,热硫化工艺大多用于生产帆布鞋和全胶鞋。由于热硫化鞋具备良好的回弹性、耐磨、耐曲折,高粘合性,具有特殊环境穿用价值,适应部队作训、工矿承重、特种路面穿着、特种防护功能等。硫化鞋经过多年的引进、消化、吸收先进技术,借鉴先进产品设计模式,目前生产的军用作训鞋、工矿鞋、劳动保护胶鞋及时尚帆布鞋均达到了较高的发展阶段。

冷粘鞋是一种利用粘合剂将鞋帮、内底、外底连接在一起的新型工艺方法,与硫化和注塑并称制鞋三大工艺,目前得到广泛应用。冷粘鞋已占鞋类产品总量的 1/3 以上,中高档鞋产品和专业类鞋产品均以冷粘工艺为主,以穿用舒适性、环保健康等指标为质量评价标准,评价方法依据物理性能标准,材料、整鞋环保健康标准和客观主观评价等方法相结合,其中,粘合剂对冷粘鞋的质量起到决定性作用。

【经营效益】

据中橡协对胶鞋行业的统计数据分析,2013 年胶鞋行业实现工业总产值 52.9 亿元,销售产值 52.8 亿元,产品出口交货值 7.5 亿元,利润总额 2.66 亿元。2013 年重点胶鞋会员企业经济指标完成情况见表 3。

表 3　2013 年重点胶鞋会员企业经济指标完成情况

项目	2013 年	2012 年	同比/%
胶鞋工业总产值(现价)/万元	529714.56	505789.65	4.73
胶鞋销售产值(现价)/万元	528512.92	517315.39	2.16
产品出口交货值/万元	74524.75	70907.22	5.10
产品产量/万双	34939.84	32063.09	8.97
胶鞋出口量/万双	3021.56	2881.60	4.86
布面胶鞋	29638.74	27710.98	6.96
全胶鞋	1585.20	1735.46	-8.66
其他胶鞋	173.90	289.78	-39.99
天然橡胶消耗量/t	37241.26	33161.64	12.30
合成橡胶消耗量/t	4490.38	3920.53	14.54
再生橡胶消耗量/t	9340.57	8530.72	9.49
胶鞋销售收入/万元	607462.36	583762.05	4.06
胶鞋销售成本/万元	534870.99	560007.72	-4.49

续表 3

项目	2013 年	2012 年	同比/%
胶鞋销售量/万双	31471.31	29421.75	6.97
内销量	29526.15	26818.95	10.09
财务费用/万元	10039.22	9111.37	10.18
利息支出	8707.87	9383.86	-7.20
胶鞋利润总额/万元	26580.86	21988.98	20.88
应收账款净额/万元	60188.45	69037.50	-12.82
产成品存货/万元	114177.95	93096.13	22.65
期末库存量/万双	3922.18	3575.25	9.70
亏损企业数/家	2	4	-50.00
亏损额/万元	2491.89	3132.19	-20.44
应报会员单位/家	31		
实报会员单位/家	31		

从表 3 可以看出,2013 年胶鞋行业经济运行平稳,内销回升形势较好,布面胶鞋内销情况良好,但出口量未见回升,出口订单集中在相对固定的规模企业和外单定点加工企业。全胶鞋行业运行呈下滑趋势,主要是下游产业需求减少,如煤炭行业受制于国家产业政策的限制,缩减了胶靴的采购量。

2013 年全年天然橡胶价格持续低位,给胶鞋企业带来了一定的利润空间。胶鞋企业天然橡胶消耗量增长较大,合成橡胶消耗量缩减,再生橡胶消耗量有所增加。

2013 年财务费用支出增长较大,但利息支出有所下降,应收账款净额指标也有所下降,但存货和期末库存量有所增长;亏损企业情况有所好转,亏损企业减少。2013 年胶鞋会员企业实现利润前 10 名企业见表 4。

表 4　2013 年胶鞋会员企业实现利润前 10 名企业

万元

企业名称	2013 年	2012 年	同比/%
际华 3537 制鞋有限责任公司	9663.15	6579.48	46.9
际华 3517 橡胶制品有限公司	3230	883	265.8
四川省资阳市征峰胶鞋有限公司	2175	2050	6.1
浙江中远鞋业有限公司	1700.00	1580	7.6
上海回力鞋业有限公司	1606.00	1501.9	6.9
鹤壁飞鹤股份有限公司	1313	1344.25	-2.3
莆田市双威体育用品有限公司	1283.00	1735	-26.1
山东赛格鞋业有限公司	1152.00	1270	-9.3
际华 3539 制鞋有限公司	1077.41	375.15	187.2
浙江环球鞋业有限公司	888	718	23.7

【市场供需】

据中橡协2013年统计数据显示，胶鞋重点企业实现销售收入61亿元，增长4.06%；销售成本53亿元，下降4.49%。胶鞋市场取决于终端消费者的喜好，2013年胶鞋企业以市场为导向，按需排产，减少库存积压，取得了较好效果。2013年胶鞋会员企业实现销售收入前10名企业见表5。2013年全国各省市胶鞋主营业务收入和利润总额完成情况见表6。

表5　2013年胶鞋会员企业实现销售收入前10名企业　　万元

企业名称	2013年	2012年	同比/%
际华3537制鞋有限责任公司	80124.15	92785.29	-13.6
四川省资阳市征峰胶鞋有限公司	75915	70731	7.3
上海回力鞋业有限公司	61353	51646.9	18.8
际华3517橡胶制品有限公司	43470.00	48092	-9.6
荣光集团有限公司	32079.00	29634	8.3
际华3539制鞋有限公司	28102.53	19393.26	44.9
青岛环球集团股份有限公司	27180.00	19082	42.4
鹤壁飞鹤股份有限公司	24727.00	27260.36	-9.3
浙江人本鞋业有限公司	22563.50	19575	15.3
浙江中远鞋业有限公司	21500	19752	8.8

表6　2013年全国各省市胶鞋主营业务收入和利润总额完成情况　　万元

省市	企业/家	主营业务收入			利润总额		
		2013年	2012年	同比/%	2013年	2012年	同比/%
全国	507	6556761	6067161	8.1	306667	261447	17.3
北京	1	6252	8625	-27.5	30	99	-69.7
天津	4	127197	79151	60.7	11426	6409	78.3
河北	6	77027	93463	-17.6	2419	4126	-41.4
山西	0	0	0	-	0	0	-
内蒙古	0	0	0	-	0	0	-
辽宁	9	89899	83574	7.6	9412	2606	261.1
吉林	0	0	0	-	0	0	-
黑龙江	0	0	0	-	0	0	-
上海	10	39815	45482	-12.5	1188	1448	-18.0
江苏	52	608108	554499	9.7	27138	19865	36.6

注：数据来源于中国石油和化学工业联合会。

续表 6

省市	企业/家	主营业务收入			利润总额		
		2013 年	2012 年	同比/%	2013 年	2012 年	同比/%
浙江	135	697293	654965	6.5	30295	24322	24.6
安徽	12	94278	86005	9.6	1257	2237	-43.8
福建	107	1600864	1544743	3.6	63928	70333	-9.1
江西	3	139155	105932	31.4	2030	3660	-44.5
山东	30	620575	562765	10.3	29422	32977	-10.8
河南	27	607056	543968	11.6	51261	40123	27.8
湖北	11	122850	71611	71.6	2323	1344	72.8
湖南	11	243411	245058	-0.7	10927	7367	48.3
广东	68	600789	626047	-4	19340	16521	17.1
广西	0	0	0	-	0	0	-
海南	0	0	0	-	0	0	-
重庆	11	284151	241353	17.7	21950	11766	86.6
四川	5	250540	228189	9.8	12318	11127	10.7
贵州	2	310199	275349	12.7	8589	5061	69.7
云南	1	10234	8914	14.8	196	-252	-
西藏	0	0	0	-	0	0	-
陕西	1	18625	3414	445.5	1162	230	405.2
甘肃	1	8443	4057	108.1	59	77	-23.4
青海	0	0	0	-	0	0	-
宁夏	0	0	0	-	0	0	-
新疆	0	0	0	-	0	0	-

【进出口贸易】

1.胶鞋行业

据中橡协统计,2013 年胶鞋实现出口交货值 7.5 亿元,下降 0.08%,重点胶鞋企业胶鞋出口量 3021 万双,下降 0.5%。2013 年胶鞋会员企业出口前 10 名企业见表 7。

2.2012 年与 2013 年海关出口胶鞋数据比较

2013 年和 2012 年胶鞋出口情况见表 8,胶鞋 2014 年 1~4 月与 2013 年 1~4 月海关出口情况见表 9。

3.我国部分地区鞋产品出口情况

(1)2013 年温州市出口鞋 7.4 亿双,增长 7.1%,占浙江省出口鞋总量的 1/3,出口值 51.6 亿美元,增长 10.7%,出口均价为每双 6.9 美元,增长 3.4%。温州鞋出口目的地情况见表 10。

表 7　2013 年胶鞋会员企业出口前 10 名企业　　万元

企业名称	2013 年	2012 年	同比/%
荣光集团有限公司	15484.00	18034	-14.1
山东赛格鞋业有限公司	11057	9352	18.2
浙江中远鞋业有限公司	9680	10410	-7.0
浙江大桥鞋业有限公司	7372.10	5677.1	29.9
大连金弘橡胶有限公司	6294.00	6894	-8.7
上海回力鞋业有限公司	5762	5659.03	1.8
广州思迪嘉鞋业有限公司	3864.20	4506.38	-14.3
青岛环球集团股份有限公司	3670.45	0	
山东鲁泰鞋业有限公司	3562.00	4278	-16.7
启东胶鞋厂有限公司	3433	2555	34.4

表 8　2013 年海关统计胶鞋出口情况

产品	2013 年					2012 年				
	出口量/万双	同比/%	出口额/亿美元	同比/%	平均单价/美元·双$^{-1}$	出口量/万双	同比/%	出口额/亿美元	同比/%	平均单价/美元·双$^{-1}$
全胶鞋	4988	5.66	3.85	4.06	7.72	4720.6		3.7		7.8
布面运动鞋	9019.12	25.33	8.58	25.38	9.5	7196.3		6.84		9.5
布面胶鞋	213697.7	11.26	87.7	17.45	4.1	192071.59		74.67		3.89

表 9　海关统计 2014 年 1 ~4 月与 2013 年 1 ~4 月胶鞋出口情况

产品	2014 年 1 ~4 月					2013 年 1 ~4 月				
	出口量/万双	同比/%	出口额/亿美元	同比/%	平均单价/美元·双$^{-1}$	出口量/万双	同比/%	出口额/亿美元	同比/%	平均单价/美元·双$^{-1}$
全胶鞋	1559.8	15.73	1.16	18.10	7.45	1344.6		0.98		7.3
布面运动鞋	2968.3	9.87	3.13	27.30	10.53	2701.8		2.46		9.09
布面胶鞋	74781.22	19.43	32.08	30.70	4.3	62610.38		24.5		3.9

2014 年上半年，温州市鞋出口量增长约 3.92%，但对欧盟的德国、英国等国家出口迅速上升，对美国、俄罗斯地区出口有下行压力。

（2）广东地区 2013 年鞋出口量 34.1 亿双，下降 5.9%；出口值 139.2 亿美元，增长 5.2%；出口均价为每双 4.1 美元，增长 11.8%。广东鞋类产品出口占全省出口总量的 2.2%。2013 年广东出口鞋的国家地区排名依次是：东盟、美国、非洲、

表 10　海关统计温州鞋出口目的地情况

出口地	出口量/亿双	同比/%
欧盟	2.5	21.6
俄罗斯	0.7	19.9
美国	0.9	-4.3
中东	0.4	12.6
非洲	0.8	10.1
拉丁美洲	0.3	-20

拉丁美洲、欧盟，这 5 个市场出口鞋数量占广东省出口鞋总量的 76.5%。随着中国 - 东盟自贸区的成熟，广东鞋类产品对马来西亚、新加坡、泰国、文莱出口量均大幅增长。

(3)2014 年第一季度，福建省出口鞋 3.2 亿双，出口平均单价有所下降；福建省出口鞋的主要市场是美国和欧盟。2014 年一季度，向欧盟出口 1.9 亿双，增长 17.3%；向美国出口 2.1 亿双，下降4.8%，两个市场合计出口量占福建全省出口鞋总量的 60.7%。

(4)国际市场情况

越南：2013 年越南鞋类产品出口额 96 亿美元，主要出口市场是美国、日本、比利时、德国等，同时对智利、希腊、波兰等市场的出口额也不断增长。截至 2014 年 5 月，越南鞋类产品出口量 1027 亿双，增长 26.3%，出口额 37.6 亿美元，增长 17.8%，预计全年出口额 120 亿美元。

印度尼西亚：印度尼西亚鞋类产品出口市场主要是美国，但因美国市场需求不振，2013 年鞋类出口 40 亿美元。据悉，因印尼鞋企工资不断上调，预计 2014 年出口量将下降 25%。

柬埔寨：自 2013 年底至 2014 年初发生的员工要求调薪和暴力事件，柬埔寨直接和间接经济损失 2.75 亿美元。受损失的大多为台资代工厂，订单多来自欧盟和大的知名品牌。这给投资企业和生产加工蒙上了阴影，形成了市场不确定因素，为柬埔寨鞋类产品出口带来了隐患。

【基建技改】

近年来，我国东部制造业向中西部地区梯度转移。为加快推进制鞋产业的发展，我国多地区纷纷建设以制鞋为中心的产业集聚园区：安徽宿州经济开发区建设的制鞋产业基地，打造了中国中部最大的鞋业板块——中国现代制鞋产业城；四川安岳县新建渝成国际制鞋产业园——作为成都外迁转移的承接地；河南多地新建产业集聚区，吸引不少鞋企入驻。

据不完全统计，2012 ~ 2014 年，全国各地新增硫化鞋生产能力约 4300 万双，总投资 8.12 亿元；新增冷粘鞋生产能力 1.2 亿双，总投资 21 亿元；新增橡胶橡塑鞋底生产能力 5200 万双，总投资 2.2 亿元。

近年来，四川资阳征峰、唐山唐丰等企业已经完成了新建或整体搬迁项目，际华集团各胶鞋生产企业、鹤壁飞鹤、山东鲁泰等企业均有工厂迁址整体搬迁意向。

国家统计局统计橡胶靴鞋制造业 2013 年和 2014 年 1 ~4 月固定资产投资情况见表 11 和表 12。

表 11　国家统计局统计 2013 年橡胶靴鞋制造业固定资产投资情况

项目	2013	2012 年	同比/%
计划投资/万元	1256592	1008847	24.6
实际完成/万元	797862	704615	13.2
施工项目/个	254	218	16.5
新开工项目/个	206	175	17.7
竣工项目/个	170	163	4.3

表 12　国家统计局统计 2014 年 1 ~4 月橡胶靴鞋制造业固定资产投资情况

项目	2014 年 1 ~4 月	2013 年 1 ~4 月	同比/%
计划投资/万元	706793	685171	3.2
实际完成/万元	195136	184053	6.0
施工项目/个	112	128	-12.5
新开工项目/个	48	82	-41.5
竣工项目/个	29	31	-6.5

【品牌建设】

近几年,企业对于品牌的重视程度在不断提高,胶鞋分会的会员企业积极申报"中国驰名商标"和省市名牌产品。胶鞋分会会员企业中进入"中国驰名商标"的有:回力、3537、3517、3539、石林、征峰、人本、环球、荣光、贝贝、思威琪、国途等。

2014 年胶鞋会员企业中进入中国橡胶工业百强企业共有 4 家见表 13。获得中国橡胶工业协会推荐品牌产品的企业有 3 家,见表 14。

表 13　进入 2014 年度中国橡胶工业百强企业的胶鞋企业

企业名称	排名
四川省资阳市征峰胶鞋有限公司	58
际华三五三七制鞋有限责任公司	63
际华三五一七橡胶制品有限公司	66
上海回力鞋业有限公司	77

表 14　2014 年度获中国橡胶工业协会推荐品牌产品的企业

企业名称	品牌	产品
际华三五三九制鞋有限公司	3539	雨鞋(胶鞋)
鹤壁飞鹤股份有限公司	飞鹤	雨鞋(工矿胶鞋)
上海回力鞋业有限公司	回力	雨鞋(胶鞋)

【存在问题】

1. 与世界先进技术相比存在很大差距

(1)我国自有核心技术竞争力较低,技术创新意识和研发能力不足。一方面表现在企业投入的科技创新研发资金,年投入研发经费能达到销售额 3% 的胶鞋企业很少,大多数中小胶鞋企业投入不足 1%;另一方面企业缺乏高素质的创新型人才,要建立以企业为主体的创新体系,培育企业自主创新能力非常困难,企业对产品的设计能力,处于借鉴和模仿阶段。

(2)缺乏世界级的民族品牌。我国胶鞋行业仅有部分龙头骨干企业创出中国名牌,占据中国的中低端市场,但还没有形成与世界名牌相抗衡的实力。我国海关出口的硫化鞋有 90% 是贴牌出口,自有品牌出口占极少部分;大多数胶鞋生产企业开拓海外市场的能力有限,被动适应市场,有 70% 是通过代理商转口到目标市场,直接到海外建立销售网络的企业很少,无法利用国内国外两个市场、两种资源进入国际高端市场,国际市场竞争能力比较差。

(3)我国胶鞋企业环保意识滞后。近两年来,胶鞋出口企业受制于欧盟、美国等国家地区筑起的绿色环保壁垒,如欧盟 2000 年通过了 1980/2000 号条例,甲醛含量小于 75mg/g 等,并在进口实行申请生态标签;美国要求进口鞋类产品必须符合《消费产品安全法》(CPSA);俄罗斯制定鞋类产品强制认证规定,依据现行安全规定通过认证领取合格证书(GOST),否则不准进口和上市销售等。而我国胶鞋产业对此意识和行动滞后,绿色产品的开发还处于起步阶段,出口企业只能被动接受外商的安全环保要求,致使行业面临可持续发展和成本增加的双重压力。

(4)我国硫化鞋生产设备普遍自动化水平低,工人劳动强度大,如成型采用单机加手工压合流水线,用人较多,效率很低;制鞋帮工序,主要依靠缝纫机单机加工,劳动效率同样低,企业生产产品全靠人海战术,加班加点完成任务。随着我国人工成本的不断增高,这些劣势将被放大。

2. 国内胶鞋加工企业面临的各种挑战

(1)中国劳动力成本红利消失,给劳动密集型企业带来巨大的成本压力,新型劳动务工人员的就业观发生改变,导致企业"用工荒"问题十分突出。

(2)国际品牌抢占国内市场,高端品牌渠道下沉,国际国内品牌在二三线城市相撞,挤占了国内胶鞋品牌市场份额,内销市场竞争激烈,国内企业面临较大的市场竞争压力。

(3)鞋业加工制造业向海外的迁移潮以及欧美制造业出现的本土回归现象,减少了中国代加工企业的订单量,美国已经出品了本土制造的国产品牌童鞋,我国胶鞋企业生存遭遇了比较严重的威胁。

(4)在企业越来越关注并试水电子商务时,经营多年的线下传统销售渠道与线上电子商务运营形成了渠道冲突。一是价格冲突,同样成本的商品在线上和线下存在了20% ~30%的差价,这对苦心经营多年的实体店产生了巨大冲击;二是具有购物便利优势的线上渠道与线下实体店产生的竞争,实质上是对消费者的竞争,电子商务虽然为企业开辟了新的营销方式,但如何实现网络渠道与实体渠道的平衡发展,是企业亟待解决的问题。

【措施建议】

1.胶鞋生产企业在注重扩大再生产和技改项目的同时,应提高科技创新经费的投入比例。加大对新产品、新技术研发的投入力度,积极与高校和检测机构合作,培育自主开发能力,建立以企业为主体的创新团队,发挥橡胶的特殊性能优势,注重对胶鞋产品的功能性、技术性等方面的开发,从而生产出舒适性、时尚性、安全性、环保性的体育运动、办公休闲、劳动安全防护等多元化、差异化产品品种,以提高企业的产品竞争力,体现企业自主核心技术的竞争实力。

2.提高企业的信息化管理能力,提高应用信息技术单一业务环节与所有业务环节的比例,提高单一业务环节的集成程度。应用现代化管理系统,实现生产管理信息化、数字化,应用产品自动记录分析系统,实现产品可追溯识别等管理创新,如应用智能密炼技术,从原材料入库采用条形码技术,再通过具有自动称量功能的上辅机,智能投料到密炼机中,减少人工和劳动强度,极大改善环境。

3.引进数字化技术应用人才,利用数字化技术,改变传统手工产品开发模式,推广应用先进的3D辅助设计软件,综合完成脚型、样楦的激光扫描测量,进行楦型修改设计、样帮设计的展平、配色、楦型刻制、样板扩缩和裁剪等任务。采用相似性原理,利用原有款式,建立信息描述,模块化、系列化的设计体系,快速响应市场需求,降低成本,提高质量,缩短开发周期。

4.通过使用高新技术对现有生产工艺流程再造创新,提升胶鞋生产的机械化、自动化、智能化程度,不断提高质量和效率、减人增效、降低员工的劳动强度。同时,降低生产环节对人工的高度依赖;生产工艺标准化,即从刷浆、裁断、车缝、成型各个环节形成标准化流程,推广使用成型工序局部自动化设备,对劳动强度大、环保要求高、危险岗位等应用智能操作。

5.加快企业自有品牌建设步伐,提高市场认知度,对任何一个品牌都有适合自己的细分市场和空间实现销售额的增长。国内品牌,应推进成熟的终端营销体系,发挥原有的营销渠道和终端运营优势,稳固自身的竞争力,制定和实施品牌战略。在注重"创品牌"的同时,更要强化"保品牌"的意识,找准品牌定位,与时俱进,建立与市场竞争相适应的营销体系,适时开展品牌公关,提升品牌的销售力。

6.推进电子商务的快速发展,首先要处理好传统线下企业的触网难题。一是如果以线下渠道为主,把线上渠道做为线下渠道的补充,就把线下销售的库存拿到线上来扫货,以减轻库存压力;二是使企业的经典款追单只在线上操作,线下只做量款和新款;三是差异化设计方案,为线上渠道专门设计网络款,只能在网上独家销售,不在线下门店铺货销售;四是线下还没有拓展销售的区域可建立线上渠道,尝试运用网络技术对配送区域进行设置限定。

【展　望】

面对当今激烈竞争的鞋业市场,靠拼资源、拼价格、数量规模竞争不是持久发展之计,要从根本上思考企业的发展问题。应坚持"以创新驱动发展"战略思想为指引,不断提高行业自主创新能力,引导企业积极调整产品结构,注重创新盈利模式,推动企业逐步转型升级,努力打造以品牌资源为核心的行业发展升级版。

1.在产业结构优化升级中找准自身定位

要顺应我国经济结构调整的大趋势,认清"经济结构——产业结构——就业结构——人口规模(结构)"的发展导向关系,抓住东部制造业向中西部梯度转移的机遇,把握经济发展走向"区域化"和"梯度化"的大趋势,确立行业分层定位、企业区域定位的方向。比如,企业按所处区域产业结构定位找到自己所处位置:是一般性制造业、支柱型制造业，还是战略性新兴产业、现代服务业等；而胶鞋行业整体应该是分层定位发展的，由此确立企业在本区域持久立足的发展条件：是外接订单生产型、自有品牌生产型，还是品牌服务型运作模式等。

2. 培育行业自主创新能力

当今鞋业领域，新技术、新工艺的发展，新材料、新设备的应用，已令人目不暇接；信息化、智能化、绿色化已是鞋业创新发展的方向和大趋势。

目前自动化（机器人）制鞋流水线设备已引起业内关注；"产品设计数字化、生产工艺标准化、生产管理智能化、生产过程自动化"的新"四化"建设理念，也逐渐被鞋企经营者接受；而智能化模块的结合（鞋与"可穿戴设备"的联系），以及尼龙材料、超细纤维、碳纤维模块材料和网眼材料；无缝线鞋面、无中底工艺等新技术、新材料、新工艺的应用，催生了智能化鞋（"不丢人"定位鞋、计步鞋等）、超轻量化鞋（运动保健鞋、蓝领工作鞋等）产品的问世，使鞋产品更凸显功能性、舒适性（轻软弹透）的特点。这些鞋业主流技术的发展，我们必须要时刻把握。

3. 企业向电子商务新业态领域发展

在现实生活中，大家最能感受到的是迎面扑来的电子商务、移动终端新业态浪潮。面对新业态的诞生，从政府到消费者都怀着一颗"宽容之心"、一种"期待之情"，在大家"静观其变"、"喜迎其变"之中，我们将迎来一种新的生活方式。"网络购物、手机终端、自媒体，互联网经济、体验经济、粉丝经济、生态圈、大数据"等新词汇将与我们的生活紧密相连，当然也是我们鞋业经营者不可忽视的关注点。毫无疑问，鞋业企业必须尽快进入网络经济新业态领域，必须抢占利用新资源的先机。当然电商市场潜力巨大，线上线下如何协调发展，是企业必须要精心谋划的一项任务。

4. 提升行业质量贯标管理水平

贯彻《胶鞋健康安全技术规范》，这是新时期提升行业质量贯标管理水平的重要标志。在世界经济快速发展的今天，安全健康环保问题日益受到各国的重视。

胶鞋产品主要是与老百姓生活密切相关的民用产品、民生产品。在新的形势下，企业的领导人必须尽快树立安全健康环保意识，改变办企业"利润第一"、"股东第一"的传统思维和一般思维。强化在生产中对人的关注，要考虑销出去的产品对消费者、环境、社会所应负的责任和应作出的贡献，因而，执行 GB 25038 – 2010《胶鞋健康安全技术规范》，是我们必须跨越的一步。企业必须苦练管理内功，从原材料采购源头把控，切实建立起产品质量可追溯机制，严控产品质量管理体系的关键节点，严格落实全面质量管理的奖惩制度，确保产品的安全健康环保。

5. 加强业内协作互助，推动品牌企业集群转型发展

品牌企业集群转型发展是一个渐进的过程，是一个市场化竞争的过程，是各相关企业互动的过程。我们设想，可按"东南西北"方位逐渐形成4个重点转型区域：东面——鲁豫地区，南面——浙赣地区，西面——渝川地区，北面——晋冀地区。转型内容是以品牌资源为核心（纽带），向产业链两头（供销）延伸，以市场（产品）融合为先导，逐步实现产业链融合。这里的"融合"即是"合作"，是以品牌资源整合社会其他资源，用"无形资源"引领、集控"有形资源"，是符合国家创新驱动发展战略方向的，是企业发展模式从粗放型向集约型转变的题中之义。

"实施创新驱动发展战略，建设创新型国家"，我们必须充分领会其中的实质内涵，努力运用这一战略思想去指导整个胶鞋行业的转型发展，为打造胶鞋行业发展的升级版，也为实现国家"两个一百年"奋斗目标，为实现中华民族伟大复兴的"中国梦"而作出我们胶鞋行业应有的贡献。

（刘兰翎）

橡 胶 制 品

【基本概况】

1. 行业主要经济指标完成情况

据中国橡胶工业协会制品分会对56家重点会员企业的统计数据显示，2013年橡胶制品行业主要经济指标均保持增长。其中工业总产值230.45亿元，同比（下同）增长12.61%；出口产品交货值54.51亿元；增长29.15%。实现销售收入230.36亿元，增长14.65%；实现利润总额20.11亿元，增长19.10%。

2013年第四季度，主要经济指标均保持增长。工业总产值、出口产品交货值、销售收入和利润总额分别增长11.29%、43.36%、13.90%和10.23%。与三季度相比增速有所放缓。2013年中橡协统计橡胶制品行业主要经济指标同比增长情况见图1。

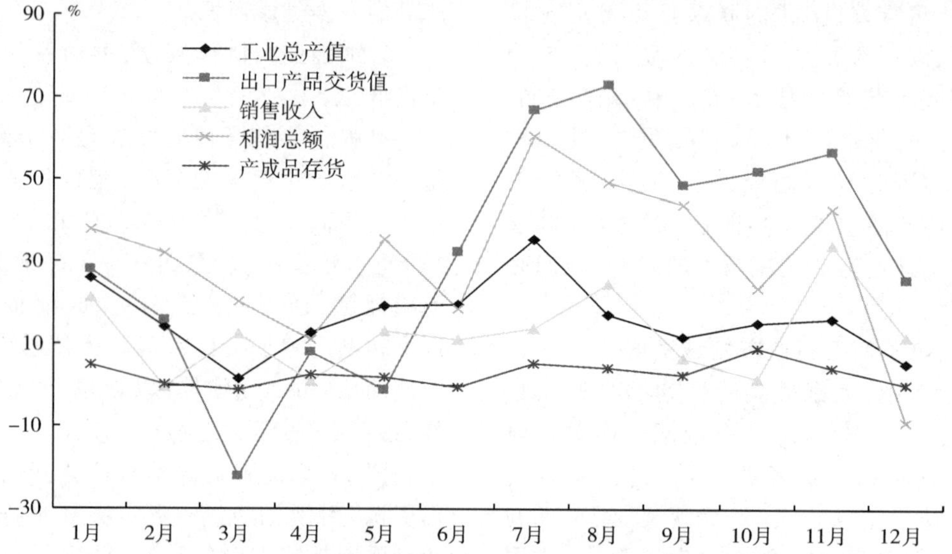

图1　2013年中橡协统计橡胶制品行业主要经济指标同比增长情况

2. 主要产品产量

2013年，在统计的15种主要产品中，13种产品产量有所增长。伸缩缝和桥梁支座增幅较大，分别增长69.16%和48.58%。橡胶止水条、铁路减震制品、纯胶密封条、橡胶防腐衬里、橡胶护舷、出口汽车橡胶配件、骨架油封、汽车减震制品、O型密封圈、制动皮碗皮膜、橡胶止水带和胶辊都有不同程度增长。复合密封条产量下降3.81%，橡胶水坝产量下降14.55%。

2013年主要橡胶制品产量增长情况见表1。

2013年中橡协统计主要橡胶制品产量增长情况

序号	产品名称	2013年	2012年	同比/%
1	O型密封圈/万个	161821	155781	3.88
2	骨架油封/万个	86918	80205	8.37
3	纯胶密封条/t	2322.00	1894.28	22.58
4	复合密封条/万m	6281.00	6530.00	-3.81

续表

序号	产品名称	2013年	2012年	同比/%
5	工业胶布/万个	219.42	202.32	8.45
6	橡胶水坝/m^2	212365	248526	-14.55
7	制动皮碗皮膜/万个	847.60	830.32	2.08
8	汽车减震制品/万个	400576	382451	4.74
9	铁路减震制品/万个	1912.86	1403.29	36.31
10	橡胶护舷/t	27541	24100	14.28
11	橡胶防腐衬里/m^2	18605	15827	17.56
12	橡胶止水带/m	217163	215067	0.97
13	橡胶止水条/m	137655	98335	39.99
14	桥梁支座/万个	95.511	64.285	48.58
15	伸缩缝/m	272235	160935	69.16

2013年O型密封圈、汽车减震制品、出口汽车橡胶配件3种主要产品产量增长情况见图2。

3.2013年行业前10家企业排名及销售收入增长情况

2013年橡胶制品行业销售收入前10名企业见表2。

2013年前10名企业销售收入情况见图3。

4.出口

(1)企业开拓国外市场的主要渠道

参加专业展会、借助现有电子商务平台、代理商、主机厂配套、媒体广告。

(2)出口产品及出口国家和地区

出口地区:美洲、欧洲、澳洲、日本、韩国、南非、东南亚、越南、蒙古。

出口产品:轴承座密封圈、护舷、胶管、汽车减震制品、汽车配件、工程隧道防水橡胶密封垫、橡胶护舷、支座、伸缩装置等。

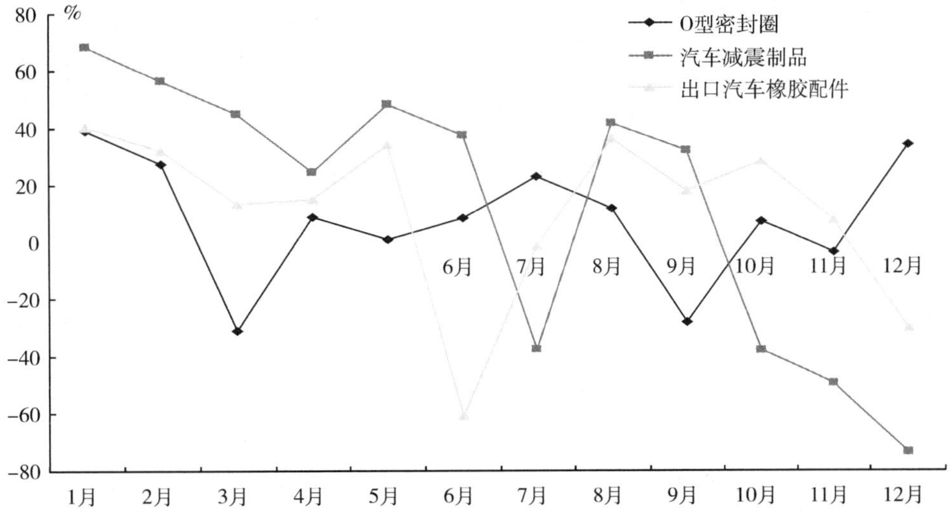

图2　2013年中橡协统计主要橡胶制品产量增长情况

表2　2013年橡胶制品行业销售收入前10名企业

排名	单位名称
1	安徽中鼎控股(集团)股份有限公司
2	株洲时代新材料科技股份有限公司
3	宁波拓普集团股份有限公司
4	陕西延长石油西北橡胶有限责任公司
5	贵航股份红阳密封件公司
6	际华三五一七橡胶制品有限公司
7	江阴海达橡塑股份有限公司
8	大连巅峰橡胶集团
9	山东美晨科技股份有限公司
10	衡水橡胶股份有限公司

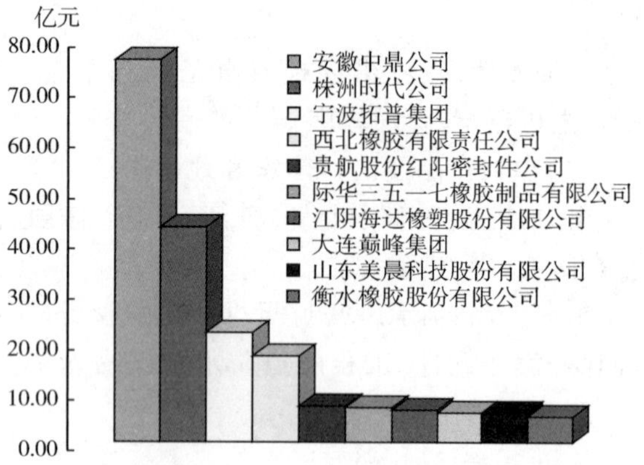

图3　2013年前10名企业销售收入情况

(3)出口量

据中橡协统计,2013年橡胶制品行业出口汽车橡胶配件80.06亿个,增长11.54%。

【经济运行】

1.产销平稳,涨幅收窄

2013年我国橡胶制品行业开局形势良好,全年销售收入稳中有降,总体较为平稳。中橡协统计,主要指标增长均超过10%以上,其中:一季度工业总产值增长17.66%,销售收入增长16.12%;二季度工业总产值增长16.74 %,销售收入增长12.62%;三季度工业总产值增长17.02%,销售收入增长13.68%;四季度工业总产值增长12.61%,销售收入增长14.65%。

2.主要产品产量保持大幅增长

在2013年协会统计的15种主要产品中,14种产品产量增长。其中铁路减震制品和桥梁支座等7种产品产量增长超过10%~60%。

3.出口形势逐渐转好,出口量高于上年同期水平

受国外经济形势、我国汽车出口市场低迷及人民币升值等因素影响,中橡协统计,2013年出口形势波动起伏,呈现先抑后扬的状况。一季度出口表现低迷,出口产品交货值下降7.06%;二季度略有好转,出口产品交货值增长6.23%;三季度出口产品交货值大幅增长,增长22.49%,创下2010年以来新高;四季度出口产品交货值继续上扬,增长29.15%。

4.龙头企业持续发展,效益不断提升

据中橡协统计,2013年行业利润总额20.11亿元,增长17.52%。行业前10名企业销售收入总额达到193.60亿元,增长17.55%,占行业统计总量的84.04%。其中销售收入涨幅超过20%的企业有7家,大连巅峰集团、山东美晨科技股份有限公司、衡水橡胶股份有限公司3家企业销售收入增长超过30%。

5.企业经营业绩改善,盈利能力提高

2013年行业利润指标与去年同期相比,增速大幅提高,亏损额下降37.76 %。由于橡胶、钢材等主要原材料价格较上年有明显下降,毛利率水平较上年有明显提升。另外,企业不断加强管理,减少费用的支出,使利润增加,企业的经营业绩得到持续改善。

2013年,经过全行业共同努力,橡胶制品行业克服了重重困难,行业经济保持增速发展。在行业发展过程中,企业在加快推进生产方式转变和促进产品结构调整的同时,更加注重经济增长的质量和效益,在提高产品档次和技术含量方面下大力气,同时抓好出口产品的升级换代。橡胶制品行业未来发展将继续承受不稳定和不确定因素的影响,企业应加强内部建设和管理,在技术进步,开发功能型、节能型新品种方面有所作为。在品牌培育,节能环保、循环经济等方面扎实开展工作，保持经济平稳发展。

【存在问题】

1. 企业发展面临的问题

市场开发、研发检测、专业科研团队、节能环保、提高核心竞争力、提升品牌效应、企业管理等问题。

2. 企业技术需求

技术人才、新品研发、配方改进、工艺改进、降低成本等方面的需求。

3. 外贸市场方面

(1)现有外贸平台的主要问题：不能提供专业服务；信息杂乱，有效信息少 ；费用过高。

(2)企业现有外贸业务存在问题：利润率低、出口价格低、交货周期长、质量纠纷及索赔、物流服务等问题。

4. 企业持续发展迫切需要解决的问题

市场开发；专业人才；新品研发；设备更新；质量控制；产能限制。

5. 需要提供的服务

国内外市场信息；新产品新技术信息；原材料采购；行业资讯；技术服务及人才信息；订单和项目信息；融资；仓储物流服务；售后服务。

6. 持续健康发展动力方面存在的问题

拥有自主品牌；专业研发团队；生产国际标准优质产品的能力；完备的质量管理及追溯机制；品牌意识及以品牌为中心的标准化管理；打造集团品牌、制定统一质量标准并进行动态管理；业界良好的信誉及商誉；履行社会环境责任；集群化、地域化发展；兼并重组。

【发展建议】

提供交流平台、信息共享；

提供技术咨询；

提升产品的品牌效应，提升与国外产品的竞争力；

研发高附加值的产品，提升环保技术；

加强行业内深层次的技术交流；

加快人才培养；

实现专业化、标准化生产；

加强贸易协调，积极应对国外反倾销。

【展　望】

预计 2014 年行业经济保持平稳增长，从上游行业发展趋势和国家政策调控及市场变化情况来看，橡胶制品需求仍然是增长态势。由于人民币兑美元汇率波动及其他不确定因素，出口利润和企业的盈利能力会受到影响。

预计 2014 年橡胶制品行业销售收入、出口交货值等主要经济指标增长将超过 10% 。

（杨　莉）

乳胶制品

2013 年,国际经济形势错综复杂、充满变数,金融危机影响呈现长期化趋势,国际市场对乳胶制品的需求量仍未出现明显好转迹象。由于人民币升值及劳动力成本上升,加上西方的技术壁垒,造成我国乳胶制品出口竞争力下降。国外乳胶制品强国近年来大幅扩产,国际市场的竞争日趋激烈,国内乳胶制品出口受阻。2013 年天然胶乳平均价格同比(下同)下降 23.71%,有效减轻了企业因劳动用工、环保、能源运输等费用大幅增加而推涨的成本压力。企业面对跌宕起伏的市场环境,着力调整产品结构,积极开辟多元化市场,努力推动技术进步,同时加强行业自律,抵制低价无序竞争。行业主要技术经济指标除出口交货值下降外,其余各项指标都取得了一定增长,经济效益比较显著。

【基本情况】

乳胶行业产品出口一直占有较大的比重,2013 年,面对出口受阻的严重局面,企业着力抓好国内市场,不断挖掘潜力,加大科技创新的力度,保持乳胶行业稳定发展。2013 年乳胶行业主要技术经济指标(分会 30 家统计企业汇总数据)完成情况见表 1。

表 1　2013 年中橡协统计乳胶行业主要经济指标完成情况　　亿元

指标名称	2013 年	2012 年	同比/%
产品销售收入	33.14	32.08	3.30
工业总产值	32.56	31.91	2.04
工业销售产值	32.98	31.93	3.29
工业增加值	8.06	7.20	11.94
出口交货值	14.05	15.44	-9.00
实现利润总额	1.31	1.03	27.18
实现利税总额	2.12	1.87	13.37

从表 1 可以看出,2013 年乳胶行业出口交货值下降 9%,其余各项指标均取得一定增长。但产品销售收入、工业总产值、工业销售产值、实现利润总额、实现利税总额等 5 个主要经济技术指标的增长幅度有所放缓,行业经济效益保持平稳。

【国内外贸易】

2013 年,乳胶行业生产销售基本稳定,但主要产品的出口与内销有较大反差,反映出目前国外与国内乳胶制品市场的供需关系正在发生较大变化。

1. 生产销售基本稳定

2013 年,乳胶行业主要产品(分会 30 家统计企业汇总数据)除外科手套、家用手套产量有所下降,工业手套销量出现小幅下降外,其他品种的产量、销量都取得一定的增长,见表 2。

表 2　2013 年中橡协统计主要乳胶制品生产销售情况

产品名称	2013 年	2012 年	同比/%
避孕套/亿只			
产量	35.14	34.26	2.57
销量	35.23	34.65	1.67
外科手套/亿副			
产量	4.43	4.59	-3.49
销量	4.54	4.39	3.42
检查手套/亿只			
产量	15.57	15.42	0.97
销量	15.37	14.31	7.41
家用手套/亿副			
产量	1.8378	1.8873	-2.63
销量	1.8613	1.8455	0.86
工业手套/亿副			
产量	0.442	0.4293	2.96
销量	0.44	0.4461	-1.37

从表 2 可以看出,2013 年行业主要产品检查手套销量与 2012 年相比有较大幅度的增长,成为行业生产销售中的一个亮点。避孕套的产量和销量取得了比较稳定的增长。外科手套的销量增长较好,但产量下降 3.49%,表明企业根据生产经营情况,科学控制库存的数量。家用手套销量有微量增长,产量有所下降,主要原因是家用手套出口受阻,生产企业适度调整生产规模。工业手套销量下降 1.36%,增幅回落了 1.26 个百分点,原因也是出口受阻,但产量增长 0.86%,说明企业及时调整经营策略,积极拓展国内市场,减少出口带来的压力。总体而言,乳胶制品生产销售形势正向好的方向发展。

2. 内销、出口反差扩大

多年以来,乳胶行业出口比值是出口超过一半。但 2009 年以来,受世界金融危机和国外乳胶制品产能大幅扩张的影响,行业产品出口比值逐年下降,降幅也逐年加大。中橡协乳胶制品分会统计,截至 2013 年,出口比值下降为 42.6%,减少 5.75 个百分点,是近年来降幅最大的一年,主要乳胶制品出口和内销差异明显扩大,见表 3。

橡胶避孕套、外科手套、医用检查手套等乳胶制品归类于医疗器械产品。家用手套、工业手套、指套等乳胶制品与民众生活和工业防护密切相关。在国家扩大消费、改善民生等政策措施的大力推动下,乳胶制品的国内需求正在快速的增长。2013 年避孕套、外科手套、检查手套、家用手套等 4 种主要乳胶制品的内销量与 2012 年相比,分别取得了 6.64%、5.96%、22.18%、19.19% 的较快增长,发展势头良好。但乳胶制品的出口中,5 种主要产品出口量和出口值全部呈现不同程度的下降,行业的外销状况不容乐观。

表3　2013年中橡协统计主要乳胶制品内销和出口情况

产品名称	2013年	2012年	同比/%
避孕套/亿只			
内销	24.25	22.74	6.64
出口	10.98	11.9	-7.73
外科手套/亿副			
内销	3.02	2.85	5.96
出口	1.5172	1.5337	-1.08
检查手套/亿只			
内销	6.61	5.41	22.18
出口	8.76	8.9	-1.57
家用手套/亿副			
内销	0.5378	0.4512	19.19
出口	1.3235	1.3943	-5.08
工业手套/亿副			
内销	0.0781	0.0784	-0.38
出口	0.3618	0.3677	-1.6

【生产与效益】

乳胶制品企业充分利用国家稳定经济、扩大内需及主要原材料天然胶乳持续回落的有力条件,加强企业管理,提质降耗,挖掘内部潜力,进一步提高企业生产经营经济运行质量。

1.重点抓好经济运行质量,保持行业持续稳定发展

2013年中橡协统计乳胶行业产品销售收入前10名企业见表4。

表4　2013年乳胶行业产品销售收入前10名企业　　万元

排名	企业名称	2013年	2012年	同比/%
1	山东星宇手套有限公司	36756.00	27332.00	34.48
2	桂林紫竹乳胶制品有限公司	28283.60	26047.50	8.58
3	北京华腾橡塑乳胶制品有限公司	26106.80	27032.80	-3.43
4	上海科邦医用乳胶器材有限公司	20004.00	16903.00	18.35
5	福建三信织造有限公司	19936.00	18191.00	9.59
6	张家港大裕橡胶制品有限公司	16914.04	17182.47	-1.56
7	苏州嘉乐威企业发展有限公司	15432.00	12397.00	24.48
8	张家港宏裕乳胶手套有限公司	14515.73	16008.11	-9.32
9	北京瑞京乳胶制品有限公司	14294.70	13608.00	5.05
10	广州广橡企业集团有限公司双一乳胶厂	14239.00	16231.00	-12.27

从表4可以看出,2013年乳胶行业产品销售收入前10名企业中,有6家企业与2012年同期相比取得了一定的增长,其中山东星宇手套有限公司、苏州嘉乐威企业发展有限公司、上海科邦医用乳胶器材有限公司的增长幅度分别为34.48%、24.48%、18.35%。但总体来看,企业销售收入增长幅度放缓,增幅超过10%以上的企业数减少了1家;同时有4家企业销售收入下降,下降企业数比上年增加了2家。行业在发展中遇到了一定困难,在发展中也将面临很多不确定因素。

2. 出口形势非常严峻,亟待加大国家政策支持

中橡协乳胶制品分会统计,2013年乳胶行业出口交货值前10名企业见表5。

表5 2013年中橡协乳胶制品分会统计乳胶行业出口交货值前10名企业 万元

排名	企业名称	2013年	2012年	同比/%
1	山东星宇手套有限公司	21241.00	22254.00	-4.55
2	北京华腾橡塑乳胶制品有限公司	18823.40	21989.90	-14.40
3	张家港大裕橡胶制品有限公司	14952.59	15330.00	-2.46
4	镇江苏惠乳胶制品有限公司	12753.00	16924.00	-24.65
5	张家港宏裕乳胶手套有限公司	12652.94	13815.89	-8.42
6	青岛双蝶集团股份有限公司	8394.00	7919.80	5.99
7	安徽豪杰塑胶制品有限公司	6011.00	7634.00	-21.26
8	天津中生乳胶有限公司	5230.00	3614.00	44.71
9	广州广橡企业集团有限公司双一乳胶厂	5101.00	7905.00	-35.47
10	桂林紫竹乳胶制品有限公司	4766.00	5583.90	-14.65

从表5可以看出,2013年乳胶行业完成产品出口交货值的前10名企业中,仅有20%的企业取得一定的增长。其中,天津中生乳胶有限公司积极开拓多元化出口市场成绩显著,出口交货值增长44.71%。而出口交货值出现负增长的企业家数与2012年相比增长了33.3%,且下降幅度呈现扩大趋势。国家自2013年8月15日起取消了包括橡胶避孕套、外科手套及其他手套等乳胶制品在内的1507个工业制成品的出口商品检验,将扭转目前外贸出口的困境。但同时又维持对企业生产用进口天然胶乳征收关税,削弱了我国乳胶制品在国际市场上的竞争能力。行业出口形势非常严峻。

【基建与技改】

国家相继出台了简政放权举措、深化金融投资改革、利率机制改革、加大经济结构调整力度等一系列改革举措,对拉动中国经济回暖并加速转型升级将起到非常重要的作用。特别是十八届三中全会对全面深化改革所做出的系统部署,坚定了我国各项改革的目标和方向,对乳胶行业来说更是一个难得的发展契机。

乳胶行业中民营企业发展迅速,山东星宇手套有限公司在现有48条织物家用手套生产线规模的情况下,2013年底至2014年新增12条织物家用手套生产线,力争打造成为国内织物家用手套规模最大、手套品种最齐全的家用手套生产企业。湛江汇通药业有限公司为了满足市场的需求,2013年新增6条避孕套生产线,达到11条避孕套线生产的规模,成为国内最大的避孕套生产企业。同时,汇通药业从马来西亚引进的3条高效能医用手套生产线,2014年投入生产,医用手套的生产能力1亿副以上,为企业做大做强,实现飞跃打下了坚实的基础。

桂林紫竹乳胶制品有限公司将整体搬迁至临桂秧塘工业园,企业将利用搬迁契机,合理布局规划,优化流程、更新设备,按照GMP规范新建厂房设施,实现企业长远发展。

【存在问题】

1. 用工成本不断攀升,生产成本居高不下

随着《劳动合同法》的实施,"用工荒"的持续影响,企业规范用工和用工需求的迫切性,使乳胶行业用工成本大幅攀升。据行业30家企业报表显示,2013年,企业月人工平均费用达到3678元/人,增长了32.97%。

2. 原料乳胶进口征税,乳胶制品进口免税

2013年,国家继续执行天然胶乳进口税率10%或720元/吨,两者从低的政策。而按照东盟自由贸易区的降税模式,我国橡胶避孕套、橡胶医用手套、橡胶其他手套及橡胶海绵等其他乳胶制品从2010年开始都实现了进口零关税。天然胶乳进口征税,增加了国内乳胶制品生产成本,降低了与国外产品竞争的能力;乳胶制品进口的免税政策,为国外乳胶制品大举进入中国创造了有力条件。

3. 国外企业产能持续扩大,乳胶制品进口激增

近年来,由于马来西亚、泰国政府加大对本国橡胶产业的扶持力度,国外的乳胶制品企业大幅扩产,利用价格和政策优势,把中国等新兴经济体作为新的战略出口目标。据海关统计显示,2013年,我国进口橡胶避孕套3402吨,增长16.17%,进口增幅高于出口增幅11.51个百分点;进口单价39.18美元/kg,是出口避孕套单价的3.21倍,增长118.37%。表明国内中、高端避孕套消费市场仍在继续扩大。橡胶避孕套进口以马来西亚、泰国、日本、德国、韩国及美国、加拿大等国家为主。

进口橡胶外科手套1247吨,下降14.53%;进口单价6.87美元/kg,与出口单价相比下降3.39%,表明进、出口外科手套的价格有所下降,国内进口橡胶外科手套的量也有所下降。橡胶外科手套的进口以印度尼西亚、马来西亚、美国、泰国、南非、新加坡等国家为主。

进口橡胶其他手套16821吨,增长30.74%;进口单价5.97美元/kg,下降15.43%,低于出口单价3.50%,表明橡胶其他手套在国内的销售量大,而价格基本与我国同类产品出口价格保持平衡。橡胶其他手套的进口以马来西亚、泰国、越南、韩国、中国台湾、英国、斯里兰卡及日本等国家和地区为主。

我国乳胶制品出口受阻,而国外乳胶制品进口却大幅增加(除橡胶外科手套外)的情况,应该引起行业和政府有关部门的高度重视,积极应对,制定相应的对策措施,保护国内乳胶制品企业的利益。

4. 自主创新能力薄弱,管理相对落后

由于乳胶行业进入门槛低,行业规模小,很多企业仅限于自身的经济实力和创新理念,在管理、工艺、设备上自主创新投入的人力、物力不足,无法推动行业整体水平的提高。如果企业没有新产品的更新换代就没有发展后劲,这要引起我们乳胶制品产业的高度重视。

【采取措施】

1. 国内外经济环境逐步向好

欧美国家采取了一系列刺激经济发展的措施,各国也在加强推动经济合作的各项措施,实体经济的发展出现了一些好势头。

2. 国家政策调整因素

为扭转目前外贸出口困境,国家取消了包括橡胶避孕套、外科手套及其他手套等乳胶制品在内的1507个工业制成品的出口商品检验。国家质检总局、食品药品监督总局、认监委2013年5月2日发布了《关于对部分医疗器械产品不再实施强制性产品认证管理的公告》,对包括橡胶避孕套在内的8种医疗器械产品不再实施强制性产品认证管理,纳入医疗器械注册管理。国家这一政策的出台,放宽了乳胶制品行业的政策环境。

3. 天然胶乳价格持续保持平稳

全球橡胶市场供应连续3年超过需求,且东南亚主要橡胶出口国早已结束橡胶出口限制,橡胶市场的低价运行行情或将延续,市场炒作因素无机可乘。这对原材料成本占产品成本比重较大的乳胶制品行业来说，是鼓舞人心的难得良机。

4. 乳胶行业各企业间的团结与合作增强

乳胶制品企业通过技术交流，对行业焦点、热点问题研究和探讨，增进了企业间的相互了解，加强了信任，共同携手面对和解决了行业发展中出现的诸多问题，特别是在应对乳胶制品成本增加、增加产品附加值等方面展现了良好的沟通基础。乳胶行业抵御风险能力不断提高，企业之间团结与合作日渐增强。

【改革与创新】

1. 调整结构，促进行业转型升级

党的十八届三中全会《中共中央关于全面深化改革若干重大问题的决定》指出：深化科技体制改革，建立健全鼓励原始创新、集成创新、引进消化吸收再创新的体制机制。在“十二五”规划的最后两年，乳胶行业应重点加强工艺创新和设备自动化程度的提高。

（1）加强工艺技术创新。在以橡胶避孕套、医用手套、检查手套、家用手套、工业手套等传统产品为主要发展目标的同时，应加快技术进步、改进产品的性能、增强产品的功能，提高产品的档次。加大开发低蛋白质天然胶乳及聚异戊二烯、聚氨酯、氯丁、丁腈等系列合成胶乳制品的力度，广泛应用新型乳胶手套表面活性剂、隔离剂、分散剂及涂层材料，积极推广机上硫化、机上氯处理等新工艺、新技术，使我国乳胶制品性能和质量的综合水平跻身国际先进行列。

（2）加强设备创新，加快提高乳胶行业生产设备自动化程度。我国乳胶行业要进一步加强与相关科研院所的联系，加大对国内专业乳胶制品设备公司的扶持，实现双赢。加强设备自动化程度的提高，实现避孕套自动铝箔包装机及3只装避孕套装盒机的全面使用、手套包装自动化设备的引进和改造，提高包装效率。有针对性地引进国外高效率乳胶手套生产线并进行消化、吸收和推广，提高设备的效率和自动化程度，跟上国际先进技术的发展步伐。

（3）拓宽交流方式，汲取先进经验。乳胶行业应在开展行业内部交流的同时，适时走出去，学习国外同行的先进经验，在新材料、新工艺、新设备、新技术的开发和应用方面进行必要的投入，以提高整个行业的自主创新水平。

此外，要有长远发展的战略眼光，培养和吸引创新型人才，同时实施产、学、研相结合的方式，进行项目合作，全面提高行业的创新能力，推动乳胶行业稳步发展。

2. 修练内功、强化管理，提高行业整体水平

目前，乳胶行业普遍存在规模小、管理水平参差不齐、加工成本高等通病，要保发展求生存，提升管理水平迫在眉睫。

（1）根据不同认证中体系建设的要求进行管理。乳胶制品企业要根据本企业认证管理的要求，强化认证工作，通过建立企业内部审核制度和外部审核，找出体系管理中存在的具体问题，进行持续改进。没有开展认证工作的企业，要有计划地实施。通过体系认证工作，夯实企业管理基础，实现企业的长远发展。

（2）引入先进的科学管理手段和工具。加强管理是企业永恒的主题，随着经济的快速发展，对企业管理的要求也不断提高。因此，乳胶行业要紧跟发展的要求，结合自身实际，适时引入6S精益生产和六西格玛管理等先进的管理手段和工具，并将其作为企业管理的目标和方向。建立和完善企业的管理系统，实现员工观念转变、企业管理水平的整体提高。

（3）结合中国特色和企业自身特点开展创新。在建设有中国特色社会主义市场经济的大环境下，要善于结合企业自身的特点开展创新活动。通过加强质量管理、持续改进，实现管理创新；通过加强员工培训，提升员工素质，实现人力资源管理创新；通过技改，进行设备和工艺创新；通过营销管理，加强品牌宣传，实现营销创新等。

（4）建立具有企业自身特色的企业文化。企业文化是企业不可缺少的一部分，优秀的企业文化能够营造良好的企业生存环境，提高员工的文化素养和道德水准，对内能形成凝聚力、向心力和约束力，形成企业发展不可或缺的精神力量和道德规范，能使企业产生积极向上的作用，使企业资源得到合理的配置，从而提高企业的竞争力。由于乳胶制品行业各自发展历程不同，不同企业应保留自己的个性文化,凸显文化之"特"而非文化之"全"。利用企业文化的凝聚作用、吸引作用、导向作用、激励作用、约束作用、竞争力作用,增强企业的竞争实力。

3. 选准位置、提升品牌,提高产品附加值

乳胶制品行业要保持稳定发展的势头,需要从多方面着手,选准位置,提高产品附加值。

(1)实施品牌战略,培育和发展自主品牌。为了增强我国乳胶制品的市场竞争力,必须强化品牌意识,改变"有厂无牌、有牌无名"的状况,引导和支持企业创品牌。2007 年乳胶行业已有 4 个品牌的避孕套荣获"中国名牌产品"的殊荣。乳胶制品企业应全面提升企业品牌的知名度和信誉度,向国际知名品牌看齐,实现中国品牌走向世界。

(2)大力推进各项行之有效的认证工作。乳胶制品行业在外贸出口方面要寻求更高水平和更多数量的出口业务,将会遇到发达国家在国际贸易中设置的一些壁垒。为此,乳胶制品企业要针对不同的认证要求加强开展质量体系认证和各项产品质量认证工作,为乳胶产品顺利走向世界打好坚实的基础、做好充分的准备,早日实现由乳胶生产大国向乳胶生产强国的转变。

4. 以人为本,履行社会责任

企业是社会的重要组成部分,承担着不可推卸的社会责任。乳胶行业也不例外,要从长远和战略的角度来开展此项工作。

(1)在环境保护方面,国家对生产企业在环保方面的监控和处罚力度不断加强,作为排污重点监控的乳胶制品企业必须自觉遵守相关法律法规,逐步改进和完善企业环保设施,对生产过程中产生的废水、废气、废渣,严格按国家规定的排放标准进行处理和排放。

(2)在安全生产方面,安全生产状况总体稳定、趋于好转。近年来全国生产安全事故逐年下降,但形势依然十分严峻,事故总量仍然很大。乳胶制品行业要建立企业安全生产预警机制,完善企业应急预案,加强企业员工安全生产的教育和培训工作,及时排查和治理安全隐患,把安全生产工作落到实处。

(3)在劳资关系方面,应认真研究和规范企业劳动关系,严格执行《劳动合同法》以及劳动政策相关法律法规。坚持以人为本,合理用工、合法用工,加强劳动保护,注重员工的职业健康安全等。

(4)强化社会责任方面的体系认证工作。有条件的企业可以开展 SA 8000 社会责任标准和 ISO 14000 质量、环境、职业健康安全体系认证工作,为产品更多地出口创造条件。

(5)开展公益活动,为社会奉献爱心。乳胶制品行业产品和人民生活息息相关,企业应积极投身公益事业中,勇于承担社会责任,开展"关注健康、珍爱生命"为主题的公益活动。通过公益活动的开展,展示企业形象,提高企业的知名度和美誉度。

【展　望】

展望 2014 年,机遇和挑战并存。世界发达国家乳胶制品需求疲弱,国外乳胶制品企业集团大幅扩充产能,我国乳胶制品的出口将面临更大的挑战。而国内乳胶制品市场在国家"稳增长"政策的支持下,将保持一定幅度的较好增长。总体估测,我国乳胶行业将会以 5% 左右的增长率实现平稳发展。

(涂燕玲)

废橡胶综合利用

【基本情况】

中国废橡胶综合利用行业现今的基本格局：以生产再生胶为主，适度发展硫化橡胶粉和胶粒直接应用，加大再生胶、胶粉的深加工力度，大力推广预硫化轮胎翻新。

中国废橡胶综合利用的使命：以环保为目标，利用再生资源为目的。中国是世界上最大的橡胶消费国，但也是一个橡胶资源非常匮乏的国家，天然橡胶80%、合成橡胶46%依赖进口。将废旧轮胎等固体废弃物生产胶粉、再生胶，使其成为可利用的橡胶再生资源，缓解生胶资源匮乏和短缺，解决废旧橡胶带来的环境污染。2007～2013年橡胶消耗量见表1；2007～2013年废旧轮胎处理量见表2；2007～2013年废橡胶利用主要产品产量见表3。

表1　2007～2013年中国橡胶消耗量　　万t

项目	2007年	2008年	2009年	2010年	2011年	2012年	2013年
天然橡胶	235	253	270	300	320	345	420
增长/%	11.9	7.7	6.7	11.1	6.67	7.81	21.7
合成橡胶	270	297	318	345	370	385	410
增长/%	12.5	10.0	7.1	8.5	7.25	4.05	6.49
合计	505	550	588	645	690	730	830
增长/%	12.2	8.9	6.9	9.7	6.98	5.8	13.7

表2　2007～2013年中国废旧轮胎处理量　　万t

项目	2007年	2008年	2009年	2010年	2011年	2012年	2013年
再生胶	195	245	250	270	300	350	380
硫化橡胶粉	25	25	25	30	36	40	50
合计	220	270	275	300	336	390	430
处理废旧轮胎	264	324	330	396	403.2	468	516
废旧轮胎产生量	660	740	765	860	970	1018	1080
占比/%	40.0	43.8	43.1	46.0	41.6	46.0	47.8

表3　2007～2013年中国废橡胶利用主要产品产量　　万t

项目	2007年	2008年	2009年	2010年	2011年	2012年	2013年
再生胶	195	245	250	270	300	350	380
增长/%	14.7	25.6	2.0	8.0	11.1	16.7	8.6
硫化橡胶粉	25	25	25	30	36	40	50
增长/%	13.6	0	0	20.0	20.0	11.1	25
合计	220	270	275	300	336	390	430
增长/%	14.5	22.7	1.85	9.1	12.0	16.07	10.26

废旧轮胎和再生胶的循环利用作为发展橡胶工业循环经济的重要载体和有效支撑，是中国橡胶工业战略性新兴产业的重要组成部分，除少量直接应用和用于沥青改性外，胶粉绝大部分用于生产再生胶。多年来，再生胶产业在我国废旧轮胎加工处理方面占有非常重要的位置，成为目前废旧轮胎回收处理的主要方式，更是从根本上缓解橡胶资源和环境约束的重要措施。2013年再生胶利用率见表4。

表4　2013年再生胶利用率

行业分类	消耗量/%	数量/万t
轮胎	30.00	114.00
非轮胎	70.00	266.00
力车胎	40.00	152.00
胶管胶带	15.00	57.00
胶鞋	5.00	19.00
橡胶制品	10.00	38.00

中橡协废橡胶综合利用分会对46家会员企业2013年统计数据显示，再生胶、硫化橡胶粉总产量同比（下同）增长了24.87%；销售量增长了23.78%；工业总产值增长了27.52%；产品出口交货值增长了8.40%；工业增加值增长了26.20%；销售收入增长了30.09%，产销两旺；实现利润比上年增长了11.89%；实现利税总额比上年增长了29.81%。

2013年再生胶销售收入、产量以及硫化橡胶粉产量前10名企业分别见表5～表7，2013年再生胶及硫化橡胶粉主要经济指标完成情况见表8。

再生胶、硫化橡胶粉作为处理废旧橡胶的主要途径，在天然橡胶由年初每吨3万多元降到不足1.6万元，降幅达到50%，通用型丁苯橡胶、顺丁橡胶价格每吨在1.3万～1.4万元，降幅达到40%的情况下，再生胶、硫化橡胶粉销售形势依然看好。硫化橡胶粉的直接应用也得到了较大发展，全员劳动生产率增长20.09%，显示了装备向节能高效型发展，产业向量化规模化发展的优势。但也应该看到企业应收账款增长88.58%，产成品库存增长8.53%，说明行业的竞争更加激烈，企业生存与发展依然面临新的挑战，提高新形势下的稳中求进认识已经成为关键。据中橡协测算，2013年全行业完成再生胶、硫化橡胶粉产量430万吨。

据中橡协废橡胶综合利用分会对43家会员单位2014年1～3月统计数据显示，再生橡胶、硫化橡胶粉产量（其中包括普通再生橡胶、特级轮胎再生橡胶、特种合成再生橡胶、胶粉、胶板）增长15.24%，销售量增长22.38%，工业总产值增长17.01%，销售收入增长16.48%，盈利企业较多，实现利税增长率达21.28%%，但仍有9.2%的企业亏损。

2014年1～3月再生橡胶销售收入、产量前10名企业、主要经济指标完成情况及硫化橡胶粉产量前10名企业、硫化橡胶粉主要经济指标完成情况分别见表9～表12。

从2014年1～3月再生橡胶销售收入、产量和主要经济指标分析看，再生胶产品应用风向标出现了扭转。在天然橡胶、合成橡胶价格继续走低的情况下，在绿色橡胶工业框架对环保原材料要求更加严格的趋势下，特级（高强力）再生胶由于属于高污染型再生胶范畴，受到重创，销售市场明显萎缩，将逐步退出应用市场，环保型再生橡胶将成为主流。

表5　2013年再生胶销售收入前10名企业

排名	企业名称	销售收入/万元
1	南京金腾橡塑有限公司	104827.90
2	南通回力橡胶有限公司	89678.56
3	江西国燕高新材料科技有限公司	43595.28
4	福建环科化工橡胶集团有限公司	39941.16
5	唐山兴宇橡塑工业有限公司	37300.00
6	莱芜市福泉橡胶有限公司	36374.00
7	京东橡胶有限公司	30164.09
8	安徽宏磊橡胶有限公司	29055.50
9	金轮橡胶（海门）有限公司	26990.00
10	浙江杭园特种橡胶有限公司	18556.00

表6　2013年再生胶产量前10名企业

序号	企业名称	产量/t
1	南京金腾橡塑有限公司	170708.00
2	南通回力橡胶有限公司	139740.74
3	唐山兴宇橡塑工业有限公司	103600.00
4	莱芜市福泉橡胶有限公司	79413.00
5	京东橡胶有限公司	74844.32
6	福建环科化工橡胶集团有限公司	66401.09
7	江西国燕高新材料科技有限公司	61627.22
8	金轮橡胶（海门）有限公司	45577.00
9	安徽宏磊橡胶有限公司	38661.00
10	湖北宏鄂远橡塑环保科技有限公司	34590.00

表7　2013年胶粉产量前10名企业

序号	企业名称	产量/t
1	南通回力橡胶有限公司	47537.14
2	安徽宏磊橡胶有限公司	38661.00
3	清远结加精细胶粉有限公司	33207.00
4	湖北宏鄂远橡塑环保科技有限公司	29662.00
5	山东舜合胶业有限公司	26400.00
6	广西远景橡胶科技有限公司	26031.90
7	泸州市万发橡胶厂	17474.00
8	邵阳市黑宝石橡胶厂	15067.00
9	江阴市台联超细胶粉有限公司	10395.00
10	丹东市富润橡胶有限公司	10316.00

表8　2013年再生胶及硫化橡胶粉主要经济指标完成情况

项　目	2013年	2012年	同比/%
工业总产值(按现行价)/万元	344811.93	273844.71	25.92
再生胶产值	227089.45	182327.16	24.55
工业销售产值(按现行价)/万元	363440.9	292969.05	24.05
产品出口交货值(现价)/万元	13037.87	12696.16	2.69
工业增加值/万元	85126.75	68461.18	24.34
再生胶产量(合计)/t	462462.79	384464.85	20.29
通用型再生胶	302256.18	262355.75	15.21
特级再生胶	90744.04	70111.96	29.43
特种再生胶	69462.57	51997.14	33.59
胶粉产量(合计)/t	352538.34	272062.57	29.58
产品销售率/%	96.18	97.03	-0.88
应收账款/万元	108055.62	57300.95	88.58
产成品库存(按现行价)/万元	16020.09	14760.66	8.53
产品销售收入/万元	689767.22	530241.3	30.09
实现利润总额/万元	40986.41	36632.25	11.89
实现利税总额/万元	110645.73	85237.16	29.81
全员劳动生产率(人)/万元	86.48	72.02	20.09

表9　2014年(1～3月)再生胶销售收入前10名企业

排名	企业名称	销售收入/万元
1	南通回力橡胶有限公司	19839.73
2	南京金腾橡塑有限公司	13303.00
3	唐山兴宇橡塑工业有限公司	12800.00
4	福建环科化工橡胶集团有限公司	9321.23
5	莱芜市福泉橡胶有限公司	8656.00
6	京东橡胶有限公司	6934.18
7	金轮橡胶(海门)有限公司	6193.00
8	仙桃市聚兴橡胶有限公司	5727.00
9	江西国燕高新材料科技有限公司	4764.59
10	安徽宏磊橡胶有限公司	4405.00

表10　2014年(1～3月)再生胶产量前10名企业

序号	企业名称	产量/t
1	唐山兴宇橡塑工业有限公司	34000.00
2	南通回力橡胶有限公司	32861.11
3	南京金腾橡塑有限公司	22346.00
4	莱芜市福泉橡胶有限公司	18630.00
5	福建环科化工橡胶集团有限公司	16912.40
6	京东橡胶有限公司	16611.93
7	仙桃市聚兴橡胶有限公司	11126.00
8	金轮橡胶(海门)有限公司	9830.00
9	广西远景橡胶科技有限公司	9700.76
10	安徽宏磊橡胶有限公司	8970.00

表11　2014年(1～3月)胶粉产量前10名企业

序号	企业名称	产量/t
1	南通回力橡胶有限公司	13817.35
2	广西远景橡胶科技有限公司	9700.76
3	安徽宏磊橡胶有限公司	8970.00
4	湖北宏鄂远橡塑环保科技有限公司	7427.00
5	山东舜合胶业有限公司	5700.00
6	清远结加精细胶粉有限公司	4820.00
7	泸州市万发橡胶厂	3410.00
8	仙桃市聚兴橡胶有限公司	3123.00
9	南京东润特种橡塑有限公司	2822.00
10	莱芜市福泉橡胶有限公司	2720.00

表 12　2014 年(1～3 月)中橡协统计再生胶、胶粉主要经济技术指标完成情况

项　目	2014 年(1～3 月)	2013 年(1～3 月)	同比/%
工业总产值(按现行价)/万元	142485.6	121776.7	17.01
再生胶产值	97677.73	83516.65	16.96
工业销售产值(按现行价)/万元	142475.86	120960.15	17.79
产品出口交货值(现价)/万元	6329.45	6262.57	1.07
工业增加值/万元	35621.4	30444.18	17.01
再生胶产量(合计)/t	206101.35	178850.24	15.24
通用型再生胶	121749.88	111412.9	9.28
特级再生胶	34579.84	34254.14	0.95
特种再生胶	49771.63	33183.2	49.99
胶粉产量(合计)/t	81434.23	68821.58	18.33
产品销售率/%	97.07	91.44	6.16
应收账款/万元	69692.53	65824.67	5.88
产成品库存(按现行价)/万元	16440.98	13047.51	26.01
产品销售收入/万元	141213.94	121229.91	16.48
实现利润总额/万元	9193.62	7903.6	16.32
实现利税总额/万元	16831.94	13878.75	21.28
全员劳动生产率(人)/万元	3.82	3.18	20.12

【政策指导】

1. 国家政策

2013 年 2 月 22 日国家发展改革委发布《战略性新兴产业重点产品和服务指导目录》,废橡胶、废塑料再生利用,包括废轮胎常温粉碎及常压连续再生橡胶技术和成套设备、废轮胎胶粉改性沥青成套装备、废轮胎整胎切块破碎机等均被列入资源再生利用目录,废橡胶再生利用再次被提升到国家支持、鼓励的战略性新兴产业。

2013 年 3 月 14 日,工信部印发《废旧轮胎综合利用行业准入公告管理暂行办法》[2013]86 号。废旧轮胎综合利用行业首次有“许可证”,行业进入门槛提高。

2013 年 4 月 8 日,我国首次发布《中国资源综合利用年度报告(2012)》,2011 年我国废旧轮胎产生量约 1000 万吨,无害化利用率约 60%,其中翻新轮胎约 1600 万条,再生胶产量约 300 万吨,胶粉产量约 30 万吨,占世界产量 75% 以上的再生胶作为主导产品再次成为中国特色。

2013 年 8 月 1 日,国务院颁布《关于加快发展节能环保产业的意见》,将推动落实废弃产品回收、处理等责任,健全污染付费制度。

2. 行业支持

2013 年 6 月 26 日,河北玉田县邀请中橡协废橡胶综合利用分会就该县废旧橡胶综合利用产业环保转型,如何发展提供指导和帮助,提出了《玉田县废旧橡胶综合利用产业转型升级发展规划方案》。

2013 年 9 月 1～7 日,中橡协代表受邀前往日本,就废旧轮胎循环利用进行政策研修,并向国家发改委等提供了《关于制定青岛废旧轮胎管理办法的初步构思》。

2013年10月17日，中橡协废橡胶综合利用分会与天津橡胶工业研究所合作，完成了国家发改委、环保部、工信部下达的《再生橡胶行业清洁生产评价指标体系》（征求意见稿），形成上报稿报国家部委。

3.行业自律

为使再生橡胶产品满足“产品安全、使用安全”的要求，符合欧盟REACH法规重金属、多环芳烃限量规定，宣传制定再生橡胶行业自律标准必要性，为淘汰有毒有害煤焦油软化剂，为环保型再生橡胶的生产与使用提供依据。对企业再生橡胶产品通过SGS、普尼、华测等检测机构检测，推出莱芜福泉、南通大华、唐山兴宇、南京金腾等11家企业生产的环保型再生胶为协会推荐品牌。

为了加大对淘汰煤焦油的宣传力度，2013年5月8日启动了制定中国橡胶工业协会《环保型再生橡胶行业自律标准》程序。之后，在全行业开展征集申请“环保型再生橡胶”自律标准的参与单位并推荐参与人员以及征集关于“环保型再生橡胶”自律标准内容的建议和内容。制定再生胶行业自律标准，淘汰煤焦油的工作正在有条不紊地进行。

2013年1月份开始，就装备、助剂、工艺等升级转变，展开行业调研。分别走访了河南中赢、山西康乐、邯郸丰达等众多企业。针对使用常压连续脱硫装备的无锡市万丰橡胶厂、交钥匙工程项目的上海肖友橡胶有限公司等重点关注企业，多次现场考察调研。

通过调研，行业推出的2013～2014年度淘汰“小三件”，改变废轮胎粉碎工艺；淘汰煤焦油，使用环保型助剂；改变再生胶脱硫工艺，采用无压连续环保脱硫工艺三大任务目标，既符合国家产业政策要求，也是符合产业发展需要，对引导企业落实“安全、高效、环保、节能”起到积极作用。

借助媒体及时报道行业动态、企业新闻，传递中国橡胶工业进展和废橡胶综合利用行业的信息。根据中国汽车工业协会提供的我国汽车保有量的增幅，国家发改委发布的2011年以来每年废旧橡胶、废旧轮胎的产生量都在1000万吨以上做好宣传认识，告诫中国将成为世界废橡胶产生量最大的国家，形势严峻，任重道远。

为了维护国家环境安全，实现党的“十八大”报告中“建设美丽中国”的承诺。环境保护部、海关总署、国家质检总局正式建立起国家及地方层面的固体废物进口管理和执法信息沟通与共享机制，通过共享机制，加强执法联动。国家海关同时实施了“绿篱行动”，依据国家《禁止进口固体废物目录》予以严查严管。不让废旧轮胎等洋垃圾进入中国。

【科技创新】

我国虽然85%的废轮胎处理依然使用“小三件”，但改变废轮胎粉碎的技术装备已引起行业的关注，多家企业都选择了国家推荐的轮胎破碎粉碎设备。采用较高端装备，实现工业联动化，生产自动化，为利废企业提升处理废轮胎的第一道破碎、粉碎工艺的整体水平迈出了踏踏实实的一步。

中橡协废橡胶综合利用分会组织专家对广州市联冠机械有限公司提供给福建省奥翔体育塑胶有限公司使用的3E废旧轮胎常温全自动制取胶粒生产线，进行现场考评。

在广州番禺召开的“2013全国废轮胎常温粉碎技术高峰论坛”上，明确淘汰“小三件”，改变废轮胎粉碎工艺；制定环保型再生胶行业自律标准，淘汰煤焦油；改变再生胶高温高压脱硫工艺，采用常压连续脱硫工艺的2013～2014年度行业三大任务目标，对产业清洁工艺、安全装备和环保产品进行方向引导。

在广西钦州召开了八届四次理事会暨行业绿色创新发展研讨会，组织参会企业对东兴废旧轮胎市场进行了考察，参观了远景公司废橡胶处理装备技术，宣传贯彻了国家通过“准入制”对行业实施全面综合利用管理的相关政策。

无锡市万丰橡胶厂新厂区年产万t常压连续脱硫丁基再生橡胶生产线，通过了专家组对生产线试运行环境质量的评估。上海肖友橡胶有限公司“5000t废旧轮胎绿色联动常压环保生产线”通过专家组现场考核。

目前，除了都江堰市新时代、山东金山、平陆康乐开发的“硫化橡胶粉常压连续脱硫成套设备”在国内得到近百家企业应用，还被引进到泰国、越南、韩国、新加坡、马来西亚、印度、加拿大、葡萄牙、法国、美国等国家的再生橡胶和塑化胶粉生产应用中。

同时，江西国燕、上海肖友、江阴迈森、山东新东岳、莒县东盛、台州中宏、青岛科技大学等多家企业和院校已展开对“硫化橡胶粉常压连续脱硫成套设备”的进一步完善，其环保、安全的脱硫方式以及便于再生橡胶粉碎、脱硫和压延精炼联动化的全过程结合，在行业中已经得到普遍认知。

怀化市华亿创新科技发展有限公司申报的“华亿”牌再生胶软化剂，被中国橡胶工业协会推荐为“环保型再生胶助剂”。

【展　望】

2014 年，行业发展形势看好。国内废旧轮胎的回收价格在继续走低，跌幅达到 40% 以上。随着人工、财务等成本的提高，再生胶价格依然维持现状，1 吨天然胶价格可以购买 3 吨再生橡胶的历史已经重现，再生橡胶产品作为橡胶工业循环经济特色的微利特性产品，在橡胶工业的应用拥有绝对优势。

财政部根据调研和各方面反映，对现行资源综合利用增值税优惠政策进行了梳理，将启动对再生胶等再生资源产品增值税按一定比例即征即退优惠政策的调整。工信部公示 21 家《符合废旧轮胎综合利用行业准入企业名单（第一批）》，迈出了行业规范的第一步。

当前和今后一个时期，确认行业工作的指导思想是：以服从和服务于行业科学发展为核心，加强自身建设，完善服务职能，健全决策、自律机制。在国家产业政策指导下，引导无害化回收环保型利用理念，确保在“绿色、安全、高效、环保、节能”的实施中得到稳定健康发展 ，确保“十二五”期间，完成再生胶生产全过程均耗能由“十一五”的 950kWh/t 降到 760kWh/t。

2014 年，中国废橡胶综合利用行业正处于一个装备向安全节能、工艺向程控联动、产品向绿色环保深度转型，是我国废橡胶综合利用行业协同中国橡胶工业由大国向强国转变制定具体措施的重要时期；强化保护环境与再生资源同行，自主创新、转型升级，节能环保、规范自律、保持行业绿色平稳发展；完成编写《中国橡胶工业强国发展战略研究》废橡胶综合利用篇、完成制定“环保型再生橡胶”协会自律标准，适应再生橡胶产品必须从关注物性指标向化学指标的转移过程。

2014 年 1 月 22 日，世界可持续发展工商理事会（WBCSD）TIP 工作组与中国橡胶工业协会在京座谈交流，认为伴随中国轮胎消费市场的发展迅速，目前的管理实践可能不足以面对未来的挑战；将通过合作为中国废旧轮胎（ELT）研究提供帮助。

贯彻《再生橡胶行业清洁生产评价指标体系》对能源消耗、软化剂应用的实施。配合总会完成《橡胶工业污染防治技术政策》项目进度。通过政府和协会引导，推动建立区域性回收利用制度规划。

当前，由于国内大量的废旧轮胎不能得到及时处理，引发废旧轮胎的回收价格继续走低，应该引起相关部门的警觉。只有提高国内企业承担社会责任的意识，逐步理顺并承担废橡胶在回收方式上的责任，才能彻底改变无序和不规范回收方式，减少在回收过程承担的沉重税赋状况。推动相关制度的建立，是与国际接轨、确保我国废旧轮胎回收与利用规范的保证。

随着中国轮胎、力车胎、管带、胶鞋、橡胶制品等橡胶产业平稳发展，将增加对再生橡胶产品的需求，以及公路和城市建设将增加对胶粉的应用。中国每年有千万吨废橡胶、废旧轮胎需要处理，废橡胶综合利用行业既有足够的废橡胶资源，又有稳定的再生胶、胶粉市场。分析预测，2014 年，全国再生胶产量将达到 410 万吨，增长 7.89%；胶粉产量将达到 55 万吨，增长 10% 。

（曹庆鑫）

翻 新 轮 胎

【基本情况】

随着翻胎技术的不断完善，更因为节能减排和绿色低碳的要求，现今的发达国家载重轮胎的翻新率已达90%以上，欧美的全钢载重子午胎翻新率已接近100%，而我国尚不到5%。与新胎相比，翻胎可节约橡胶、炭黑和辅料70%，钢丝和纤维骨架材料100%，能耗和加工费节约3/4。若能翻新3次，则废轮胎生成率减少3/4。

我国由于高速公路收费，载重汽车普遍超载，胎体多被压坏，能翻新的轮胎几乎没有。我国翻胎行业落后，关键在于管理，至今，还没有任何法律法规能够硬性规定：轮胎到了磨耗极限，必须送去翻新。翻新技术和装备方面，我国已达世界先进甚至领先水平，并可出口到美国和加拿大等发达国家，已获两次省部级科技进步一等奖（载重和工程轮胎各1项）。然而，我国翻胎产能严重过剩，大小翻胎厂都是“无米之炊”。2013年仅翻新1300万条，远没有完成规划指标。

2013年翻胎市场“供需失衡”。因翻胎价格仅为新胎的一半，寿命却比新胎高20%以上，故城市的公共汽车，以及垃圾车、清洁车、洒水车和搬家车，都普遍愿意用翻新胎。甚至高速公路跑的载重汽车，因其物美价廉也要买翻新胎。

现今，中策橡胶集团建设翻胎厂，在全国布设了3万多家新胎（包括翻新胎）销售网点，但翻胎多断档无货，青岛赛轮也是如此情况。因收不到翻新胎源，商务部、工信部和财政部、中国轮胎循环利用协会在北京开会（2013年3月）决定，支持中策橡胶集团在全国率先建设“废旧轮胎资源综合利用网络回收体系”，让各经销点同时回收废旧轮胎，并让送胎车回程运收废旧轮胎。2013年我国年产新轮胎5.29亿条，同时产生废旧轮胎约3.5亿条，翻新轮胎才1300万条。全国现有翻胎企业近千家，多因无胎可翻，正在逐年减少。工信部公布的《轮胎翻新行业准入条件》已正式实施，年产能不低于2万标准条（这里未用产量而用产能，为无胎可翻留有余地），一些经过整改还不能准入的小翻胎厂将被淘汰。截至2013年底，工信部公告的第一批准入名单，翻胎厂仅有9家，他们分别是北京吉通、北京金运通、河北恒盛通达、江苏南通巨轮、浙江中策、福建晋江东风、山东庆云华泰、青岛赛轮、四川新都三益。

2013年工程轮胎技术突飞猛进，新胎能做多大翻胎就能翻多大。目前，世界最大规格为63″（指轮辋直径），57″为第二。前者我国空白，后者寿命还没过关。现今的特巨型轮胎，多用无膜翻新。即胎顶打磨后胎面用挤出胶条缠绕并逐条压实，然后刻花，再装罐硫化。各大露天矿多有上百台200吨（最大316吨）以上的进口矿车，其单胎承载60多吨，轮胎直径4～5米，重量5吨多，进口1条轮胎40万～50万元，翻新1条轮胎10万～20万元，效益非常显著。因其体大难运，从满洲里矿拉到北京翻胎，来回运费4000元/条。如果在矿上就地建厂，运费即是利润。

北京金运通联合中国（中部）轮胎循环利用产业园，已在北京怀柔成立亿蜂集团公司。公司在矿上就地建厂，占地1080亩，投资20亿元，金运通出技术，产业园出资金。

2013年翻胎产量下降，但翻胎技术却大大提高。其原因是各大轮胎厂均效法米其林、普利司通、固特异等轮胎企业自建翻胎厂，这些后起的技术强势、实力雄厚的翻胎厂，扭转了翻胎“小土群”。

赛轮翻胎生产业务已分出，成立万方公司，其规模、技术、设备及管理均为国内一流，公司还率先在全国建立了诸多轮胎销售网点（卖新胎的同时也卖翻胎），拓宽了轮胎售后服务。此外，还有三角等公司加入自建翻胎厂的行列。山西平朔煤矿也投资1亿多元从国外引进了全套技术和设备，准备自行翻新工程胎。

现代预硫化翻胎工艺非常简单，有专门预制好的胎面和中垫胶，磨到极限的旧轮胎，经打磨和修补，贴上中垫胶和胎面后，装罐只硫化薄薄的中垫胶，很快使胎面和胎体黏在一起。故国外多为前店后厂，前面销售新轮胎和翻新胎，后面做翻胎。

【科技创新】

现今的冷翻法，也叫预硫化法，先用挤出机压出胎面，再用平板压机加条形模具，预制成硫化花纹胎面，再用中垫胶把胎面和胎体黏合在一起。2013年除了极少数不能上高速的斜交轮胎和非公路上的工程胎还仍然用热翻法外，已经全部普及预硫化胎面法。现今，冷翻法已经形成完整的自主技术体系和工艺装备。

因预硫化胎面单独加热并加压，比新轮胎整体用过热水加热并加压，预硫化胎面压力增加1倍多，故其更耐磨，也称“加压增寿”。而后者，整体过热水受硫化温度限制，压力无法再提高。

对于特巨型工程胎预硫化胎面，目前尚未过关。因其胎面难以整体贴合，分成几块，重载下易滚压脱落。若仍用模压热翻，巨大的活络模即需上千万，且难以互换。故现用的无模法（刻花法），是一个重大创新。此处胎面用挤出胶条，逐层缠绕热帖并逐条滚压，以消除气泡，防止重载下崩花或局部脱落。此外，特巨型新胎也可仿效。目前，我国57″工程胎尚未过关，主要为胎面脱落。

对于载重轮胎翻新，用铝合金包封套代替丁基胶外包封套，可以大大增加寿命，同时也省去装轮辋和压板，垫带和内胎只用一个特效的成型机就可直接装罐硫化，又因罐内热空气可以内外直接加热，故其硫化时间可以节省1/4，既节能提高生产效率，更可节省包封套的成本，也不用反复装拆，减轻劳动强度，并减少损耗（详见专利：201320243874）。

载重轮胎不用包封套或刻花胎无模硫化，都因罐内热空气硫化时间长，尤其大工程胎（需12小时以上），胎体二次老化很严重，若能改为热氮取代热空气，则翻胎寿命和翻胎次数都可提高。现在的膜吸法直接从空气中取氮除氧，剩下惰性气体，很容易电加热并加压。

2013年翻胎节能技术也取得诸多创新，如：中垫胶调整配方，实现降低温度并快速硫化（硫化温度降为100℃，硫化时间减少40%），胎面加入白炭黑增强，增加再生胶，提高硫化压力，使之更耐磨，从而实现了降本增效。

【质量与安全】

按国家标准和“准入条件”各项检测合格为达标。其中，寿命达到新胎的75%，即合格；超过25%以上者，为极品。可见，只要对胎体严格检测，并按照翻新工艺和修补手艺操作，质量和安全绝对可以保证。然而，目前翻胎乃“泥沙俱下、鱼龙混杂”。工信部的第一批准入企业的公布，交通部认为有章可循，将对使用翻新胎者，给与奖励（节能折合1吨标煤，可以补贴600元）。

此前，翻胎质量参差不齐的主要原因，一是小翻胎厂没有检测手段，仅凭手敲眼看，内部硬伤漏检，造成安全隐患。能准入者，必须有激光或X光检测手段（探伤），还需有钉眼检查和充压监测，检查不合格，绝对不翻。二是必须选择合格的预硫化胎面和中垫胶。三是精心打磨和修补。四是出厂打压检测。实际情况是：因为缺少可翻胎源，已经检出不能翻，仍然设法硬翻。这与漏检一样，都是重大安全隐患。“套顶胎”（包括新胎套顶和废胎套顶），即A胎除去部分已磨坏的钢丝带束层，和B胎胎冠（含部分带束层或新补上带束层），两者简单的套在一起，重新组成翻新胎。如此，带束层将起不到束紧的“钢箍”作用，必然引起摩擦生热，甚至，后配胎冠被甩出，造成爆胎事故。五是“偷工减料，以次充好”，如中垫胶必须加足优质黏合剂（价格高低悬殊），而胎面不许超标掺入再生胶，也不能用劣等再生胶以次充好。

【生产与效益】

翻胎乃修旧利废，效益低下。翻胎厂增值税只有即征即退，才能享受免税。翻胎厂主要靠公交公司来料加工，挣点人工费和加工钱，再加上同行竞争，公交公司打压价格，故此现在翻胎厂非常困难，不少已经关闭。拖欠账款导致翻胎厂没资金买原材料，故翻胎量逐渐下降，已经是必然的趋势。当前，轮胎越大，翻胎越赚钱，翻一条特巨胎，可有10万元利润，而翻一条小轿车胎，才获40元。

【节能减排】

现代翻胎基本属于物理过程，可以实现清洁

生产。但翻新一条轮胎比制造一条轮胎节胶70%、钢丝100%，及炭黑和其他辅料等，按合成1吨橡胶需要8吨原油（包括加工能耗）。按2015年我国汽车总量预测，需要轮胎6亿~7亿条（来自汽车工业协会），若能90%翻新1~3次，所节约的原油非常可观，而减排的报废轮胎则为1/4~3/4。

对于大型工程胎，正常需硫化12小时以上，若能设法加快传热，其节能将更加可观，可见，翻胎节能潜力还是很大的。

【存在问题】

国家“十二五”规划已把轮胎翻修列为新兴产业，且把轮胎循环利用列入“循环经济促进法”。为确保轮胎翻新健康发展和质量安全，应该靠法制、靠管理、靠监督，切实执行工信部的翻胎准入条件和即将公布的翻胎3C认证，应当是翻胎业的当务之急。

1. 全民用翻新胎的意识不强，与发达国家相比，相较甚远。发达国家军车、警车、救护车、邮车、消防车、清洁车、洒水车都在使用翻新胎，甚至新车的原配胎也用翻新胎。美国有“轮胎不准一驶到废”的总统令。欧盟轮胎到了磨耗极限，必须翻新，否则，年检不通过，出了事故，保险不理赔。

2. 我国翻胎还没有3C认证，故安全不能确保。加之，准入尚未能强制执行，致使翻胎市场混杂，更因监管低下，还有“套顶胎”、“假翻胎”和“伪翻胎”时有销售。

3. 因高速公路上的载重商务车超载严重，加上超时并超速行驶，致使胎体严重损坏，几乎不能翻新，造成可翻胎源少。

4. 中国乃轮胎出口大国，但轮胎价格仅为其他名牌轮胎的1/2。究其原因是我国的轮胎一次寿命和翻新次数及综合寿命，都远不如人家。因其轮胎设计、结构、制造、工艺、工装等，都很少考虑用后的翻修和售后服务。

【展　望】

展望未来，中国翻胎要实现2015年规划目标25%的翻新率很有难度。工程轮胎的翻新率30%，有望实现。现在推行的矿山轮胎承包，翻胎厂派人去矿山监管，避免一驶到底，已不再发愁胎源。更因工程胎利润优厚，趋利者蜂拥而至。加之，无模翻新技术已经过关，质量已经达标，设备简单，投资小，故推广和扩产均易发展。更何况，一条巨胎，可折合几十条标胎，产量可以扶摇直上。至于一般的工程胎翻新，因有非公路轮胎的创新修补加固技术，原来认为不能翻新的轮胎，因其不上公路，亦可特殊翻新，降级使用。因其胎源好于公路载重轮胎，已不愁“无米之炊”。至于小轿车胎翻新，虽然技术与设备均已过关，但因价格便宜利润低，且用户只有个体出租车，翻新率极低。

从全球角度看，翻胎已不是单纯的“修旧利废”而是环保需要。发达国家新胎制造和旧胎再制造两条腿并行，制造和再制造都是为了资源节约和减排达标。

展望未来，维护生态文明，我们必须与世界接轨。为此，要紧盯上游，推动新胎的可翻性和可翻次数，并纳入强制性指标；再盯紧下游，督促严格执行磨耗极限，违者责罚。同时，坚决杜绝超载，以切实保护胎体。这样，可从源头到使用终端，彻底解决无胎可翻的局面。为此，我国必须要把轮胎翻修列入强制法规，且有严厉的惩治手段。

（程　源）

天然橡胶

经60多年的艰苦努力，我国的天然橡胶产业终于建立起来。现今,这一产业既弥补了我国天然橡胶战略资源生产的空白,还形成了具有600多万人口赖以生存的新型社区,取得了吸纳300万人就业,使50余万户少数民族、山区农民增收,维护边疆海疆稳定,增进民族团结的巨大成就。同时还改变了当地“刀耕火种”的传统习惯,促进了生态环境的和谐。截至2013年底,全国累计生产天然橡胶1510万余吨,在替代进口、保障国防和国家经济建设需要等方面作出了重要贡献。

【基本情况】

1.植胶业世界排名情况

2013年,我国天然橡胶产量86万吨,约占全球天然橡胶产量的7%。由于印度天然橡胶产量增长缓慢和马来西亚产量减少,中国已成为天然橡胶种植面积名列世界第三、天然橡胶产量排名第四的重要生产国,2013年ANRPC主要成员国天然橡胶生产情况比较见表1。

表1 2013年ANRPC主要成员国天然橡胶生产情况比较

名次	国家	面积/万公顷	名次	国家	产量/万t	名次	国家	单产/公斤·亩$^{-1}$
1	印度尼西亚	349	1	泰国	402	1	越南	116
2	泰国	302	2	印度尼西亚	318	2	泰国	108
3	中国	114	3	越南	95	3	印度	108
4	马来西亚	107	4	中国	86	4	马来西亚	100
5	越南	92.0	5	印度	85	5	中国	85
6	印度	77.6	6	马来西亚	84	6	斯里兰卡	79
7	柬埔寨	32.8	7	斯里兰卡	12.8	7	菲律宾	78
8	菲律宾	19.7	8	菲律宾	11.6	8	印度尼西亚	74
9	斯里兰卡	13.6	9	柬埔寨	8.5	9	柬埔寨	73

注:泰国的面积和产量为估算值。

2.胶园面积和产量

(1)种植面积增长幅度放慢

在宜胶土地资源限制和天然橡胶价格下降等因素影响下,我国橡胶种植面积扩展速度有所缓和。2013年橡胶新植面积增加2.3万公顷(35万亩),总面积达到113.7万公顷(1706万亩,其中海南省801万亩,云南省831万亩,广东省68万亩,其他地区6万亩),比2012年增长0.8%。橡胶扩种面积绝对值和增长幅度减少,我国橡胶种植面积变化趋势见表2。

表2　我国橡胶种植面积变化趋势

项目	2009年	2010年	2011年	2012年	2013年
种植面积/万亩	1456	1537	1622	1693	1706
比上年增加/万亩	65	81	85	71	13
增长速度/%	4.1	5.6	5.5	4.4	0.8

(2)天然橡胶产量继续增长

2013年全国植胶区气候条件基本正常,雨水均匀略偏多。年初开割时间正常。年中海南、广东植胶区受“飞燕”、“尤特”、“天兔”和“海燕”等多个台风影响,橡胶生产受到一定冲击,但未对天然橡胶产量造成大的损失。12月,受低温阴雨天气影响,除海南部分胶园提前10天左右停止割胶外,其他正常。为此,2013年的天然橡胶生产总体上属正常年份。

自2003年以来新植的橡胶树,从2010年开始已陆续进入生产期,2013年进入小高峰,投产胶树增加4万公顷,全年投产胶园面积为68万公顷,生产天然橡胶约86万吨,比上年增加6万吨。其中海南省天然橡胶产量42.2万吨;云南省天然橡胶产量为42.5万吨;广东1.6万吨。

地方民营橡胶规模已超过农垦,种植面积达1037万亩,产胶量51万吨,分别占全国的61%和59%;农垦胶园面积669万亩,生产天然橡胶35万吨,分别占39%和41%。

【政策支持】

国家继续坚持对我国天然橡胶产业保护扶持的方针,2013年,国家有关部门为产业专门下发了以下重要文件:

1.农业部

农业部办公厅、财政部办公厅印发关于《2013年中央财政天然橡胶良种补贴项目实施指导意见》的通知。

农业部印发关于《2013年天然橡胶标准化抚育技术补贴试点工作方案》的通知。

农业部南亚办印发关于《开展天然橡胶标准化抚育技术补助试点验收工作》的通知。

农业部、中华全国总工会关于印发《全国第四届割胶工技能大赛方案》的通知。

农业部南亚办启动研究完善《天然橡胶良种补贴项目资金管理办法》。

2.国家发展改革委

国家发改委物资储备局发布开展天然橡胶收储的通知,面向三大植胶农垦和中化国际等企业收储天然橡胶。

国家发改委启动编制《我国天然橡胶生产能力规划》。

3.财政部

财政部下发了缓征国内天然橡胶初加工企业增值税的通知。

【科技创新】

2011年以来,由热科院橡胶所牵头组建涵盖种质资源、育种、栽培、植物保护、加工、产业经济全链条的天然橡胶学科创新体系,打造“天然橡胶科技航母”。

2013年,我国“橡胶树种质资源收集、保存、评价和共享体系研究”、“海南橡胶园林下植物多样性调查研究”、“橡胶树死皮相关基因和蛋白的鉴定及功能分析”、“橡胶树橡胶粒子蛋白质组及橡胶生物合成相关蛋白的研究”等科研成果通过鉴定。

【初产品加工】

1.制胶厂

我国天然橡胶生产加工布局进一步优化,初级产品加工厂从2005年的330多家整合到2013年的262家,其中:农垦67家,年加工能力74万吨(云南农垦51家、37万吨,海南农垦13家、32万吨,广东农垦3家、5万吨);民营195家,年加工能力131万吨(海南80家、51万吨,云南115家、80万吨)。

目前,年加工能力1万吨以上的初级产品加

工厂有48座。

2.天然橡胶初制品种类

生产的主打胶种有全乳标准胶(5号标准胶)约占46%,胶园凝胶标准胶(10号、20号标准胶)约占22%,浓缩乳胶约占25%,专用胶约占3%,其他约占4%。

近年来我国还开发了或正在开发浅色标准胶、恒粘橡胶、子午线轮胎专用胶、环氧化天然橡胶、接枝橡胶、氯化橡胶、低蛋白天然橡胶、低氨浓缩胶乳、纯化胶乳等胶种;海胶集团与某科技单位合作,以环保方式研制并可批量投产的环保橡胶。

【境外合作】

在农垦企业的带动下,我国境外合作开发天然橡胶产业取得了明显效果,境外开发的主要区域为非洲和东南亚。目前,仅天然橡胶产业对外投资形成的总资产已达100亿元以上,广东农垦集团、中化国际控股、海南农垦集团、云南农垦集团、山东威海华岳集团等大型企业占了对外投资总额的90%以上。2013年,在境外已拥有180多万亩胶园,13座合计100万吨/年规模的初产品加工厂。

【市场供需】

1.胶价继续向下滑行

2013年,受国际经济发展缓慢、天然橡胶消费需求不旺等多方面因素影响,天然橡胶价格持续走低。1月,在我国处于停割期、宏观数据利好不断,春节前工厂备货等因素推动下,天然橡胶价格暂现增长趋势。但从2月开始,由于国外供应增加、消费需求不旺、库存不降、美国量化宽松(QE)货币政策预期退出等因素影响,天然橡胶价格开始持续下跌,7月国内天然橡胶价格降至每吨1.69万元。8~9月,在全球经济形势好转、美联储延缓退出量化宽松政策(QE)、中国国家物资储备局准备收储等消息影响下,国内外天然橡胶略有回升。10~12月,在天然橡胶生产进入旺产期、供应不断增加、下游需求继续疲软、原油等大宗商品价格向下震荡等带动下,特别是我国国家物资储备局的收储价格和收储量低于预期,对市场的刺激作用有限,2012~2013年天然橡胶价格震荡下跌。天然橡胶月平均价格变化趋势见图1。

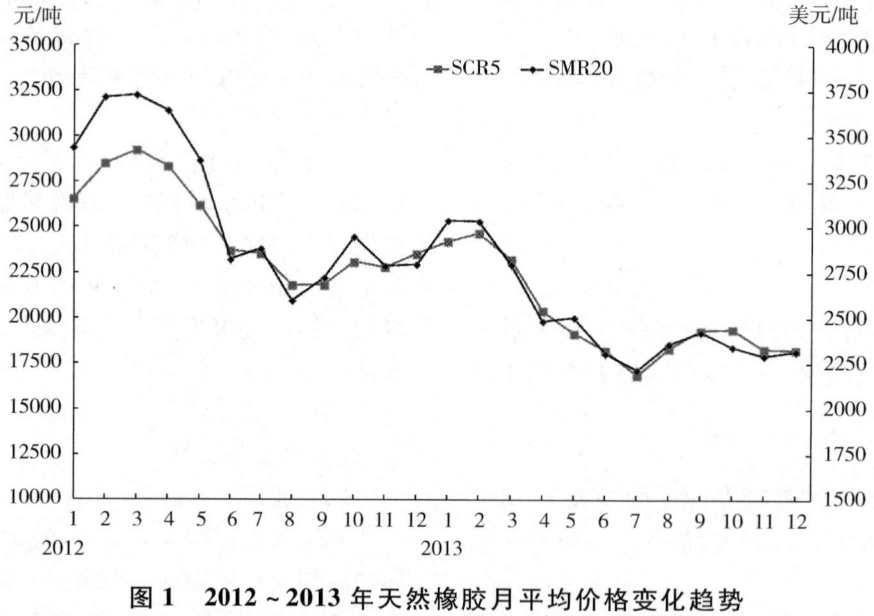

图1　2012~2013年天然橡胶月平均价格变化趋势

根据全国三大天然橡胶产区市场日成交价格统计,2013年国内全乳标天然橡胶全年平均价格为每吨2.01万元,比2012年下降19.6%。

国外市场马来西亚SMR20、泰国RSS3和印度尼西亚TSR20年平均价格分别为每吨2510美元、2805美元和2555美元,分别下降19.8%、17.8%和19.8%。天然橡胶年平均价格变化趋势见图2。

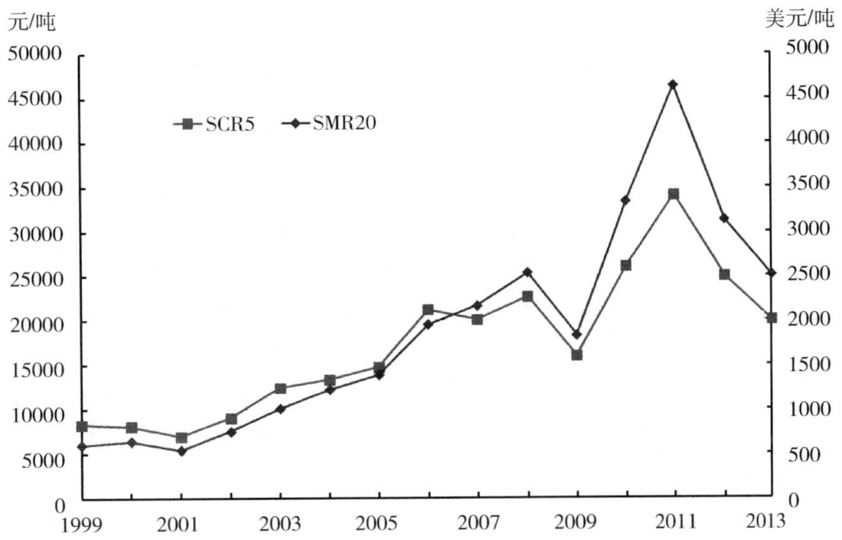

图 2　天然橡胶年平均价格变化趋势

进入 2014 年以来，国内胶价由年初的每吨最高 24500 元下跌为 5 月中旬的每吨 13000 元，价格已跌至生产成本的下线，植胶企业每生产 1 吨干胶亏损达 5000 ~ 8000 元。

2. 国内天然橡胶进口量继续增加

据中国海关数据统计，2013 年我国进口天然橡胶和复合橡胶共 401.4 万吨，比上年增加 50.4 万吨，增长 14.4%。其中，进口天然橡胶 247.4 万吨，比上年增加 29.7 万吨，增长 13.6%；进口天然橡胶含量 95% 以上的复合橡胶 154 万吨，比上年增加 20.7 万吨，增长 15.5%。

(1) 主要进口来源国

占进口总量 95.1% 的天然橡胶（含胶乳）主要来源于泰国、印度尼西亚、马来西亚、越南，分别占我国进口天然橡胶（含胶乳）总量的 58.1%、16.8%、12.9% 和 7.3%。其中浓缩胶乳主要进口来源地为泰国、马来西亚、越南，分别占我国进口浓缩胶乳总量的 93.6%、3.5% 和 1.2%。

复合橡胶主要进口来源地泰国、马来西亚、印度尼西亚、越南，分别占我国复合橡胶进口总量的 57.8%、38.3%、12.4% 和 1.5%。

(2) 进口入关的最主要口岸

青岛、上海、天津、黄埔（广州）、南京、厦门、杭州、昆明、大连、海口等，是我国天然橡胶和复合橡胶进口的主要入关口岸，天然橡胶进口量前 10 名口岸占总进口量的 92%，其中青岛为 55.2%，上海占 13.4%。天然橡胶进口量前 10 名口岸见表 3，复合橡胶进口量前 10 名口岸见表 4。

表 3　天然橡胶进口量前 10 名口岸

序号	海关名称	进口量/万 t	占比/%
1	青岛	136.5	55.2
2	上海	33.1	13.4
3	天津	11.4	4.6
4	南京	8.7	3.5
5	黄埔	8.1	3.3
6	厦门	7.5	3.0
7	杭州	7.0	2.8
8	昆明	6.6	2.7
9	大连	5.1	2.1
10	海口	3.5	1.4

青岛是天然橡胶和复合橡胶进口量最多的口岸，共进口了 229.4 万吨，占我国天然橡胶和复合橡胶进口总量的 57.1%。另外，天然橡胶浓缩胶乳主要通过上海、黄埔（广州）、天津和青岛海关进口，其进口量分别占我国进口总量的 24.5%、19.1%、18.0% 和 11.1%。

表4　复合橡胶进口量前10名口岸

序号	海关名称	进口量/万 t	占比/%
1	青岛	92.9	60.3
2	上海	18.1	11.7
3	杭州	7.1	4.6
4	昆明	4.7	3.1
5	黄埔	4.0	2.6
6	厦门	3.3	2.1
7	合肥	3.2	2.1
8	银川	3.1	2.0
9	大连	2.6	1.7
10	重庆	2.3	1.5

(3)天然橡胶的走私进口量仍然很大

我国广西、云南植胶区与越南、老挝和缅甸交界,长期以来,双方边民使用多种方法逃避我国海关管制走私天然橡胶。从越南报告的数据分析,2013年越南出口天然橡胶和复合橡胶共107.6万吨,其中出口到中国的天然橡胶和复合橡胶占出口量的45%,据此测算,越南出口到我国的天然橡胶和复合橡胶应达48万吨。但我国海关统计,从越南进口的天然橡胶和复合橡胶只有20万吨,其余28万吨走私入境。如加上从老挝、缅甸边境进入的走私胶2万吨。2013年我国走私进口的天然橡胶约30万吨。

【存在的问题】

1.外部因素

(1)土地资源限制

虽然我国热带土地自东起福建省的漳州,西接广东省的潮州饶平、揭阳,再自恩平经阳江、茂名到广西自治区的岑溪、百色,云南省的富宁至盈江地区,包括海南全省、广东雷州半岛、云南西双版纳和德宏及红河、广西区南部、福建省东南部地区,计179个县市(不含台湾省),总面积有5万平方公里之多,但宜植橡胶的土地十分有限,适宜种植的土地已基本被利用,种植橡胶面积已达1706万亩,超出原规划用地或者挤占其他热作用地近200万亩。

(2)植胶区地理环境的障碍

①非生产期延长。我国植胶区属于热带北缘,温度偏低,橡胶树每年的生长期要较原产地短2~3个月,影响了生长速度,延长了非生产期,还增加了投入。

②采胶时间短。由于我国植胶区属于热带海洋季风气候,位于近海地区的植胶区,如海南岛和广东雷州半岛等地每年都受不同程度的台风和寒流侵袭,每年的采胶时间较其他植胶国少了75~90天,影响了产胶潜力的发挥,生产成本要高一些。

(3)进口胶逐年增加

自2010年以来,我国对天然橡胶的进口量开始大量增长,2013年进口量更达到401万吨。自2011年开始,胶价一路下跌,2014年开始跌到生产成本以下。

(4)复合橡胶进口量逐年增加

据海关统计,从2009年开始执行东盟国家进口复合橡胶零关税后,复合橡胶年进口量由28万吨激增到50万吨,2012年进口量达133万吨,2013年达154万吨。

2.主观问题

(1)天然橡胶生产基础设施差,产胶能力偏弱

我国植胶区基本为山地,20世纪建设的并已投产和即将投产的900万亩胶园梯田,因长期失修,几乎已失去了保水培肥功能,原以1:0.6比例建设的防护林带大多已残缺不全,防护能力大大降低,田间道路、排水沟等许多设施已丧失作用。导致我国大面积胶园亩产量目前只有85公斤(主产国120公斤),产胶能力偏弱。

(2)胶园老、残、次胶树多,浪费了有限的植胶资源

目前我国待更新的亩产不足50公斤的老、残、低产胶园近200万亩,占收获面积的20%以上,这部分胶园都处在一类宜植区,产能本该占目前国内产胶量的35%以上,但目前只为14.5%,不仅效益低下,而且还浪费了我国有限的植胶资源。

(3)产业投入严重不足,抗逆能力弱,胶树非生产期延长

2013年我国的未投产需抚管的胶园达700万亩,尽管前几年胶价上扬(2011年开始下跌),却因相当多生产企业和胶农的胶树还处于非生产期,没有享受到价格上涨的好处,生产者难于用自筹资金作补充,加上目前的物价水平和人工成本上扬的状况下,胶价上扬的有限增收也只是杯水车薪。目前胶价已跌至成本价以下,连简单再生产也难于维持。

据调查,因投入严重不足,目前有60%的幼龄胶园要抚管8~10年才勉强达到投产标准,大大超过了“橡胶树植后抚管6~7年应投入生产”的国家标准,按现有幼龄胶园面积计算,每延迟投产一年,相当于减少投产胶园100万亩,若按现代胶园亩产干胶100公斤计,因非生产期延长,每年将减收橡胶10万吨。另外,抚管不到位的胶树,抗逆能力减弱,在我国风、寒、病、虫频发的植胶区,每年将增加损失率15%以上。

(4)科研支撑不足

橡胶树育种周期长达30年以上,科研需要稳定的人员和持续的资金投入。建国以来,在天然橡胶育种方面的投入断断续续,导致育种科研队伍不稳定、选育种成果少。天然橡胶良种苗木基地投入少、建设水平低、研发和创新能力不强,优质种苗供给不足。新品种试种示范时间长,推广力量薄弱,导致主栽品种仍以20世纪五六十年代从国外引进的第一代品种PR107、RRIM600、PB86和GT1为主。

(5)经营体制待完善

近几年,农垦经营管理体制改革深入推进,原有的管理体系被打破,但新的管理和技术服务体系尚未完全建立。推行的家庭承包经营制,在制度设计上没有考虑橡胶树特有的生产周期、特点以及国有资产这一属性,导致割胶技术水平整体下降,承包者对承包制度和政策的稳定性、连续性心存疑虑,违规割胶、粗放管理的现象时有发生。

民营胶园大多以分散经营为主,规模化、组织化和标准化生产水平低,生产管理水平差异大,抵御市场风险和自然灾害能力较弱。

(6)原料胶市场建设滞后

国有、民营、合资、外资等各类投资主体建设天然橡胶初加工厂积极性高涨。目前全国天然橡胶初加工年加工能力205万吨,而干胶年总产仅80万吨左右,原料胶收购竞争激烈,市场混乱。

(7)境外植胶企业发展艰难

一是缺乏政策性投入。橡胶树按目前的价格水平,静态投资回收期要在13年左右。植胶非生产期支出全部由境外企业自己承担,因植胶非生产期长,许多境外植胶企业因资金链断裂,导致半途转让,境外植胶积极性受挫。

二是境外自产的天然橡胶产品返销国内无法享受国民待遇。

三是资产安全风险增加。多数热带国家经济落后,政局变动频繁,加上天然橡胶非生产期长,投资风险较高。

四是外向型专业人才匮乏。

【采取措施】

1.加大对我国天然橡胶产业的扶持力度

一是试行目标价格机制。当前国内可以维持胶园简单再生产的最低销售价格平均在18000~21000元/吨。国家可采取目标价格机制,当市场销售价格低于此目标价格时,指定产区加工企业按最低销售价格目标向胶农收购原料橡胶,然后国家以加工厂向下游制品企业、贸易商开具的销售发票为补贴依据,通过隶属的产胶省级财政部门向加工企业补足差价部分,既可以保证国内天然橡胶胶园的简单再生产,又便于操作。

二是设立国家天然橡胶产业发展基金。按产出量向国内生产企业和胶农予以补贴。

三是开展商业收储。国家财政通过贴息贷款和补贴部分仓储费用的办法,鼓励农垦或有条件的公有制天然橡胶生产企业在胶价低于成本价时,开展商业收储,以调节天然橡胶价格的过度波动。并为初加工企业收购胶农生产的胶乳提供贴息贷款,保护胶农的利益,缓解企业产品滞销带来的资金压力。

四是全面实行政策性保险。植胶需要承担巨大的自然风险和市场风险,应将天然橡胶业纳入国家政策性保险。建立天然橡胶业灾害补偿制度，增强产业抵御风、寒和病虫等自然灾害的能力。

五是对在境外投资从事天然橡胶资源开发的企业，给予投资资本金的扶持。对境外独资或控股中资生产企业自产的天然橡胶且运回国内的应视同国产产品，一律全额返还关税和增值税或按境外的我国控股企业自产天然橡胶量发给减征或免征进口关税配额的办法以予扶持。

2. 积极开展科学植胶

一是根据小区环境对口种植橡胶，实施修枝整形、依山靠林、环境、气候品种对口种植等独特技术，以抵御风寒灾的危害。

二是通过实行梯田化、良种化、林网化、覆盖化和提前开荒、提前造林、提前育苗、管养割三结合以及防雨避病、刺激采胶，减刀增肥、阴阳轮换割胶等先进科学技术，提高劳动生产率，增加产胶量。

三是实施良种法。目前我国培育并已汇评达到推广级的品种有上百个，同时还建立良种苗木基地 6 个，良种示范园超过 50 万亩。另外还引入和培育并已通过初评胶木兼优品种 3 个。为此，今后新植胶园必须实施良种法。

四是推行具有世界领先水平的胶树绿色芽接和籽苗芽接技术，争取缩短胶园非生产期 0.5 ~ 1 年。

五是普遍推行胶园有害生物电子捕捉测报和综合防控技术，把危害控制到最低程度。

六是积极开展技术创新，推广千叶营养液预防胶树死皮技术、天然胶乳生物保存和生物凝固技术等。开展割胶刀改革，将传统磨刀式胶刀改为刀片可替换式胶刀，以避免耗时费力的磨刀环节。

【展　望】

1. 世界天然橡胶供应能力继续增加

天然橡胶价格在 2002 年恢复上涨后，世界橡胶种植面积不断扩大，这些橡胶树自 2010 年开始陆续投产且单位面积产量快速增加。尤其是，这些新种植的橡胶树高产品种占多数，单位面积产量较高，是全球天然橡胶产量增长的主要潜力所在。结合国际橡胶研究组织（IRSG）的预测，2013 年全球天然橡胶产量为 1115 万吨，增长 4.7%。世界橡胶种植面积变化趋势见图 3。

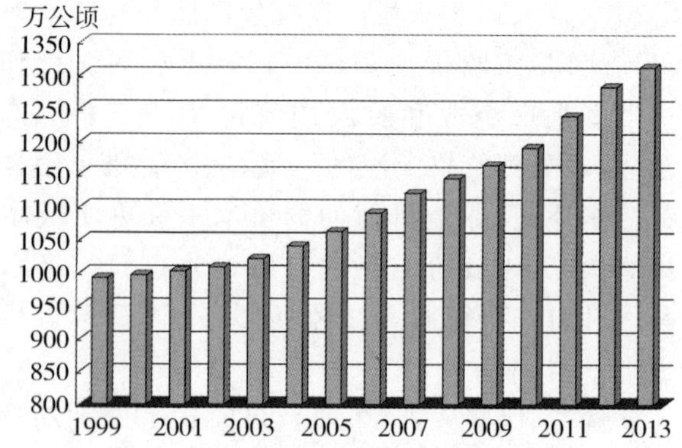

图 3　世界橡胶种植面积变化趋势

根据天然橡胶生产国协会（ANRPC）2014 年 1 月份汇集的预测数据，参照目前的实际生产情况，IRSG 称，如果天然橡胶价格保持稳定增长，预测 2014 年 ANRPC 成员国的天然橡胶生产能力为 1200 万吨，比 2013 年增加 85 万吨，增长 7.6%。

2. 国内天然橡胶生产正进入潜力发展期

我国在 2003 年重新启动扩大种植橡胶，至 2007 年，年均增加橡胶种植面积 73 万亩。新扩种的橡胶树在 2010 年后逐步进入生产期，年均增加天然橡胶产量 5.6 万吨。按前期面积增长趋势，推算 2014 年新增割胶面积约 50 万亩，加上新增割胶胶园产量逐年递增，测算 2014 年我国天然橡胶产量增加 5 万吨以上。但是，由于 2014 年年初开始，胶价均在成本价以下，许多地方出现企业和胶农弃胶毁胶情况，加上无资金投入，导致胶园失管和无力抗灾，为此，预测 2014 年我国天然橡胶产量将下降 9.3% ~ 14%，全年产量减为 74 万 ~ 78 万吨。1988 ~ 2012 年我国橡胶种植面积变化趋势见图 4。

3. 供大于求的压力继续存在

天然橡胶供需过剩不断增加。IRSG 报告，2012 年全球天然橡胶过剩 35 万吨。2013 年全球天然橡胶生产增长 4.5%，而 IRSG 报告全球天然橡胶消费增长为 2.5%，供大于求超过 50 万吨。由于全球天然橡胶生产能力继续释放，2014 年产量将增长 7.6%，而天然橡胶消费增长约 5%，为此，天然橡胶供需过剩的状况将继续存在。

我国天然橡胶巨量库存对市场的影响最大。

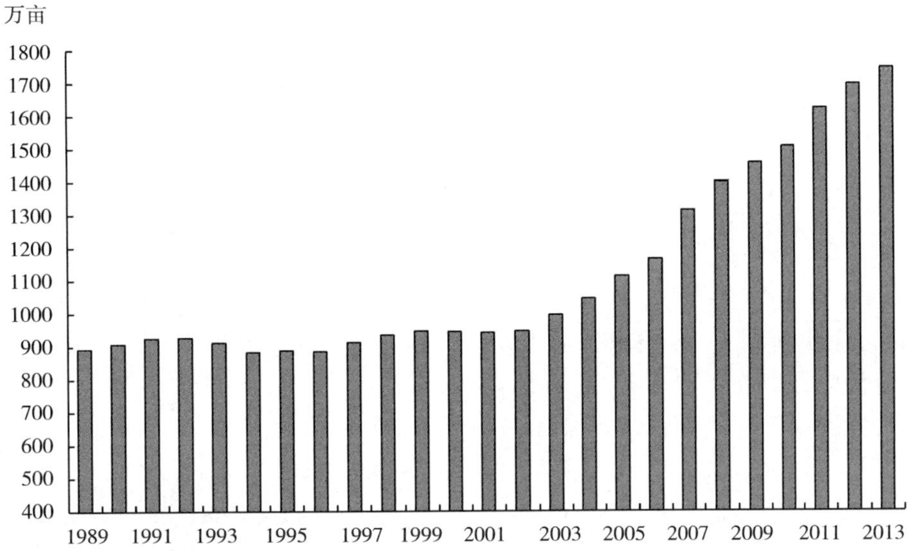

图 4　1988～2012 年我国橡胶种植面积变化趋势

到 2014 年初，青岛保税区及到港天然橡胶库存达到 34 万吨，国家物资储备局 2013 年收储新增库存 25.4 万吨，估计往年滚动库存至少 50 万吨，我国的天然橡胶库存有 100 多万吨。据统计，2013 年我国天然橡胶资源达到了 577 万吨，而当年需求只有 430 多万吨，剩余量高达 140 万吨。这无疑对天然橡胶价格产生巨大压力。

由于价格低迷，销售意愿下降，泰国、印度尼西亚、马来西亚和越南等国家的天然橡胶加工厂和销售商仓库都有比较多的库存。天然橡胶生产大国和我国贸易、消费区的巨大库存将继续抑制天然橡胶价格。

（孙　娟　郑文荣）

合 成 橡 胶

【基本情况】

2013年，全球经济进一步恢复，带动国内汽车及轮胎等相关行业快速增长，合成橡胶需求增速也有所加快，但供应能力的严重过剩，使得行业利润率大幅下降，装置停工降负荷较为普遍，整个合成橡胶产业步入周期低谷。

2013年我国合成橡胶（七大基本胶种及SBCs，下同）表观消费量为413万吨左右，同比（下同）增长6.4%，增速较上年略有提高，但低于汽车及轮胎业的增速。截至2013年末，我国合成橡胶生产能力为494万吨，年内新增产能82.5万吨，装置平均开工率仅在60%左右。全年多数产品价格下降20%以上。

2014年，美欧经济继续向好，国内经济仍较低迷，受橡胶价格大幅下滑影响，汽车及轮胎行业利润仍较好。预计我国合成橡胶需求仍将在410万吨左右，增速与上年持平或略低。而产能仍将大幅增加，预计新增100万吨以上，年末产能将达600万吨，装置开工率仍将较低。预计下半年合成橡胶价格将小幅回升，但盈利状况仍难有明显改观。

【生产现状】

1. 新增能力集中投放，顺丁橡胶及SBCs增加较多；顺丁橡胶超过丁苯橡胶成为国内能力最大的胶种；中国石化仍是国内合成橡胶最大的投资主体，民营及地方企业位列第二

2008年以后，我国合成橡胶能力快速增加，年均增加50万吨以上。2011年以后增速加快，年均增加60万吨以上，2013年增加了82.5万吨。

截至2013年末，我国合成橡胶生产总能力达494.2万吨，增长20%。其中，顺丁橡胶能力超过丁苯橡胶，成为国内生产能力最大的胶种；其后是丁苯橡胶和SBCs。三大胶种占2013年国内总产能的85.6%，其他胶种产能仍较少。2013年我国合成橡胶各胶种生产能力分布见图1。

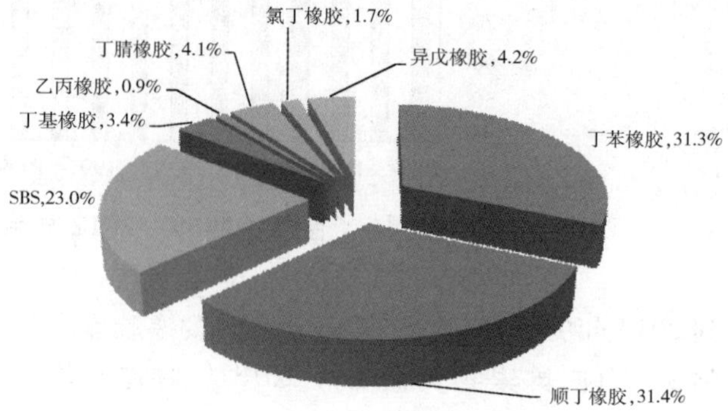

图1　2013年我国合成橡胶各胶种生产能力分布

从投资主体看，2013年我国合成橡胶能力分布也发生明显变化。中国石化集团仍是最大的合成橡胶生产企业；民营和地方企业超过中国石油，成为国内排名第二位的投资主体，占比接近30%；其后是中国石油集团和外资企业。2013年我国合成橡胶各投资主体能力分布见图2。

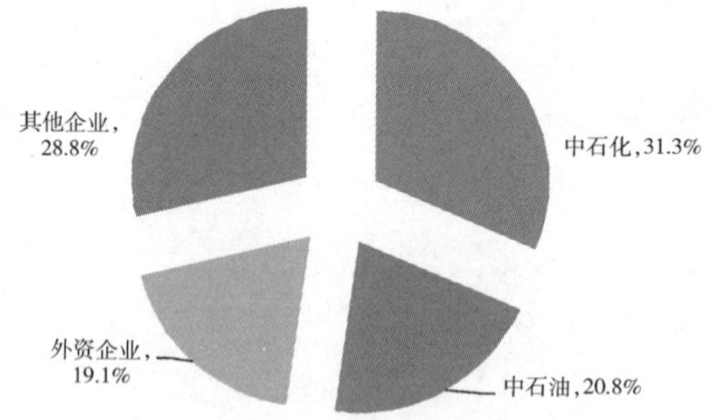

图2　2013年我国合成橡胶各投资主体能力分布

2013年我国合成橡胶生产能力分布见表1。

表 1　2013 年我国合成橡胶企业生产能力分布　　万 t/a

品种	SBR	BR	SBCs	IIR	EPR	NBR	CR	IR	合计
中国石化集团	50	71	42.0	4.5	0.0	0.0	0.0	3.0	170.5
齐鲁石化	23	7.0	0	0	0	0	0	0	30.0
燕山石化	3	15.0	6	4.5	0	0	0	3	31.5
巴陵石化	0	6.0	28	0	0	0	0	0	34.0
茂名石化	0	10.0	8	0	0	0	0	0	18.0
高桥石化	4	18.0	0	0	0	0	0	0	22.0
扬子金浦	10	10.0	0	0	0	0	0	0	20.0
福橡化工	10	5.0	0	0	0	0	0	0	15.0
中国石油集团	56.5	26	9	0	4.5	6.9	0	0	102.9
吉林石化	14	0	0	0	4.5	0	0	0	18.5
大庆石化	0	16	0	0	0	0	0	0	16.0
兰州石化	15.5	0	0	0	0	6.9	0	0	22.4
独山子石化	7	5	9	0	0	0	0	0	21.0
锦州石化	0	5	0	0	0	0	0	0	5.0
抚顺石化	20	0	0	0	0	0	0	0	20.0
外资企业	23	7.2	53	0	0	8	3	0	94.2
南通申华	18	0	0	0	0	0	0	0	18.0
惠州李长荣	0	0	32	0	0	0	0	0	32.0
普利司通(惠州)	5	0	0	0	0	0	0	0	5.0
台橡宇部(南通)	0	7.2	0	0	0	0	0	0	7.2
台橡(南通)实业	0	0	6	0	0	0	0	0	6.0
天津乐金(LG)	0	0	6	0	0	0	0	0	6.0
宁波科元	0	0	7	0	0	0	0	0	7.0
镇江南帝	0	0	0	0	0	5	0	0	5.0
朗盛台橡(南通)	0	0	0	0	0	3	0	0	3.0
山纳合成橡胶	0	0	0	0	0	0	3	0	3.0
宁波欧瑞特	0	0	2	0	0	0	0	0	2.0
其他企业	25	51	9.5	12.5	0.0	5.3	5.3	18.0	126.6
杭州浙晨	10	0	0	0	0	0	0	0	10.0

续表

品种	SBR	BR	SBCs	IIR	EPR	NBR	CR	IR	合计
天津陆港	10	0	0	0	0	0	0	0	10.0
山东华懋	5	10	0	0	0	0	0	0	15.0
华宇橡胶	0	16.0	0	0	0	0	0	0	16.0
新疆蓝德	0	5.0	0	0	0	0	0	0	5.0
山东万达	0	5.0	0	0	0	0	0	0	5.0
浙江传化	0	10.0	0	0	0	0	0	0	10.0
齐翔腾达	0	5.0	0	0	0	0	0	0	5.0
山东聚圣	0	0	6	0	0	0	0	0	6.0
茂名众和	0	0	3	0	0	0	0	0	3.0
珠海奥圣	0	0	0.5	0	0	0	0	0	0.5
浙江信汇	0	0	0	6.5	0	0	0	0	6.5
盘锦振奥	0	0	0	6	0	0	0	0	6.0
青岛伊科思	0	0	0	0	0	0	0	3	3.0
茂名鲁华	0	0	0	0	0	0	0	1.5	1.5
山东神驰	0	0	0	0	0	0	0	3	3.0
淄博鲁华	0	0	0	0	0	0	0	5	5.0
抚顺伊科思	0	0	0	0	0	0	0	4	4.0
青岛第派	0	0	0	0	0	0	0	1.5	1.5
宁波顺泽	0	0	0	0	0	5	0	0	5.0
黄山华兰	0	0	0	0	0	0.3	0	0	0.3
山西合成橡胶(蓝星)	0	0	0	0	0	0	2.5	0	2.5
重庆长寿	0	0	0	0	0	0	2.8	0	2.8
全国合计	154.5	155.2	113.5	17.0	4.5	20.2	8.3	21.0	494.2

注:合资企业能力已按股比分别计算,下同。

2. 橡胶产量增速远低于能力增长;丁苯、顺丁及SBCs仍是产量排名前3的品种;齐鲁、巴陵和独山子是产量最大的前三家企业,燕山退居第四位

2013年我国合成橡胶总产量为300.9万吨,增长6.2%,远低于能力20%的增长速度。2013年我国主要合成橡胶企业生产情况见表2。

虽然2013年顺丁橡胶生产能力已超过丁苯橡胶,成为生产能力最大的品种,但丁苯橡胶仍是产量最大的品种,也是唯一产量在100万吨以上的胶种。顺丁橡胶与SBCs的产量仅随其后,其他产品的产量还相对较小。

表 2　2013 年我国主要合成橡胶企业生产情况

万 t

品种	SBR	BR	SBCs	IIR	EPR	NBR	CR	IR	合计
齐鲁石化	30.4	5.6							36.0
巴陵石化		3.4	22.6						26.0
独山子石化	2.4	3.5	14.2						20.1
燕山石化	0.0	13.4	2.4	3.5				0.2	19.5
南通申华	17.8								17.8
高桥石化	0.7	15.7							16.4
吉林石化	11.7				2.0				13.7
茂名石化		4.7	8.3						13.0
福橡化工	8.8	2.6							11.4
扬子金浦	9.9	1.1							11.0
兰州石化	10.8								10.8
抚顺石化	4.9					5.8			10.7
大庆石化		9.3							9.3
杭州浙晨	6.6								6.6
华宇橡胶		5.4							5.4
新疆蓝德		5.2							5.2
普利司通(惠州)	4.7								4.7
镇江南帝						3.4			3.4
台橡宇部(南通)		3.3							3.3
宁波顺泽						2.9			2.9
天津陆港	2.7								2.7
重庆长寿							2.4		2.4
浙江传化		2.4							2.4
锦州石化		1.7							1.7
山纳合成橡胶							1.6		1.6
山西合成橡胶							0.5		0.5
其他厂家(估计值)		3.5	28.9	6.3		1.8		2.0	42.5
全国合计	111.2	80.7	76.4	9.8	2.0	14.0	4.5	2.2	300.9

齐鲁仍是国内最大的合成橡胶生产企业,占国内总产量的 12%,其中 SBR 产量居国内第一位,占到国内 SBR 总量的 27%。

巴陵石化是国内排名第二的合成橡胶生产企业,年产量占国内总产量的 8.6%。其 SBCs 产量全国排名第一,占国内总产量的 29.6%。

独山子石化和燕山石化是国内橡胶品种最多的两个企业,总产量分别占国内橡胶总产量的 6.65% 和 6.5%。

南通申华以单一的 SBR 产品而排行国内第五,产量占国内 SBR 总量的 16%。

3. 受供应过剩、盈利能力大幅下滑、替代品天然橡胶库存较高等多因素影响,2013 年国内合成橡胶装置利用率明显下降,停工降负荷较为普遍,行业平均开工率在 60% 左右;多数品种开工率在平均值以下

2008 年以来,我国合成橡胶生产能力以年均 20% 的速度增长,而需求增速仅为 11.5%,能力增长大大高于需求增长。同时,国内下游行业加工贸易较多,进口原料加工后的复出口较多,且国内新增的合成橡胶能力同质化重复建设较多，供应过剩较严重。以顺丁橡胶为代表的主要品种装置开工率大幅下降。近年国内合成橡胶各品种平均开工率变化趋势见图3。

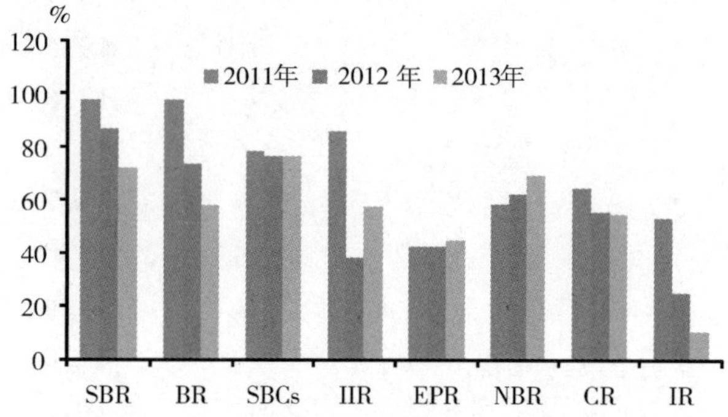

图3　近年国内合成橡胶各品种平均开工率变化趋势

2011年以来，除乙丙橡胶和丁腈橡胶开工率小幅提高外，其他品种均有不同程度的下降。其中顺丁橡胶装置利用率下降最快，其有效开工率由2011年的97.4%下降到2013年的57.8%。同期，丁苯橡胶的开工率也由97.5%下降到72.1%。SBCs是较早出现过剩的产品，其装置开工率在2011年已下降到不足80%，近3年基本稳定。异戊橡胶受到天然橡胶价格大幅下滑及成本较高等因素影响，开工率一直处于低位，2013年更是低至仅在10%左右。

从企业性质来看，具有原料配套的中国石化和中国石油两大集团总的开工率较高，而民营、外资等企业的开工率较低。

【进出口】

1. 进口总量在连续两年减少后又有所增加，进口单价大幅下降；下游行业较集中的省市进口量较多；进口主要来自周边国家和地区

2013年我国合成橡胶（进出口分析数据为海关统计，下同）进口量为152.8万吨，增长6.4%，但仍低于2010年156.5万吨的历史高位；进口金额为44.3亿美元，均价为2899元/吨，下降18.2%。

（1）丁苯橡胶、乙丙橡胶、顺丁橡胶和卤化丁基橡胶进口量较大，进口量合计占到国内进口总量的2/3以上；丁基橡胶、乙丙橡胶和丁苯橡胶进口量增幅较大，其他品种进口量减少。2013年我国合成橡胶进口主要品种见表3。

表3　2013年我国合成橡胶进口主要品种

品种	进口量/万t	同比/%	占比/%
SBR	36.0	11.0	23.6
EPR	25.2	19.0	16.5
BR	23.3	-1.0	15.3
HIIR	19.7	6.5	12.9
SBR 胶乳	9.3	-2.8	6.1
NBR	7.9	-8.1	5.2
IIR	5.5	19.3	3.6
SBCs	4.3	-11.3	2.8
IR	4.0	-24.6	2.6
CR	2.0	-0.1	1.3
其他	15.7	11.8	23.1
合计	152.8	6.4	100.0

（2）韩国、日本和美国是我国合成橡胶主要来源地，进口量合计占到国内进口总量的一半以上。其中，来自韩国的进口量接近1/4，来自日本的进口量增幅较大，来自美国的数量也有所增加，来自俄罗斯和中国台湾地区的进口量减少。2013年我国合成橡胶主要进口地见表4。

表4　2013年我国合成橡胶主要进口地

进口地	进口量/万t	同比/%	占比/%
韩国	37.0	3.4	24.2
日本	24.4	15.2	16.0
美国	21.3	4.8	14.0
俄罗斯	14.4	-6.5	9.4
中国台湾	7.9	-5.7	5.2
其他	47.8	12.2	31.3
总计	152.8	6.4	100.0

（3）我国合成橡胶主要以一般贸易、进料加工贸易和保税区转储方式进口。其中，来料、进料加工贸易占总进口量的40.5%，一般贸易和进料加工贸易的进口量增长10%以上。2013年我国合成橡胶进口贸易方式见表5。

表5　2013年我国合成橡胶进口贸易方式

贸易方式	进口量/万t	同比/%	占比/%
一般贸易	67.8	15.0	44.4
进料加工贸易	54.9	13.1	35.9
保税区转储	20.1	-12.4	13.1
来料加工装配	7.0	-14.6	4.6
边境小额贸易	1.9	-43.6	1.2
保税仓库货物	1.1	-33.1	0.7
其他	0.0	35.2	0.0
合计	152.8	6.4	100.0

（4）我国合成橡胶的主要进口省市是轮胎、制鞋等企业聚集的地区，包括山东省、广东省、江苏省、浙江省、上海市和福建省等地。其中山东省进口量占到国内总量的近1/4，大幅增长近20%。江浙沪地区的进口量均有所增加，但广东省和福建省的进口量则有所减少。2013年我国合成橡胶进口主要省市见表6。

表6　2013年我国合成橡胶进口主要省市

进口省市	进口量/万t	同比/%	占比/%
山东省	36.7	19.3	24.0
广东省	23.6	-4.7	15.4
上海市	21.9	3.2	14.4
江苏省	19.7	4.2	12.9
浙江省	12.2	8.0	8.0
福建省	8.2	-4.2	5.4
其他	30.6	8.4	20.0
合计	152.8	6.4	100.0

2. 出口总量小幅增长，但仍未恢复到2011年的历史高位，出口单价低于进口单价；主要出口到周边国家和地区；丁苯橡胶及顺丁橡胶出口量较大

2013年我国合成橡胶出口量为21.3万吨，增长4.8%，但仍低于2011年29.2万吨的历史高位；出口金额为5.58亿美元，均价为2619元/吨，下降20%，也低于进口均价9.7%。

（1）我国合成橡胶主要出口到周边国家和地区，与上年相比，出口量增加较多，泰国是最大的出口目的地，占13%。2013年我国合成橡胶主要出口地见表7。

表7　2013年我国合成橡胶主要出口地

出口地	出口量/万t	同比/%	占比/%
泰国	2.86	30.1	13.4
中国香港	2.41	0.1	11.3
印度	2.04	7.2	9.6
印度尼西亚	1.73	-7.8	8.1
越南	1.64	20.0	7.7
马来西亚	1.39	13.7	6.5
土耳其	1.16	65.7	5.4
中国台湾	1.04	3.7	4.9
美国	0.95	-15.9	4.5
比利时	0.68	89.1	3.2
韩国	0.53	-35.9	2.5
其他	4.86	-8.8	22.8
合计	21.29	4.8	100.0

（2）我国合成橡胶出口主要以一般贸易、进料加工和保税区转储3种方式为主，其中进料加工贸易出口量增幅较大。2013年我国合成橡胶主要出口贸易方式见表8。

表 8 2013 年我国合成橡胶主要出口贸易方式

贸易方式	出口量/万 t	同比/%	占比/%
一般贸易	8.90	-0.7	41.8
进料加工贸易	5.68	19.7	26.7
保税区转储	5.50	-0.2	25.8
来料加工装配	0.71	4.0	3.4
保税仓库货物	0.35	18.4	1.7
边境小额贸易	0.08	43.4	0.4
其他	0.06	13.1	0.3
合计	21.29	4.8	100.0

(3)我国合成橡胶出口量较多的品种是丁苯橡胶和顺丁橡胶,两者占出口总量的一半以上。丁基橡胶和 SBCs 出口量相对也较多。丁苯橡胶和异戊橡胶出口量较上年增加较多。2013 年我国合成橡胶主要出口品种见表 9。

表 9 2013 年我国合成橡胶主要出口品种

出口品种	出口量/万 t	同比/%	占比/%
SBR	8.73	10.0	41.0
BR	3.37	-4.6	15.8
IIR	1.5	-31.2	7.0
SBC	1.2	-29.6	5.6
SBRL	0.7	1.4	3.3
NBR	0.53	-12.9	2.5
CR	0.35	-38.7	1.6
EPR	0.31	-9.6	1.4
IR	0.26	12.7	1.2
HIIR	0.08	-5.4	0.4
其它	4.28	73.9	20.1
合计	21.29	4.8	100.0

(4)出口主要集中在合成橡胶企业所在地。山东、江苏和广东是我国合成橡胶出口量较大的省市,上海、浙江和湖北也是出口较多的省市。2013 年我国合成橡胶主要出口省市见表 10。

表 10 2013 年我国合成橡胶主要出口省市

出口省市	出口量/万 t	同比/%	占比/%
山东省	4.93	15.8	23.1
江苏省	4.76	7.1	22.3
广东省	4.32	9.6	20.3
上海市	2.47	-14.7	11.6
浙江省	1.61	-2.4	7.5
湖南省	1.06	46.3	5.0
河北省	0.66	-7.1	3.1
北京市	0.48	2.5	2.3
山西省	0.22	-30.8	1.1
其他	0.78	-13.9	3.7
合计	21.29	4.8	100.0

【消　费】

2013 年我国汽车产销增速加快,产销量约 2200 万辆,增长 14% 左右,增速较上年提高 10 个百分点。2012 年 9 月输美轮胎特保案到期终止,加之国内汽车业带动,海关统计 2013 年我国轮胎出口大幅增加,全年轮胎出口 2.47 亿条,增长 15.5%。其中出口美国为 6600 万条,增长 41%,涉及特保案的小轿车增速更是高达 48.5%,呈现出报复性上涨。同年,我国鞋靴产品出口量也达到 105.8 亿双,由负转为正增长 5.0%。

橡胶制品业的增长带动了合成橡胶消费的增加。全年合成橡胶表观消费量为 413 万吨左右。其中汽车制造业是拉动合成橡胶需求增长的主要力量。轮胎用量较大的丁苯橡胶、顺丁橡胶、丁基橡胶是消费量较大的几个胶种;汽车零部件用乙丙橡胶、丁腈橡胶的消费量也较大。制鞋业、道路沥青改性、建筑防水领域的发展则带动 SBCs 等品种的消费增长。

异戊橡胶虽然可在一定程度上替代天然橡胶用于多种领域，但由于天然橡胶价格的大幅下跌，以及异戊二烯成本较高，导致异戊橡胶装置的开工率较低，2013 年我国异戊橡胶的消费量最少。2013 年我国合成橡胶消费情况见表 11。

表 11　2013 年我国合成橡胶消费情况

品种	产量/万 t	进口量/万 t	出口量/万 t	表观消费量/万 t	消费占比/%
SBR	111.2	36.0	8.7	138.5	33.5
BR	80.7	23.3	3.3	100.7	24.4
SBCs	76.5	6.7	2.9	80.3	19.4
IIR	9.8	25.2	1.6	33.4	8.1
EPR	2.0	25.2	0.5	26.8	6.5
NBR	14.0	7.9	0.5	21.3	5.2
CR	4.5	2.0	0.3	6.2	1.5
IR	2.2	4.0	0.2	6.0	1.4
合计	300.9	130.3	18.0	413.2	100.0

【价格与毛利】

1. 合成橡胶价格较上年大幅下跌 30% 以上

2013 年合成橡胶价格与天然橡胶价格一样，总体呈现震荡大幅下跌，7 月上旬后触底反弹至 10 月上旬再次回落，年均价格大幅下跌。其中，顺丁橡胶及丁苯橡胶（松香）年均价格由上年的 20000 ~ 22000 元/吨下降 30% 以上，至 13000 元/吨左右。天然橡胶年均价格也由上年 25000 元/吨左右下降到不足 20000 元/吨，降低 20% 左右。2013 年我国合成橡胶及原料价格走势见图 4。

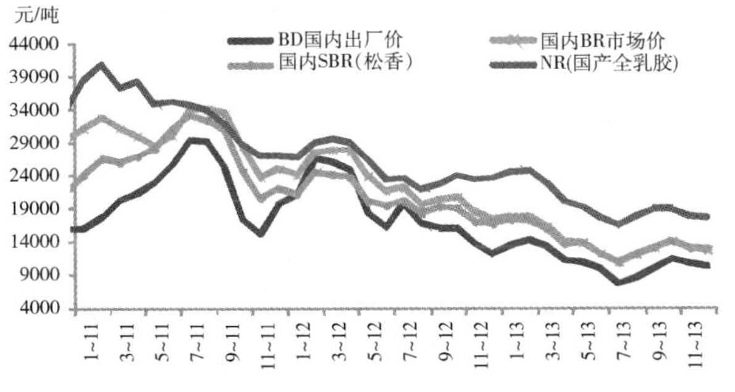

图 4　2013 年我国合成橡胶及原料价格走势

2. 橡胶毛利空间大幅缩窄，企业停工或降负荷较为普遍

2013 年，丁二烯价格走势与合成橡胶基本一致，但跌幅更大，年均价格由上年的 19000 元/吨左右减少到不足 11000 元/吨，下降 40% 左右。

同年，原料苯乙烯价格则呈现上涨趋势，国内市场年均价格增长 13.2%。随着丁二烯价格走软及苯乙烯价格的走强，苯乙烯价格自 2013 年 3 月下旬开始，一直在丁二烯价格上方运行。2013 年合成橡胶毛利大幅下降，丁苯橡胶、顺丁橡胶毛利在盈亏平衡点附近徘徊，缺乏原料的民企纷纷降低负荷或停产。2013 年我国合成橡胶毛利变化趋势见图 5。

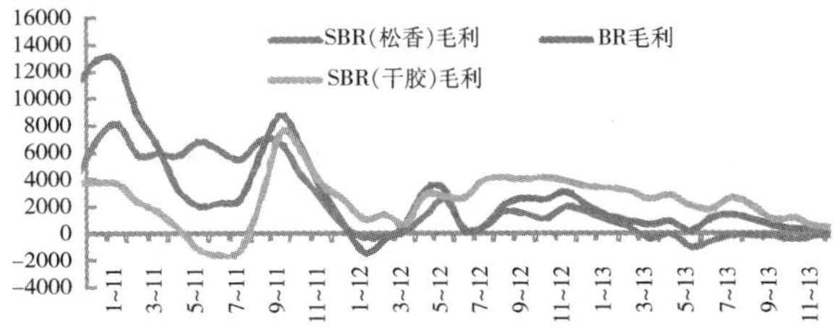

图 5　2013 年我国合成橡胶毛利变化趋势

【基建与技改】

1. 镍系顺丁橡胶装置能力新增42万吨/年

中国石化茂名分公司、浙江传化合成材料有限公司、扬子石化金浦橡胶有限公司3套各10万吨/年的镍系顺丁橡胶装置分别于2013年2月、4月和6月建成投产。

此外，淄博齐翔腾达橡胶公司5万吨/年镍系顺丁橡胶装置也于2013年7月建成投产。山东万达化工有限公司3万吨/年镍系顺丁橡胶装置能力在2013年上半年扩大到5万吨/年。山东华懋新材料有限公司装置能力由5万吨/年增加到10万吨/年。

2. 惠州李长荣橡胶有限公司12万吨/年新SBCs生产线建成投产

惠州李长荣公司有3条新生产线，可生产SBS和SIS产品，于2013年7月下旬建成投产。自此，该工厂的SBCs总能力达到32万吨/年。

3. 盘锦和运实业集团丁基橡胶装置建成投产

2013年6月5日，盘锦和运实业集团公司引进俄罗斯技术建设的6万吨/年普通丁基橡胶装置正式投产。8月16日，3万吨/年卤化丁基橡胶装置一次开车成功。

4. 燕山石化稀土异戊橡胶装置成功投产

2013年5月23日，中国石化燕山分公司稀土异戊橡胶装置后处理单元顺利产胶，标志着该装置开车成功。

该装置采用燕山石化与北化院燕山分院开发的具有自主知识产权的稀土催化聚合异戊橡胶技术和聚合反应工艺，所有设备均为国内制造。该装置采用了不等温、不等压的三釜凝聚流程。与传统工艺比较，不仅装置能力大、蒸汽消耗低，而且排放污染物也大幅降低。

5. 我国率先实现反式异戊橡胶工业化生产

青岛第派新材有限公司建设的1.5万吨/年反式异戊橡胶工业化生产装置于2013年9月在青岛建成投产。该装置技术采用国内首创的青岛科技大学自主研发的催化剂和本体沉淀聚合法工艺，催化剂活性高，能耗物耗低，产品用途广泛。

6. 山东、辽宁新增两套总能力达8万吨/年异戊橡胶装置

2013年1月6日，淄博鲁华泓锦化工股份有限公司5万吨/年异戊橡胶项目一次性开车成功。该项目的建成投产，使鲁华泓锦公司的异戊橡胶总生产能力达到6.5万吨，成为目前国内最大的异戊橡胶生产企业。

7月，抚顺伊科思新材料有限公司4万吨/年异戊橡胶装置也建成投产。

【科技创新】

1. 齐鲁橡胶厂装置节能改造见成效

齐鲁石化橡胶厂7万吨/年顺丁橡胶生产装置节能改造项目自2013年5月投运至今，能耗大幅下降。该厂技术人员将装置双釜凝聚系统改造成为三釜凝聚后，在产能相同的情况下每小时减少蒸汽用量3~4吨。

2. 丁二烯二聚物分析难题破解

丁二烯中二聚物含量有了准确的分析指标，才能保证丁二烯的产品质量。1999年，原国家质量技术监督局对丁二烯中微量二聚物的测定标准进行了修订。新国标适用于工业用丁二烯中含量不小于5毫克/千克二聚物的测定，采用气相色谱法进行分析，二聚物指标修订为不大于1000毫克/千克，对丁二烯产品的纯度和总炔、二聚物等指标提出了更高要求。

2013年9月，大庆石化公司质量检验中心对该公司所产丁二烯进行分析，各项数据显示，产品纯度达到99.99%，二聚物含量为13毫克/千克，已完全达到国家标准。这是丁二烯中二聚物分析新国标实施13年来首次达到国家标准。

3. 吉林石化乙丙橡胶新品成功与市场对接

2013年11月11日，吉林石化双峰乙丙橡胶的应用实验取得圆满成功。双峰乙丙橡胶和长链支化乙丙橡胶均可与市场实现对接，各项指标符合上海通用汽车和德国大众汽车部件标准，可完全替代国外同类产品。

两种新产品均属乙丙橡胶中的高档产品，附加值高，是基于不同理念来提高乙丙橡胶的加工性能。长链支化乙丙橡胶以朗盛公司产品为代表，在窄分子量分布上通过支化反应实现加工性能的改善;双峰乙丙橡胶以埃克森公司产品为代表,使低分子量部分再出现一个较窄的峰,并减少极低分子量部分,以此提高加工性能。

4. 我国氯丁橡胶生产技术达到国际先进水平

由山西合成橡胶有限公司和赛鼎工程有限公司合作开发的“氯丁橡胶聚合大釜技术”通过了山西省科技厅主持的技术鉴定。该技术含多项专利,其单台聚合釜容积为世界最大,辅助传热设施齐备,控制手段多样,搅拌适应黏度范围宽,聚合温度分布均匀可控,产品质量稳定,节能降耗效果明显。产品经德国大陆公司评价达到国际先进水平。该技术荣获了中国石油和化学工业联合会2013 年度科技进步一等奖。

5. 兰州石化研制出环保型丁腈橡胶

2013 年 11 月 6 日,兰州石化 NBR 3305 - E 环保型丁腈橡胶新产品研制生产取得成功。经检测部门检测,产品物性指标达到用户要求。该环保型丁腈橡胶新产品广泛应用于健身器材、儿童玩具等制造领域。

6. 独山子石化稀土顺丁橡胶实现规模化生产

2013 年 8 月 14 日,独山子石化公司年产 1.5 万吨稀土顺丁橡胶工业化连续生产成功,进入规模化生产。

该生产项目以采用中国石油与中国科学院长春应用化学研究所共同开发的具有独立知识产权的稀土顺丁橡胶技术。针对工业化生产中搅拌困难、凝聚负荷大和催化剂消耗高等问题,通过对现有 3 万吨/年镍系顺丁橡胶装置催化剂体系进行改造,实现稀土顺丁橡胶连续稳定生产。

7. 巴陵石化特种热塑橡胶装置达产

2013 年 5 月 6 日,巴陵石化 6 万吨/年特种热塑橡胶装置实现日产 190 吨。

该装置采用具有自主知识产权的热塑橡胶成套生产技术,建设包括一套年产 4 万吨的热塑性橡胶 SIS 装置和一套年产 2 万吨的 SEBS 装置及其配套工程。

新装置运行初期,SEBS 生产线后处理设备磨损问题严重影响生产。对此,公司进一步加强装置设备监控运行,细化对关键机组设备的监控,确保 SEBS 质量情况受控。后处理单元密切监控 SIS 线切粒问题,按时检测干燥箱运行情况,自制吸盘确保每一个环节平稳运行。通过多方紧密合作,最终使装置日产达标。

8. 吉林石化乙丙橡胶 B 线破解瓶颈有新突破

吉林石化有机合成厂 2.5 万吨/年乙丙橡胶 B 线装置经过生产技术攻关,装置试车工作取得了历史性突破,产品外观颜色得到较大改善,各项指标达到合格标准。2013 年,该厂以攻克水洗及闪蒸单元技术难题为目标,采取增加静态混合器及胶液循环管线等办法,提高水洗强度,改善胶水分离效果。

9. 稀土异戊橡胶轮胎应用取得突破

应用中科院长春应化所自主创新的成套生产技术,由山东神驰石化有限公司生产的稀土异戊橡胶在轮胎应用方面取得重大突破。稀土异戊橡胶工业化产品首次以 50% 替代天然橡胶成功应用于全钢载重子午线轮胎。

10. 丁烯氧化脱氢制丁二烯技术升级

惠生工程(中国)有限公司宣布,已开发出丁烯氧化脱氢生产丁二烯新技术,7.5 万吨/年丁二烯装置工艺包编制已基本完成。

该技术采用新型催化剂后,丁二烯单程转化率和单程收率分别高于传统技术 3 ~ 4 个百分点和 2 ~ 3 个百分点。采用 NMP 萃取精馏技术,可大大降低装置投资和能耗,具有反应器规模大、装置废水可回用、催化剂可在线再生等特点。

11. 德国朗盛公司决定将其巴西的乳聚丁苯橡胶装置改为溶聚丁苯橡胶生产装置

经过可行性研究,德国朗盛决定将其设在巴西南部 Triunfo 基地的乳聚丁苯橡胶生产线转为溶聚丁苯橡胶生产线。朗盛是第一家实施这种调整的公司,此举将引领丁苯橡胶市场的新变化。

调整后,该基地溶聚丁苯橡胶的年产能将达到 11 万吨/年,与现有的乳聚丁苯橡胶生产能力相近。此次生产线的调整投资达 8000 万欧元。工厂于 2014 年末开始生产最新等级的溶聚丁苯橡胶产品。

12. 齐鲁橡胶厂干冰清洗系统保高产

2013 年 2 月中旬,齐鲁橡胶厂首次将干冰清洗系统用于设备清理。与过去高压水清理相比,应用干冰清洗系统清理用时短、质量高,3 套橡胶生产装置每次清理平均用时减少 30%,生产效率显著提高，为合成橡胶装置保持连续性高负荷生产赢得了更多有效生产时间。

干冰清洗是利用制冰机将液态二氧化碳制成固体颗粒，利用压缩空气瞬间对设备、管线上的附着物、沾黏物冻结吹离的一种新型清洗技术，与传统水枪清理相比，具有清洁高效等特点。

13. 兰化高铁减震专用丁苯橡胶试产

2013 年初，由中国石油天然气集团公司石油化工研究院和兰州石化分公司联合开发的高铁减震专用丁苯橡胶 SBR 1500HR 在兰州石化合成橡胶厂 10 万吨装置上实现工业试生产，产品性能完全达到指标要求。

【建　议】

1. 提高出口退税率，加大国内橡胶及原料产品的出口

经过近几年的快速发展，我国合成橡胶供需状况已较前几年发生逆转。增加出口，消化国内过剩产能，迫在眉睫。而现行的出口退税政策已严重制约我国橡胶及原料产品出口，建议有关部门及时调整出口政策。

2. 细化海关进出口税则管理，提高国内海关数据指导市场的针对性与有效性

随着轮胎等下游行业发展的需要，合成橡胶的产品结构也在不断发生变化，大类胶种下的衍生品种不断增加。如 SEBS、SIS、SEPS、SSBR 等在现行的海关税则号中均没有明确的税则号，不利于市场需求数据的统计及行业整体发展的掌控。建议相关部门加大调研与调整力度。

【展　望】

世界经济进一步恢复，发达经济体继续强势复苏，但新兴经济体将拖累整个经济增长。我国经济呈现出“外热内冷”态势，年均 GDP 增长较上年减慢。橡胶制品外需增速加快，内需增速减缓。

国内合成橡胶新增能力仍较多，供过于求状况加剧，顺丁橡胶及丁基橡胶等品种的装置利用率将进一步下降。

天然橡胶供应过剩、库存高企不利于合成橡胶应用及价格走势，但低迷的价格将影响供应增量，异常天气也将成为橡胶价格走势的最大不确定性因素。

丁二烯需求低迷，价格持续下跌。但美国市场短缺，或将有助于抽紧国内市场资源，有利于价格企稳，但新增能力较多将对其价格上涨形成压制。

综上所述，预计 2014 年国内合成橡胶能力仍大幅增加，但表观需求与上年持平或略低，价格及毛利状况不如上年。

（杨秀霞）

杜 仲 橡 胶

杜仲橡胶是具有橡塑二重性的优异高分子材料，广义上来讲，分为天然杜仲橡胶与合成杜仲橡胶两类。两者与天然橡胶化学成分相同，但分子结构不同，杜仲胶为反式聚异戊二烯，天然橡胶则为顺式聚异戊二烯。天然反式聚异戊二烯橡胶目前主要包括杜仲橡胶、古塔胶和巴拉塔胶。天然杜仲橡胶系由杜仲树的籽、叶、皮、根中通过物理或化学提取法而制得。古塔胶主要由马来亚半岛、印度尼西亚等热带地区产的山榄科植物的树皮和树叶的胶乳制得。巴拉塔胶主要由产于圭亚那和委内瑞拉等地的一种山榄科植物的胶乳制得。合成杜仲橡胶则由石油裂解后所得的 C_5 馏分中的异戊二烯在特定的催化条件下聚合制得。

【基本现状】

1. 天然杜仲橡胶

我国天然杜仲胶的发展大体经历了三个大的历史阶段。第一个发展阶段：20 世纪 50 年代，为了克服我国橡胶资源紧缺的困难，我国在广东、海南及云南大规模种植天然橡胶的同时，在中南地区也开辟了 4 个万亩级的杜仲林场，并提取出了少量杜仲硬胶。原青岛橡胶二厂进行了杜仲胶应用试验，但未获成功。第二个发展阶段：1981 年底，中国科学院化学院化学所严瑞芳副研究员在原西德进修期间，首次将合成杜仲胶制成弹性体，1982 年在原西德申请了发明专利，并于 1984 年获得授权。在其后的 20 多年漫长历史过程中，我国多名科学家为推动杜仲胶的产业化发展和应用做出了不懈的努力。1993 年 9 月，关于"杜仲综合利用"尽快产业化的建议引起国家高度重视，在国家资金扶持下，我国在 20 世纪末和 21 世纪初陆续建成了几套以杜仲叶为原料制备杜仲粗胶和精胶的示范装置，虽然后期部分装置关停，或没有连续生产，但为我国杜仲胶产业化的发展奠定了良好基础，并积累了宝贵经验。第三个发展阶段：进入 21 世纪以来，我国橡胶工业步入高速发展阶段，因受地理环境限制，天然橡胶进口依存度已超过 80%，严重威胁到我国经济发展的战略安全。在 2010 年青岛国际橡胶年会上，中国橡胶工业协会提出，"以杜仲胶新材料为龙头的我国特有杜仲资源综合利用开发"是一项具有巨大经济效益和社会效益的战略性新兴产业，建议利用我国特有杜仲资源大力发展杜仲胶产业，缓解我国天然橡胶严重不足的局面。2011 年 3 月，中国橡胶工业协会牵头组织我国杜仲种植、杜仲橡胶提取与加工应用、生物医药与保健以及杜仲资源循环利用等领域的企业、科研单位及其他相关企业组建了杜仲产业技术创新战略联盟。2011 年 4 月，国家发改委发布的《产业结构调整目录（2011 本）》中，首次将"杜仲种植生产"和"新型天然橡胶的开发和应用"列入鼓励类目录中，并启动了以杜仲胶为主的杜仲综合利用示范基地培育工作。

2. 合成杜仲胶

1989 年，青岛科技大学黄宝琛教授在实验室瓶试中首次发现，用负载钛催化剂（$TiCl_4/MgCl_2$）可以合成制得反式结构含量超过 98% 的合成杜仲胶（高反式 -1,4 - 聚异戊二烯）。

1991 ~ 1996 年，高反式 -1,4 - 聚异戊二烯的合成研究项目三度获得国家自然科学基金支持，进一步研究出负载钛催化本体沉淀聚合新方法，用 5 ~ 10 升聚合釜研究开发出负载钛催化本体沉淀聚合合成 TPI 新工艺。1996 年 10 月，"高反式 -1,4 - 聚异戊二烯的合成与应用开发"研究项目获国家 863 高技术研究发展计划支持，进行了模试合成杜仲胶 100 升聚合釜试验。1998 年 12 月，重点进行轮胎应用研究的"高反式 -1,4 - 聚异戊二烯的工业化准备"再次获国家 863 计划支持。

2000 年 5 月，"高反式 -1,4 - 聚异戊二烯在高速节能轮胎中的应用"通过中国石化局(原化工部)鉴定,评价为国际先进。主要成果是,在半钢子午胎胎面胶中以20份TPI取代丁苯橡胶,可使汽车百公里油耗降低2.5%左右。意味着TPI:节油:减排=1:70:200。2001年1月,该项目获得2000年度国家技术发明奖二等奖。2001年2月,获国家科技部863计划十五周年先进个人重要贡献奖。

2005年11月,以青岛科技大学为主,成立了"青岛科大方泰材料工程有限公司",建设500吨/年合成TPI工业试验装置(采用4500升聚合釜)。这实际上已是当时世界上产能最大的合成TPI工业试验装置。2006年12月一次投料试车成功,生产出粉末状合成杜仲胶。2013年10月,青岛第派新材有限公司建设的一期15000吨/年合成杜仲胶工业化装置建成投产。

【杜仲胶材料工程学】

杜仲胶国际上称古塔波胶或巴拉塔胶,是天然橡胶的同分异构体,由于它在自然状态下是一种固体物质,早期只能做塑料代用品,比如,早期用于高尔夫球的外壳,海底电缆等(这些产品,由于塑料的出现,均被取代)。长期以来,国际上不少学者一直试图将其改性为类似天然橡胶那样的弹性体。我国橡胶界也有专家进行过把杜仲胶改性成高弹性体的尝试,均未成功。这也就使得杜仲胶的应用在相当长的一段时间内陷于被人忽视的状态。

1982年,在世界上首次用新的硫化办法将合成杜仲胶制成弹性体,进而揭示其硫化过程3阶段,发现3阶段有3种不同的微观结构,对应3种不同的宏观性能,从而开发出3种不同用途的材料:低温热塑性材料、热弹性形状记忆材料及高弹性橡胶材料。由于杜仲胶在橡塑统一材料谱中所处的特殊位置,不仅使它可加工成3种不同用途的材料,而且其既可易于和橡胶共混,又可易于和塑料共混,共混时它既能以塑料的形态参与共混反应,又能以橡胶的形态参与反应。这样一来,通过共混形成的各种二级微观网路结构,又表现出各具特色的宏观性能,进而又形成了用途千差万别的新材料。我国学者在总结这一系统进展时,把它提升到"杜仲胶材料工程学"的高度。杜仲胶材料工程学见图1。

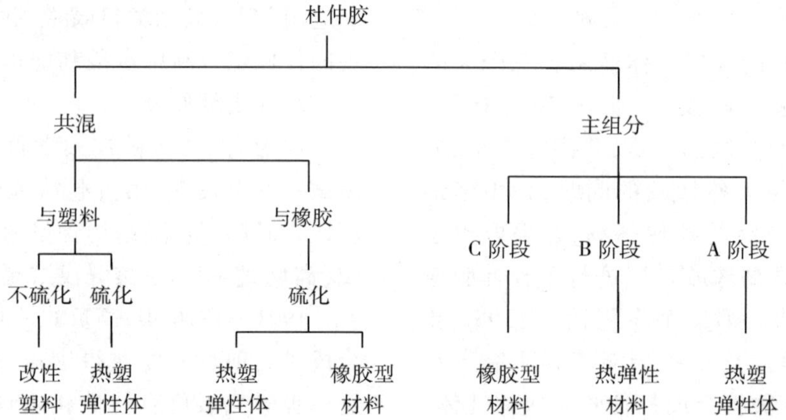

图1　杜仲胶材料工程学

在这一理论指导下,利用第一阶段的低温可塑性,我国开发出了安全方便的代石膏人体护支具;利用其第二阶段的热弹性,开发出了新型热刺激型形状记忆接管;利用第三阶段的高弹性,开发出了杜仲胶/顺丁胶共混(1/1)3.25-16型摩托车轮胎;利用其优良的共混性、成膜性及透雷达波性能,开发出了当时领先世界水平的航空遥感遥测波导天线用透雷达波密封材料等,形成了我国系统的知识产权体系。严瑞芳提出的以"杜仲胶材料工程学"为核心的一系列新观点,在美国高分子协会出版的"高分子材料百科全书"中被认定为是一系列新理论,这标志着我国在杜仲胶材料科学领域全面处于国际领先地位。

【杜仲胶产业化】

1. 杜仲胶提取技术

从60多年的杜仲胶提取方法研究的历史来考察，所有的提取方法可归纳为化学法、机械物理粉碎法、微生物发酵法和部分酶解法。

(1)化学法。这是最早提出的杜仲胶提取方法，类似于造纸制浆过程。缺点是氢氧化钠水解植物组织会产生大量的污水和污物，且氢氧化钠还对杜仲胶有降解作用。

(2)机械粉碎法。天然杜仲胶是固态物质，存在于杜仲植株的含胶细胞中。但有学者提出，粉碎和碾压法会破坏植物组织结构，产生大量低分子量的杜仲胶片段，导致杜仲胶产品质量严重下降。

(3)微生物发酵法。日本大阪大学2007年开始与灵宝市天地科技公司合作生产。其缺点是，植物组织被破坏，所含的天然药物也被降解，剩下的杜仲胶丝需要大量的水冲洗分离、回收，杜仲胶损失严重，污水量大。

(4)部分酶解法。贵州大学张学俊教授于2006年首次提出杜仲胶部分酶解法提取方法。经过低浓度氢氧化钠化学法预处理后，再用酶水解细胞壁，酶的种类、用量和条件比发酵法更容易控制，但是化学预处理破坏了其中药物成分，只能提取杜仲胶。

以上4种方法囊括杜仲胶和杜仲药物提取的所有方法，若要在无污染或低污染条件下获得低成本、高品质的杜仲胶，采用全生物酶降解杜仲植物组织提取杜仲胶和天然药物成分的方法是目前研发的重点和发展方向。生物酶提取方法提取植物中的天然产物具有如下优点：

(1)酶水解反应具有专一性，不破坏目标物和欲提取天然药物成分的化学结构和活性。

(2)酶解反应条件温和，温度在50℃左右，pH为弱酸弱碱，保持了药物成分活性和杜仲胶原来的物理状态。

(3)有效破坏植物组织结构和细胞，胞内和胞外的天然成分全部溶于酶解液，达到高效率提取。

(4)原料不粉碎，杜仲胶保持原生状态，且分子量分布范围窄，保持原有的结构，物理、化学性质稳定。

(5)无污染或污染极低。酶活性高，反复地催化降解植物组织，反应溶液体积小，排放量小，用水可以回收循环使用，实现无污染排放；化学药剂使用量极少，酶的降解产物和残渣均为生物物质，即使排放的液体和固体物对环境也是友好的，可生物降解，作为森林土壤和田地有机肥。

(6)经济性高。生物酶专一性的另一最大特点是保护了杜仲胶和多种药物成分，可以实现多种组分的同时提取，降低提取成本。

2. 杜仲胶产业化现状

自21世纪初以来，我国曾有3家企业建成天然杜仲胶生产装置，分别是：灵宝市天地科技生态有限责任公司、略阳嘉木杜仲产业有限公司和陕西安康汉阴华晔植物药业有限公司。灵宝市天地科技生态有限责任公司自1993年以来利用荒山、荒坡陆续开发种植了约3万亩杜仲林，并在中国林科院的指导下逐步改造为优质果园式杜仲种植基地。该公司2007年与西北农林科技大学、日本大阪大学、日本日立造船公司合作，建立了杜仲胶试验装置，年产部分杜仲粗胶出口日本。略阳嘉木杜仲产业有限公司和安康汉阴华晔植物药业有限公司也在21世纪初建成了杜仲胶提取装置，但由于杜仲胶市场还处于待开发阶段，后两家企业杜仲胶仅偶有间断性少量生产。

自2011年以来，国家发改委动用中央财政资金已先后支持6家企业开展以杜仲胶为主的杜仲综合利用装置建设试点培育工作。

截至2013年底，已有陕西安康汉阴华晔植物药业有限公司、杜仲科技实业(集团)有限公司(原湖北老龙洞杜仲开发公司)建成百吨级天然杜仲胶及相关综合利用装置。陕西略阳县嘉木杜仲产业有限公司对原杜仲胶装置进行了改造。上述装置已陆续生产一定量的杜仲胶用于应用试验。

湖南湘西老爹生物有限公司的百吨级杜仲胶生产装置于2014年9月建成。近年，该公司已经应用小型装置陆续生产数百公斤天然杜仲胶免费提供给轮胎领域、高铁及汽车部件领域、医疗及特高压变电等领域做应用试验。

2013年10月，我国第一套年产能为1.5万吨的合成杜仲胶生产装置建成投产，生产出合格产品。

【杜仲胶应用进展】

杜仲胶因其橡塑二重性的特点，在自然条件下具有较高的结晶度，缺少弹性。严瑞芳研究员20世纪80年代开创性的研究突破和青岛科技大学黄宝琛教授从90年代至今对合成杜仲胶（TPI）加工应用技术的研究表明，天然杜仲胶和合成杜仲胶必须采用过硫化处理或与其他橡胶并用硫化后，才能显示出其良好的弹性性能，作为具有多种特有性能的改性橡胶用于橡胶加工工业。

目前我国杜仲胶应用开发进展和应用范围概括为以下几个方面：

1. 轮胎应用

轮胎的胎面用胶基本上是3种，天然橡胶（NR）、丁苯橡胶（SBR）及顺丁橡胶（BR），三者各具特色。天然橡胶综合性能比较全面，但最不耐磨（几乎只是顺丁橡胶的1/10）；顺丁橡胶耐磨性最好，但最不耐撕；丁苯橡胶总体性能在前二者之间，但是其滚动阻力大、耗油。可以说三者只能互为补充，不能相互取代。

中科院化学所用杜仲胶改性顺丁橡胶，发现可以明显提高顺丁橡胶的耐撕裂性能。经杜仲胶改性后，其割口撕裂的方向由垂直于拉伸的方向（横向），变得和天然橡胶撕裂方向一样，为顺着拉伸的方向，阻止了沿割口方向的扩展，从而大大提高了顺丁橡胶的撕裂强度。制成的杜仲胶/顺丁胶共混轮胎测试两年，表面完好无损，无任何撕裂的痕迹。

中国杜仲胶科学研究院、青岛第派新材有限公司在合成杜仲胶的应用开发方面不断取得新的进展。研究表明，在目前所有用于轮胎的橡胶中，硫化合成杜仲胶的滚动阻力和生热是最低的，仅为乳聚丁苯橡胶的50%左右，且任何胶料（包括溶聚丁苯橡胶在内）与合成杜仲胶并用，均能明显降低其滚动阻力和生热。经轿车和轻型载重子午胎试用证明，在胎面胶中使用20～25份合成杜仲胶，替代SBR即可节省汽车燃油消耗约2.5%，耐磨耗试验表明，轮胎行驶里程接近30万公里。经过配方的优化，在胎面胶、胎侧胶、三角胶中使用杜仲胶完全可以生产出节油3%的绿色半钢子午胎。

青岛第派新材有限公司用合成杜仲胶改性丁苯橡胶做的轮胎，滚动阻力降低，节油2.5%；用其改性天然橡胶，耐磨性也有明显提高。该公司混用合成杜仲胶制成的轮胎经欧洲轮胎标准测试中心质量测试，结果达到B2标准。

西北工业大学用杜仲胶/顺丁橡胶/天然橡胶按2∶3∶5的比例共混作胎面胶制成了高耐磨、高耐疲劳、高定伸强度、低滚动阻力的轮胎胶；湘西吉首老爹公司与北京橡胶设计研究院合作，用杜仲胶改性NR并与TPI改性NR及纯NR对比，开发新型胎面胶，拉伸强度、撕裂强度、耐屈挠疲劳、低滚动阻力及低生热性能均优于后两者，为杜仲胶开发新型绿色轮胎打开了光明前景。在这些改性的配方中，疲劳性能均明显提高。由此可以平衡杜仲胶成本过高的问题。

2. 塑料改性领域

杜仲胶研究院进行了合成杜仲胶/聚丙烯合金的制备。试验表明，在保持合金强度较高的条件下，其悬臂梁缺口冲击强度高达近$40kJ/m^2$，可以制成超韧性改性的聚丙烯，应用于汽车配件、体育运动器材及其他对强韧性要求较高的器件或配件。

目前正在开发合成杜仲胶制备TPV热塑胶和合成杜仲胶环氧化产品等。

杜仲胶与塑料共混改性可以制造高性能塑料合金，广泛用于汽车部件、体育运动器材等。我国目前汽车部件用改性塑料耗量接近150万吨，大部分依赖进口。高档车用改性塑料合金几乎全部进口。预计2015年我国汽车部件用改性塑料需求量将超过200万吨。杜仲胶作为改性剂的添加量按5%计，消耗量即达10万吨。

3. 制鞋领域

初步研究表明，杜仲胶在制鞋领域应用前景广阔。杜仲胶因其抗湿滑性能可用于防滑鞋底、因其形状记忆功能可用于马拉松鞋的定性垫，因其绝缘性能和抗酸碱性能可用于军用或劳保鞋，因其环保性能可用于儿童鞋中底，还可以作为改性剂与EVA混用来提高胶料的弹性。上海回力鞋业公司和耐克公司正在积极开展合成杜仲胶在制鞋领域的应用试验。

4. 牙科材料领域

牙科材料应用方面，我国已有企业采用进口古塔波胶生产牙胶尖，用于牙科牙髓病治疗中专用固体根管充填材料。根据全国第三次口腔健康流行病学调查显示，近年来我国公民口腔病的患病率高达97.6%。据有关资料测算，我国人口龋齿发病率为37%，平均每人有龋齿2.47颗。在成年人中，牙周病患者约50%，杜仲胶作为一种天然无毒材料，不仅附加值极高，且市场前景极为广阔。

5. 骨科矫形材料应用

杜仲胶由于熔点低，约65℃，因此可以在比其它塑料低很多的温度下进行手工塑型，且不会伤及皮肤，这样在很多需要石膏制模的地方，都可以用杜仲胶代替。根据这一特点，已开发出的低温可塑材料有：

（1）医用代石膏骨科外固定及矫形用杜仲胶夹板。杜仲胶研究院近期开发了彩色、无味医用夹板专用粒料与片材。安康汉阴华晔植物药业有限公司开发的杜仲胶可塑性医疗夹板获得陕西技一类医疗器械生产注册批准，目前已应用于临床试验，杜仲胶可塑性医疗夹板生产装置于2014年投产。

（2）运动员护支具。目前市场上的运动员护支具材料均是高温塑料，制成后其形状便固定下来，无法针对每个运动员特定的需要来进行保护，而杜仲胶对人体形状适应性好，运动员佩戴前，用普通电吹风将杜仲胶夹板加热，使其与被保护部位的形状完全吻合，增大接触面积，从而在受外力冲击时，减少接触部位单位面积上的冲击力，起到更好的保护作用。

杜仲胶护支具可以做成摩托车运动员护膝、足球运动员小腿护板等。

（3）假肢支撑腔（假肢套）。目前制作假肢支撑腔的材料基本是高温塑料，但都必须按病人的残肢形状用石膏进行两次制模，制造过程复杂。特别是一些患者在初期有发炎肿胀的情形，这时制作的支撑腔较粗，而随着肿胀程度逐渐减轻，伤腿会慢慢变细，这样在伤腿和支撑腔之间就会有空隙，只好在腿上再套袜套，可能会需要很多层，使用起来不方便。而杜仲胶支撑腔，则避免了这种麻烦，在伤腿消肿变细后，可以用电吹风给杜仲胶腔加热，使其变形以适应伤腿新的形状。

杜仲胶用于骨科外固定及矫形用夹板、运动员护支具、假肢支撑腔（假肢套）等领域的市场潜力巨大。我国有8000多万残疾人，肢体障碍患者超过1000万人，其中截肢者约100万人。长期以来国内多用塑料、泡沫生产假肢外套，制作粗糙、容易损害，国外进口高档假肢套一般采用硅胶制造，但价格较高，一副假肢套的价格700～800元。用杜仲胶制作的假肢套，不仅无毒，且具有形状记忆功能，可塑性好，可以大大减轻患者痛苦。制作一副假肢套需胶0.5公斤，即使杜仲胶售价10万元/吨，原材料成本仅为50元，产品价值至少可达500元，附加值极高。

6. 密封材料应用

（1）密封接管。杜仲胶受热后在外力作用下变形，并通过冷却固定在变形状态。这一状态下的杜仲胶具有记忆能力，它经受热刺激后，仍可恢复原来的形态。利用这一特性已开发出的材料有实验室玻璃仪器接管、真空油泵、真空水泵密封接管等。

（2）飞机遥测遥感雷达天线透雷达波用杜仲胶密封薄膜。小型飞机遥测遥感雷达天线上有许多透雷达波的天线窗口，这些窗口必须用可以透雷达波的薄膜密封起来。经过改性做成的杜仲胶薄膜既有透雷达波性能，又能实现和金属的粘结，很好地解决了我国自制飞机遥测遥感雷达天线密封薄膜的问题，其性能达到国际先进水平。

7. 减震降噪应用

中国南车株洲时代新材料科技股份有限公司对杜仲胶在铁路、汽车减震降噪产品应用方面做了多年研究。研究结果表明，在天然橡胶中加入10%的杜仲胶，减震橡胶产品的耐疲劳性提高1倍以上，胶料的拉伸强度和撕裂强度显著提高。天然杜仲胶比合成杜仲胶熔点更低，金属离子含量更低。拓宽了杜仲胶的应用领域，在高速铁路及汽车领域中具有很大的应用空间。

【发展建议】

1. 加快杜仲资源培育步伐

据调查，我国现有杜仲种植面积约380万亩，且90%为传统乔木种植模式。

加强杜仲胶资源培育，保证杜仲胶示范装置

形成生产能力，是确保杜仲胶产业健康发展的主要因素。需要尽快制定出科学合理的杜仲资源培育规划，并由示范项目所在区域地方政府给予支持和配合，采用集约式和松散式栽植相结合的方法，推广果园化种植模式，开展叶林种植模式示范，尽快培育杜仲资源，以满足产业化发展的需要。

2. 支持“全生物酶降解杜仲植物组织中杜仲胶和芳香化合物工业原料提取技术”的科研攻关

杜仲不仅是我国独有的天然杜仲胶资源，也是一种巨大的可再生的芳香化合物工业原料资源。杜仲中含量最高的活性成分是绿原酸、桃叶珊瑚甙、杜仲黄酮等，是难得的芳香苯环类化合物，也是重要的制药工业和化学工业急需原料，广泛应用于制药、食品加工、保健品及化妆品领域，国内外需求量逐年大幅增长。

酶解法提取生物橡胶是目前国外高效提取银菊胶、蒲公英胶的重点研究方向，建议国家有关部门给予专项支持，联合有关单位，组织“全生物酶降解杜仲植物组织中杜仲胶和芳香化合物工业原料提取技术”的科研攻关，尽快解决制约杜仲产业化发展的重要瓶颈。

3. 加强对杜仲胶应用开发的科技支撑力度

试验数据表明，杜仲胶是改善轮胎及汽车部件综合性能的特种新材料。国外知名轮胎企业已经批量进口我国合成杜仲胶用于高性能轮胎的制造，而我国尚处于应用试验阶段。我国是世界最大轮胎出口国，欧盟轮胎标签法的实施给中国的轮胎出口带来了极大的挑战。绿色轮胎是世界轮胎行业发展的大势所趋，加快绿色轮胎产业化将是中国轮胎工业生存发展的必经途径。而杜仲胶的独特性能则可以满足绿色轮胎对橡胶材料的特殊要求。

建议国家加强对杜仲胶应用开发的科技支撑力度，促进和加快杜仲胶的市场化应用。

4. 建议政府制定鼓励杜仲种植和综合开发的产业政策

杜仲产业有望形成近万亿的产业集群，这对拉动国民经济、增加就业、增加税收、改善环境等都有不可忽视的作用。在杜仲资源培育方面，需要在林地政策、资金支持和种植技术等方面制定相关的扶持政策。

杜仲综合开发利用产业的龙头产品是杜仲橡胶，但要将杜仲橡胶的价格降低到可以大面积推广使用的水平，必须大力发展杜仲综合开发利用，摊薄杜仲橡胶的成本。但困扰杜仲综合开发利用的原因主要是杜仲叶还未被认定为新资源食品，从而限制了其综合利用。杜仲籽油和杜仲雄花已分别于 2009 年和 2014 年认定为新资源食品，希望国家有关部委加快对杜仲叶作为新资源食品的认定工作，为杜仲综合开发利用产业的发展奠定基础。

对于从事杜仲综合开发的企业，应给予项目支持和贴息贷款及税赋减免等优惠。

5. 建议政府加大对杜仲胶的项目建设和应用研发的扶持力度

建议将杜仲胶列入国家”十二五”战略性新材料和重点产品目录，对杜仲胶的项目建设和研发给予资金扶持。

目前，国内已涌现出一批致力于杜仲种植、杜仲胶开发和杜仲综合利用的企业，“十三五”期间将建成数套千吨级杜仲胶生产装置。

按照目前杜仲产业联盟内企业的发展规划测算，预计“十三五”末国内果园化杜仲林将达到 300 万亩以上，可满足 15 万 ~ 16 万吨杜仲胶原料的需求。如果国家实施鼓励政策，有关部门推动和组织大规模种植，5 年后将有一大批优良品种杜仲资源呈现于世，“十四五”末期实现 50 万 ~ 60 万吨的杜仲胶生产能力。

（王凤菊）

骨 架 材 料

【基本情况】

2013年橡胶骨架材料行业已存在全面产能过剩的问题,行业整体开工率在70%左右。受轮胎产销情况的影响,2013年我国骨架材料行业呈现出先抑后扬的态势。年初形势并不看好,且上半年骨架材料销售不佳,但下半年形势开始好转。我国轮胎投资2013年出现小“井喷”,初步统计,新增全钢胎年生产能力1500万条、半钢胎生产能力1亿条,这也带动对骨架材料的需求。纵观2013年,橡胶用骨架材料产量增长率达到两位数,但骨架材料产值增长率较低,主要原因是产量增长幅度虽大,但产品价格下降,像钢帘线价格指数走了多年的下降通道,预计2014年继续下降,但下降趋势变缓。

据中国橡胶工业协会测算,2013年全国骨架材料总产量308.6万吨,同比(下同)增长10.8%。其中,钢帘线产量182.8万吨,增长14.5%;胎圈钢丝63.6万吨,增长1.3%;管带钢丝13.1万吨,增长13.8%;锦纶帘布30.5万吨,增长5.6%;涤纶帘布18.6万吨,增长19.1%。2013年完成现价工业产值362.08亿元,增长2.6%。

【生产现状】

随着我国经济建设的发展,我国橡胶工业骨架材料生产加快了发展步伐,目前已建成品种规格基本齐全,产品质量优秀,配套设施完善的工业体系,成为世界骨架材料的生产大国。现生产企业近百家,总产量约占世界总量的1/4。

我国橡胶工业用骨架材料与国际上采用的品种类似,主要是锦纶(包括锦纶66和锦纶6)、涤纶和钢丝类,高性能芳纶纤维的用量正逐渐增加,其中轮胎用的骨架材料用量最大。目前,高强度的合成纤维工业丝和高强度的钢丝是橡胶工业用骨架材料的主导品种。

大宗产品已由供不应求转向供需平衡至供大于求,部分产品如锦纶、涤纶、钢丝均有进出口,而且出口量逐年增长。骨架材料行业产品包括锦纶66、锦纶6、改性锦纶66、涤纶(含高模低收缩品种)、钢丝、芳纶、玻璃纤维等材料制成的帘布;各类交织帆布;整体带芯织物;传动带和胶管用各类软硬线绳;轮胎、输送带、胶管胶带用各类钢帘线,胎圈钢丝和钢绳;橡胶企业用各类垫布和经处理的各类短纤维;相关的配套原材料和设备制造等。

斜交载重胎、工程胎和越野胎以传统锦纶6为主,锦纶66帘布为辅;子午线载重胎以钢帘线为主;轻载子午胎,胎体以HMLS涤纶帘布为主,部分规格用钢丝和锦纶66(改性锦纶66),带束层用钢帘线;乘用子午胎胎体以涤纶帘布为主,带束层用钢帘线,部分规格冠带层加用锦纶或芳纶和锦纶或涤纶的复合帘线;芳纶在部分工程胎作缓冲层或在部分子午胎中作胎体层,橡胶管带中其应用量日益增加。自行车胎、手推车胎、摩托车胎、农用轮胎以锦纶6为主。

输送带使用涤纶/锦纶交织帆布,或纯涤纶和纯锦纶类帆布,以及涤纶为主的整体带芯帆布;部分输送带采用钢丝绳或芳纶作增强层。传动带、同步齿形带以高强涤纶线绳为主,玻璃纤维线绳、芳纶线绳为辅。其中切割式传动带以高强涤纶硬线绳为主。胶管以高强涤纶为主,其次是钢丝、芳纶。

1.我国骨架材料生产和消耗情况

中国橡胶工业协会骨架材料专业委员会对33家主要会员企业统计,2013年钢帘线产量173.5万吨,胎圈钢丝54.1万吨,锦纶帘布24.4万吨,涤纶帘布17.7万吨,2009~2013年骨架材料会员企业产量见表1。

表 1　2009～2013 年骨架材料会员企业产量　万 t

产品名称	2009 年	2010 年	2011 年	2012 年	2013 年
钢帘线	91.60	120.40	135.96	143.70	173.50
胎圈钢丝	49.40	52.10	42.39	53.40	54.10
锦纶帘布	24.70	26.80	25.40	23.10	24.40
涤纶帘布	8.56	11.70	12.99	13.30	17.70

注:表 1 为中橡协骨架材料专业委员会 33 家会员单位统计数据。

2013 年全国轮胎总产量 5.29 亿条,其中子午线轮胎 4.76 亿条,全钢胎 1.07 亿条,斜交轮胎 0.53 亿条。据此推算,锦纶帘子布需求约 18.1 万吨,涤纶帘子布 14.8 万吨,钢帘线 160.9 万吨。2012～2013 年骨架材料消耗量见表 2。

表 2　2012～2013 年骨架材料消耗量　万 t

产品名称	2012 年	2013 年
钢帘线	142.0	160.9
锦纶帘子布	19.1	18.1
涤纶帘子布	12.8	14.8

(1)纤维帘子布生产和消耗情况

①锦纶帘布

锦纶工业丝作为橡胶骨架材料,多年来主要用作斜交胎、力车胎和农用胎的帘子布,其次是输送带用涤纶/锦纶和纯锦纶帆布领域。在传动带应用中锦纶 6 主要用于片基平带,锦纶 66 用于弹性 V 带和弹性多楔带。锦纶 6 帘子布约占 80%,锦纶 66 帘子布约占 20%。

21 世纪初是我国锦纶工业丝及帘布发展的高潮期,盲目发展造成了产能严重过剩,行业整体效益下滑。近年来,锦纶帘布应用于汽车配套、农业轮胎、工程机械轮胎等市场领域,需求增长缓慢,尤其是 2006 年以后斜交轮胎市场趋于萎缩,我国锦纶帘布产能基本没有继续发展,一部分厂家因持续亏损而关停。随着部分企业退出市场,目前行业供需基本平衡,市场竞争趋于理性化,企业利润尚可。锦纶帘子布主要的生产企业有骏马化纤股份有限公司、宁波锦纶股份有限公司、神马集团实业有限公司、江苏海阳化纤有限公司、杭州帝凯工业布有限公司、安徽佳元工业纤维有限公司、山东东平金马有限公司、山东合盛化纺有限公司、山东天衡化纤有限公司、山东时风集团、山东翔宇化纤纺织有限公司、华帘集团、江阴市强力化纤有限公司、张家港市瑞其帘子布有限公司等。2013 年我国主要锦纶帘子布生产企业产量和 2014 年产量预测见表 3。

表 3　2013 年我国主要锦纶帘子布生产企业产量和 2014 年产量预测　万 t

主要生产企业	品种	2013 年	2014 年(预测)
神马实业股份有限公司	锦纶 66	4.97	4.90
骏马化纤股份有限公司	锦纶 6	8.00	9.00
宁波锦纶股份有限公司	锦纶 6	4.20	5.00
江苏海阳化纤有限公司	锦纶 6	3.50	3.80
山东时风集团	锦纶 6	3.00	3.00

过去几年，我国子午胎保持高速增长，全钢子午胎的市场也继续扩大，对锦纶传统重点市场的斜交胎市场挤压严重，锦纶6帘子布市场需求已逐渐萎缩。但是未来几年，随着子午化率增速的放缓，锦纶6帘子布市场萎缩速度将下降，轮胎对锦纶6帘子布的耗用量将在18万吨/年。

②涤纶帘布

随着我国汽车行业的快速发展以及对高模量低收缩聚酯帘布生产技术的逐步掌握，聚酯帘布需求量和产能迅速增长，高模量低收缩聚酯帘布市场从开始的供不应求已达到目前的供过于求的状态。帘子布主要的生产企业有骏马化纤股份有限公司、晓星化纤（嘉兴）有限公司、山东博莱特化纤有限公司、安徽佳元工业纤维有限公司、亚东工业（苏州）有限公司、联新高性能纤维有限公司、江苏太极实业新材料公司、山东天衡化纤有限公司、浙江尤夫科技工业有限公司、浙江海利得新材料股份有限公司、可隆（南京）特种纺织品有限公司、山东翔宇化纤纺织有限公司等企业。2013年我国主要涤纶帘子布生产企业产量见表4。

表4　2013年我国主要涤纶帘布企业产量和2014年产量预测　　万t

主要生产企业	2013年	2014年（预测）
晓星化纤（嘉兴）有限公司	5.20	5.30
联新高性能纤维有限公司	3.90	4.08
江苏太极实业新材料有限公司	1.80	2.50
亚东工业（苏州）有限公司	1.58	2.30
山东海龙博莱特化纤有限公司	1.44	1.55

2013年我国涤纶帘子布产量猛增，这归咎于前几年新上涤纶帘子布项目已投产，国内涤纶帘子布产能持续扩大。另外，2013年涤纶帘子布出口好于预期，缓解国内企业压力，但是未来几年涤纶帘子布市场竞争压力较大。近几年涤纶帘子布进出口量见表5，2012～2013年我国纤维帘子布主要企业生产情况见表6。

表5　2008～2012年涤纶帘子布进出口统计

产品名称	出口			进口		
	数量/t	单价/美元·吨$^{-1}$	金额/万美元	数量/t	单价/美元·吨$^{-1}$	金额/万美元
2009	30704.7	3924.8	3616.9	9215.5	3091.7	9493.1
2010	38939.5	4098.6	4433.2	10816.4	3279.0	12768.1
2011	45747.4	4436.7	4726.3	10652.7	3711.6	16979.7
2012	50920.9	4457.6	4437.8	9955.5	3715.6	18920.1
2013	60125.0	4169.7	4362.7	10462.9	3541.7	21294.4

注：数据来源于海关统计。

表 6　2012～2013 年我国纤维帘子布主要企业生产情况　　万 t

企业名称	2012 年		2013 年		帆布	
	锦纶	涤纶	锦纶	涤纶	2012 年	2013 年
骏马化纤股份有限公司	7.21	0.42	8.00	1.10		
宁波锦纶股份有限公司	4.50		4.20			
神马集团实业有限公司	5.30		4.97			
江苏海阳化纤有限公司	2.89		3.50			
杭州帝凯工业布有限公司	0.84		0.88			
晓星化纤(嘉兴)有限公司		3.90		5.20		
山东博莱特化纤有限公司		1.37		1.44	0.78	1.10
科赛(青岛)尼龙有限公司	0.35		0			
安徽佳元工业纤维有限公司	0.44	1.35	0.47	1.35		
亚东工业(苏州)有限公司	0.20	1.14		1.58		1.16
联新高性能纤维有限公司		2.90		3.90	0.16	0.13
无锡太极实业有限公司		1.72		1.80	1.16	1.20
山东东平金马有限公司	0.38		0.75			
山东天衡化纤有限公司	0.98	0.25	1.58	0.55	0.16	1.28
浙江尤夫科技工业有限公司		0.25	0.06	0.45	0.76	0.91
台州宏元工艺有限公司						1.24
浙江海利得新材料有限公司				0.31		
合　计	23.09	13.30	24.42	17.69	3.01	7.02

(2)钢丝帘线生产和消耗情况

随着钢帘线产量近 10 年来的高速增长,钢帘线行业逐渐由供不应求转为供大于求,国内钢帘线产品的产量及质量已经完全满足国内轮胎市场的需要,甚至部分产品出口,已完全摆脱对进口产品的依赖。据中国橡胶工业协会调查分析,2013 年钢帘线产量继续保持增长态势,产品价格竞争激烈,钢帘线均价已降到 1 万元/吨,生产企业亏损面较大,盈利企业为大型生产企业,规模化效益凸显。钢帘线主要的生产企业有江苏兴达钢帘线股份有限公司、贝卡尔特(中国)、高丽制钢(中国)、首长宝佳(中国)、安赛乐米塔尔荣成钢帘线有限公司、湖北福星科技股份有限公司、东京制纲(常州)有限公司、湖北佳通钢帘线有限公司、骏马化纤股份有限公司、山东胜通钢帘线有限公司、山东大业股份有限公司、山西腾升钢帘线有限公司、江苏宝钢精密钢丝有限公司、东台磊达钢帘线有限公司、河南恒星科技股份有限公司、华帘集团、华意帘线有限公司、河北坤辉金属线网有限公司。

中国橡胶工业协会骨架材料专业委员会对 13 家主要钢帘线企业统计,2013 年钢帘线产量增长 20.7%,企业开工率在 75% 左右。据此估算,2013 年全国钢帘线产量在 182.8 万吨,其中出口量约 22 万吨。2012～2013 年我国钢帘线主要企业生产情况见表 7。

表7　2012～2013年我国钢帘线主要企业生产情况　万t

生产企业	2012年			2013年		
	钢丝帘线	管带钢丝	胎圈钢丝	钢丝帘线	管带钢丝	胎圈钢丝
江苏兴达钢帘线股份有限公司	40.54	1.05	6.52	46.93	1.33	6.95
贝卡尔特(中国)	38.00	1.90	2.20	50.00		
高丽制钢(中国)	5.80	0.20	5.60	6.00	0.12	6.00
首长宝佳(中国)	17.00			18.00		
安赛乐米塔尔荣成钢帘线有限公司	3.30		3.00	2.90		3.00
湖北福星科技股份有限公司	9.60		2.20	11.00		1.80
江苏法尔胜特钢制品有限公司		4.50			4.50	
东京制纲(常州)有限公司	1.30			1.45		
湖北佳通钢帘线有限公司	2.00		2.00	2.00		2.00
浙江天伦钢丝有限公司			3.53			3.51
上海天轮钢丝有限公司			1.84			1.90
骏马化纤股份有限公司	6.33			9.50		
山东胜通钢帘线有限公司	18.83	1.76	6.00	21.93	3.26	4.31
山东大业股份有限公司	0.63	0.87	13.47	1.63	0.74	15.60
山西腾升钢帘线有限公司	0.35	0.61		1.52	0.55	
张家港胜达钢绳有限公司			7.00			9.00
江苏宝钢精密钢丝有限公司				0.65		
合　计	143.68	10.90	53.37	173.51	10.50	54.08

注:表中数据由中橡协骨架材料专业委员会统计。

【展　望】

2014年世界经济形势将保持温和增长,但不稳定、不确定因素依然存在;我国经济持续处于调整期,短期内较难形成新的上升趋势,周期性、阶段性调整尚未到位。工业经济面临需求与供给双重约束的复杂局面,一些结构性矛盾和潜在风险进一步凸显。国内轮胎和骨架材料生产企业出口形势难以乐观。一方面,发达国家贸易保护主义倾向加强,各种非贸易壁垒层出不穷,外贸环境日趋复杂。另一方面,受美元走强、日本实行超常宽松货币政策、欧元区降息等因素的影响,近来人民币升值幅度较大,使得我国轮胎和骨架材料生产企业的出口交货值和利润均受到较大影响。

在外部需求低迷、国内经济增速持续回落的双重影响下,我国骨架材料部分专业出现产能严重过剩,钢帘线和涤纶帘子布等产业出现高产能、高库存、低需求、低价格、低效益的问题,企业开工率低,产能浪费严重。治理产能过剩一般而言有扩大内需、对外转移、淘汰落后产能、兼并重组几条途径,在前几条很难达到效果时,大力推进兼并重组,也是化解我国产能过剩的重要途径,它可以提高行业集中度,做大做强一批有竞争力的龙头

表 8　入选 2013 年度中国橡胶工业百强 11 家骨架材料企业

排名	专业	企业名称	主营业务收入/亿元
14	钢丝	江苏兴达钢帘线股份有限公司	62.11
16	钢丝	山东胜通钢帘线有限公司	58.89
17	钢丝	贝卡尔特(中国)	51.80
20	钢丝/纤维	骏马化纤股份有限公司	37.20
21	纤维	神马集团实业有限公司	28.60
27	纤维	浙江尤夫科技工业有限公司	18.90
33	纤维	浙江海利得新材料股份有限公司	14.10
34	纤维	晓星化纤(嘉兴)有限公司	13.00
39	钢丝	山东大业股份有限公司	11.32
40	纤维	江苏海阳化纤有限公司	11.30
46	钢丝	高丽制钢(中国)	10.00

企业,推动我国从“制造大国”向“制造强国”的艰难转身。另外,为了追求规模,地方政府以土地优惠、税收优惠等公共资源,引导投资者进入本已过热的投资领域,导致产能过度无序扩张。未来地方政府要转变思路,将发展重点由规模增长转移到质量提升上。

受上述多种因素的影响,我国骨架材料行业将稳中有所发展,但整个行业的利润率偏低,预计 2014 年全国钢帘线产量 193.7 万吨,胎圈钢丝 67.5 万吨,锦纶帘子布 30.5 万吨,涤纶帘子布 19.7 万吨。

骨架材料行业在 2014 年要加快发展对国民经济发展全局有重大影响、目前国内生产不能满足需要、产业关联度高、带动性强、有可能成为新的经济增长点的产业和产品,并将其作为近期的发展重点。与此同时,要坚决制止不合理的重复建设,通过支持优势企业上规模、上水平、上质量,推进产品结构调整,整顿市场经济秩序,建立健全优胜劣汰机制,加快淘汰浪费资源、污染环境的落后生产能力。坚持技术进步原则,创自主品牌。坚持自主创新与技术引进相结合、硬件改造与软件改造并重,支持工业共性、关键、前瞻性技术的联合开发。加强企业管理信息化、营销网络建设,加快人才队伍培养,增加必要投入,提高企业经营管理水平。要加快用高新技术和先进适用技术改造提升传统产业,加大对具有广阔市场需求的传统产业改造力度,优化产品和技术结构,提高劳动生产率,发挥规模经济优势,提高工艺和技术装备水平,增强企业快速反应能力。

骨架材料行业有 11 家企业入选 2013 年度中国橡胶工业百强企业,见表 8。

(杨　青)

橡胶助剂

【基本情况】

进入新世纪以来，我国橡胶助剂始终贯彻中国橡胶工业协会橡胶助剂专业委员会“坚持科技进步，以环保、安全、节能为中心，发展绿色化工，突破关键技术，打造世界橡胶助剂工业强国”的方针，并取得持续、健康、稳定的发展。2013 年，我国橡胶助剂产量约 100 万吨，占世界橡胶助剂总产量的 70.9%，2001 ~ 2013 年中国橡胶助剂产量占全球的比例见表 1。据中国橡胶工业协会橡胶助剂专业委员会会员单位统计，2013 年产量为 93.19 万吨，同比（下同）增长 13.6%；总销售额 163.12 亿元，增长 7%；产品出口量约占出口总量的 30%，增长 15%；产品产销量居全球第一。

表 1　2001 ~ 2013 年中国橡胶助剂产量占全球的比例　　万 t

项目	2001	2002	2003	2004	2005	2006	2007	2008	2009	2010	2011	2012	2013
中国助剂产量	14	18	21	25	30	39	47	52	66	76	82	89	100
世界助剂产量	88	92	96	103	105	112	117	114	108	124	129	130	141
占世界比例/%	15.9	19.6	21.9	24.3	28.6	34.8	40	45.6	61.1	61.3	63.6	68.5	70.9

多年来，橡胶助剂产品结构的调整成效显著，含亚硝胺的有毒有害产品基本被淘汰，产品的绿色化率超过 92%。个别未被完全取代的产品绿色化进程正在加速进行，在 2012 年国家重点科技支撑计划“橡胶助剂的清洁生产工艺和特种功能性产品开发”项目全面通过验收的基础上，促进剂的清洁生产工艺取得显著成效，行业整体清洁生产技术水平已达国际先进水平。

高热稳定性不溶性硫黄产品和预分散橡胶助剂的开发和生产成为行业的热点。少数产品，如防老剂 4020 等产品的无序竞争，严重影响了相关企业的社会经济效益；提高科技创新能力，提高企业实力，克服无序竞争，实现行业自律已成为众多企业的共识。

科技创新、绿色化工是中国橡胶助剂工业永恒的课题，在此基础上中国橡胶助剂行业正进一步掀起自动化、信息化、精细化管理新高潮，将行业做大做强，为世界橡胶工业服务。

【产品与产量】

2003 ~ 2013 年中橡协统计主要橡胶助剂产品产量见表 2，会员单位产量已达全国产量 90% 以上。

表 2　2003 ~ 2013 年中橡协统计主要橡胶助剂产品产量　　万 t

名　称	2003	2004	2005	2006	2007	2008	2009	2010	2011	2012	2013
防老剂合计	6.25	6.95	8.26	11.3	13.50	16.70	20.50	28.04	28.2	29.22	31.52
防 4020	0.95	1.88	2.37	3.63	5.06	6.96	7.69	11.5	12.1	13.5	17.4

续表

名　称	2003	2004	2005	2006	2007	2008	2009	2010	2011	2012	2013
防 4010NA	1.25	1.52	1.29	1.63	1.90	1.88	2.42	3.50	2.94	2.1	0.32
防 RD	1.90	2.18	3.47	4.67	4.98	4.88	7.40	9.8	9.2	9.9	9.47
防 BLE	0.26	0.27	0.23	0.01	0.15	0.37	0.33	0.27	0.28	0.23	0.34
防 A	0.18	0.17	0.13	0.32	0.10	0.09	0.09	0.12	0.26	0.3	0.14
防 D	0.08	0.11	0.12	0.29	0.08	0.09	0.11	—	0.14	—	—
酚类及其他	1.63	0.82	0.65	0.75	1.23	2.51	2.48	1.36	1.52	1.13	1.85
促进剂合计	8.35	9.30	13.8	16.39	19.50	21.33	23.21	24.72	27.06	29.73	33.73
促 M	2.14	2.61	2.86	2.73	2.88	3.81	4.56	5.30	6.78	6.9	6.77
DM	1.33	1.76	2.20	2.68	2.98	2.84	3.28	3.70	3.7	4.1	4.4
CZ	1.38	1.82	2.81	3.11	3.69	4.03	4.50	4.60	4.8	5.5	6.77
NOBS	0.56	0.61	0.95	1.09	0.60	0.77	0.67	—	0.59	—	—
NS	0.38	0.72	1.40	2.51	4.22	4.24	4.30	4.30	4.55	5.2	5.6
DZ	/	/	0.55	0.47	0.98	0.68	0.91	0.73	1.17	1.2	1.38
D	0.98	0.09	0.58	0.83	0.95	0.66	0.88	1.12	1.25	1.4	1.8
TMTD	0.58	0.76	1.05	1.10	1.20	2.09	1.85	1.91	1.5	1.5	2.01
其他	1.0	0.93	1.40	1.87	2.00	2.21	2.26	3.06	2.83	3.93	5.0
不溶性硫黄	1.12	1.80	1.72	2.33	2.50	1.92	3.63	3.87	4.89	5.9	6.84
黏合体系助剂	/	1.55	2.00	2.90	4.00	4.08	4.44	5.05	6.3	6.0	6.9
加工助剂和其他	4.88	5.00	4.02	6.00	7.50	7.58	7.73	8.42	7.2	10.2	14.2
总计	20.6	24.6	29.8	38.9	47.0	51.7	59.5	70.1	75.73	82.05	93.19

表2数据可见,2013年我国防老剂的优秀品种对苯二胺和喹啉类产品占防老剂产品的86.3%,主要代表是4020和RD。目前还没有发现其综合老化性能,特别是防臭氧老化性能超过防老剂4020的防老剂产品。促进剂仍然是以迟效性次磺酰胺类产品为主导,主要代表是促进剂CZ、NS和DZ。不溶性硫黄、黏合体系助剂和加工助剂持续稳定增长,特别是高热稳定性不溶性硫黄国内还需部分进口,其开发和生产成为国内的热点,产量和质量有望快速增长,全面替代进口。

【主要产品】

1. 促进剂

2013年,促进剂仍然是我国第一大类橡胶助剂,中橡协会员企业统计产量33.73万吨,增长13.5%,占统计橡胶助剂总产量36.2%,与2012年持平。促进剂D增长28.6%,较次磺酰胺类增长幅度大,因促进剂D可促进白炭黑与硅烷偶联剂的硅烷化反应,随着绿色轮胎中白炭黑用量的增加，其增幅明显提高。

次磺酰胺类促进剂均由促进剂M衍生而得，因此，M的清洁工艺至关重要，2013年由阳谷华泰开发的溶剂法精制粗M获得成功，万吨级生产装置已经投产。其他主要促进剂生产企业也针对促进剂M酸碱法精制的废水问题做了大量工作，且取得显著成效。促进剂生产过程的氧气氧化和双氧水氧化工艺也取得重要进展，正不断实现产业化。

促进剂的主要生产企业有山东尚舜化工有限公司(上市公司)、山东阳谷华泰化工股份有限公司(上市公司)、科迈化工股份有限公司、东北助剂化工有限公司、濮阳蔚林化工股份有限公司、河南开仑化工有限责任公司、山东斯递尔化工有限公司、荣成化工总厂有限公司、鹤壁联昊化工有限公司、鹤壁华夏化工有限公司、黄岩浙东橡胶助剂化工有限公司、连云港连连化学有限公司、宁波硫化聚合物化工有限公司、江苏卡欧化工有限公司、浙江超微细化工有限公司等。2013年我国橡胶促进剂产量处于世界前列，行业出现供不应求的状况，产品价格上升，企业的经济效益有一定提高。

2. 防老剂

2013年中橡协统计防老剂产量31.52万吨，约占统计橡胶助剂总产量的34%，略低于促进剂产量。

防老剂主要品种对苯二胺类和喹啉类产品，主要是4020、4010NA和RD，它们占防老剂产品的87.3%，其余还有二苯胺类和酚类等如BLE、DF34、防264和防2246等，其中以4020的综合防老性能最好。为满足市场需求，除江苏圣奥外，4020等对苯二胺类防老剂在尚舜化工、东北助剂、翔宇化工、江苏爱特恩等企业均已投产销售，科迈化工防老剂RD在提高老化效果、增加二聚体含量方面取得重大突破。此外，酚类及其他浅色防老剂仍有发展空间。

防老剂主要生产企业有中石化南京化工公司、江苏圣奥科技有限公司、科迈化工股份有限公司、江苏爱特恩高分子材料有限公司、山东曹县斯递尔化工有限公司、山西翔宇化工有限公司、山东迪科化工有限公司、南京燕江化工有限公司、宁波海利化工有限公司、东北助剂化工有限公司、山东尚舜化工有限公司、常州新兴华大明化工有限公司等。防老剂4020中间体RT－培司清洁生产工艺曾获国家科技进步二等奖。

3. 硫化和硫化活性剂

硫化剂主要包括不溶性硫黄(IS)、硫化树脂201、202、2402、硫黄给予体DTDM、过氧化物硫化剂、湿法纳米氧化锌、有机锌、活化剂、抗硫化返原剂PK－900等(统计数据不包括普通硫黄和普通氧化锌)。

目前，“万吨级高热稳定性不溶性硫黄的技术开发”项目已在山东尚舜化工有限公司建成，并通过科技成果鉴定，获得中国石油和化学工业联合会科技进步一等奖，扩建的另一条万吨级装置已经投产运行，为我国高热稳定性不溶性硫黄的自主开发和满足需求起到了重要的示范作用。目前东北助剂化工有限公司新工艺技术已经通过技术鉴定，阳谷华泰化工股份有限公司、无锡华盛化工、江西恒兴源化工有限公司等企业都已成功开发了高热稳定性不溶性硫黄产品。预计2～3年，我国目前高热稳定性不溶性硫黄需要部分进口的状况可以改变，并加大出口量。近年来，高热稳定性硫黄在高分散性能及检测方面取得新进展，对其标准制定的研讨工作提出了新的积极建议。

由江苏爱特恩高分子材料有限公司开发的有机锌活性剂和洛阳蓝天化工开发的湿法纳米活性氧化锌获得应用和推广。由于材料的活性高、用量低，有效地降低了锌的含量，具有良好的环保效应，有机锌产品已开始出口。

硫化和硫化活性剂的主要生产企业有山东尚舜化工有限公司、阳谷华泰化工股份有限公司、无锡华盛化工有限公司、山西太原化工研究院、无锡钱桥(江阴)化工有限公司、无锡强盛化工有限公司、东北助剂化工有限公司、洛阳蓝天化工有限公司和江苏爱特恩高分子材料有限公司、河南开仑化工有限责任公司等。

4. 加工型橡胶助剂

加工助剂是20世纪80年代，随子午线轮胎引进技术原材料国产化发展起来的，多年来一直稳定发展。2013年中橡协统计产量达12.6万吨，增长46%，占统计橡胶助剂总产量的13.5%。主要包括防焦剂CTP，塑解剂SJ103、DBD，增塑剂

A，各类分散剂 FS－97、FC303、DP600、AT、ZD、TB 系列，增粘树脂 203、204、TKM、C9 复合素树脂，补强树脂 205、206、PF，热稳定剂 HS－80，流动助剂 AT－42，均匀剂 H501、40MS、60NS、FR－40、ZD－9，脱模剂 DH 系列、AT－20、FC－60、好优达 SW 系列等。多年来我国防焦剂 CTP 产量一直居世界前列，随着绿色轮胎白炭黑用量的增加，白炭黑分散剂的研发和生产取得较好的效果，抗硫化返原剂的开发效益较好。

主要生产企业有阳谷华泰化工股份有限公司、河南永新助剂有限公司、莱茵化学（青岛）有限公司、武汉径河化工有限公司、江苏卡欧化工有限公司、杭州中德化学工业有限公司、山西省化工研究院、太原元太生物化工有限公司、青岛德慧化工有限公司、青岛福诺化工科技有限公司、上海化大有限公司、承德福瑞化工有限公司、大连厚德橡胶科技发展有限公司、青岛海佳化工有限公司、上海大成化工有限公司、常熟德润精细化工有限公司、大庆华科化工有限公司、郑州金山化工有限公司等。

5. 特种功能性橡胶助剂

特种功能性橡胶助剂包括硅烷偶联剂 Si－69，R 系列黏合剂 RS、RF、RE、RC、RA、RH，HMTA，AIR 系列，CS 系列和钴盐 RC 系列产品 RC－N10、RC－S95，RC－D20、RC－B23、RC－B16 等。近两年开发的提高气密性助剂和低生热防肩空等新型助剂获得推广应用。2013 年产量 6.9 万吨，增长 15%，占橡胶助剂总产量 7.4%。

主要生产企业有南京曙光化工集团有限公司、江苏国立化工科技有限公司、常州曙光化工厂、江苏卡欧化工有限公司、河南天益化工有限公司、宁波钴业化工有限公司、山东日照岚星化工有限公司、大连天宝化工有限公司、江苏爱特恩高分子材料有限公司、烟台迪科化工公司、烟台宏泰达化工有限公司等。多年来，我国硅烷偶联剂产品在国际上具有举足轻重的地位，曾获得国家科技进步二等奖。

2013 年南京曙光化工集团在南京化工园区新建家园，体现了高起点、高技术、高自动化水平的建设方针，成为我国橡胶助剂自动化建设的示范工程。

【科技进步】

2001 年中国橡胶工业协会橡胶助剂专业委员会成立之初就在全行业提出了“大力推进橡胶助剂清洁生产”的意见，重点进行产品结构调整，替代有毒有害产品，获得全行业支持。进入“十一五”后，组织企业实施“十一五”国家科技支撑计划项目“橡胶助剂清洁生产工艺和特种功能性产品开发”，极大地推动了全行业的科技进步，提高了企业的经济效益和社会效益，全面提升了我国橡胶助剂工业的整体国际竞争力。

继 2009 年出版《中国橡胶助剂工业科技发展报告》后，2011 年出版了《中国橡胶助剂工业的清洁生产》作为“姊妹篇”，阐述了中国橡胶助剂工业的绿色发展进程。

根据行业做大做强、建设世界橡胶助剂工业强国的目标，2013 年末，橡胶助剂专业委员会向行业提出了“提高自动化水平、提高劳动生产率、加强精细化管理”的目标；提高人均对企业工业总产值的贡献、提高人均对纯利润的贡献和降低单位产品水、电、煤的消耗。实现这些管理目标，必将大大的增强我国助剂的国际竞争力，真正成为世界橡胶助剂工业强国。

1. 橡胶助剂产品绿色化率超过 92%

经过近十年，特别是“十一五”以来，橡胶助剂产品结构的调整持续进行，2008 年促进剂 NOBS 和防老剂 D 被国家环保部列入高风险、高环境污染产品的目录，2010 年被国家工信部列为淘汰产能，使橡胶助剂企业的生产得到控制，实现了行业自律。至 2010 年次磺酰胺类中仲胺类以 NOBS 为代表的会产生亚硝胺的产品已被伯胺类绿色助剂 NS 替代，NS 产量从几千吨增至 5.6 万吨，满足了行业的需求，并有出口。目前国内生产促进剂的主要企业已经停止了 NOBS 的生产，基本解决了仲胺类次磺酰胺致癌问题的困扰，2012～2013 年已无生产数据。防老剂 D 的 β－萘胺的致癌机理在 20 世纪 50 年代已被确认，但我国始终未能杜绝使用，2005 年仍有千吨左右的产量。

尚需进一步替代的对人体有害助剂的产品主要有超促进剂秋兰姆类 TMTD、TMTM 和氨基甲酸盐 ZDC 等产品，它们也是亚硝胺的问题。其替代品已经开发成功，即为TBzTD（二硫化四苄基秋兰姆）和TiBTM（一硫化四异丁基秋兰姆）。

五氯硫酚类化学塑解剂在欧美等国家已经停止使用，其主要替代品是DBD（2，2′－二苯甲酰氨基二苯基二硫化物），这些替代品在“十一五”期间已被成功开发，“十二五”期间将加大替代力度。

上述两类尚需继续替代的产品，2013年总产量已不足4万吨，较前两年有所下降，仅占橡胶助剂总产量的5%左右。其在橡胶制品中的用量低，扩散物浓度也较低。

多数含出口产品的企业已通过欧盟REACH法规认证。

2. 大力推进行业清洁生产技术，实现绿色化工

大力推进橡胶助剂行业的清洁生产，实现绿色化工是橡胶助剂行业发展的永恒主题之一。

进入新世纪以来，国家将绿色橡塑助剂和清洁生产技术列入国家科技创新指南目录；10余年来，橡胶助剂行业先后获得国家项目支持约百余项，包括中小企业创新基金项目、国家重点新产品计划项目、国家科技支撑计划项目和863项目等。近两年各省、市、自治区加强了对科技创新的支持，推动了橡胶助剂行业的绿色化工产业化建设。我国橡胶助剂行业绿色化工项目主要成果见表3。

表3 新世纪以来我国橡胶助剂行业绿色化工重大项目的进展

项目名称	项目来源	完成单位	效果
RT－培司清洁生产工艺技术	国家	山东圣奥化工股份有限公司	获2004年国家科技二等奖，实现对苯二胺类防老剂的清洁生产
防焦剂CTP新工艺	国家	阳谷华泰化工股份有限公司	建成世界最大的CTP生产装置，获山东省科技进步一等奖
6000吨/年硅烷偶联剂全封闭生产技术	国家	南京曙光化工集团有限公司	大大提升了我国硅烷偶联剂在全球的地位，获国家科技进步二等奖
万吨级NS生产技术开发	国家	中橡协材料研究开发中心、阳谷华泰化工股份有限公司	为替代致癌产品NOBS，加快NS发展起到示范作用
促进剂NS氧气氧化技术和水资源综合利用	国家	阳谷华泰化工股份有限公司	替代次氯酸钠氧化工艺；COD排放达60以下，水资源综合利用率92%以上
高热稳定性不溶性硫黄生产技术	国家	山东尚舜化工有限公司	建成万吨级一次法生产高热稳定性不溶性硫黄生产线，实现硫黄回收使用，获中国石化联合会科技进步一等奖
促进剂TBzTD生产技术开发	国家	濮阳蔚林化工股份有限公司	可替代会产生亚硝胺的致癌物TT等产品，形成产业化规模

续表 3

项目名称	项目来源	完成单位	效果
以高聚物为载体的预分散橡胶助剂	国家	连连化学公司、北京万汇一方科技有限公司	建成万吨级生产装置,带动行业预分散技术发展,实现橡胶助剂剂型改造
促进剂 XT－580 生产技术开发	国家	山东迪科化学有限公司	替代会产生亚硝胺致癌物的促进剂 NOBS
有机锌硫化活性剂开发	江苏省	江苏爱特恩高分子材料有限公司	降低活性剂锌元素含量,符合欧盟 REACH 法规要求,形成产业化规模
促进剂 M 溶剂法精制新技术	山东省	山东戴瑞克新材料有限公司	通过了中国石化联合会技术鉴定,建成了万吨级溶剂法 M 产业化装置,大大减少了污水排放
浅色非污染防老剂的技术开发	山东省	山东斯递尔化工科技有限公司	为浅色橡胶制品提供了新型防老剂产品,形成了产业化规模
低生热、防肩空助剂的产品开发	山东省	烟台宏泰达化工有限公司	建成了产业化规模,提高了轮胎使用寿命

3.提高自动化水平和劳动生产率,加强精细化管理

自动化水平是制造业水平的重要标志,橡胶助剂行业已充分认识到提高生产自动化水平、劳动生产率和加强精细化管理是企业取得可持续发展的重要保证。

不少企业采用 DCS 技术控制生产过程,产品的自动包装线逐步形成,使助剂企业逐步由粉尘多、环境差、劳动密集型向现代化企业过渡。

2014 年 4 月,中橡协助剂专业委员会在南京曙光化工集团召开现场观摩会,增进了企业家们建设现代化企业的信心。会议邀请软控股份公司向与会代表介绍了橡胶工业信息化、自动化的进展及橡胶助剂生产过程自动化和产品包装至仓库的现代化管理技术,特别是南京曙光化工集团在南京化工园区建设的全自动生产线和“三废”排放处理技术,为橡胶助剂企业建设现代化工厂起到了重要的示范作用。

【企业发展】

我国橡胶助剂企业不断实现规模化、集约化,产品产量已达全世界 70%。2013 年中橡协助剂专业委员会会员单位工业总产值 167.5 亿元,增长 9.8%。产值 10 亿元以上企业 3 家,5 亿元以上企业 10 家,2 亿元以上企业 22 家,亿元以上企业 33 家,均比上年有所增长。2 亿元以上的企业集中度已达 90%,5 亿元以上共 10 家企业的集中度已达 62%,远远高出 2012 年水平。2013 年产值 2 亿元以上橡胶助剂企业见表 14。

表 4　2013 年产值 2 亿元以上橡胶助剂企业

项目	企业名称
10 亿元以上企业	江苏圣奥化学科技有限公司
	山东尚舜化工有限公司
	科迈化工股份有限公司
5 亿元以上企业	东北助剂化工有限公司
	阳谷华泰化工股份有限公司
	中石化南京化工公司
	山西翔宇化工有限公司
	天津一化化工有限公司
	濮阳蔚林化工股份有限公司
	江苏爱特恩高分子材料公司

续表

项目	企业名称
2亿元以上的企业	山东天源化工有限公司
	武汉径河化工有限公司
	河南开仑化工有限责任公司
	南京曙光化工集团有限公司
	江苏强盛化工有限公司
	荣成市化工总厂有限公司
	曹县斯递尔化工科技有限公司
	常州曙光化工厂
	宜兴国立化工科技有限公司
	无锡华橡胶新材料科技有限公司
	常州新兴华大明化工有限公司
	连连化学化工有限公司

【展　望】

“十二五”期间，我国橡胶助剂行业在环保、安全、节能为中心发展绿色化工的基础上，继续以打造世界橡胶助剂工业强国为目标，实行行业的可持续发展。

目前，中国橡胶助剂工业在产品数量、质量和清洁生产方面已进入世界橡胶助剂工业强国的行列，但在自动化水平、质量标准和精细化管理等方面仍存在差距。具体表现在如下几个方面：

（1）部分重要产品供不应求，依赖进口

重要的橡胶硫化剂高热稳定性不溶性硫黄是高性能轮胎包括航空胎和军工产品的重要配套材料，年需求量5万～6万吨。虽然国家项目曾给予支持，但由于技术难度大，规模化不足，目前仍50%以上依赖进口。生产技术与国外差距很大，国外是连续生产，我国仍是单釜间歇生产，导致产品质量不稳定，直接影响轮胎等产品质量。

（2）产品标准落后，标准指标往往不能反映产品的质量水平，特别是应用效果

检测方法、检测仪器不统一，同一样品在不同单位检测数据差异明显，直接影响产品质量和用户使用。行业特别是对军工使用的产品缺乏有力有效的认证机构。

（3）清洁生产工艺技术、产品结构调整任重道远

个别大吨位产品如促进剂M的废水、废渣处理问题还很严重。还有相当部分产品未进行欧盟REACH法规注册或未达到相关指标，一定程度上影响产品的出口，也反映了绿色化工的差距。

（4）军工产品的橡胶助剂没有规范措施

军工产品的橡胶助剂没有规范的管理措施，不能确保军用橡胶助剂产品质量，导致军用橡胶制品配方跟不上新材料的发展，甚至还延用落后的、不环保的老产品，影响军品质量。

（5）自动化水平低

橡胶助剂行业整体自动化水平较落后，人均对工业总产值贡献处于行业中等水平，必须加快自动化、信息化步伐，建设现代化生产企业。

1. 突破关键技术、全面实现清洁生产工艺

（1）促进剂M的清洁生产工艺

促进剂M是我国1952年开发并长期使用的一种通用性噻唑类促进剂，是优良品种次磺酰胺类促进剂的原料，年产量15万～20万吨。其中70%～80%用作其他促进剂的原料和医药中间体。

目前多数企业采用“苯胺法”在高温、高压下合成，制得粗M，再将粗M精制。一般反应收率仅为85%，且精制过程采用酸碱法产生大量废水，通常1吨产成品会产生30～40吨含盐有机废水，COD含量在4000mg/L以上，治理非常困难。因此，M的清洁工艺技术成为“十二五”期间行业的重中之重。

“十一五”期间，M的清洁工艺技术已经有了一定进展，企业通过对反应过程参数的调节和采用溶剂法替代酸碱法进行精制，大大减少了废水排放，多数企业达到含盐度排放在5～10吨，逐步实现M的清洁生产，将是近几年助剂行业的重要目标。

（2）次磺酰胺类促进剂的氧气、双氧水氧化工艺

次磺酰胺类促进剂主要以NS和CZ为主导产量，其合成方法均是以促进剂M为原料，与其他不同基团的胺类物质反应，然后氧化制得。其氧化反应是关键，多数企业采用次氯酸钠、氯气、硝酸钠为氧化剂，产生大量含盐有机废水；如促进剂 NS,用这种常规的氧化方法,每吨产成品将产生含盐有机废水 8～10 吨。因此,改造氧化工艺,采用最有效的氧气氧化剂或双氧水进行氧化反应,可杜绝含盐有机废水产生。而且全过程的用水量大大减少,是一种清洁生产工艺,但这种工艺的安全配套措施十分重要。目前,该项技术开发已初见成效,并在阳谷华泰建成了千吨级氧气氧化示范工程,正待进一步完善和产业化应用。

(3)不溶性硫黄的气化法一步生产工艺

我国 20 世纪 70 年代已成功开发了两步法生产不溶性硫黄的生产技术,2011 年总产量 4.5 万吨。但随着子午线轮胎胶料和工艺性能需求的提高,普通不溶性硫黄的热稳定性等指标已经不能满足要求。高热稳定性不溶性硫黄的测试指标是在 120℃ ×15 分钟条件下,不溶性硫黄的保持率要在 40% 以上。目前,我国大多数企业的不溶性硫黄在 105℃ ×15 分钟条件下保持率可达 70%～80%,但在 120℃时急骤下降。

"十一五"期间高热稳定性不溶性硫黄生产技术开发已列入国家科技支撑计划。目前,山东尚舜化工万吨级生产装置已经达产。但还不能满足行业需求。"十二五"期间该项目技术的发展和推广将结束我国高热稳定性不溶性硫黄大量依赖进口的局面。

(4)预分散橡胶助剂

预分散橡胶助剂是一种清洁工艺技术开发的成果,也是我国橡胶助剂剂型改造的重要措施,并有利于产品国际化。"十二五"国家科技支撑计划已立项予以支持,连连化学万吨级/年装置基本建成,并在国内外销售。随着我国低温混炼技术的推广应用,预分散助剂将有极好的发展前景。

2.加强产品结构调整,继续加大替代有毒有害产品的力度

随着全球绿色化、低碳经济的发展,新的法规不断出现,橡胶助剂产品结构的调整将是长期的。

(1)秋兰姆类超促进剂等产品的替代

近年来,次磺酰胺类大品种促进剂 NOBS 被 NS 等产品成功替代,仅超促进剂 TMTD、TMTM 及氨基甲酸盐类 ZDC 等产品由于亚硝胺的问题尚在逐步被替代,其主要替代品是 TBzTD(二硫化四苄基秋兰姆)和 TiBTM(一硫化四异丁基秋兰姆)。

(2)含多环芳烃(PAHs)芳烃油的替代

芳烃油是指芳香烃的碳原子占油分子中的碳原子 20%～30% 以上的油品,是橡胶软化剂。橡胶工业的消耗量占石油系软化剂的 77%,仅橡胶加工行业年需求超过 20 万吨。

欧盟 2005/69/EC 法规对苯并芘(BaP)为代表的 8 种多环芳烃予以限制,从 2010 年 1 月 1 日起,产品中 8 种多环芳烃含量不得超过 10mg/kg,其中 BaP < 1mg/kg。因此环保型芳烃油的开发迫在眉睫。

"十一五"期间,我国很多企业参与了环保型芳烃油的开发,并以德国汉圣公司的 VICAEC500 为目标,"十二五"期间,仍需加大开发和产业化力度。

(3)氧化锌的减量和替代

欧盟 2003/105/EC 法规已将氧化锌划为对环境有害的物质清单中,我国对氧化锌的生产也进行了限制。米其林公司曾提出减少氧化锌用量 50%～80% 的目标。因此,近年来研制环境污染小的高活性硫化活性剂,降低氧化锌用量已成为重要课题。开发高比表面积的纳米氧化锌、纳米无机填料载锌技术和有机锌化合物等技术已取得产业化成果,进一步完善这类技术,扩大产业化能力,加强推广应用是"十二五"的主要任务之一。

上述清洁工艺技术和产品结构进一步调整的实施,将促进行业的可持续发展,使中国橡胶助剂工业真正成为世界橡胶助剂的领头羊。也是我国橡胶助剂行业"十二五"期间科技创新的主要内容。

3.提高自动化生产水平,加强精细化管理

在我国橡胶工业健康快速发展的进程中,提高自动化水平、加强精细化管理,是制造业发展的方向,争取在 2～3 年内大幅提高我国助剂企业的生产自动化水平,实现生产过程工艺控制自动化、物料平衡自动化、产品包装自动化、仓库管理自动化、物流运输自动化,建设现代化的生产企业,确实做到提高劳动生产率,降低动力能耗,提高利润水平,大幅度提高企业的社会经济效益。各企业要根据企业发展的自身条件,制定相应的发展规则,脚踏实地向前迈进,为实现橡胶助剂工业的"强国梦"作出贡献!

(许春华)

炭　　黑

【基本情况】

1.2013 **年炭黑行业主要指标增长率全面下滑**

根据中国橡胶工业协会炭黑分会对 38 家主要炭黑企业统计,全年完成产品销售收入 201 亿元,同比(下同)增长 0.63%,基本持平;完成利润总额 0.3 亿元,下降 91%;完成工业总产值 206 亿元,下降 0.48%;炭黑产量为 362 万吨,增长 8.64%;产成品为 24 亿元,下降 29.14%。从以上主要指标可以看出,行业利润大幅度降低,产品销售收入与上年持平,产量略增,产品销售价格不断下滑。2012 ~ 2014 年主要经济指标对比见表 1。

2014 年一季度,炭黑分会统计企业,完成产品销售收入 49.2 亿元,增长 6.3%;实现利润总额亏损额为 4080 万元,减亏 236 万元,基本持平;炭黑产量保持了稳定的增长。目前炭黑市场的情况是市场需求量不减,而企业利润大幅度减少,如果企业能够在稳定产量的同时,提高企业效益,才能够促进炭黑行业的可持续发展。

表 1　2012 ~ 2014 年主要经济指标对比

指标	2013 年	2012 年	同比/%	2014 年 1 ~ 3 月	2013 年 1 ~ 3 月	同比/%
工业总产值/亿元	206	207	-0.48	50.7	50.4	0.59
产品销售收入/亿元	201	200	0.63	49.2	46.3	6.3
利润总额/亿元	0.3	3.6	-90.99	-0.41	-0.38	-
库存/亿元	24	34	-29.14	17.2	15.7	9.4
统计企业炭黑产量/万 t	362	333	8.64	91.7	84.8	8.14
全国炭黑总产量/万 t	470	432	8.8	119	110	8.2

注:除全国炭黑总产量以外,以上数据均是炭黑分会统计企业汇总数据。

2013 年主要经济指标增长幅度远低于 2012 年。以产品销售收入为例,2013 年增长 0.63%,而 2012 年增幅为 3.64%。2012 ~ 2013 年中橡协统计炭黑行业主要经济指标增长率对比见图 1。

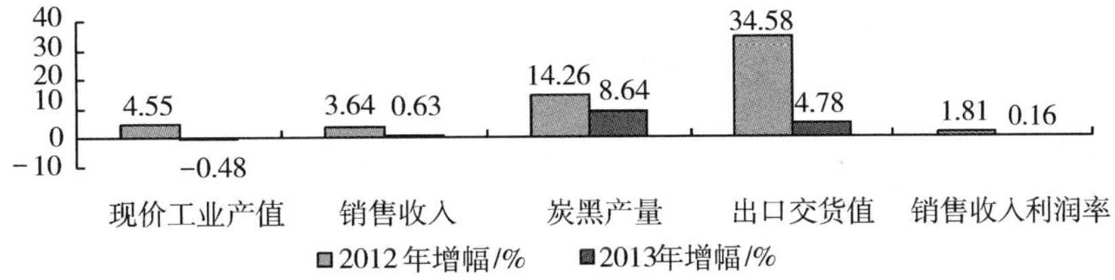

图 1　2012 ~ 2013 年中橡协统计炭黑行业主要经济指标增长率对比

2.企业经济效益严重下滑,利润率居橡胶行业最低

多年来,行业的关注点一直是规模增长,中国炭黑产量占世界总产量近50%,但随之而来的是企业的经济效益逐年下降,几乎达到了全行业亏损状态。据中国橡胶工业协会炭黑分会统计,2013年全行业共计亏损企业为15家,亏损额为3.5亿元,亏损面约占统计企业的40%,盈亏相抵全行业利润总额仅为0.3亿元,利润率创橡胶行业历史最低水平。2013年橡胶行业平均销售收入利润率为5.57%,其中轮胎销售收入利润率为5.31%,其他行业利润率均比上年有不同程度的增加,橡胶行业销售收入利润率最高的是制品行业,销售收入利润率为8.73%。2013年橡胶行业利润率对比见图2。

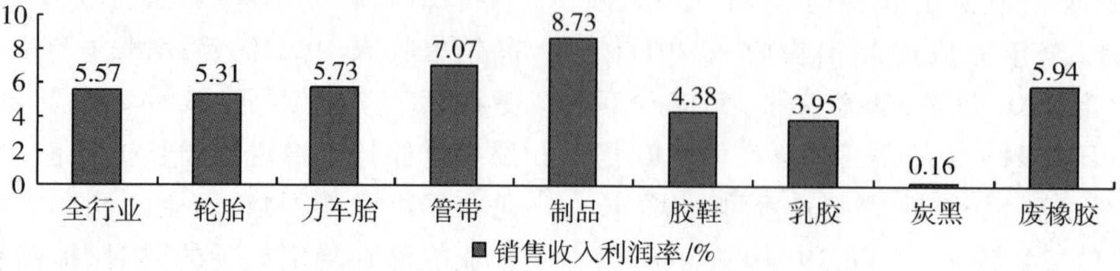

图2　2013年橡胶行业利润率对比

【产能产量】

在2002~2007年间,中国炭黑产量平均增长率21.9%。2008年金融危机之后,炭黑产销量增长速度有所放缓。据中国橡胶工业协会炭黑分会测算,2013年全国炭黑产量为470万吨,增长8.87%,是近几年来增长幅度的最低值。2013年主要炭黑企业产量完成情况见表2,主要炭黑企业产量占全行业总产量的65%。

表2　2013年主要炭黑企业产量完成情况

序号	企业名称	2013年产量/吨	同比/%
1	江西黑猫炭黑股份有限公司	931819	26.49
2	卡博特化工有限公司	450000	4.17
3	河北龙星化工股份有限公司	404686	31.84
4	苏州宝化炭黑有限公司	230946	19.37
5	大石桥辽滨碳黑厂	145778	-7.12
6	金能科技股份有限公司	138689	-8.4
7	曲靖众一煤化工有限公司	104072	-9.12
8	山东耐斯特炭黑有限公司	118260	8.9
9	山西永东化工股份有限公司	132831	24.23
10	山东贝斯特化工有限公司	109822	71.43
11	石家庄新星化炭有限公司	110000	6.8
12	河北大光明集团巨无霸炭黑公司	107098	4.31
13	青州博奥炭黑有限责任公司	105787	5.39
	其他企业	1612399	8.6
	全国炭黑产量合计	4702187	8.87

据中国橡胶工业协会炭黑分会估算，2013 年我国炭黑产能为 621.8 万吨，增长 3.63%。世界炭黑年产能为 1513.6 万吨，我国炭黑产能占世界产能的 41%。我国炭黑产能 10 万吨以上的企业有 19 家，产能大于 5 万吨小于 10 万吨的企业有 21 家。2013 年炭黑行业产能情况见表 3。

表 3　2013 年炭黑行业产能情况

项目	产能/万 t	企业数量/个	占总产能比例/%
≥年产能 10 万吨	420.3	19	67.6
≥年产能 5 万吨 <10 万吨	153.8	21	24.7
<年产能 5 万吨	47.7	16	7.7
合计	621.8	56	

【节能环保】

炭黑行业的发展关键是能源利用和环境治理。在炭黑业界人士的努力下，我国炭黑行业的节能减排和资源综合利用取得了令人瞩目的成就，在新增炭黑产能中，全部配备了炭黑尾气综合利用装置，防治污染的同时，达到了节能减排的效果。

炭黑原料油一直处于价格高位运行且货源紧缺状态，迫使炭黑企业投入大量资金，进行技术改造。有条件的企业采用煤气或天然气作燃料油，降低成本，由此降低产品单耗。以降低原料油消耗为目的的炭黑装备及技术改造措施取得良好效果，给企业带来新的效益增长点。据中国橡胶工业协会炭黑分会统计，2013 年炭黑行业综合产品单耗降到 1.63 吨/吨。2009～2013 年炭黑产品平均综合单耗见图 3。

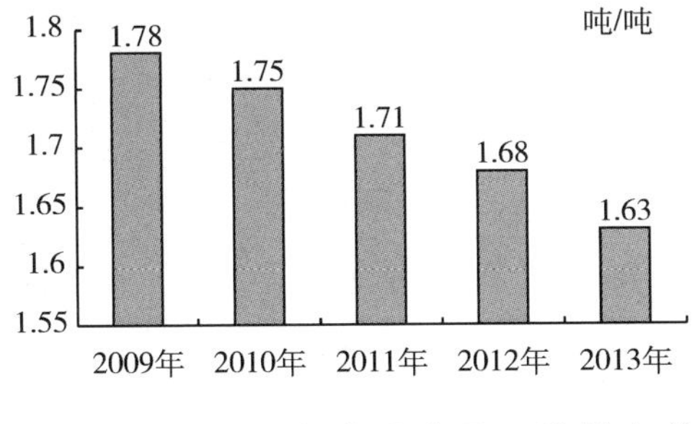

图 3　2009～2013 年炭黑产品平均综合单耗

【技术装备】

国内自行设计的炭黑装置，单炉能力已由 2 万吨/年提高到 4 万吨/年；空气预热器温度由 650℃，提高到 800℃～950℃；反应炉的炉型已根据原料油的特点进行了改进，燃烧段的炉温有的已由 1900℃提高到 2000℃～2100℃；并成功地利用焦炉煤气和煤层气作反应炉燃料，降低了产品成本；富氧空气开始应用。与此同时，炭黑生产的专用设备如反应炉、空气预热器、脉冲袋滤器、湿法造粒机、干燥机、微米粉碎机、自动包装机、在线余热锅炉、尾气锅炉等专用设备和炭黑反应炉用高温耐火材料、高效玻纤滤袋的研制和生产发展快速，已接近甚至已超过国外先进水平。

工艺技术的改进，技术装备水平的提高，为炭黑产品质量和收率的提高、环保和节能的进步，创造了有利条件。

【进出口贸易】

根据海关统计，2013 年出口炭黑 72 万吨，增长 9.5%；出口金额为 7.63 亿美元，增长 5.2%；平均出口价格为 1061 美元/吨。2012 年出口平均价格为 1104 美元/吨，2013 年比上年平均出口价格低 43 美元/吨，下滑的幅度比较大。主要出口国家为泰国、印度尼西亚、印度、中国台湾、日本、韩国等国家和地区，占出口总量的 67%。出口地比较集中，这种状态易引起贸易争端。2013 年炭黑出口统计见表 4。

表 4　2013 年炭黑出口统计

序号	国家	数量/千克	金额/美元	同比/%	
				数量	金额
1	泰国	114491644	120777041	9.08	6.57
2	印度尼西亚	107415089	111626109	6.13	4.43
3	印度	99140654	99293563	3.00	-1.68
4	日本	66540926	71564097	22.78	14.40
5	中国台湾	51461082	55340714	-10.38	-15.60
6	韩国	42558896	46561988	51.78	49.50
7	越南	33212181	34042789	24.02	20.21
8	波兰	25431750	28325064	-28.57	-26.78
9	马来西亚	21809735	22803621	22.43	25.59
10	美国	20511382	21432206	12.11	6.33
11	土耳其	15510914	17575718	46.98	49.37
12	巴基斯坦	10449625	10385236	30.28	24.73
13	斯里兰卡	9364278	9403873	49.91	43.56
其他国家合计		102071102	114802340	6.01	-3.03
出口总量		719969258	763934359	9.48	5.19

2013 年进口炭黑 9.4 万吨，增长 11.6%；进口金额为 2.3 亿美元，增长 10.7%；平均进口价格为 2506 美元/吨，与 2012 年平均进口价格 2528 美元/吨相比，降低了 22 美元/吨。主要进口国家和地区为韩国、美国、日本、中国台湾、泰国、德国和加拿大等，上述地区进口量占总进口量的 83%。从数据上看，进口量与金额稳步上升。2013 年炭黑进口统计见表 5。

表 5　2013 年炭黑进口统计

序号	国家	数量/千克	金额/美元	同比/%	
				数量	金额
1	韩国	20033709	40707418	2.08	-1.30
2	美国	19999221	50825645	0.87	11.90
3	日本	17417877	49546190	17.58	-0.58
4	中国台湾	7469145	14447678	-35.70	1.57
5	泰国	5448904	11513927	87.41	87.72
6	德国	4356499	20581637	31.11	9.46

续表 5

序号	国家	数量/千克	金额/美元	同比/%	
				数量	金额
7	加拿大	3945461	7303851	11.54	13.88
8	中国	2914536	3648063	-	-
9	意大利	2565620	5107392	485.70	367.94
10	新加坡	2128575	5283492	58.66	19.05
11	荷兰	1989976	6439236	8.72	9.86
12	比利时	1914087	10107342	11.26	10.28
13	捷克	1753066	6000367	3.13	-9.37
其他国家合计		1965582	3830323	158.30	63.76
进口总量		93902258	235342561	11.64	10.65

【发展趋势】

1. 以提高炭黑企业经济效益为中心

2013 年全行业的经济效益下滑到谷底。2014 年全行业共同努力,以提高企业经济效益为中心,促进企业可持续发展。

2. 提高产品质量,强化售后服务意识,转变企业竞争方式

目前炭黑企业多半以价格竞争为主线,企业今后应以产品质量及售后服务为重点,逐步转变企业的竞争方式,达到效益增长的目的。

3. 控制炭黑产能的增长,避免不正当的市场竞争行为

炭黑行业属于产能过剩行业,多年来开工率维持在 70% ~75% 的水平,产品市场竞争激烈,提倡每家企业控制炭黑产能的增长,维持合理的炭黑销售价格,避免市场上的不正当竞争。

4. 关注炭黑新产品研发,企业要创新发展

一直以来,炭黑行业研发新产品进程缓慢,企业研发经费投入不足,产品同质化严重,尤其是轮胎用炭黑产品,同质化非常严重。在这种形势下,企业应该关注炭黑新产品的研发,例如现有炭黑品种目前还不能满足绿色轮胎要求的降低轮胎滚动阻力的需要,关注非轮胎炭黑产品的应用领域,做出自己的特色产品,来增加企业的经济效益。

(丁丽萍)

白 炭 黑

沉淀法白炭黑

2013 年是贯彻落实“十八大”精神的开局之年，面对世界经济复苏乏力、国内经济下行压力加大等错综复杂形势，中央适时地提出稳增长、调结构、促改革、防风险的战略部署，国家着手解决产能过剩问题。白炭黑行业产能增长势头得到初步遏制，产品出口形势良好，但由于前几年产能快速增长，白炭黑企业整体上产能过剩，企业竞争加剧。

【基本情况】

据统计，2013 年国内直接从事沉淀法白炭黑生产厂家共有 62 家，较上一年度减少两家，总生产能力为 201 万吨，实际产量 107 万吨，其中规模在 5 万吨以上的厂家共有 15 家，这 15 家企业生产能力见表 1。2013 年全国沉淀法白炭黑企业生产能力和产量见表 2。

表 1　2013 年全国沉淀法白炭黑主要企业生产能力

企业名称	生产能力/万 t	备注
株洲兴隆化工实业公司	12	民营企业
确成硅化学股份有限公司	12	民营企业
福建正盛无机材料股份有限公司(含正昌、正盛、赛吉元安徽)	12	民营企业
罗地亚白炭黑(青岛)有限公司	10	外资企业
三明市丰润化工有限公司	9.5	民营企业
福建三明正元化工有限公司(三明巨丰化工)	9.5	民营企业
赢创嘉联白炭黑(南平)有限公司	8	外资企业
青州联科白炭黑有限公司(青州联科卡尔迪克白炭黑有限公司)	8	外资企业
福建海能新材料有限公司	8	民营企业
沙县金沙白炭黑有限公司	6.5	民营企业
通化双龙化工有限公司(含江西万载双龙)	6.5	民营企业
山东金能煤炭气化有限公司	6.0	民营企业
无锡恒诚硅业有限公司	5.0	民营企业
三明同晟化工有限公司	5.0	民营企业
嘉翔(福建)硅业有限公司	5.0	民营企业
合计	123.0	

注：主要企业的年生产规模 5 万吨以上。

表 2　2013 年全国沉淀法白炭黑企业生产能力和产量

企业规模/万 t	企业数/家	占比/%	生产能力/万 t	占比/%	产量/万 t	占比/%
≥5	15	24.19	123.0	61.19	67.9	63.46
2～5	19	30.65	51.4	25.57	27.7	25.89
1～2	20	32.26	23.2	11.54	9.2	8.60
<1.0	8	12.90	3.4	1.69	2.2	2.06
合计	62	–	201.0	–	107.0	–

注:此表按企业规模划分。

从企业的经济性质看,2013 年民营企业生产能力占 77.36%、产量占 73.08%;国有企业产能和产量分别占 4.88% 和 3.27%;外资(独资或合资)企业产能和产量分别占 17.76% 和 23.64%。近年来,外资企业在中国合资或扩建、新建企业都在增加,说明外资企业看重中国白炭黑消费市场巨大潜力。按企业性质分,2013 年全国沉淀法白炭黑企业生产能力和产量见表 3。

表 3　2013 年全国沉淀法白炭黑企业生产能力和产量

企业性质	企业数/家	占比/%	生产能力/万 t	占比/%	产量/万 t	占比/%
民营	48	77.42	155.5	77.36	78.2	73.08
国有	7	11.29	9.8	4.88	3.5	3.27
外资	7	11.29	35.7	17.76	25.3	23.64
合计	62	–	201.0	–	107.0	–

注:此表按企业性质划分。

从企业的地区分布看,我国的沉淀法白炭黑 90.90% 分布在华东和中南地区,并集中在福建、山东、江苏、湖南 4 省,主要因为华东和中南地区是我国轮胎工业和制鞋工业集中地区。全国沉淀法白炭黑企业生产能力和产量见表 4。

表 4　2013 年全国沉淀法白炭黑企业生产能力和产量

企业所在地区	企业数/家	占比/%	生产能力/万 t	占比/%	产量/万 t	占比/%
华东	44	70.97	165.1	82.14	90.9	84.95
中南	7	11.29	17.8	8.86	8.8	8.22
华北	5	8.06	6.6	3.28	2.8	2.62
西南	5	8.06	5.0	2.49	1.6	1.50
东北	1	1.61	6.5	3.23	2.9	2.71
合计	62	–	201.0	–	107.0	–

注:此表按地区划分。

【进出口贸易】

2013 年全年二氧化硅出口量 40.22 万吨；进口量 7.36 万吨，与 2012 年基本持平。2013 年二氧化硅进出口情况见表 5。

表 5　2013 年二氧化硅进出口情况

月份	进口量/kg	出口量/kg	进口额/美元	出口额/美元
1	5925692	32379886	14182225	32652464
2	3558061	25664034	9216583	26454502
3	6432995	35239369	16144499	34163057
4	6654469	35602024	16155453	32753638
5	6694779	37209971	17418460	35292369
6	6394227	31282492	15995785	30297521
7	6339933	32006114	16320156	30359314
8	6870423	33202543	17231332	33427802
9	6337898	33116443	15466652	33300249
10	6388625	34614803	16104441	33690042
11	5731140	34334470	14954511	33718528
12	6245958	37530802	15002243	37245944
合计	73574200	402182951	184192340	393355430

注：数据来源于海关总署。

【消费情况】

沉淀法白炭黑作为橡胶补强材料，主要用于鞋类、轮胎和其他浅色橡胶制品。沉淀法白炭黑生产主要集中在赢创德固赛、索尔维（罗地亚）、邱博工程材料、PPG 工业公司等跨国公司。这些公司的生产能力约占世界总产能的 70%。主要沉淀法白炭黑供应商生产能力见表 6。

国外沉淀法白炭黑主要用于橡胶工业，鞋类制品约占消费量 30%，轮胎工业约占 38%，其他橡胶制品占 5%，饲料业约占 6%，牙膏工业约占 5%，油漆涂料占 3%，电池隔板占 2%，其他用途占 11%。沉淀法白炭黑国外消费比例见表 7。

表 6　全球主要沉淀法白炭黑供应商生产能力

企业名称	工厂数量/家	生产能力/万 t
赢创德固赛	9	47
索尔维（罗地亚）	8	43
邱博工程材料	8	24
PPG 工业公司	4	21
立安东（OSC）	5	17
合计	34	152

注：立安东为台资企业，先后收购了日本德山槽达株式会社、PPG 中国南昌和连云港 3 家工厂。

表 7　沉淀法白炭黑国外消费比例

行业	鞋类	轮胎	其他橡胶制品	饲料	油漆涂料	牙膏	电池隔板	其他
消费比例/%	30	38	5	6	3	5	2	11

同国外相比，中国是世界上最大的鞋业生产国和最大的鞋业消费国。白炭黑在鞋类制品中消费量远超轮胎行业，但是近年来制鞋用白炭黑消费比例呈现下降趋势，主要有以下几方面原因：

1. 东南亚地区鞋类行业迅猛崛起，挤占我国鞋类产品市场份额。近年来，受国内原材料、工资等生产成本大幅上涨的影响，国内以中低端为主的鞋类制造业价格竞争优势逐渐丧失。同时，同处于亚洲的越南、印度和老挝等国家由于劳动力资源丰富且成本低廉，成为国际鞋业巨头新的产业选择地。

2. 国际环保要求提高，加大我国鞋类出口难度。近期，欧盟又有两项绿色化学品限令获得升级，一项是修订附件 17 第 50 条，限制消费品中 8 种多环芳烃（PAHs）的含量，PAHs 限令规定如产品的橡胶或塑料部件含有 REACH 指明的 8 种多环芳香烃，其含量超过 1 毫克/千克，即部件重量的 0.0001%，将被欧盟彻底封杀。多环芳烃限制令涉及包括玩具、服装、鞋履、手套、运动服、运动设备等，这制约了我国鞋类出口的增长空间。

3. 人民币升值速度加快，导致鞋企利润不断下滑。由于原材料、劳动力成本不断上升，特别是汇率优势不断丧失，我国鞋类企业利润不断被压缩。2013 年以来，受全球主要经济体纷纷采取量化宽松政策影响，人民币升值步伐不断加快。目前，制鞋等低端加工型出口企业的利润率在3%～5%，而仅人民币升值因素就侵蚀掉企业 1/3 的利润。

与此相反的是，轮胎用白炭黑则呈现上升趋势。中国是世界上最大的轮胎出口国和消费国，得益于汽车产业的飞速发展，我国轮胎行业在市场需求的刺激下迎来了高速增长时期。2013 年，我国轮胎产量出现两位数增长，尤其是随着人们对绿色环保低碳出行理念不断的提升，绿色环保轮胎得到大部分消费者认可，因此，国内越来越多的生产厂商逐步加大白炭黑在轮胎中用量以满足消费者的需求。其次，随着美国、日本、韩国、欧盟等国家实施轮胎标签法，我国为了与国际接轨也将出台绿色轮胎自律标准，推动我国“标签法”，这样更促进我国轮胎企业加大白炭黑用量。

沉淀法白炭黑在硅橡胶、碾米胶辊、胶带和电缆等橡胶制品中也得到广泛应用，其消费比例约占 12%。

沉淀法白炭黑在农药、饲料等行业中用做载体或流动剂、在牙膏中用做摩擦剂和增稠剂，在涂料行业用做分散剂、抗沉降剂或消光剂，医药、食品等行业用作吸附剂等。在非橡胶行业中，国内农药、饲料行业消费比例接近于国外比例，涂料和牙膏行业消费比例则偏低，造纸行业基本是空白。具体消费情况见表 8。

表 8　沉淀法白炭黑国内消费比例

行业	鞋类	轮胎	其他橡胶制品	农药饲料	涂料	牙膏	其他
消费比例/%	36	22	12	10	4	4	12

【改扩建情况】

国内沉淀法白炭黑扩建和新建装置主要针对轮胎行业的需求，2013 年全国沉淀法白炭黑在建项目的生产能力共有 26.5 万吨，大多数在 2014 年建成投产。2013 年全国沉淀法白炭黑在建项目及进展见表 9。

表9　2013年全国沉淀法白炭黑在建项目及进展

企业名称	新建或扩建	建设规模/万 t	计划投产年限	说明
福建连城诚裕化工有限公司	扩建	2	2013	已投产
赢创嘉联白炭黑(南平)有限公司	扩建	2	2014	
无锡确成硅(安徽)工厂	扩建	7	2014	
自贡中皓化工有限公司	扩建	2.0	2013	已投产
福建成隆化工有限公司	新建	3.0	2014	
三明盛达化工有限公司	扩建	2.0	2013	已投产
黑龙江省万源粮油食品有限公司	新建	0.5	2013	
福建省三明市津诚化工有限公司	新建	3.0	2014	
贵州瓮福蓝天氟化工股份有限公司	新建	1.0	2014	
江西黑猫炭黑股份有限公司	扩建	4	2014	建设中
合计		26.5		

【品种和质量】

国内沉淀法白炭黑主要品种有:制鞋用沉淀法白炭黑、普通轮胎用沉淀法白炭黑、子午胎用沉淀法白炭黑、室温硅橡胶用沉淀法白炭黑、高温硅橡胶用沉淀法白炭黑、牙膏摩擦剂和增稠剂用沉淀法白炭黑、喷墨打印纸用沉淀法白炭黑、医药载体用沉淀法白炭黑、开口剂用沉淀法白炭黑、涂料用沉淀法白炭黑、农药和灭火剂用沉淀法白炭黑等。剂型有超微细、超细、粉状和块状等。从产品分散性看:有通用沉淀法白炭黑、易分散沉淀法白炭黑和高分散沉淀法白炭黑。

产品质量方面:国内高分散沉淀法白炭黑取得长足进步,确成硅化学股份有限公司、无锡恒诚硅业有限公司、龙星化工股份有限公司、通化双龙化工股份有限公司等国内企业已具备较大的生产能力。按照新的化工行业标准 HG/T 3061－2009考核,2013年沉淀法白炭黑的产品合格率大于95%,产品质量明显提高。

【科技进步】

2013年国内各种刊物发表沉淀法白炭黑制备、应用及改性论文60余篇,主要集中在三方面:

1.利用尾矿及含氟硅渣制备白炭黑研究,如:石煤尾矿制备白炭黑的研究;石棉尾矿盐浸渣制备超细白炭黑的工艺条件研究;铁尾矿提纯纳米白炭黑的研究;利用废弃物含氟硅渣制白炭黑实验研究。

2.白炭黑化学改性研究,如:表面改性技术在白炭黑工业中的应用;硅烷偶联剂对白炭黑胶料性能的影响;偶联剂种类对白炭黑填充丁苯橡胶的影响等。

3.白炭黑在橡胶及轮胎制品中的应用,如:炭黑/白炭黑并用对溶聚丁苯橡胶性能的影响;白炭黑对苯基橡胶动态力学性能的影响;白炭黑填充氢化丁腈胶的性能研究;增大白炭黑在工程机械轮胎胎面胶中用量的研究等。

2013年国内申请沉淀法白炭黑制备和应用发明专利和实用新型专利共60余项,主要有:沉淀法白炭黑制备工艺和设备等方面发明专利和实用新型专利;利用含二氧化硅废渣通过资源综合利用制备沉淀法白炭黑技术;高分散白炭黑制备技术;沉淀法白炭黑在橡胶制品中的应用技术。

比较实用的专利有:大唐国际发电股份有限公司高铝煤炭资源开发利用研发中心申请的"一种利用煤矸石制备拟薄水铝石联产白炭黑的方法"(申请号:201310006059.7);瓮福(集团)有限责任公司申请的"一种回收湿法磷酸尾气中硅生产白炭黑的方法"(申请号:201310009737.5);龙星化工股份有限公司申请的"一种绿色轮胎用的高分散性白炭黑的制作工艺"(申请号:201310338069.0);安徽确成硅化学有限公司申请的"一种高分散性白炭黑的制备方法"(申请号:CN201310366331.2);无锡恒诚硅业有限公司申请的"一种提高硫酸沉淀法制备的白炭黑吸油值DBP的方法"(申请号:CN201310393673.3);福建远翔化工有限公司申请的"一种高抗黄变白炭黑的生产方法"(申请号:CN201310220426.3);合肥工业大学申请的"一种疏水白炭黑的制备方法"(申请号:CN201310306588.9);沈阳化工大学申请的"一种用硅酸钠制备高分散纳米白炭黑的方法"(申请号:CN201310396576.X);福建省三明同晟化工有限公司申请的"一种高透明度高分散性白炭黑的制备方法"(申请号CN201310281482.8);金能科技股份有限公司申请的"白炭黑生产废水处理工艺"(申请号:CN201310044994.2)等。

为了适应橡胶行业绿色环保要求,微珠和造块白炭黑得到较快发展,压力喷雾结合流化床两级串联干燥装置为众多新建和扩建厂家所采用,整体行业发展呈现规模大型化、产品功能化、控制自动化、装置节能化趋势。

【发展趋势】

在轮胎配方中用沉淀法白炭黑取代炭黑能显著降低轮胎的滚动阻力,降低油耗,减小二氧化碳排放量,提高湿路面牵引力及转弯性能,从而提高行驶安全性。自20世纪90年代,米其林公司使用罗地亚公司的专利产品——高分散性白炭黑,推出了高性能的"绿色轮胎"后,绿色轮胎以其舒适安全、环保节能的特点,逐渐被大众接受。近几年,使用高分散性白炭黑的绿色轮胎保持着10% ~20%的年增长率,而且越来越多的原配胎指标中开始指定添加白炭黑。目前欧洲超过85%的原装轮胎采用白炭黑补强的高性能绿色轮胎,甚至超过一半的替换轮胎也使用了白炭黑。在美国主要是皮卡车和SUV使用绿色轮胎,但已经有越来越多的轮胎将白炭黑作为轮胎补强剂,并通过技术创新不断提高白炭黑用量,给白炭黑产业带来巨大的发展机遇。

美国NOTCH公司预测,2010 ~ 2015年世界白炭黑需求量年均递增4.2%,其中中国为5.0%;美国弗里多尼亚集团公司(Freedonia Group)预测2010 ~ 2014年世界特种二氧化硅需求量年均递增6.3%,其中中国为9.0%。对比以上两种预测,根据我国沉淀法白炭黑应用相关产业发展趋势,未来5年我国沉淀法白炭黑的年均需求增长速度约为10%,其需求增长主要来源于轮胎工业、制鞋工业、硅橡胶工业、牙膏和保健品、涂料工业、保温材料等领域的需求增长。

1.轮胎用高分散沉淀法白炭黑

中国是世界上最大的轮胎出口国和消费国,2013年,轮胎产量实现两位数增长。欧盟、韩国、日本、美国、巴西已经相继实行绿色轮胎标签法,而随着形势发展,中国由普通子午线轮胎升级为绿色轮胎是大势所趋。据了解,国内子午线轮胎的绿色化进程将基本遵循先半钢胎,后全钢胎;先原配胎,后替换胎;先自愿,后强制的原则。根据规划来看,国内绿色轮胎产业化在2017年前仍处于自愿阶段,而2017年开始将转入强制执行期。

目前我国高分散白炭黑应用在绿色轮胎还处于起步阶段,在绿色轮胎的大趋势下,制备绿色轮胎所用的高分散白炭黑市场潜力巨大,预计2015年、2020年国内轮胎产业对白炭黑需求量分别为40万吨、100万吨,其中高分散白炭黑分别在20万吨、50万吨;而2012年国内轮胎产业对白炭黑需求量只有 18 万吨，其中高分散白炭黑的需求量小于 4 万吨，市场发展潜力巨大。由于看好绿色轮胎市场对白炭黑的巨大需求，法国罗地亚过去 3 年扩张了 40% 的产能，德国赢创工业集团也将在 2015 年之前扩能 30%。

2. 硅橡胶用沉淀法白炭黑

硅橡胶是有机硅产品中产量最大、应用最为广泛的一大类产品。硅橡胶硫化后具有优异的耐高、低温，耐候性，憎水，电气绝缘性，生理惰性等特点，在国防军工、医疗卫生、工农业生产及人们的日常生活中获得了广泛应用。

据美国知名咨询公司 MSM（Marketsand Markets）的一份报告显示，全球有机硅市场（包括弹性体、液体、树脂）到 2017 年市值将达 194 亿美元。2012～2017 年全球有机硅市场年增长率为 6.8%。全球有机硅市场正在被不断增长的终端用户市场及快速发展的新兴经济体国家（如中国、印度和巴西）所驱动发展。根据有机硅"十二五"规划，我国硅橡胶消费量年均增长率预计将保持在 18% 左右，作为硅橡胶制品的补强剂，沉淀法白炭黑的用量需求年均增长率预计将保持在 18% 左右。

3. 涂料用特种沉淀法白炭黑

在近几年的发展过程中，我国逐渐成为全球涂料生产和消费大国。2011 年我国涂料产量首次突破千万吨大关，2012 年则达到了 1271 万吨，较 2011 年增长 11.75%，2013 年，我国涂料产量持续了 2012 年的涨势，总产量达 1303.349 万吨，同比增长 3.58%。随着人们生活水平的提高，人们开始倡导"绿色"、"低碳"的生活方式，水性环保涂料将会成为涂料行业的发展趋势。在水性环保涂料中采用沉淀法白炭黑作为消光剂和增稠剂使用，预计涂料用特种沉淀法白炭黑也将保持较高增长速率。

气相法白炭黑

气相法白炭黑（又名气相二氧化硅）是利用卤硅烷经氢氧焰高温水解制得的一种精细、特殊的无定形二氧化硅产品。该产品由于其优越的稳定性、补强性、增稠性和触变性，在橡胶、塑料、蓄电池、涂料、医药、农业和化学抛光等领域得到了广泛的应用。气相法白炭黑一般有亲水型和疏水型两种产品，其中疏水型产品是利用亲水型产品通过表面化学处理而获得。

自 1941 年德国 Degussa 公司成功开发出气相法白炭黑的生产技术以来，全世界的气相法白炭黑年生产能力目前已超过 20 万吨，且生产技术高度集中，主要由德国 Degussa、瓦克（Wacker）、美国卡博特（Cabot）、日本 Tokuyama 、韩国东洋（Konasil）等少数几家公司控制全球市场，技术也不对外转让。

【基本情况】

2013 年受国内多晶硅行业整体状况回暖影响，市场上流通四氯化硅较 2012 年有一定程度增加，国内气相法白炭黑生产厂开工率略有增长。但由于原料供应短缺，装置整体依旧开工不足。

2013 年国内气相法白炭黑总生产能力 10.43 万吨/年，产量约 6.08 万吨/年。

世界 4 大气相法白炭黑生产商（Degussa、Wacker、Cabot、Tokuyama）已有 3 家（Wacker、Cabot、Tokuyama）在华设立独资、合资企业，目前产能共 4.5 万吨/年，实际产量约为 3.4 万吨/年。

国内生产企业有吉必盛硅材料有限公司、山东东岳有机硅材料有限公司、景德镇宏柏化学科技有限公司、赤峰盛森硅业科技发展有限公司、济宁青云化工有限公司、宜昌南玻硅材料有限公司、浙江开化合成材料有限公司、特变电新疆硅业有限公司、浙江合盛硅业有限公司、浙江衢州富士特白炭黑有限公司、黑猫炭黑股份公司、洛阳中硅高科技有限公司、山东瑞阳硅业科技有限公司、焦作煤业（集团）合晶科技有限责任公司、峨眉山长庆化工新材料有限公司、徐州天成氯碱有限公司、宁波朝日硅材料有限公司等。国内企业总产能为 5.93 万吨/年，实际产量约为 2.68 万吨/年。内资企业生产能力占国内总生产能力的 56.86%，外资企业占 43.14%；内资企业的产量占国内产量的 44.08%，而外资企业产量占 55.92%。2013 国内主要气相法白炭黑生产厂家见表 10。

表 10　2013 国内主要气相法白炭黑生产厂家

生产厂家	产地	生产能力/t	备注
卡博特蓝星(江西)化工有限公司	江西九江	20000	
瓦克化学气相二氧化硅(张家港)有限公司	江苏张家港	15000	
德山化工(浙江)有限公司	浙江嘉善	10000	
吉必盛硅材料有限公司	吉林、四川、连云港、广州	6000	
山东东岳有机硅材料有限公司	山东桓台县	6000	
景德镇宏柏化学科技有限公司	江西乐平市	4400	
赤峰盛森硅业科技发展有限公司	内蒙古赤峰市	4000	
济宁青云化工有限公司	山东济宁	4000	
宜昌南玻硅材料有限公司	湖北宜昌	3400	
浙江开化合成材料有限公司	浙江开化	2000	
特变电新疆硅业有限公司	新疆乌鲁木齐	2000	
浙江合盛硅业有限公司	浙江省嘉兴市	3000	
浙江衢州富士特白炭黑有限公司	浙江衢州	2000	
黑猫炭黑股份公司	江西景德镇	2000	
洛阳中硅高科技有限公司	河南洛阳	2000	
山东瑞阳硅业科技有限公司	山东省新泰市	2000	
焦作煤业(集团)合晶科技有限责任公司	河南焦作	3000	
峨眉山长庆化工新材料有限公司	四川乐山市	2000	
雅安永康纳米材料有限公司	四川雅安	2000	
上海氯碱化工股份有限公司	上海	1000	
宁波朝日硅材料有限公司	浙江宁波	1000	
徐州中兴化工	江苏徐州	1000	
徐州天成氯碱有限公司	江苏徐州	5000	2500 吨为 2013 年 8 月投产
无锡市金鼎隆华化工有限公司	江苏无锡市	1500	
合计		104300	

【进出口贸易】

2013 年国内气相法白炭黑出口量约为 1.2 万吨，出口气相白炭黑量最多的企业是瓦克化学气相二氧化硅（张家港）有限公司、卡博特蓝星、德山化工 3 家外资企业。进口量约 0.8 万吨。在进口产品中，德国、美国、日本居前三位。从德国、美国、日本进口的主要为改性和高比表面产品。

【消费情况】

2013 年国内气相法白炭黑市场表观消费量约 5.58 万吨，其中橡胶与密封材料用气相法二氧化硅约 3.6 万吨，占消费总量的 64.52%；电子电力用气相法二氧化硅约 0.9 万吨，占 16.13%；油漆油墨、感光材料用气相法二氧化硅约 0.6 万吨，占 10.75%；其他用途气相法二氧化硅约 0.48 万吨，约占 8.6%。2013 年国内气相法白炭黑消费结构见表 11。

表 11　2013 年国内气相法白炭黑消费结构

消费领域	用途	表观消费量/万 t	比例/%
橡胶与密封材料	补强剂	3.6	64.52
电子电力	补强剂、助流剂	0.9	16.13
油漆油墨、感光材料	分散剂、抗沉降剂、消光剂	0.6	10.75
其他		0.48	8.6
总计		5.58	100.00

【在建项目】

2013 年全国气相法白炭黑在建项目的生产能力共有 3.7 万吨，主要为国内企业。2013 年全国气相法白炭黑在建项目见表 12。

表 12　2013 年全国气相法白炭黑在建项目

企业名称	新建或扩建	生产能力/t	计划投产年限	说明
唐山三孚硅业有限公司	新建	6000	2014	推迟
镇江江南化工有限公司	新建	5000	2014	
重庆广旺投资有限公司	新建	5000		推迟
乐山市吉必盛硅材料有限公司	扩建	4000	2014	推迟
山西三佳化工新材料有限公司	新建	2500	2014	
浙江富士特硅材料有限公司	扩建	5000	2014	
赤峰盛森硅业科技发展有限公司	扩建	5000	2014	
沈阳化工股份有限公司	搬迁	1500	2014	
内蒙古恒业成有机硅有限公司	新建	1000	2014	
焦作煤业（集团）合晶科技有限责任公司	扩建	2000	2014	
合计		37000		

【品种和质量】

国内气相二氧化硅产品型号按比表面积、疏水型、亲水型分为A系列和B系列产品。产品用途有：有机硅橡胶用、有机硅密封胶用、胶粘剂用；油漆、涂料、油墨用；胶体蓄电池专用；树脂复合材料用；电子封装材料用、打印机炭粉等系列产品。

目前，国内气相法白炭黑产品比表面积能够很好地控制在国标要求范围内，但与德国、美国、日本、韩国等进口产品相比，杂质含量、透明性、产品稳定性尚有差距。按照GB/T 20020－2005气相二氧化硅标准考核，气相二氧化硅产品2013年产品合格率大于90%，产品质量明显提高。

【科技进步】

由广州吉必盛科技实业有限公司联合中橡集团炭黑工业研究设计院，邀请德国瓦克化学（张家港）有限公司、日本德山化工（浙江）有限公司、成都硅宝科技实业有限公司、浙江凌志精细化工有限公司、佛山市华联有机硅有限公司等公司进行的气相二氧化硅国家标准的修订工作已经完成。新的国家标准（GB/T 20020－2013 气相二氧化硅）于2014年2月1日正式实施，标志着国内企业气相二氧化硅产品质量和国际进一步接轨。

2013年国内各种刊物发表气相法白炭黑论文30余篇，主要集中在气相法白炭黑生产过程中环保治理，如：表面改性气相二氧化硅生产车间的粉尘控制，气相法白炭黑尾气系统技术改造研究，布袋除尘器在气相法白炭黑生产中的应用。气相法白炭黑应用研究，如气相二氧化硅改性水性聚氨酯涂层剂的制备及性能研究，特种气相法白炭黑SIDISTAR® R300在全钢载重子午线轮胎胎侧胶中的应用，纳米二氧化硅复合绝热材料研究现状及发展趋势等。

2013年国内申请气相法白炭黑工艺、设备和应用发明专利和实用新型专利有10多项。其中实用专利有：沈阳化工股份有限公司申请的“提高硅橡胶耐高温性能的表面改性气相二氧化硅及其生产方法”（申请号：CN201310037911.7）；沈阳化工股份有限公司申请的“改善粉体流动性的表面改性气相二氧化硅及其生产方法”（申请号：CN201310041012.4）；浙江大学申请的“一种燃烧四甲基硅烷制备白炭黑的方法及其制备装置”（申请号：2011310013787.0）；陈伟、陈泗芬申请的“一种疏水性白炭黑的制备方法”（申请号：201310123633.7）；浙江合盛硅业有限公司申请的“一种利用甲基三氯硅烷生产气相法白炭黑的系统”（申请号：201310377709.9）；新特能源股份有限公司申请的“一种白炭黑生产中工业级四氯化硅的提纯回收方法”（申请号：201310443763.9）；浙江富士特集团有限公司申请的“一种气相白炭黑自动灌装机”（申请号：201310548865.7）；浙江合盛硅业有限公司申请的“一种利用甲基三氯硅烷生产气相法白炭黑的旋风分离装置”（申请号：CN201320525015.0）；深圳市安品有机硅材料有限公司申请的“一种造纸工业用有机硅消泡剂及其制备方法”（申请号：CN201310687969.6）。这些专利的实施促进了国内气相法白炭黑生产技术和应用技术的进步，同时也表明国内企业越来越重视气相法白炭黑应用技术研发。

【发展趋势】

经过近几年的快速发展，我国气相法白炭黑在生产能力、产品质量和品种等方面均取得了长足的进步。但与国外公司相比仍存在着装置规模小、产品品种少等问题，尤其是高比表面和表面改性产品方面同国外相比差距明显。未来气相法白炭黑发展主要体现在以下几个方面：

1. 开发高比表面积、杂质含量少的特种气相法白炭黑产品和气相法白炭黑表面改性技术。

卡博特公司宣布推出Cab－O－Sil Clarus 3160气相白炭黑，一种应用于液体硅胶（LSR）的亲水性新产品。这种新型气相法白炭黑具有通过提供高度的补强作用而又不牺牲透明度，并尽量减少因老化引起的变色来改善透明硅胶的性能。相比较低表面积（如300 m^2/g）品种，这种高结构、高表面积（400 m^2/g）品种可使透明度提高10%，并使老化黄变现象减少30%，这种气相白炭黑的特点体现在具有高清洁度、高稠度；低杂质含量导致其光学性能提高，始终如一的粒子特性可赋予配方稳定性和持续不变的产品性能。

目前国内厂家产品比表面积大多在200 m^2/g，表面改性产品仅有吉必盛、宜昌南玻等少数企业生产,产品品种、数量与卡博特、德固赛、瓦克的产品相比仍有较大差距。

2. 利用有机硅单体生产过程中的副产物为主要原料制备气相法白炭黑,实现资源互补。

现今,气相法白炭黑发展的一个基本模式是生产企业与有机硅单体和后加工企业密切结合,其生产厂家利用有机硅单体厂生产过程中的副产物为主要原料制备气相法白炭黑,而在气相法白炭黑生产过程中所产生的副产物 HCl 则返回有机硅单体厂用于有机硅的合成。此外,气相法白炭黑产品出来之后又大量用于有机硅产品的后加工,这样形成一个资源利用、相互促进发展的良性循环。所以在全球最大的有机硅企业道康宁(Dowcorning)和 GE 公司单体工厂附近有最大的气相法白炭黑生产企业卡博特和 Degussa 公司,而瓦克公司则本身是两大类产品的生产企业。

3. 利用多晶硅生产过程中的副产物四氯化硅为原料制备气相法白炭黑,气相法白炭黑生产的尾气 HCl 综合回收,用于多晶硅生产,真正做到物料闭式循环利用,既有效地解决了多晶硅生产副产物处理难题,也降低了白炭黑生产成本。

国外主要的多晶硅公司如德国瓦克、日本德山等采用这种方法,既生产多晶硅又生产白炭黑,把气相法白炭黑和多晶硅生产紧密结合,形成一个资源互补、互相利用、共同发展的产业链。

(朱春雨　郭轶琼)

橡 胶 机 械

【基本情况】

2013年,我国橡胶机械行业在经历2012年负增长后形势逆转,销售收入、出口创汇、利润等主要经济指标大幅增长,创历史新高。按销售收入排名的2013年度全球橡胶机械“30强”中,我国共有15家企业榜上有名,占1/2。在前“10强”中我国企业占据3席,前“5强”我国占2席。

2013年世界橡胶机械制造商排名是历年来变化最小的一年,前5名为2012年的翻板,位次不变。H-F公司继续位居榜首,软控股份继续保持第二位,VMI公司列第三,神户制钢列第四位,大连橡塑居第五。第6~10位依次为中国益阳橡机、中国天津赛象、德国LWB、德国德斯玛、德国特罗埃斯特。前“10强”销售收入占世界橡胶机械销售总额的70.1%,比2012年增加5.8个百分点,说明橡机行业由2007年开始的大公司化还在继续,并有加速的迹象,行业集中度在提高。在“30强”的橡机企业中,中国有15家,德国4家,日本2家,意大利2家,荷兰1家,法国1家,奥地利1家,印度1家、以色列1家、土耳其1家、美国1家。橡胶机械有向中国及德国集中的趋势,尤其是中国正成为世界橡胶机械制造中心。软控股份、大连橡塑、益阳橡机、天津赛象分列第2、5、6、7位。桂林橡机、华工百川、华橡自控、桂林工程公司、双星机械、北京敬业、四川亚西、北京贝戴科技、北京万向、大连美嘉达、江苏双象分列11、14、15、16、17、20、21、22、23、24、26位,再次展示我国橡胶机械行业在国际上的地位和影响力。我国橡胶机械销售收入占全球份额为45.9%,比南亚地区高出30个百分点,连续10年位居榜首。这充分展示我国橡胶机械行业在国际上的地位和影响力,标志着我国已成为世界橡胶机械大国。2013全球橡机制造商排名见表1。

表1 2013全球橡机制造商排名 百万美元

排名	公司名称	2013年	2012年	2011年	2010年	2009年
1	H-F公司/德国	502.4	468	362.9	271.3	289.72
2	软控股份/中国	405	309.6	354.3	228	168.66
3	飞迈/荷兰	344.8	260	262	254.8	204.03
4	神户制钢/日本	247	238	312	330	261.15
5	大连橡塑/中国	193.4	208	133.3	85.6	66.77
6	益阳橡机/中国	134.9	97.6	128.8	109	108
7	天津赛象/中国	127.9	85.7	84.1	79	90.18
8	LWB/德国	110.4	85.6	77	67.4	60.68
9	德斯玛/德国	110.3	96.6	85.2	78.6	123.91
10	特罗埃斯特/德国	102.1	77	93.7	77.1	68.01
11	桂林橡机/中国	81.9	77.3	92.4	90	87.7

续表 1

排名	公司名称	2013 年	2012 年	2011 年	2010 年	2009 年
12	拉森特博洛/印度	80	75.3	103	92	74.74
13	马朗贡尼/意大利	73.8	22.1	20	40.2	
14	华工百川/中国	72.3	48.1	39.1	35.1	
15	华橡自控/中国	70.2	54.2	85.8	86	76.49
16	桂林工程公司/中国	60.7	42	40	58	43.91
17	双星机械/中国	52.6	77.2	92.1	83	56.62
18	REP/法国	52	160	53.7	44.6	61.21
19	Pelmar 工程/以色列	49	46	5	15.6	
20	北京敬业/中国	45.8	43.9	42.1	42	41.62
21	四川亚西/中国	45.6	40.1	38.2	39.4	30.22
22	北京贝戴科技/中国	39.4	44.3	47.4	46.4	36.13
23	北京万向/中国	39.3	35	25.4		
24	大连美嘉达/中国	37.2	35	36.5	30.8	
25	英盖尔/奥地利	37.2	32.5	28.1		
26	江苏双象/中国	30.8	32.8	28.1		
27	Uzer Makina 公司/土耳其	30.3	20	16		
28	弗伦茨油压机械公司/美国	29	27.5	21	7	
29	柯美里奥/意大利	25.7	17.2	12.7	12.7	14.6
30	Moriyama 公司/日本	19	20	10		

注:按销售收入排名。

【生产和销售】

中国化工装备协会橡胶机械专业委员会对全国 30 家主要橡胶机械厂家 2013 年主要经济指标统计,橡胶机械销售收入 99.42 亿元,同比(下同)增长 21.5%,以此推算 2013 年全国橡胶机械总销售收入达到 130 亿元,增长 22.6%。30 家企业中有 22 家企业销售收入增长,增幅 40% 以上有 5 家,分别是绍兴精诚、软控股份、宁波千普机械、大连益达、天津赛象科技。按销售收入排名,前 10 名依次是软控股份、大连橡塑、益阳橡机、天津赛象、桂林橡机、华工百川、福建三明、桂林工程公司、华澳轮胎及双星机械。这十大公司销售收入 76.90 亿元,占我国橡机总销售额的 59.2%,我国橡机行业集中度增加 5 个百分点。受我国轮胎投资“小井喷”的影响,轮胎机械的需求在 2013 年 3 月后巨增。橡胶机械行业由前几年的产销基本平衡转变成供不应求。相当多的企业产销两旺,加班加点赶任务,产品一下线就发往用户,产品销售率 100% 左右。相对来说,一些专业生产非轮胎橡胶设备企业订单不饱满,行业内 7 家销售收入下降的企业主要为非轮胎橡胶机械企业。我国主要橡胶机械企业销售情况见表2。

表2 我国主要橡胶机械企业销售情况

万元

序号	单位	2013年	2012年	主要产品
1	软控股份	251000.0	151317.7	自动物料输送称量配料系统、子午线轮胎自动成型系统、小角度钢丝帘布自动裁断接合系统、智能型内衬层挤出压延生产线、检测设备、硫化设备
2	大连橡塑	118000	130650	开炼机、密炼机、压延机、挤出机、硫化机等
3	益阳橡机	82346	61279	密炼机、轮胎硫化机、大型平板硫化机、鼓式硫化机
4	天津赛象	78000	53800	成型、硫化、裁断、胎面挤出等子午线轮胎系列设备
5	桂林橡机	49969.8	48572.9	轮胎硫化机、成型机等
6	华工百川	44096	38932	硫化机及胎面挤出等
7	福建三明	42836.7	34038.5	硫化机等
8	桂林工程公司	37023	26346	胎面挤出等
9	华澳轮胎	33718.00	27992.00	硫化机
10	双星机械	32106	33320	硫化机、成型机等
11	北京敬业	27949	27538.4	半钢胎成型机
12	四川亚西	27800	25200	再生胶设备、密炼等
13	北京贝戴科技	24057.6	27831.66	成型机、硫化机、自动物料、检测设备等
14	北京万向	24000	20000	输送称量配料系统
15	大连嘉美达	22730	22000	胎面生产线
16	江苏双象	18805	20800	压延生产线等
17	上海精元	18000	16000	硫化机、成型机等
18	绍兴精诚	15248	8845	挤出设备等
19	内蒙古富特	10000	9000	胎面生产线等
20	上海思南	4938	5023	压延、发泡设备等

【企业效益】

中国化工装备协会橡胶机械专业委员会统计，利润增长30.0%。亏损企业2家，为非轮胎橡胶机械生产商。2013年下半年以后，行业迎来较好盈利期。一是订单增加，由买方市场转换成卖方市场，橡机企业选择余地增加，订单价格相对较好。二是原材料价格走低，处于较低水平。三是规模适当增加有利于盈利水平提高。行业内新产品产值增长 17.3%，与橡机销售收入增长基本同步。资产负债率下降 16.7%，也说明企业盈利水平在提高。企业人员数基本保持稳定，上报企业工资总额增长 13.4%。我国橡胶机械劳动力成本在逐渐提高，通过技术改造升级提高整个行业自动化程度和水平将是橡机企业努力的方向。

【进出口】

30 家企业出口交货值 16.65 亿元，增长 58.3%，以此推算我国 2013 年总出口创汇 3 亿美元。出口创汇增幅较大的企业有：桂林工程公司、绍兴精诚机械、益阳橡机、天津赛象及软控股份，其增长幅度在 200% 以上。按出口交货值排名，前 10 名依次为软控股份、天津赛象、益阳橡机、华澳轮胎、大连橡塑、大连嘉美达、四川亚西、桂林工程公司、桂林橡机及华工百川。出口交货值占总销售额 14.2%。软控股份对缅甸、越南轮胎项目实行"交钥匙工程"并取得成功，为我国橡胶机械全套设备出口提供示范。大连橡塑成功收购捷克及加拿大企业，软控股份收购成型鼓制造商英国维克公司及检测设备制造商美国 TMST 公司，同时在阿克隆建立技术中心，这些为我国橡胶机械行业扩大国际市场的份额打下良好的基础。

另外，我国轮胎企业赴海外建立轮胎厂，这为增加我国橡胶机械出口创汇提供良好机会。软控股份 2013 年出口创汇剧增与赛轮股份在越南建立轮胎厂有较大关系。随着我国中策橡胶集团、三角集团、山东玲珑等海外轮胎项目启动，我国橡胶机械出口创汇将继续保持较大幅度增长。我国主要橡机企业近年橡胶机械出口情况见表 3。

表 3　主要橡机企业近年橡胶机械出口情况

序号	单位	出口交货值/万元				出口主要产品
		2010 年	2011 年	2012 年	2013 年	
1	软控股份	8200	17590	24750	53747	下辅机、成型机等
2	桂林橡机	19354	13725	13254.6	4161	硫化机
3	大连橡塑	8226	12600	14700	11432	密炼机、开炼机等
4	益阳橡机	16431	10656	4007	20402	密炼机、硫化机等
5	双星机械	8800	11000	8000	3386	硫化机
6	大连嘉美达	6249	9200	9000	9300	炼胶设备
7	四川亚西	3500	7130	8200	8800	炼胶设备、再生胶设备
8	华橡自控	819	6807	1195	2453	硫化机
9	天津赛象	5000	6000	5000	21600	成型机、裁断机等
10	北京敬业	9491	4585.55	3110.65	3111	半钢成型机
11	北京贝戴科技	1901	3000	8467.5	0	成型机
12	桂林工程公司	4320	323	0	0	挤出设备
13	华工百川	2159	2854	1531	3611	挤出设备
14	华澳轮胎	2175	11336	9146	17352	硫化机

与橡机出口相反，目前橡机行业的进口贸易呈下降趋势，橡胶企业这几年进口的橡胶机械为子午胎生产中使用的钢丝帘布压延机组、钢丝帘布裁断机、半钢子午胎一次法成型机、X 光轮胎检

验机等。2000年，我国橡机市场，进口设备与国产设备的比例为6:4，现在这一比例为2:8。现进口设备主要是“独生子女”设备，如钢丝帘布压延机组、钢丝帘布裁断机等，机群式产品，如密炼、硫化、成型设备已很少进口。从目前趋势看，橡机进口额将进一步走低。

【行业产能】

轮胎行业出现投资“小井喷”，设备订单供不应求。面对这波轮胎投资热，橡机主流企业基本保持相对理智，橡机专业委员会也有意引导行业理智技改和投资，倡导企业主要围绕提高研发能力、加工精度、自动化程度及降低成本等进行升级。主流企业积极响应，产能未现大幅提高。

大连橡塑完成搬迁改造，先后投资19亿元，建设完成了营城子和长兴岛两个生产基地。6年间，大橡塑公司的销售和研发中心进驻了大连生态科技创新城，并购了两家海外企业，有效地实现了技术优势、加工能力的互补以及销售网络扩张，达到了前期预计的效果，形成了一个中心两个基地、两个海外公司的新格局。益阳橡胶塑料机械集团有限公司为提高密炼机转子合金堆焊质量和堆焊效率，先后投入600多万元从德国引进密炼机转子焊接机器人系统和国内数控龙门铣等先进专用装备，确保该公司主导产品密炼机关键部件转子按设计标准堆焊和标准化加工生产，从根本上提高了密炼机的炼胶质量。天津赛象科技股份公司对企业进行智能化改造，数十台数控机床承揽主要零部件加工。

我国橡胶机械通过近年的技术改造，行业生产质量水平有了一个质的提高。但其他行业涌入橡机行业及小型橡机企业迅速成长，行业产能有10% ~20%的提升。从硫化机设备方面来说，桂林橡机、福建三明等较大企业产能相对稳定，但随着巨轮股份、豪迈科技两家模具企业进入，同时华澳设备等企业扩产，我国硫化机产能迈上3000台/年台阶。在行业产能达到一定高度后，订单的减少可能对橡机行业造成巨大打击，这应该引起行业的高度重视。

【科技创新】

2013年，我国橡胶机械行业加大产学研力度，加大知识产权的保护，一大批科技成果喜获国家或省市科学技术进步奖，大批产品通过鉴定，我国橡胶机械正在科技创新道路上越走越宽。全行业已拥有1家国家级工程实验室、4家国家技术中心和2家博士工作站，形成了一大批科技创新型的企业。

2013年，我国橡胶机械企业多次荣获奖励，天津赛象科技股份有限公司的拳头产品“汽车子午线轮胎成型机”被授予“中国石油和化学工业知名品牌产品”称号。同时，赛象公司先后获“2013年度中国石油和化学工业品牌培育示范企业”及“全国工业品牌培育示范企业”荣誉称号。益阳橡机入选国家火炬计划重点高新技术企业。福建华橡自控技术股份有限公司被福建省经济贸易委员会认定为福建省第一批战略性新兴产业骨干企业。中国化学工业桂林工程有限公司被列入第八批自治区级工程技术研究中心组建计划。2013中国化工装备百强排行榜中6家橡胶机械企业入围，分别为大连橡胶塑料机械股份有限公司（居22位）、软控股份有限公司（居28位）、天华化工机械及自动化研究院（居31位）、桂林橡胶机械厂（居39位）、青岛双星橡塑机械有限公司（居53位）、天津赛象科技股份有限公司（居58位）。

2013年我国橡胶机械在产学研方面取得进展，多家企业与高校及其他行业进行合作，或结成联盟，推动行业科技进步。中国化学工业桂林工程有限公司与罗克韦尔自动化（中国）有限公司合作共建橡胶工业自动化实验室。桂林橡胶机械厂建立了实验中心基地，对桂林橡机主要产品的部分零部件及外购件进行测试实验，对电气控制件进行测试，利用网络进行远程监控，获取数据进行分析评定及优化选型。桂林橡胶机械厂承担建设广西橡胶产业技术创新战略联盟，在科技平台、人才队伍、新产品、新工艺、软件、发明专利等多方面取得了较好的成果，提升了广西橡胶机械工业的创新能力，带动了行业的创新发展。赛象科技与南开大学机器人与信息自动化研究所进行战略合作，双方将本着“资源共享，优势互补，互利共赢”的原则，充分整合校企资源，进行多层次、多形式的合作，实现以项目为驱动，促进科研成果转化，最终实现社会效益和经济效益的共赢。山东豪迈机械科技股份有限公司牵头，在山东省高密市成立“橡胶模具及制造装备产业技术创新战略联盟”。

2013 年，我国多项产品取得突破，通过鉴定或验收，主要项目见表 4。

表 4　我国橡胶机械主要项目鉴定验收情况

序号	企业名称	项目名称
1	北京化工大学与时风集团	巨型工程子午线轮胎胶胚挤出成型新工艺
2	中国化学工业桂林工程有限公司	半钢子午线轮胎 Φ90/Φ120/Φ250/Φ150 四复合挤出机生产线
3	中国化学工业桂林工程有限公司	多功能橡胶挤出生产线
4	中国化学工业桂林工程有限公司	橡胶工厂废气的紫外－生物过滤联合处理工艺与设备研制
5	中国化学工业桂林工程有限公司	新型螺旋冷却装置研制
6	中国化学工业桂林工程有限公司	新型螺旋冷却装置
7	中国化学工业桂林工程有限公司	新型冷喂料排气挤出机
8	中国化学工业桂林工程有限公司	新型冷喂料排气挤出机研制
9	广州市联冠机械有限公司	3E 废旧轮胎常温全自动制取胶粒生产线
10	软控天晟	JTPG－250 型挤压脱水膨胀干燥一体机
11	软控股份	新一代全自动小料称量系统
12	青岛高策橡胶工程有限公司	冠带条/胎圈包布纤维条挤出法生产线
13	特拓（青岛）轮胎技术有限公司	PPA－花纹性能分析软件
14	特拓（青岛）轮胎技术有限公司	胶料流动性分析仪
15	特拓（青岛）轮胎技术有限公司	一次法炼胶系统
16	益阳橡胶塑料机械集团有限公司	大型平板硫化机组产业化
17	桂林橡胶机械厂	1220 电动螺旋式硫化机开发

【企业信息化】

2013 年，我国橡胶机械行业在信息化运用及软件研发方面取得成绩。桂林橡胶机械厂研发出无人硫化车间，大大减少操作工人。山东豪迈机械科技股份有限公司被评为“潍坊市 2012 年度信息化与工业化融合行业标杆企业”。天津赛象科技组建成立电气标准化委员会，主要承担公司电气专业的技术水平提升、标准和规范制定推行与检查、专业培训等方面的职责。中国化学工业桂林工程有限公司承担的桂林市本级工业企业“两化”融合项目——三维协同设计平台建设与应用项目通过了现场验收。软控股份与韩泰集团旗下em Frontier 公司在青岛签署战略合作协议，双方将在 IT 解决方案、工厂自动化、物流自动化 3 个领域内展开深度合作，在全球范围内共同开发市场。软控股份公司采用 RFID（射频识别）技术，将一个电子芯片植入到轮胎里面，批量应用到半钢和全钢不同规格的轮胎，在我国近 20 个省市应用，该项目获青岛市科技进步奖。另外，软控股份研发轮胎立体仓库，成为公司新的经济增长点。

巨轮模具公司的工业机械人项目也取得运用。

【资本运作】

近年我国橡胶机械行业资本运作加大力度，行业间兼并重组时有发生。软控股份先后收购轮胎成型鼓 WYKO 公司、北京敬业机械设备有限公司、轮胎检测设备品牌 TMSI 公司等，大连橡胶塑料机械股份有限公司先后收购加拿大麦克罗机械工程有限公司、捷克 BUZULUK 公司等。这两家企业走出国门，收购国外著名公司，取得成功，在 2013 年取得明显效益。软控、大连橡塑收购重组对其销售收入增长贡献较大。

据橡机专业委员会统计，2013 年我国橡机前 3 强市场份额由上年的 29.7% 上升至 34.7%，前 10 强市场份额由上年的 54.5% 上升至 59.2%，说明我国橡机企业大公司化明显。

软控股份全面布局全球发展战略，在市场方面，于 2012 年建立了覆盖全球的五个大区——美洲大区、欧洲大区、印度大区、亚太区、大中华区。在研发方面，2013 年 11 月 1 日，软控股份在美国阿克隆市成立了北美研发中心，至此基本形成欧洲、美洲、中国 3 个主要研发根据地。中国化工装备总公司橡机板块整合规划项目更向前一步，主要原材料、部件实行集中采购，并着手销售整合前期工作。

【存在问题】

1. 科技创新和产业化能力有待加强

部分产品，尤其是钢丝帘布压延机等设备与国外有较大差距，部分产品在我国轮胎厂还未得到认可。钢丝帘布压延机现只有大连橡塑机械股份有限公司开发，但国内至今少有轮胎厂采用其主机。一次法半钢胎成型机在我国运用不广泛。专利发展很不平衡，专利主要集中在少数企业，且主要集中在硫化机、成型机上。

2. 在全自动轮胎生产制造设备上有巨大差距

对米其林制造一体化的 C3M 技术、倍耐力自动化系统的 MIRS 技术、固特异的集成加工精密成型单元的 IMPACT 技术、大陆积木式成型法的 MMP 技术、普利司通全自动连续轮胎成型系统的 ACTAS 技术等，我国橡胶机械行业现无一厂家对其进行研究。

3. 品牌意识及影响力不强

我国橡胶机械品牌意识普遍不强，大多企业没有进行品牌策划。在国际市场上还未形成有影响力的品牌，虽然有一定的产品出口，但给世界著名轮胎公司的印象只是“中国制造”。

4. 国际化步伐有待进一步加快

近年我国橡胶机械出口创汇逐年增加，增长较快，但是橡胶机械出口占总量不到 20%，也就是说我国橡胶机械的绝大部分供给国内工厂，近年我国橡胶机械的快速发展主要得益于国内轮胎工业的拉动。我国出口创汇超亿元的企业只有 3 个，出口交货值超过千万元企业只有 10 家，绝大部分企业无出口记录。我国大部分产品销售在东南亚等国家和地区，低档次产品较多，主要竞争手段为产品价格。

【展　望】

我国轮胎工业的持续高速发展以及成为世界轮胎工业的中心，都为我国橡胶机械打下良好的基础，提供广阔市场。我国橡胶机械性价比在世界领先，控制水平已与世界同步，为我国橡胶机械行业插上腾飞的翅膀。我国橡胶机械业已存在多种形式的经济体制，创建了良好科技创新体系，为我国橡胶机械做“强”提供了肥沃的土地。我国橡胶机械已具有做“强”的天时、地利和人和，我国橡胶机械做“强”不是梦。

1. 我国橡胶机械行业未来发展

我国橡胶机械发展规划见表 5。

2. 产品质量及水平

硫化设备 2015 年达到世界一流，2020 年世界领先。

炼胶设备 2016 年达到世界一流，2025 年世界领先。

压延设备 2015 年达到国内认可，2020 年达到世界一流，2025 年世界领先。

裁断设备 2018 年达到世界一流，2025 年世界领先。

成型设备 2018 年达到世界一流，2025 年世界领先。

表 5 我国橡胶机械发展规划

项目	2013 年	2014 年	2015 年	2016 年	2017 年	2018 年	2019 年	2020 年	2025 年
销售收入/亿元	130	145	160	170	180	190	200	210	260
出口交货值/亿元	19	22	25	28	32	36	40	45	80
人均年销售收入/万元	52	58.5	65.3	69.7	74.1	79.2	84.0	89.4	113.0
前 10 强行业集中度/%	59.5	61	62	62.5	63	63.5	64	64.5	68
从业人员数	25000	24800	24500	24400	24300	24000	23800	23500	23000

检测设备 2020 年达到世界一流,2025 年世界领先。

非轮胎橡胶设备 2020 年达到世界一流,2025 年世界领先。

3. 产品品种

我国现已能生产全套子午线轮胎设备,重点是压延、裁断等设备要提高精度和稳定性,同时在轮胎检测设备上下功夫。2015 年及“十四五”重点是开发非轮胎橡胶设备,尤其是高精密橡胶制品等专用设备,使我国具备生产高精度制品设备能力。

4. 设备安全、环保、节能指标

设备安全、环保、节能指标 2015 年与世界同步,2020 年达到世界先进水平,2025 年世界领先水平。

(陈维芳)

轮胎模具

我国实行改革开放政策30多年来,轮胎模具行业受到轮胎工业快速发展的市场拉动和政府支持,已成为一个独立的、较为完整的工业体系,包括轮胎模具的设计研发体系、软件开发工具、模具材料研发、供应体系及专业的轮胎模具制造厂商,且一跃成为世界轮胎模具制造大国和贸易出口大国,完成我国轮胎模具产业由小到大的历史性转变。目前全国生产轮胎模具的企业有100家左右,规模以上企业约30家,上市公司2家。面对世界轮胎工业及我国轮胎行业发展环境的新变化、新挑战,我国轮胎模具行业由快速发展期进入平稳增长期,在解决结构性产能过剩问题、优化产业结构等方面效果明显。

【经济运行】

2013年,由于世界经济的复苏、中国汽车行业的快速发展及橡胶价格在底部震荡等众多原因,我国轮胎市场从下半年开始形势好转。全年轮胎销量、出口、利润等指标保持两位数增长,创3年来最好水平。中国轮胎生产尽管已处于低速增长期,但总体需求在增长。受此影响,轮胎模具行业的生产经营形势逐步好转,整个行业的销售收入由前两年的一位数增长,重新回到两位数增长。业内人士认为,两大因素致企业订单骤增:一是我国轮胎投资再掀小高潮;二是来自出口市场的转好。

据机械模具分会对26家国内重点轮胎模具企业的统计情况来看,2013年整个行业的销售收入为41.5亿元,同比(下同)增长10%;实现利润9.6亿元,增长10.5%;实现出口交货值7.9亿元,增长10.1%。

1.整个行业的生产经营形势明显好于2012年

2013年轮胎产量呈两位数增长,同时新花纹、新型号的轮胎也不断增加,人们对产品多样化的需求越来越高,因此轮胎更新换代的速度也越来越快。再加上近两年外资及本土轮胎企业纷纷扩大产能,投资又现一轮“小井喷”。所以,我国轮胎模具企业从年初开始大多订单饱满,生产供不应求,行业又呈产销两旺的可喜局面。

另外,我国轮胎模具出口继续向好,一是国外轮胎企业已经认可国内的模具,主要是国内模具产品在性能和质量上有很大提高,基本上满足了现有国外轮胎企业的使用要求;二是国产模具在国际市场具有价格优势。2013年豪迈公司的外资客户比例达到60%以上,再创公司出口比例新高。应该说整个行业在开发美国、印度、东南亚及独联体市场方面成效显著。

2013年轮胎模具行业的两家上市公司豪迈科技和巨轮股份股价走势良好。两家上市公司抓住我国轮胎行业发展的高峰期,大幅提高产能,销售额保持50%左右增长。由于模具的原材料价格处在较低水平,模具制造商的利润保持较大幅度增长。两家公司在2013年弱市中也因此表现出强者风范。两家企业利用产品与橡胶机械相通性,及与轮胎客户建立的关系,已成功进入橡胶机械领域。巨轮股份生产的液压硫化机,已成为国内液压硫化机的第一品牌;豪迈科技生产的巨胎硫化机国内市场占有率也最高,两家企业的产品订单已基本排满2014年全年。

2.行业的发展速度呈稳中有升的态势

我国已经迈入了世界轮胎模具生产和消费的大国之列。“十一五”期间我国轮胎模具行业的销售收入呈两位数增长,进入“十二五”以来轮胎模具工业的发展速度较以往有所回落。由于企业纷纷扩产,行业内整体订单不足,模具产品利润率下滑,同质化竞争的状况依然严重。主要表现在中低档模具供过于求,高技术含量模具缺乏,模具产品水平低,生产周期长,研发能力弱,专业化、标准化、数字化、商品化程度低等。面对这些问题,企业在体制、机制、管理等方面找出解决问题的途径，提升了我国轮胎模具的质量和水平，为步入世界轮胎模具强国奠定基础。

据轮胎分会的统计，2013 年我国轮胎产量为 5.29 亿条，其中子午胎产量 4.76 亿条，按照一套模具在其使用寿命期内约可生产 1.3 万 ~2 万条轮胎的比例推算，我国轮胎模具 2013 年的总产量为 3.2 万套。由于半钢子午胎所用的模具大部分为铝材质，所以，铝材质模具在整个子午线轮胎模具行业中的比率将越来越大，发展势头非常好，产品供不应求，其发展速度也将高于整个模具行业的总体水平。随着轮胎子午化率近几年的不断提高，以及高性能工程子午胎需求的增长，中国的轮胎模具市场依然很有潜力。

3. 结构性产能过剩造成行业内竞争加剧

轮胎模具行业经过近十年经济总量的快速发展后将呈现中低速发展态势，成本上涨和利润率下降将成常态。在行业进入平稳发展期以后，企业将在困境中生存。模具投入大、回收期长，而且很难转产，只能延长产业链。现在轮胎价格低，迫使模具价格一降再降。保证模具快速加工出来很大程度上取决于高速加工设备，而且采购的高端设备大都是进口产品，这又给企业造成很大的经济负担。再加上原材料及人工成本的上涨等，所以企业要开展信息化、标准化工作，以此来降低生产成本，提高生产效率。

由豪迈公司牵头的橡胶模具产业创新联盟已成立。其目的是在国家产业发展政策指导下积极开展技术创新活动，不断吸收创新资源，突破行业发展技术瓶颈，形成具有自主创新和科研开发能力的产学研一体化发展体系，抢占行业的制高点。巨轮股份的智能化车间已全面竣工，通过打造国内首个轮胎模具精密加工智能数字化车间，深化信息化、智能化在轮胎模具行业的应用，实现轮胎模具制造的升级版。

4. 轮胎模具企业走出去及兼并重组取得成效

我国轮胎模具企业近年纷纷加大投资、增加设备、扩大产能。而一些业外资金也看好轮胎及轮胎模具产业，纷纷进入这两个行业，极大地推动了轮胎模具行业的市场需求和行业的快速发展。而产能过剩的现状，似乎并未能阻止众多企业的投资热情。一方面补充了轮胎模具市场的不足，另一方面也加剧了轮胎模具行业同质化现象的严重程度，和其他行业一样呈低端过剩和高端无法满足两大特点。现在高端轮胎的模具还需进口，当然进口的模具和出口的模具价格差距非常大，这也暴露了行业深层次问题，即资源和总量严重不成正比。

我国轮胎模具企业已经认识到海外市场的重要性，并开始在资本运作和海外并购方面有所动作，实施走出去战略，巩固扩大国际市场，拓展对外投资合作领域。豪迈公司成功收购美国的 GMS 公司；巨轮公司成功收购德国欧吉索机床公司。两家行业龙头企业旨在发挥我国轮胎模具企业的技术优势、人才优势和品牌文化优势，实现最佳的资源配置，为北美、欧洲及印度的轮胎客户群提供高品质的模具及机械等产品和服务。

5. 产业集中度还有待进一步提升

我国轮胎模具行业的市场结构逐渐向规模大、品种全、质量好、技术领先的模具企业集中，产业结构继续向预期方向调整。由于轮胎模具产品个性化强，高中低档模具产品价格存在很大的差异。大企业的产品性价比高，在华的外资企业及国内大的轮胎企业越发倾向于采买本土大企业生产的模具。也就是说，大企业的日子要相对好于小企业，订单非常饱满，而且产品价格和回款方面也有保证。同时，国外的轮胎企业还会帮助为它配套的模具企业提升技术和管理水平，形成长期的战略合作伙伴关系。

近年来，我国轮胎企业已经开始通过战略并购获得与其发展相匹配的资源，通过协同效应实现核心竞争力的强化。未来我国轮胎业将从过去的做大规模转向做强实力，提倡通过兼并重组淘汰落后产能，以此来解决结构性产能过剩问题。轮胎产业的结构调整必将影响处于轮胎产业链条上的相关行业，轮胎模具行业必将会受到严重的市场冲击，所以，轮胎模具行业要未雨绸缪，有效应对。

6. 轮胎模具行业存在的主要问题

行业的设计、制造标准化程度不高；中低档产品产能过剩；投资过大，步入险境；人才奇缺，满足于“空降”；市场规则不健全，缺少诚信，相互压价；应收账款依然是行业的“老大难”问题。

【展　望】

2014年,世界经济形势正在逐步好转,欧美的轮胎市场正在全面复苏。目前中国轮胎产业虽面临诸多问题,供需平衡、结构过剩、利益分配、利润压缩、风险控制等矛盾影响和制约着轮胎企业的发展,但从市场的刚性需求看,轮胎行业未来两年的基本面还是好的。据中汽协预测,全国汽车预计保持在8%左右的增速,预测2014年全国轮胎产量将增长6%~8%,保持中低速增长。据中橡协轮胎分会预测,2014年我国轮胎产量为5.62亿条,其中子午胎产量为5.11亿条。鉴于此,我国轮胎模具行业有望在2014年继续保持平稳增长的态势,预计产销增长速度将处于10%以上。

展望2014年,我国轮胎模具行业发展机遇与挑战并存。在国内外轮胎工业升级倒逼机制下,轮胎模具生产企业必须进一步提高生产效率、降低资源消耗。鉴于轮胎模具利润率仍处于下滑态势,未真正摆脱困境,进入良性发展的轨道。轮胎模具行业亟待在兼并重组、转型升级、绿色发展、“两化”融合及模式创新等方面做出更多的努力。

1.“项目式”、“工程式”管理代替“订单式”管理

轮胎模具是定制生产,定制就是一种高要求的个性化服务。轮胎模具制造应与轮胎用户需求同步,以用户满意为质量标准,企业在交付模具的同时,还要交付成形工艺、完成模具制件的量产要求,满足不是一个产品的质量要求,而是提供解决方案、技术服务的整体要求。随着市场的发展,模具多样性、针对性强的特点将会越来越明显。因此,轮胎模具制造过程的管理也将不同于一般的产品管理,“订单式”制造模式将不再适合模具的有效管理,取而代之的“项目式”、“工程式”技术管理模式,将在保证模具制造供货及时到位,满足用户时时改变产品,随时修改设计方案的前提下,保证轮胎生产能够在科学的、动态的环境下有条不紊地展开。

2.企业要从生产制造型向制造服务型转变

目前,在生产成本不断上升、利润率不断下降的情况下,许多企业日渐难以为继,于是纷纷寻找出路。发展高档模具产品、提升模具产品的技术含量和附加值是大家都认同的一种办法;适当延伸产业链,发展以模具为核心的上、下游有关产品也是一种方法;而发展现代制造服务业更是一种具有广阔前景的办法。由只生产实物产品的生产型制造企业向“产品+服务”为主体、两相融合的服务型制造企业转变,使企业以实物产品盈利为主向以服务盈利为主转变。这不单是为了摆脱目前困境和提升水平所需,而且在相当长时间里将一直是工业转型升级的重要方向与途径,也是企业转型升级、提高核心竞争力的重要方式与手段。

3.细分市场,找准企业的市场定位

目前,我国的轮胎模具企业普遍存在“争做红花”、“不甘做绿叶”的思想,片面追求为轮胎企业直接配套,结果造成模具供应商之间的压价竞争,损坏了行业的利益。大部分模具企业主要集中在低端产品的加工,而中高端领域有所欠缺,细分市场不够,产业集中度差。欧美、日本及中国台湾地区的模具企业专业化分工非常明晰,模具行业呈现竞争与合作并存的局面。随着国内模具市场的分化,企业可在部件加工合作上下功夫,配套生产,共同盈利为大势所趋。企业对现有市场要相对固化,在产品特色上下功夫,构筑自己的产品及地域优势,在市场升级调整中实行企业的自身价值。

4.企业要加快转型升级的步伐

现今我国轮胎模具行业的发展速度有所放缓,国内企业如果不想被本次或下次经济危机所吞没,不走2008年金融危机后日本、美国模具企业惨淡经营的衰退之路,当前正是企业休整思考、转型升级的大好时机。现在企业之间的差距主要是管理的问题,存活到最后的一定是那些管理完善、资金充足、产品真正过硬的大厂家。从长远来看,大厂家一定会对小企业进行整合。国内的轮胎模具企业以民营企业为主,产业以资金密集型和技术密集型为主。因此,轮胎模具企业转型升级的方向,不是追求做大,而且要做强、做专、做精。

5.打造企业的技术、管理升级版

企业一直强调自己的核心竞争力,这种竞争力要考虑技术水平、产品发展方向、制造与生产的驾驭力、市场前景等诸多因素,因此企业应结合自身条件,寻找可能发展起来的产品。企业不止是设备上的投入,更为重要的是一种理念上的更新。

设计思路、技术的革新，要有独到的驾驭某种产品的能力，在整体制造水平不断提高的前提下，与用户共生共赢。轮胎模具企业在采购设备的同时，软件、软技术方面的投入也要重视。从长远来看，正版的模具设计、制造、分析软件不但可以促进企业技术水平的提升，而且有助于增强企业的实力和技术认知度。

6. 企业要做好信息化和标准化工作

信息化是制造业发展的必由之路和重要目标，也是实现企业战略目标的价值体现。信息化的基础是标准化。发达国家的轮胎模具标准化工作有近百年的历史，已形成了完善的标准制定、支持、管理先进体系。在此方面，行业还存在很大差距，这也是我国轮胎模具企业实施全面信息化管理所面临的一个瓶颈问题。

未来模具行业竞争力体现在模具标准化、数字化的竞争。因此，企业要深化数字化设计、制造与管理技术的应用，引入崭新的模具开发理念，实现全流程的接口化设计、模块化供货、数字化检测的标准开发模式，解决模具质量受制于人的水平及原材料涨价、人工成本提高带来的成本压力问题。提高企业生产能力及加工效率，实现实时监控生产进度并动态优化调度。

7. 企业要积极开拓国际市场

中国的轮胎模具企业与其他多数生产型出口行业一样，在世界上已经占有量的优势。由于我国轮胎模具行业的整体水平较欧美、日韩等发达国家要落后，因此通过出口带动我国轮胎模具行业的整体水平，是许多出口企业的共识。

近年来，我国轮胎模具的出口份额一直在保持增长态势。随着发达国家制造业的回归、“再制造”的兴起，日本、韩国等模具发达国家加大了国际市场的拓展力度，导致我国轮胎模具出口面临更大的竞争，传统发展模式难以为继。如同质化竞争、生产成本持续升高，市场拓展手段单一，营销网络、售后服务体系不健全，这些都必须依靠转型升级才能实现持续健康发展，但开拓国际市场仍任重道远。

8. 企业要转变发展方式做好转型升级

与其他装备制造业一样，我国虽然已是世界轮胎模具的制造大国，但还不是模具强国，特别是在遭遇世界经济格局变化时，我国模具工业“大而不强”的弱点便暴露出来。主要表现为由于增长方式和产业结构等因素的制约，不能满足我国制造业转型升级及国际市场对模具提出的“物更美、价更廉、交货更及时”的新要求。

为此，轮胎模具企业的转型升级应从几个方面的工作入手，尽快补上高速发展期欠缺的管理短板。首先，在技术进步方面要优化制造工艺，精益制造，提升效率，注重技术资源的积累，建立属于自己的数据库，形成自己的技术特点。其次，要注意轮胎用户的需求，跟上轮胎行业的技术进步，加强核心模具技术的研究储备。再次，加强人才的培养。这几年，轮胎模具企业的扩张速度大于人才培训的速度，人才短缺现象极其严重。所以，模具企业要加快培训结构合理、素质优良的技术技能型、复合技能型、知识技能型的模具专门人才。总之，借鉴欧美等模具强国的发展模式，重视人才、体系、经验的不断积累和完善，跳出中低端模具竞争这个框架，向高端模具市场进军。

（姜　馨）

部分省市橡胶工业

山东省橡胶工业

橡胶加工业一直是山东省的优势产业，多年来其加工能力、销售收入、利税及科研开发能力一直居全国各省市首位，其中轮胎产量占全国总产量的50%左右，输送带产量占全国总产量的45%以上，橡胶助剂产量占全国总产量的35%以上，其他橡胶制品产量也居国内重要位置。2013年虽然受到原材料价格大幅度波动、市场需求不振等不利因素的影响，山东省橡胶行业生产、出口及效益仍然取得了同步增长。

【基本概况】

2013年，山东省橡胶行业规模以上企业573家（比上年增加14家），销售收入3637.71亿元，同比（下同）增长15%，增幅回落8.8个百分点；实现利税336.73亿元，增长19.3%，增幅回落8.9个百分点。其中利润252.35亿元，增长19.3%，增幅下降10.3个百分点；产品销售率为97.9%，增加0.2个百分点；行业亏损额3.35亿元，增长58%。

截止到2013年底，半钢胎与全钢胎比例达到2.88∶1，比2012年（2.23∶1）提高了65%，半钢与全钢的比例更趋合理，与市场需求更吻合。近几年企业新建或技改项目主要集中在半钢子午线轮胎方面，项目建成投产后，山东省产品结构将更合理。经济效益增长高于销售收入的增长，说明企业运行质量进一步提高。输送带产品中高强力输送带比例进一步提高，橡胶助剂产品中绿色环保助剂产量不断增加。企业环保意识不断提高，绿色轮胎的开发取得重大突破，注重绿色环保材料的应用，开发出了符合欧盟标签法要求的绿色环保轮胎。玲珑集团、三角集团、金宇轮胎、盛泰集团、恒丰集团在国外产品测试中取得好成绩，部分规格产品滚动阻力、抗湿滑指标超过国际知名品牌。

【轮胎行业】

1.整体规模不断壮大，运行质量进一步提高

山东省橡胶行业2013年共生产各种规格轮胎5.25亿条（包括部分小型轮胎、摩托车胎、力车胎），增长9.3%。据山东省橡胶协会统计，39家子午线轮胎生产企业共生产子午线轮胎24229.28万条，增长42.6%，占全国总产量（4.76亿条）的50.9%，比上年提高了9.86个百分点；其中全钢子午胎生产企业33家，产量为6227.87万条，增长18.66%，占全国总产量（1.07亿条）的58.2%，比上年提高了3个百分点；半钢子午胎生产企业24家（2012年为19家），产量为17927.29万条，增长53.39%，占全国总产量（3.69亿条）的48.72%，比上年提高8个百分点；全钢工程子午胎生产企业4家，产量为24.08万条，增长11.33%。2013年度世界轮胎75强排行榜中，中国大陆26家企业，山东省12家企业榜上有名，占大陆上榜企业数量的46%。随着产量的增加和质量的不断提高，山东轮胎在国内外影响也日益扩大，“世界轮胎看中国，中国轮胎看山东”，已成为业内人士的共识。

2.注重新技术应用，引领国内产业发展方向

近几年，山东省橡胶行业不仅企业规模发展快，更注重用新技术新工艺改造传统产业。许多新技术为国内橡胶行业首次采用，得到了国家有关部门的认可。由科技部设立，国家唯一的“国家橡胶与轮胎工程技术研究中心”落户在青岛科技大学和软控股份有限公司；国家发改委批准设立的“轮胎先进装备与关键材料国家重点实验室”两家落户山东。一家承担单位为青岛科技大学、软控股份和赛轮轮胎有限公司；另一家承担单位为三角集团有限公司。这些技术中心和重点实验室的设立，为山东橡胶工业的发展提供了有力的技术支撑。

针对炼胶工序能耗较高的情况，三角集团借鉴国外先进经验，在国内轮胎行业率先采用了“低温连续混炼工艺”，此工艺与传统多段混炼工艺相比，节能27%以上。同时由于胶料混炼质量好，生产的轮胎耐磨性能提高10%以上。山东金宇轮胎有限公司、赛轮轮胎有限公司在新建生产线中也采用了该技术。

玲珑集团在新建的年产1200万条高性能半钢子午胎项目中，首先采用了胎体电子辐射仪预硫化技术。该技术既可以降低胎侧厚度，减少胶料消耗；又可以改善轮胎的动平衡均匀性，提高外观合格率。经过试验证明，使用该技术可使胎体重量降低1.5%，仅此一项，每年可节约胶料540余吨，多创效益2000余万元，此项技术获2012年省自主创新重大专项扶持资金1000万元。

山东恒宇橡胶集团有限公司通过与哈尔滨工业大学合作，建立产学研合作平台，充分利用哈工大人才及科研资源，提高企业的研发能力，其中与哈工大合作“绿色环保全钢子午胎项目”获2013年山东省自主创新重大专项扶持资金1000万元。

山东豪克国际橡胶工业有限公司通过与哈工大合作，利用计算机软件进行优化设计，进一步提高了全钢工程轮胎的产品质量，产品稳定性进一步提高。产品经过澳大利亚、智利等矿山使用，寿命达到5000~6000小时，接近知名品牌米其林、普利司通水平。该合作项目获2013年山东省自主创新重大专项扶持资金1000万元。

3.行业发展情况

为了有效地应对国外贸易壁垒，国内轮胎企业采取走出去发展战略，到国外投资建厂，山东省走在了全国前列。有3家省内企业到国外建设轮胎厂，充分利用了所在国家的资源、劳动力及市场优势，以提高山东轮胎在国际市场的占有率。

(1)赛轮股份有限公司在越南投资设立的赛轮(越南)有限公司，该项目位于越南胡志明市的西宁省福东工业园内，投资总额达9500万美元，一期设计规模为800万条/年半钢子午线轮胎，年销售额可达到2.6亿美元，2013年8月投产，成为中国第一个在国外投产的轮胎企业。为了进一步提高公司整体竞争力和盈利能力，2014年1月13日，公司对赛轮越南公司增资，注册资金由3000万美元增至7800万美元。

(2)玲珑轮胎股份有限公司在泰国设立独资轮胎生产企业，投资规模近7亿美元，设计产能为年产1320万条高性能半钢子午胎。厂址位于泰国春武里府合美乐工业园内，占地面积800亩，一期工程投资额9700万美元，设计规模为年产200万条半钢子午胎，2012年11月16日开工建设，2014年2月22日建成投产。

(3)山东奥戈瑞轮胎有限公司与印度尼西亚东方集团共同投资2.7亿美元设立合资公司(中方75%，印尼25%)，在雅加达市建设年产200万条全钢胎、800万条半钢子午胎企业，项目于2012年12月开工建设，达产后销售额达到4亿美元。

以上项目的实施，标志着山东省轮胎国际化已经迈出了坚实的第一步。随着山东省内企业生产规模的不断扩大、技术水平的进一步提高，将会有更多的企业走出国门，充分利用所在国家的政策、资源、市场优势，走出一条由国内品牌成长为国际品牌的发展之路。

【胶带、胶管行业】

胶带、胶管行业是山东省橡胶的第二大优势行业，生产能力和产品档次都居国内外领先水平，优势十分明显，高强力输送带行业尤为突出。山东全省输送带生产企业达到50余家，钢丝绳输送带生产线达到50余条。

青岛橡六集团结合生产厂区搬迁，更新了密炼机、平板硫化机等关键生产设备，提高了装备水平；通过租赁原枣庄橡胶厂生产设备，增加了生产能力，满足了客户需求。

山东安能输送带橡胶有限公司通过与固特异公司合资，提升了管理水平及生产能力，公司成为亚洲最大的输送带生产企业，引进了德国3.4×18m平板硫化机。公司购入先进的检测设备，提高了产品开发能力，其检测、研发仪器设备居国内领先水平，每年有多项新产品通过鉴定。公司开发的超低滚动阻力节能输送带达到国际先进水平；生产的超高温、耐油钢网输送带，耐热等级达到T5级(200℃)以上，在钢厂使用证明，产品使用寿命比其他同类产品延长一倍以上。公司技术中心被省科技厅认定为“山东省胶带胶管工程技术中心”。

莱州悦龙橡塑科技有限公司开发生产的“海洋钻井平台用耐火液压张力橡胶软管”填补了国内空白，整体技术达到了国际先进水平，在阻燃性方面，领先国外同类产品。

另外，山东祥通橡塑集团、山东晨光胶带、山东瀚邦胶带等企业发展迅速。山东晨光胶带有限公司在新建的钢丝绳输送带生产线上，安装了X光检测装置，检测精度不大于2mm，有力地保证了产品质量，是目前国内同行业首家使用在线检测的企业。

【橡胶装备制造行业】

近几年，山东省橡胶装备制造业突飞猛进。子午线生产设备的国产化，强有力地推动了我国子午线轮胎的快速发展。

软控股份有限公司抓住我国子午线轮胎快速发展的机遇，通过引进人才、加大投入，在欧洲设立研发中心等举措，开发了国内急需的密炼机、子午线轮胎成型机、裁断机等，产品质量达到或超过国外产品水平，替代了进口，极大地降低了我国子午线轮胎的投资门槛，推动了我国轮胎工业的快速发展，公司成长为国内同行业最大、居全球第二位的企业。2013年10月，软控在美国阿克隆市设立了研发中心，充分利用美国人才优势，推动产品研发工作的进展。另外，软控还收购了国际知名的成型鼓研发制造商（WYKO公司）百分之百的股权。WYKO公司的加盟将增强软控股份成型机的研发设计能力，提高其在国际高端市场的产品竞争力，提升公司的综合盈利能力，推动软控公司进一步做大做强。

青岛双星橡胶机械有限公司近几年发展迅速，新开发的大型平板硫化机、子午线轮胎成型机、子午线轮胎硫化机等，用户反映良好。

【配套行业】

随着山东省轮胎、输送带等行业的快速发展，为其配套服务的助剂、钢丝、再生胶等也得到了较快发展。山东省橡胶助剂产量占全国总产量的1/3以上，全国最大的促进剂及复合型助剂生产企业——山东尚舜化工有限公司，全国最大的防老剂生产企业——山东圣奥化工有限公司，全国最大的防焦剂生产企业——阳谷华泰化工有限公司均在山东省。国家橡胶助剂工程技术中心落户在山东阳谷华泰化工有限公司，这极大地提高了该公司的新产品研发能力。公司具有自主知识产权的万吨级CTP防焦剂生产工艺技术获2011年山东省科技进步一等奖。

【出口贸易】

2013年山东省轮胎出口额为86.26亿美元，增长12.95%，比中国橡胶工业协会统计的44家重点轮胎企业出口增速高13.2个百分点，占山东省加工贸易出口额的14.0%，居全省第二位（仅次于电子电器产品）。轮胎已成为山东加工贸易出口的支柱行业。出口额超过1亿美元的轮胎企业有17家，比上年增加3家，分别为：玲珑集团9.68亿美元；三角集团8.74亿美元；山东恒丰橡塑（包括昌丰轮胎）6.46亿美元；永盛集团5.50亿美元；金宇集团4.37亿美元；赛轮股份4.37亿美元；青岛耐克森3.08亿美元；双星轮胎2.92亿美元；山东万达宝通2.75亿美元；固铂成山2.62亿美元；华勤集团2.47亿美元；兴源集团2.28亿美元；青岛森麒麟2.19亿美元；盛泰集团2.12亿美元；山东永泰化工1.72亿美元；潍坊金盾轮胎1.51亿美元；山东国风橡塑1.32亿美元。

出口增长较快的企业有：山东国风橡塑有限公司增长188.5%；山东万达宝通轮胎有限公司增长36.6%；盛泰集团有限公司增长24.2%。

【品牌战略】

行业协会一直以来把“名牌战略”作为工作的重点，积极配合山东省质监局开展橡胶行业质量情况分析，制定名牌产品目录，参与山东名牌产品评审工作。山东省橡胶协会根据企业实际情况和统计资料，力推行业内优秀企业参评名牌。

2011年以来，又有5家企业的注册商标被认定为中国驰名商标，分别为金宇集团的“金宇”商标、恒丰橡塑的“恒丰”、银宝集团的“银宝”商标、兴源集团的“华鲁”商标、永泰集团的“永泰”商标。行业内中国驰名商标数量达到13个（原来8

个分别为:三角、玲珑、成山、双星、赛轮、三A、黄海、泸河)。

全钢子午胎还拥有10个山东名牌产品,分别是三角、玲珑、成山、金宇、万达、恒丰、兴源、盛泰、德瑞宝、黄海。半钢子午胎有山东名牌产品10个,分别是玲珑、三角、成山、赛轮、恒丰、永泰、金宇、德瑞宝、恒宇、盛泰。输送带有山东名牌产品8家,分别是橡六、安能、悦龙、丛林、晨光、众泰、广通、兖矿高强力。山东橡胶产品的知名度不断提高,在全国同行业中的影响不断扩大。

【展　望】

进入2014年以来,山东省橡胶行业的运行趋势出现了许多新变化,原材料价格下滑的趋势不变,产品价格回落,市场竞争更加激烈。由于国内汽车增长稳定,美国及欧盟经济增长,会进一步增加对轮胎及橡胶制品的需求。

原材料继续在低价位运行。自2012年初以来,天然橡胶、合成橡胶等原材料价格一路下滑,天然橡胶从35000元/吨降至15000元/吨左右,丁苯橡胶、顺丁橡胶等原材料价格也随之下降。较低的原材料价格提高了轮胎产品的竞争力和生产企业的盈利水平。2014年仍会在低价位运行。

汽车工业的快速发展增加了轮胎的需求。据中国汽车工业协会统计,2013年我国汽车产销量分别为2211.68和2198.41万辆,分别增长14.8%和13.9%,增速比上年分别提高10.2和9.6个百分点,连续5年蝉连全球第一。预计2014年的增长率在8%~10%左右。截至2013年底,我国汽车保有量超过1.2亿辆,近几年每年会增加2千万辆以上的保有量。汽车产量的提高和保有量的增加,对轮胎的需求量也会有所增加。

国际市场方面,随着美国经济的复苏,2013年美国汽车销售量出现了大幅增长。据《华盛顿邮报》报道,美国汽车制造商2013年售出了1560万辆新轿车和卡车,比2012年增长约8%,另据《美国汽车新闻》报道,多家业内咨询机构都认为,2014年美国轻型车的销量将突破1600万辆,较2013年增长超过3%。一直到2019年,年销量都将保持在1600万辆以上。欧洲的经济2013年下半年开始也出现了增长,2014年进一步会好转。因此美国汽车销量的增长和欧洲经济的好转,会进一步增加轮胎的需求量。其他地区,俄罗斯、印度及东南亚汽车产量的快速增长也刺激了轮胎的需求。2014年国际市场轮胎需求量的提高,有利于我国轮胎出口的增长。

受国内经济增速下滑的影响,对能源的需求量进一步下降,造成煤炭产品大量积压,许多煤矿生产及经营出现困难,出现亏损、停产,这是多年来未出现过的情况,因而造成了对输送带需求量的减少。由于国内环保的压力,国家能源政策进一步调整:减少对煤炭的依赖,增加清洁能源——天然气、太阳能、风能的用量,同样也会影响煤矿今后的发展。因此,2013年输送带行业生产经营困难加大,效益下降。

认真贯彻《山东省人民政府关于贯彻国发[2013]41号文件化解过剩产能的实施意见》(鲁政发[2014]4号)。按照实施意见要求,轮胎产能要保持基本稳定,提高子午化率,鼓励轮胎行业提高国内中高端汽车的配套能力,积极开发替换市场,提高国际市场占有率,防止低水平重复建设,合理控制产能规模。《意见》的贯彻实施,对于控制山东省轮胎产能过快增长,调整产品结构,提高绿色环保子午胎产品比例,起到有力的推动作用。

山东省橡胶协会要引导轮胎企业加快产品结构调整步伐,按照《绿色轮胎技术规范》的要求,首先在轮胎配方中不使用有害物质含量较高的软化油、促进剂、防老剂、分散剂,做到材料使用绿色化;生产过程采用绿色环保工艺路线及节能设备,如橡胶助剂造粒、炼胶及硫化烟气除臭;低温连续混炼、高温充氮硫化、轮胎自动化成型等先进工艺技术,做到生产过程的绿色环保。其次是生产的产品具有低滚动阻力、低油耗、出色的操控性能、可翻新等。实现从材料使用、产品制造、产品使用全生产周期的绿色环保,为我国的环境保护承担起行业责任。

加快轮胎试验场建设。轮胎试验场是汽车轮胎室外测试的专用场地,是研发高性能、安全、环保、节能轮胎不可缺少的重要手段。世界轮胎生产巨头米其林、普利司通、固特异等企业,均有多个轮胎试验场,而目前山东省没有一个轮胎试验场,这与轮胎生产大省的地位极其不相称,严重影响了山东省轮胎工业技术水平提高和产品升级及行业转方式调结构，为此，协会于2011年7月就向省政府呈交了“关于建设轮胎试验场的请示报告”，呼吁政府在项目建设立项、资金投入及征地手续办理等方面给予政策扶持。目前，玲珑集团已获批960亩地，还有1000亩地待批，并且已经完成了试验场的设计工作，2015年部分试验监测项目将对外开放运营。广饶县人民政府非常重视轮胎试验场建设，广饶县准备建立占地2000亩的轮胎标准试验场，项目已进入实施阶段。希望两项目单位加快进度，使项目日早日建成投入使用，推动山东省轮胎行业产品结构调整及绿色轮胎的进展。

山东省橡胶工业经过几十年的建设，规模不断扩大，整体实力有了很大提高，但与国际先进水平相比差距较大。存在着品牌知名度低，缺少具有自主知识产权的核心技术，低水平重复建设现象严重。因此赶超世界先进水平仍需付出巨大的努力。

（张洪民）

浙江省橡胶工业

【基本情况】

2013 年,浙江省橡胶行业经济运行呈现平衡低速发展的态势,但运行质量有所提升,产销率保持较高水平,为行业持续发展打下良好基础。2013 年浙江省橡胶工业主要经济指标运行情况见表 1。

表 1　2013 年浙江省橡胶工业主要经济指标运行情况

指标名称	2013 年	2012 年	同比/%
工业总产值(现行价)/亿元	501.16	478.47	4.74
产品销售收入/亿元	521.81	481.07	8.47
利润总额/亿元	43.14	27.07	59.36
利税总额/亿元	57.62	40.29	43.01
轮胎/万条	6492.19	6055.52	7.21
子午胎	6053.05	5612.00	7.86
全钢子午胎	1224.02	1069.89	14.41
摩托车胎/万条	481.25	445.53	8.02
力车胎/万条	10573.97	8763.72	20.66
手推车胎	281.94	269.90	4.46
胶管/万 Bm	393.26	437.32	-10.08
输送带/万 m^2	8051.63	6717.16	19.87
橡胶履带/万条	33.07	25.82	28.08
汽车 V 带/万条	4842.48	5618.25	-13.81
传动 V 带/万 Am	109463.82	103333.59	5.93
胶鞋/万双	1630.00	1652.00	-1.33
合成橡胶/t	64563.00	45150.00	43.00
炭黑/t	147441.00	151140.00	-2.45
橡胶助剂/t	13000.00	9100.00	42.86
综合能源消耗/吨标煤	508964.49	494585.27	2.91

1. 运行特点

(1)工业总产值保持低速

据浙江省橡胶工业协会统计,2013 年,浙江省完成橡胶工业总产值为 501.16 亿元,同比(下同)增长4.74%,增幅提高3个百分点。

(2)销售收入持续低速

2013年行业实现销售收入521.81亿元,增长8.47%,增幅提高2个百分点。

(3)产销衔接度保持高水平

2013年行业产销率为104.12%,提高4个百分点;全年产销率保持在较高水平,1~3月、1~6月、1~9月的产销率分别为106.75%、103.99%、105.61%。

(4)主要产品产量增多降少

2013年行业主要有9类产品产量增长,包括轮胎、摩托车胎、橡胶履带、普通平带、力车胎、输送带、传动带、橡胶助剂和合成橡胶;4类产品产量下降:胶管、汽车V带、炭黑、胶鞋。

(5)利润总额大幅度增长

2013年实现利润43.14亿元,增长59.36%。全年利润增幅呈现高开高走的趋势,1~3月、1~6月、1~9月利润总额的增幅分别为64.04%、65.23%、69.68%。经济效益大幅度增长的原因是天然橡胶等原材料价格同比有所回落;广大企业合理控制生产节奏,积极消化库存。截至2013年底行业产成品库存31.31亿元,下降3.19%,下降幅度比1~9月回落3个百分点,2013年行业共消化2.37亿元库存。

(6)出口交货值低开低走

2013年,浙江省橡胶制品出口全年呈低开低走趋势,对外依存度下降,出口价格降低,出口竞争力逐渐消弱。2013年浙江省橡胶工业出口增长率和对外依存度见表2,2013年浙江省橡胶行业主要产品出口量和出口交货值见表3,2011~2013年浙江省橡胶行业主要产品出口平均价格见表4。

表2 2013年浙江省橡胶工业出口增长率和对外依存度

指标	1~3月	1~6月	1~9月	1~12月
出口交货值/亿元	23.69	50.92	76.92	100.66
出口交货值增长率/%	2.91	-1.58	-1.86	-2.40
对外依存度/%	19.10	19.67	19.83	19.30

表3 2013年浙江省橡胶行业主要产品出口量和出口交货值

主要产品	出口量	同比/%	出口值/亿元	同比/%
轮胎/万条	2114.33	3.05	70.82	-3.88
力车胎/万条	1498.64	46.06	5.99	13.88
胶鞋/万双	752.00	-9.39	2.25	-16.54
传动V带/万Am	20044.82	23.96	5.82	1.22
输送带/万m^2	2403.27	9.17	7.16	-9.28
炭黑/t	17856.00	-34.75	1.07	-37.06
橡胶杂件/万件	-	-	2.60	-0.14

表4　2011～2013 年浙江省橡胶行业主要产品出口平均价格　　元

产品名称	2011 年	2012 年	2013 年
轮胎/条	394.28	359.10	334.96
力车胎/条	50.08	51.21	39.96
输送带/m^2	32.87	35.85	28.00
传动带/Am	2.97	3.55	2.90
胶鞋/双	31.22	32.09	30.00
钢编胶管/Bm	20.87	20.00	18.96
油封/只	1.82	1.28	1.29
炭黑/t	6299.00	6223.00	6017.00

(7)产品结构不断优化

2013 年浙江省轮胎子午化率达到 93.24%，比 2012 年增加 0.6 个百分点，行业产品结构进一步优化提升。

(8)节能意识不断提升

2013 年行业能源消耗 508964.49 吨标煤，增长 2.91%，增长幅度小于产值增长幅度，行业在升级设备的同时，更注重节能减排。

(9)集群区域发展不平衡

集群发展是浙江省橡胶行业发展的特点，产业集群已成为浙江省橡胶行业发展的重要产业组织形式和载体，并在促进行业经济发展中发挥着越来越重要作用。产业集群构成了浙江省橡胶行业特色的区域性产业组织形态，近年来一直呈现良好的发展态势，产业集中度在不断提升，但在 2013 年恶劣的大环境下，集群区域发展不平衡，呈现了集群区域竞争力有强有弱的状况。据浙江省橡胶工业协会调查，2013 年，温州橡胶制品规模以上企业完成产值为 21 亿元，增长 1.54 %；宁海汽车橡胶制品规模以上企业完成产值为 60 亿元，增长 18.84%；三门县胶带规模以上企业完成产值为 29 亿元，增长 3.57%；天台县胶带规模以上企业完成产值为 21 亿元，增长 5.26%；瑞安胶鞋完成产值 43 亿元，增长 7.5%。

2. 2014 年第一季度经济运行情况

据浙江省橡胶工业协会统计，2014 年第一季度橡胶行业经济运行状况低于预期，价格不断下滑，出口持续疲软，利润空间压缩，行业的“苦日子”即将来临，应引起行业高度关注和重视。

(1)主营收入同比滑坡

2014 年第一季度实现主营收入 106.93 亿元，下降 14.47%。

(2)利润空间压缩

2014 年第一季度实现利润总额 6.46 亿元，增长 7.55%。

(3)出口持续疲软

2014 年第一季度实现出口交货值为 23.89 亿元，下降 1.75%，延续去年下降态势。

【行业投资】

浙江省橡胶行业为满足市场需要，不断调整产品结构，加快转型升级步伐，促进行业健康发展。据不完全统计，2013 年浙江省橡胶行业新增项目有 4 个。

赞南科技（上海）有限公司年产 2000 吨的 HNBR 产业化项目于 2013 年初在嘉兴开工建设，预计 2014 年将建成国内第一条高性能氢化丁腈特种橡胶生产线，打破了日本瑞翁和德国朗盛两家企业的垄断。

浙江元创橡胶履带有限公司投资 3500 万元，新征土地 3.29 万平方米，建设年产 10 万条橡胶履带系列产品。

建新赵氏集团有限公司投资 49.57 万元，新增炼胶、密封条、胶管和亮条生产线，建设年产 30

万套轿车密封条、60万套胶管、60万套亮条等汽车零部件生产线项目。该项目地占110亩,位于宁海科技园梅桥区 。

浙江维泰橡胶有限公司投资8亿元,建设年产10万吨低温乳化聚合丁苯橡胶生产线。该项目占地面积231.4亩,2013年4月开工,在2014年6月建成投产。

【存在问题】

行业存在的问题主要表现在缺乏预警机制,产品技术含量较低,出口产品价格偏低,产品结构同质化,营销成本过高,缺乏自主创新能力,粗放式增长明显,企业规模偏小,资金缺乏现象突出。行业发展和资源环境的矛盾也逐渐突显。

【措施建议】

面对复杂困难的国外经济形势,浙江省行业经济运行预计进入低幅增长态势,增长幅度将维持在6%左右。要尽快改变目前现状,浙江省橡胶行业需调整增长模式,提高预警能力,创建新的竞争模式,提升竞争能力,才能促进行业健康稳定发展。

1.调整行业增长模式

橡胶行业靠增量增长的出口模式已经不适应目前复杂的国际经济形势,需加大创新投入,用新技术、工艺,以及绿色环保材料来包装产品,靠"新"和"绿"扩大出口量,不断提高浙江省橡胶出口竞争力,促使橡胶对外贸易又快又好的发展。

2.提高预警能力

行业要加大预警投入,培养专职的预警人才,及时有效地应对各种产业损害突发事件,同时还要将各种产业损害突发事件扼杀在萌芽之中,实现橡胶行业对外贸易的健康稳定发展。

3.创建新的开拓市场模式

目前,浙江省橡胶企业在国外市场属于单打独斗的一个状态,需在政府、行业协会正确引导下,整合优势资源,共同开发市场,如组建外贸联盟来共同开发国际市场,改变原有"小而全"的经营形式和观念,联合开发国际市场将是浙江省橡胶行业有效应对贸易案件的关键,促使橡胶产品能在国际市场拥有一席之地。

4.重视建立社会责任

社会责任理念在我国被越来越多的企业认同,因此橡胶企业在注重产品质量同时,更要履行好社会责任。企业通过履行社会责任,一方面可以不断提高企业的知名度和企业的道德形象;另一方面使企业在社会经济活动中或其他活动中赢得市场竞争的主动权,取得较好的经济效益,从而获得更好的社会效益。建立社会责任工程是一项双赢工程。

5.实施走出去战略

随着国内一些产业产能严重过剩,海外投资和走出去也成为浙江橡胶行业企业家要考虑的问题。随着十八届三中全会决议开始执行,浙江橡胶行业要重新审视中国经济的现实,重启"走出去"的战略。

【展 望】

2014年市场需求平缓,价格水平持续下跌,产能过剩局面加剧,生产成本增长加快,经济下行压力较大。浙江省橡胶工业协会预计,今年该省橡胶行业市场总体将呈弱势运行的局面,因此企业要做好准备工作,迎接市场弱势运行的局面。

(王逸田)

安徽省橡胶工业

【基本情况】

2013年,安徽省橡胶工业在国家宏观经济调控政策指导下,压缩长线产品,开发市场急需的新产品,克服产品出口受到的影响和国内市场出现的波动,加快国内外两个市场开拓。通过不断地技术创新和技术改造,行业生产规模不断扩大,装备水平进一步提高,一批新建项目陆续建成投产,特别是新建扩建轮胎企业相继建成投产,生产销售出现大幅度增长,为安徽省橡胶工业发展作出了重大贡献。

安徽省橡胶工业协会54家会员单位统计数据显示,2013年完成工业总产值302亿元,同比(下同)增长26.6%;产品销售收入288亿元,增长28%;实现利税30.6亿元,增长26.4%;产品出口交货值70.7亿元,增长15.9%。其中,安徽佳通轮胎有限公司完成工业产值57.8亿元,实现销售收入58.2亿元,实现利税9亿元,其中利润4亿元,出口轮胎670万条,出口交货值20亿元;安徽中鼎控股(集团)股份有限公司完成工业产值83.4亿元,销售收入81.7亿元,实现利税15.6亿元,其中利润7.6亿元,出口交货值38.6亿元,增长33.1%,各项经济指标均大幅度增长。

【产品产量】

2013年,安徽省轮胎产量3600万条,增长49.4%,其中全钢载重子午胎192万条,增长12.9%,轻卡、轿车子午胎3408万条,增长52.1%;自行车外胎720万条,下降4%;输送带2300万平方米,增长15.0%,其中难燃输送带1700万平方米,增长13.3%,高强力输送带280万平方米,增长7.7%;胶管2400万标米,增长9.1%,其中钢丝编缠胶管300万标米,增长7.1%;医用丁基胶塞45亿只,增长12.5%;新工艺炭黑16万吨,增长6.7%;胶鞋750万双,下降6.3%;汽车橡胶件87亿件,增长24.3%;阻燃耐油胶板23万平方米,增长15%。

2013年安徽省橡胶工业主要产品产量见表1。

表1　2013年安徽省橡胶工业主要产品产量

产品名称	2013年	2012年	同比/%	备注
轮胎外胎/万条	3600	2410	49.4	包括大陆马牌(合肥厂)
全钢载重子午胎	192	170	12.9	双钱集团(安徽厂)
轻卡、轿车胎	3408	2240	52.1	
自行车外胎/万条	720	750	-4.0	
输送带/万 m^2	2300	2000	15.0	
难燃输送带	1700	1500	13.3	
高强力输送带	280	260	7.7	法国德普(淮南)公司全面投产
胶管/万 Bm	2400	2200	9.1	
高压钢丝编缠胶管	300	280	7.1	

续表 1

产品名称	2013 年	2012 年	同比/%	备注
医用丁基胶塞/亿只	45	40	12.5	
新工艺炭黑/万 t	16	15	6.7	
胶鞋/万双	750	800	-6.3	
汽车橡胶件/亿件	87	70	24.3	
阻燃耐油橡胶板/万 m^2	23	20	15	

【出口贸易】

2013 年,安徽橡胶行业出口交货值 70.7 亿元,增长 15.9%。其中,安徽佳通轮胎有限公司出口轮胎 670 万条,增长 29.3%,出口交货值 20 亿元,增长 5.3%;安徽中鼎控股(集团)股份有限公司出口交货值 38.6 亿元,增长 33.1%;另外,德国大陆马牌轮胎(合肥)有限公司、安徽亚新科有限公司、安徽希尔密封件(芜湖)有限公司、库佰赛阳(芜湖)密封件有限公司、法国德普(淮南)胶带有限公司、滁州胶鞋厂等一批企业均有一定批量出口。特别是一些中小企业积极开拓国外市场,如芜湖聚达橡塑密封件有限公司、芜湖宏达汽配橡塑密封件有限公司、来安亨威橡塑密封件有限公司、庐江丰源橡胶密封件有限公司、庐江华益橡胶制品有限公司等企业均有批量产品出口,并取得了良好的经济效益。

【科技研发】

安徽中鼎控股(集团)股份有限公司充分发挥国家级企业技术中心的作用,积极开发、研制、投产汽车用橡胶制品,依靠技术创新不断调整产品结构,提高产品技术含量,提高产品档次,瞄准国家进口的汽车橡胶制品组织攻关,填补国内空白,代替进口。了解国外市场需要的橡胶产品,积极扩大出口业务,出口交货值大幅度增长。2013 年共开发创新投产 8 项新产品,其中中鼎密封件股份有限公司开发投产“汽车 ABS 系统轮毂轴承用磁性橡胶”、“新型组合式汽车悬架横向稳定杆衬套”、“汽车散热器复合式减震垫”、“便携式油锯化油器用橡胶导管”4 项新产品;中鼎橡塑制品有限公司积极组织开发以塑代胶、以塑代钢新产品为乘用车实现轻量化、节油、环保提供高性能塑料件。公司开发投产“汽车转向系统用方向盘安全调节器”、“汽车空调排水管”、“汽车转向密封套”、“汽车发动机进气系统干净净气管”4 项新产品,均通过省科技厅组织的新产品鉴定。这些新产品投产后增强了中鼎公司汽车橡胶制品在国内外市场的主导地位和竞争力,取得了良好经济效益。

为了加大产品调整和研发绿色环保轮胎,佳通轮胎在合肥经济开发区成立佳通轮胎技术研究院,开展新结构新材料应用研究;德国大陆轮胎中国区研发总部项目于 2013 年 8 月 22 日与合肥高新技术开发区正式签约,总投资 1100 万欧元,2014 年建成投入使用,作为大陆集团在国内首个也是唯一一个面向亚太地区的研发机构,将极大地提升高新区汽车零部件产业核心竞争力,完善产业布局,实现科研与生产紧密结合。

安徽中意胶带有限公司近年来共申请国家专利 22 项,其中发明专利 9 项,实用新型专利 13 项。已获批准授权的专利 17 项,其中发明专利 5 项,实用新型专利 12 项。2010 年被认定为国家级高新技术企业、安徽省博士后工作站后,2013 年经国家人力资源和社会保障部批准为国家级博士后科研工作站,30 多名中高级技术人员专门从事研究开发。产量、销售收入连续 5 年稳居中国胶带行业 10 强。公司开发的“热塑性弹性体贴面整芯阻燃输送带”发明专利产品被国家发改委和工信部批准为 2013 年中小型企业技术改造专项项目和安徽省核心专利产业化计划项目。

2013 年安徽中意胶带有限公司投资 6000 多万元研制复合型阻燃抗静电热塑性弹性体材料作

为阻燃输送带贴面胶，采取真空浸渍、热油载体加热塑化、挤出机贴面成型、动态硫化连续生产工艺，比原生产工艺降低设备投资70%左右，能源消耗降低65%，生产效率提高6～8倍。项目2014年建成，竣工投产后可年产3万吨热塑性弹性体材料和100万平方米热塑性弹性体贴面整芯阻燃输送带。

【基建与技改】

安徽佳通乘用子午线轮胎有限公司2013年新增年产230万条半钢子午胎生产线技术改造项目，投资3.4亿元对原生产线进行改造，增加部分关键设备、调整产品结构，扩大适销对路产品生产。

安徽中鼎（控股）集团下设30多家子公司，充分发挥国家级技术中心的作用，开发以塑代钢、以塑代胶，为乘用车轻量化、环保、节油、减震开发新产品，2013年实现销售收入81.7亿元。为扩大生产规模，中鼎橡塑公司、中鼎减震技术公司搬迁到新的厂区生产。

德国大陆马牌轮胎（合肥）有限公司在425万条半钢子午胎项目投产后，二期工程将形成2000万条/年生产规模。大陆轮胎追加1.3亿欧元投资，在2～3年内使产量翻一番，即达到4000万条/年。同时德国大陆集团在合肥高新区建设的中国第一个高级环保型轮胎生产基地项目正在加快建设。

双钱集团安徽回力轮胎有限公司在芜湖市无为县建厂，总投资32亿元，征地1000多亩，2012年3月28日一期工程建成110万条/年半钢子午胎生产能力；二期工程正在建设中，将实现年产1500万条半钢子午胎生产能力。

由山东银宝轮胎集团提供技术、管理和资金支持，在定远县工业园内投资17亿元，占地1000多亩，新建300万条/年高性能全钢载重子午胎和20万条/年特种轮胎。一期工程拟建120万条/年高性能载重子午胎，2014年投产，年产值达到25亿元。

安徽中意胶带有限公司自主开发环保型阻燃钢丝绳芯输送带和双色挤出新型整芯阻燃输送带新产品，投放市场后深受用户欢迎。2013年进一步扩大批量，增加系列产品满足市场需要，取得良好的企业效益和社会效益。

安徽德普（淮南）胶带有限公司在现有系列钢丝绳芯输送带基础上增加投资、扩大规模，再新建120万平方米/年钢丝绳芯、帆布层芯和PVC、PVG整芯难燃输送带，2014年完成。

六安市金安经济开发区由六安新科轮胎冷翻新有限公司投资1000万元，征地15亩，新建生产厂房3200平方米，办公用房1300平方米，购置翻新轮胎专用设备。

宁国市港口生态工业园由宁国大通工贸有限公司投资5000万元新建年产8000条翻新轮胎，生产1500吨胎面胶，进口MTIS模块轮胎检测系统，新建1条胎面胶生产线和2条冷翻新生产线。

马鞍山宏力橡胶制品有限公司连续投资3000多万元新建5000平方米钢结构厂房，更新40多台平板硫化机。投资100多万元购置密炼机上辅机，2013年投资100多万元从德国引进一台耐臭氧检测设备。

安徽龙川橡塑制品有限公司新建2幢钢结构厂房和综合办公楼，投资350万元对综合办公楼按高标准智能化要求进行装饰。2014年初投入使用。

芜湖永昌橡塑制品厂新建2层楼厂房和2条微波硫化生产线，并正式投产。

无为大江橡塑制品有限公司投资150万元新建2000平方米钢结构厂房，2014年初已投产。投资150多万元购置4组8台硫化机和一台预成型机，一台耐臭氧检测设备。

宁国友佳模具制造公司在市经济开发区征地20多亩，投资500多万元，新建钢结构厂房3500平方米，2014年再建一幢4000平方米钢结构厂房，增加部分关键设备扩大加工能力。

淮南天力达工矿配件有限公司投资2000多万元，征地10亩新建2幢厂房，完成搬迁任务，正式投产使用。

还有部分企业的技改项目均已先后建成，改善了生产条件，调整了产品结构，扩大了生产规模。

【展　望】

2014年，安徽省橡胶行业要认真落实中央经济工作会议精神，坚持稳中求进，改革创新，以深化改革为动力，以提质增效为重点，继续依靠技术创新，紧紧围绕国家支持重点发展的能源、交通运输、汽车制造、水利工程和基础设施等支柱产业提供配套服务，尽快发挥技改项目竣工投产的经济效益，争取各项经济指标有较大幅度的增长。预计工业产值达到350亿元，销售收入达到345亿元左右，实现利税35亿元，产品出口交货值达80亿元，保持10%以上的增速。

预计轮胎外胎完成4000万条，其中全钢载重子午胎250万条，轻卡轿车子午胎3750万条；输送带完成2400万平方米，其中难燃输送带2000万平方米，高强力输送带300万平方米；各种胶管2600万标米，其中高压钢丝编缠胶管320万标米；胶鞋1200万双；汽车橡胶件100亿件；新工艺炭黑18万吨；丁基胶塞50亿只；阻燃耐油胶板25万平方米。

安徽省橡胶行业必须不失时机地抓住发展机遇，充分发挥已建成技改项目的能力。为适应外贸内销两个市场，不断调整产品结构，转变经济增长方式，注重提高经济增长质量和效益，争取“十二五”末工业产值翻一番，达到400亿元的规模。

（郑宗良）

广西橡胶工业

【基本情况】

2013年,面对极为错综复杂的经济形势,广西橡胶行业全面贯彻落实党的"十八大"精神和中央、自治区各项决策部署,坚持稳中求进的工作总基调,以提高经济增长质量和效益为中心,统筹稳增长、调结构、促改革,全行业经济呈现总体平稳、稳中提质、稳中向好的发展态势。

综合广西壮族自治区统计局、各地市统计局和相关行业协会的统计数据,2013年,广西橡胶工业增加值,按可比价格计算,同比(下同)增长11%;广西全区共生产轮胎外胎127万条,增长15.5%;乳胶制品产值超过3亿元,增长8%;实现橡胶机械产值10.5亿元,增长约18%。

2014年,广西两家橡胶企业继续保持中国橡胶工业百强地位,但名次有所退后,详见表1。中国橡胶工业百强企业由中国橡胶工业协会评选和公布,主要是依据企业上年度主营业务收入进行排序。

表1 进入"中国橡胶工业百强"的广西企业

企业名称	排名		业务收入/亿元		专业
	2014年度	2013年度	2013年	2012年	
桂林橡胶机械厂	86	83	5.00	5.00	机械模具
桂林紫竹乳胶制品有限公司	93	89	2.83	2.60	乳胶制品

在16家广西首批重点培育和发展的出口名牌企业中,橡胶企业占两家,详见表2。广西计划到"十二五"末,重点培育30个出口品牌,对获得认定的出口企业,将在贸易、境外投资、开拓国内国际市场、舆论宣传等方面给予一系列的政策支持。

表2 广西首批重点培育和发展的出口名牌企业中的橡胶企业

企业名称	品牌	产品
桂林橡胶机械厂	GRM	橡胶机械
中国化工橡胶桂林有限公司	火炬	轮胎

作为广西唯一上榜企业,桂林橡胶机械厂在2013年中国化工装备百强企业名单中居第39位。该排行榜是由中国石油和化学工业联合会中小企业工作委员会及国家石油和化工网,按照"公平、公正、公开、非盈利"的原则,依据"中国化工装备百强及化工单元设备十强企业"评选办法,经企业自愿申报、行业专家评价、百强评审委员会复审等环节确定的。

2013年,进入全球顶级橡胶机械制造商行列的广西企业有两家,详见表3。在以主营业务收入排名的2013年度全球橡胶机械前30强中,桂林橡胶机械厂以8190万美元排在第11位,中国化学工业桂林工程有限公司以6070万美元排在第16位。

在同样是以与橡胶机械相关的业务收入排序的国内橡胶机械20强中,桂林橡胶机械厂和中国化学工业桂林工程有限公司分别排在第5位和第8位,见表3。

表3　进入全球顶级橡胶机械制造商行列的广西企业

企业	2013年度排名		与橡胶机械相关的业务收入/万美元					主要产品
	全球30强	国内20强	2013年	2012年	2011年	2010年	2009年	
桂林橡胶机械厂	11	5	8190	7730	9240	9000	8770	轮胎硫化机、成型机等
中国化学工业桂林工程有限公司	16	8	6070	4200	4000	5800	4391	复合挤出机、密炼机上辅机系统等

【在建项目】

由山东玲珑集团投资的子午线轮胎生产项目已于2013年12月正式开工建设,目前正在按期加快推进,一期项目预计2014年年底可投产。

该项目总投资408312万元,位于柳州市柳东新区曙光大道以南、桂柳高速公路以北;厂区用地面积1026868平方米,约合1540亩;建设规模为年产1600万条半钢子午线轮胎和120万条全钢子午线轮胎(含6万条工程子午线轮胎)。建设周期为48个月,一期投资15亿元,建成年产1000万条半钢子午线轮胎生产线。项目建成后划归广西玲珑轮胎有限公司运营管理。

柳州市位于广西中部,是中国最重要的汽车生产基地之一,也是12个“国家汽车及零部件出口基地”之一。拥有上汽通用五菱、东风柳汽、一汽柳特、重汽运力、延龙汽车等多家整车生产企业的柳州市,目前已形成了中级轿车、微型轿车、商用车、中重型载货车、专用车、观光车等门类齐全的产品体系。2013年,全市汽车产量突破180万辆,约占全国汽车总产量的8.4%。据计划,至2015年,柳州市汽车产量将达到200万辆,2020年将突破250万辆。

柳州玲珑项目建成后,将填补当地没有一家轮胎企业的空白,进一步完善柳州市的汽车产业链,降低当地汽车企业的生产成本;山东玲珑集团则藉此扩大服务范围,抢占西南市场。

【建设意向】

广州市华南橡胶轮胎有限公司已于2014年4月与广西平乐县人民政府签订轮胎生产项目投资合作框架意向书。该项目总投资超过40亿元,落户平乐工业园区。其中,一期投资18亿元,建成年产全钢子午线轮胎200万条生产线;二期建设形成年产半钢子午线轮胎2000万条规模。目前,平乐工业园区已完成该项目的用地平整。

【科技创新】

2013年,广西在橡胶机械研发领域取得新突破,多项产品通过鉴定或验收。主要项目见表4。

中国化学工业桂林工程有限公司自主研发的多功能橡胶挤出生产线,可实现2～4种胶料的机内复合,满足多种生产工艺要求,可同时挤出2种产品,有效地降低能源及原材料消耗,提高生产效率和产品成品率。目前,该产品已成功地向世界轮胎巨头米其林集团公司美国工厂出售。

桂林橡胶机械厂多年来坚持走科技创新之路,始终把技术创新和产品开发放在首要位置,有计划、有步骤、有重点地进行技术创新及新产品开发。新产品在企业经营中所起的作用越来越大,2012、2013年新产品产值分别为25838.2万元、29385.4万元,占企业总产值的52.7%和56.5%。

表 4　广西橡胶机械新品主要鉴定验收情况

企业名称	项目名称
中国化学工业桂林工程有限公司	半钢子午线轮胎 Φ90/Φ120/Φ250/Φ150 四复合挤出机生产线
	新型冷喂料排气挤出机研制
	多功能橡胶挤出生产线
	橡胶工厂废气的紫外－生物过滤联合处理工艺与设备研制
	新型螺旋冷却装置研制
	新型冷喂料排气挤出机
桂林橡胶机械厂	1220 电动螺旋式硫化机开发

与此同时，桂林橡胶机械厂持续加大技改力度，倡导全员参与，助推企业可持续发展。该厂选送参加“2013 年度广西装备工业先进工艺工装及优秀设备改造成果”评选的 20 个技改项目全部获奖，其中一等奖 4 个，二等奖 5 个，三等奖 11 个。

2013 年，桂林橡胶机械厂先后完成了 14 个项目的工艺布局优化。以铆焊下料工艺流程整合为例，整合前钢材由钢材库用汽车分别倒运：化机分厂数控切割下料，往返距离 1690 米；铆焊车间数控切割下料，往返距离 150 米，下料后再转铆焊车间组对、焊接，经过 3 个部门 4 个工作区才完成。整合后将化机工段的数控切割机搬迁到铆焊车间，从钢材库到下料车间，再到铆焊组对、焊接，往返距离 150 米，经过 2 个部门 3 个工作区就可完成。优化后实际减少周转距离 1690 米，缩短 92%，不仅缩短了生产周期，降低了运输成本，而且实现了“统一管理，合理安排，方便监控，保证质量”的目标。

2013 年，广西橡胶企业在普遍重视知识产权工作的基础上更上一层楼。经国家知识产权局评定，中国化工橡胶桂林有限公司的发明专利“设有胎体填充胶的子午线轮胎”以及中国化学工业桂林工程有限公司的发明专利“复合橡胶挤出机头”，分别荣获中国专利优秀奖。

在企业技术中心建设方面，广西多家橡胶企业取得较大进展。2013 年，中国化工橡胶桂林有限公司国家级企业技术中心以优良的成绩通过评估。该公司在实施科技强企战略中，重视科技创新，平均每年按产品销售收入的 4% 以上比例投入研发费用；中国化学工业桂林工程有限公司申请的广西橡胶工程及装备工程技术研究中心被列入第 8 批自治区级工程技术研究中心组建计划；中国化工集团曙光橡胶工业研究设计院有限公司申请的广西航空轮胎工程技术研究中心被列入第 9 批自治区级工程技术研究中心组建计划。

【企业信息化】

2013 年，广西橡胶行业在信息化运用及软件研发方面取得较好成绩。桂林橡胶机械厂研发出无人硫化生产线，在大幅度缩减轮胎硫化工序操作人员的同时，提高了产品生产质量。中国化工橡胶桂林有限公司启动条形码物流管理系统项目建设，该项目通过引入先进技术，规范库存管理，实现生产与物流过程中可追溯，解决信息孤岛问题。中国化学工业桂林工程有限公司承担的桂林市本级工业企业“两化”融合项目——三维协同设计平台建设与应用项目通过了市工业和信息化委员会组织的专家团队现场验收，并获自治区工信委认定为“2013 年广西两化深度融合标杆企业”。

【绿色循环】

近年来，广西围绕废旧轮胎综合利用做文章，将废旧轮胎胶粉应用于公路工程，取得显著成效。从 2010 年至今，已在广西隆林至百色高速公路、钦州至崇左高速公路连线上应用了约 250 公里，共应用废旧轮胎橡胶沥青 26600 吨、废旧轮胎胶粉5000吨,提高了路面使用性能,降低了工程造价,对我国经济的可持续发展,缓解环境压力起到积极作用,值得大力推广。广西壮族自治区交通运输厅推荐的废旧轮胎在公路工程中的综合应用示范项目,已被列为国家交通运输部首批绿色循环低碳示范项目。在全国30个项目中,涉及橡胶行业有2个项目,广西废旧轮胎在公路工程中的综合应用示范项目为其中之一。

【展　望】

2014年,国内外经济环境都在发生调整和变化。从国际看,世界经济仍处于危机后的恢复期,总体态势趋于稳定。从国内看,我国经济增长已进入从高速到中高速的换挡期,分阶段逐步下降已成事实。我国橡胶行业的经济运行面临不少困难与挑战,市场下行压力依然存在。为此,广西橡胶行业要围绕“技术创新、环保节能、品牌打造、重组转型”主题,积极推进产品结构调整,增强绿色发展意识,着力践行循环经济和清洁生产;持续自主创新,加强科技支撑,推动产业向价值链中高端跃进,早日实现由“中国制造”到“中国创造”的转变。

（游凌艳　邓海燕）

海南省橡胶工业

2013 年,由于天然橡胶和合成橡胶价格持续大幅下跌,全年累计平均价格较上年同期分别下降 22.2% 和 18.8%,海南省橡胶工业两大板块——橡胶原材料加工业和橡胶制品业均受到不同程度的影响,整体呈现增长稳中偏弱、维持多元化发展的趋势。

【基本情况】

1. 种植概况

(1)农垦天然橡胶种植业概况

海南农垦天然橡胶种植业以海南橡胶集团为主。2013 年海南农垦年末天然橡胶园保有量为 376.49 万亩(其中海胶集团 300 万亩);开割树面积为 289.41 万亩,占种植面积的 76.87%;全年完成干胶总产量 17.18 万吨,年均亩产干胶 59.2 千克,年均株产干胶 3.7 千克。近年来,海南农垦天然橡胶胶园更新速度加快,近 3 年的更新规模在 20 万亩以上,主要集中在中西部地区。

近两年,受天然橡胶市场价格低位运行和自然灾害的不利影响,海南农垦在胶园可持续发展方面下功夫,不断地完善开割胶园职工家庭长期承包制度,落实各项生产管理办法和措施,重视加强割胶技术管理。组织开展干胶生产劳动竞赛,研究并出台多项激励机制,充分调动基层人员工作积极性。

此外,海南橡胶集团岛外业务拓展取得了显著成绩。公司在云南通过控股、承包、租赁等形式,灵活机动开展橡胶收购、加工和贸易业务,全年累计收购、加工和销售橡胶约 10 万吨,占云南橡胶资源近 1/3 的市场份额。公司还对东南亚、非洲橡胶资源进行了持续调研,论证潜在的种植、加工合作项目,实施“走出去”战略步伐稳健。

(2)民营天然橡胶种植业概况

2011 年,海南民营橡胶种植面积 377 万亩,占全省橡胶园面积的 50.1%;干胶产量 20 万吨,占全省橡胶产量的 54.1%;民营橡胶园面积和产量首次超过海南农垦。2013 年,海南民营橡胶园种植面积约 400 万亩,主要分布在儋州、澄迈、白沙、琼海、琼中、五指山等中西部市县。海南民营橡胶分布区的劳动力价格低廉,劳动力成本低成为海南民营橡胶参与市场竞争的一大优势。但海南民营橡胶大多仍处于重种植、轻管理的传统粗放管理状态,人员文化素质低、流动性大、技术和管理基础较差。虽然海南民营橡胶面积大,但是总体上经营规模小、组织化程度较低,造成病虫防治时机和用药难以统一、割胶技术参差不齐等问题,严重制约了民营橡胶产业的升级发展。

2. 加工与销售

(1)主导企业

①原材料。2013 年,海南橡胶集团干胶产量 14.39 万吨,下降 7.04%。在胶价持续下跌的情况下,集团调整了收购战略,增加田间地头收购布点,加大民营胶收购,欲逆市整合民营胶,提升岛内橡胶原料控制力度,全年完成民营胶收购 12.81 万吨,增长 54.15%。2013 年海南橡胶集团天然橡胶加工情况见表 1。

表 1 2013 年海南橡胶集团天然橡胶加工情况

指标名称	数量	同比/%
胶厂/座	—	—
标胶厂	13	-
浓缩胶乳厂	7	-
烟胶片厂	0	-
加工能力(日产)/t	—	—
标胶	686	-50.51
浓缩胶乳	417	-27.10

续表1

指标名称	数量	同比/%
烟胶片	0	-
干胶总产量/t	143933	-7.04
烟胶片	0	-
标准胶	120923	4.75
杂胶制成	4670	-24.48
浓缩乳胶/t	38283	-41.70
按60%折干胶	22970	-41.70
白绉片	0	-
褐绉片	0	-
胶清片	0	-
浅色胶	0	-
子午胶	0	-
加工民营胶(干胶)/t	128100	54.15

在销售方面,海南橡胶集团以市场为导向,实施“以销定产”策略。通过开展市场调查和走访客户,根据客户的需求,提供相应的专供产品。产品质量得到了普利司通等客户的认可。

②橡胶制品。2013年,海南省橡胶制品业规模以上企业4家,其中海南橡胶集团生产规模最大,也较具代表性。海南橡胶集团旗下从事橡胶制品生产经营的企业有海南知知乳胶制品有限公司、海南经纬乳胶丝有限公司和海南安顺达橡胶制品有限公司3家企业。

由于近两年来受国内外橡胶行业市场普遍低迷的影响,海南橡胶集团对橡胶制品生产部署做了相应调整。2013年生产光面有粉手套、光面无粉手套、麻面有粉手套、麻面无粉手套等不同型号检查手套22485万只,减产12.13%,乳胶丝、胎面胶等产品产量也有不同程度的减产,而混炼胶产量则增加15.67倍。在中垫胶停产的同时,开发出多种新产品,如低蛋白浓缩乳胶、高弹减震全乳胶和改性胶清橡胶等,向客户推介使用,效果良好,将来有望打开高端产品的销售局面。

2013年,海南橡胶集团橡胶深加工业务工业总产值14176.76万元,销售额7863万元,较上年有所增长,但依然处于亏损状态。橡胶制品生产经营情况见表2。

表2　2013年海南橡胶集团橡胶制品生产经营情况

企业名称	产品	产量	销售量	销售收入/万元	主要销售市场
知知	手套/万只	22485.1	22508.33	3667.51	扬州、河南、江西
经纬	乳胶丝/t	3829.245	3112.296	353.75	福建、江浙、广东,土耳其
安顺达	混炼胶/t	354.86	281.93	3841.75	
	胎面胶/t	2600.85	2643.49		
总计				7863.01	

(2)民营企业

①原材料。截至2013年底,海南省民营橡胶加工厂共87家,分布在16个市县,其中澄迈16家、琼海10家、屯昌和临高各9家,4个市县共计44家,占全省总数的一半。民营胶场普遍存在加工规模小的特点,全省民营胶厂年总产能仅30万吨左右。海南民营胶厂加工规模情况见表3。

表3　海南民营胶厂加工规模情况

生产规模/吨·年$^{-1}$	企业约占比重/%
<1000	40
1000~3000	30
3000~10000	20
>10000	10

海南民营橡胶加工企业不但规模小而且分散、专业化水平不高、设备水平参差不齐、产品质量不稳定。民营橡胶产品中，集中加工的产品质量较好，胶农自己生产的烟胶片质量较差。与国外规模化、集约化的橡胶加工相比，在效益与质量方面仍处于劣势。这些民营胶加工厂的橡胶产品档次低，既浪费了资源，又通过不正规渠道流入市场，扰乱了市场秩序。

②橡胶制品。海南民营橡胶企业主要生产浓缩乳胶、全乳胶、胶清胶、子午胎橡胶、恒粘橡胶等初加工产品，目前尚无关于海南民营橡胶企业开展橡胶深加工业的消息。

【基建与技改】

2013年，海南橡胶集团13家橡胶加工厂固定资产投资共1223万元，主要用于岛内加工零星的生产线设备购置、操作台的购置、厂房屋顶和地面的修补、更新。此外，制定了特供浓缩乳胶、特供全乳胶等生产工艺规程和产品企业标准，并推行到加工生产中，产品制成率、产品一致性等指标得到显著提高。

2013年，海南橡胶集团旗下3家橡胶深加工企业固定资产投资2735万元，主要用于厂房和设备等基础设施建设。

知知公司2013年在技术改造方面投入了大量的人力物力，主要改造两大项：一是3#生产线的凝固剂、乳胶、淀粉烘炉的红外线直接加热改造为热风加热系统，改造后产量提高9.28%，生产成本降低，操作安全性提高，质量稳定性相对提高，改造后总体达到预想效果。二是加增氯化尾气处理装置，排出的尾气基本被中和净化，工作环境得到改善。

经纬公司积极改进生产设备和工艺，提高了产品质量。一是改进磨料和配料设备。调整加料的速度和时间，加强现场监督和管理，确保操作严格按工艺规程进行；把握乳胶丝生产的最佳胶乳预硫化温度和时间，使乳胶达到最佳的综合性能。经过调整，胶料均匀性问题得到改进，产品质量有所提高。二是改善挤出成型工艺。更换了内径小、易于调节的阀门，有效地控制了胶料的流量、液位，较好地解决了胶位不稳的问题。三是改进生产线设备。对生产线进行改进，控制线不再经过中控室的控制系统集中控制，而是剥离出来，采用单机控制的方式，经过调整，生产线运转正常，保证了生产的正常进行；通过修复压辊表面光洁度和平整度及调整压辊弹簧，解决了并带弯曲和散丝问题。通过上述工作，乳胶丝产品质量得到进一步提高，产品合格率由年初的86%提升到93%。

为迅速打开混炼胶市场，满足客户产品需求，安顺达公司2013年开发213配方胎面胶共8个花纹36个规格，目前已基本量产。把胶清胶改变为一种复合胶或者等替天然标胶，或者改变为某种新材料使用，是下一步工作的重点。

民营胶厂素来注重成本控制，而在基建和技改方面投入较少。因此，民营橡胶加工厂普遍存在的基础设施落后、管理水平低、加工工艺粗劣、胶片品质低等问题依然突出，而且将长期持续。

【科技创新】

2013年，海南橡胶集团继续加大科技投入，积极推进橡胶科技研发创新工作。低蛋白浓缩天然胶乳的研制、高端天然乳胶丝生产技术的开发等工作正在紧张开展；高弹减震专用天然橡胶开发已取得成果，该产品适用于汽车、火车、飞机等交通工具的减震制品，也适用于高性能绿色环保汽车轮胎，目前已在市场上开始应用。海南橡胶与军方合作开发的军用航空轮胎专用橡胶项目也取得突破性进展，试验胶的各项数据均达到军方的标准，下一步将对工艺进行熟化。截至目前，海南橡胶集团与中橡集团曙光橡胶工业研究设计院共同建立了“空军航空橡胶科研生产中心”，当前主要开展航空轮胎胶的研发。

【清洁生产与节能减排】

海南橡胶集团旗下13家加工厂，按有关环保法规，配套相应的废水处理站，并对加工厂环保设施进行了改造升级，使环保治理能力大幅提高，环保治理工作效果良好。通过技改提高科技含量，采用浅层自动控温烘干技术降低石油消耗量，采取乳清循环措施降低耗水量，都取得了显著的降耗成效。

截至2013年底，13家加工厂均已通过环境、质量体系认证。金联加工分公司通过国家4星级现场评审，金隆加工分公司通过国家3星级现场评审，此外还有金水等5家加工分公司通过海南省3星级现场评审。

知知公司为及时掌握生产和相关费用成本数据,实行了生产数据、水电气耗能、人力成本、化工原料成本等费用成本周报制度,通过分析比对,基本实现早发现问题和及时解决问题。

经纬公司通过对原来存在着升温慢、用天然气多、耗能大等问题的两条进口生产线进行节能改造,生产线耗气情况有较大程度的改善,由$460m^3$/吨降到$330m^3$/吨,能耗降低了28%。

安顺达公司加强内部成本控制,推进节能降耗工作,取得了良好效果。一是加强人工成本控制,各现场操作分部实行岗位相对固定、人员统筹安排的用人机制。二是实行部门成本核算,各部门的经营、管理、质量和成本纳入部门月度考核,教育员工从自身做起,从点滴做起,提高主人翁精神和节约意识,努力降低成本。三是在管理费上严格控制,在业务招待费上减少不必要的开支。四是积极寻找物美价廉的替代原材料,在材料、产品和设备的采购过程中,严格按照工艺配方的技术指标,按询、比、议价程序,把握市场价格,千方百计地节约资金,有效地降低了采购成本,减少了原材料浪费和资金流失。

民营胶厂环保问题依然严重。民营橡胶加工厂分布较散、区域较广,部分民营胶厂环保意识较薄弱,为降低生产成本,环境治理投入少,治污不达标,严重破坏了环境。2011年被媒体曝光后,时隔两年时间,尚未引起相关部门的重视,问题没有得到有效解决。2013年,全省依然有近4成民营胶厂排污不达标,据估算,每年至少有5.6万吨废水未经处理流入河流和土壤中,造成严重污染。

【展　望】

1.2014年行业预测

(1)天然橡胶原材料价格将持续下跌

受全球增长需求不足、欧债危机持续蔓延、新兴经济体发展放缓,以及国内推动经济增长动力不足等多种因素的影响,近两年全球天然橡胶原料价格总体呈现低迷态势,跳水式的价格下跌给橡胶行业带来了强烈冲击。据权威机构预测,2014年全球天然橡胶和合成橡胶的产量过剩规模都将扩大。由于国际范围内橡胶供过于求的状况短期内难以缓解,2014年,我国橡胶价格还会继续呈现下跌的态势,但跌幅有望收窄。

(2)橡胶原料与制品消费量、产量发展趋势

据国际橡胶研究组织预计,2014年全球橡胶消费量将增长4.4%,对天然橡胶与合成橡胶的需求将达到2770万吨,其中亚洲需求上升较为明显。但相比之下,印度、马来西亚等国家橡胶需求增长相对较快,中国也具有一定的增长潜力。就产量而言,由于中国尤其是海南橡胶生产成本较东南亚地区高,在天然橡胶原材料价格将持续下跌的背景下,海南乃至中国天然橡胶原料产量不会有明显增长,甚至可能会出现负增长,且橡胶制品产量增长潜力也较小。

2.面临的问题

(1)民营橡胶加工厂处境艰难

中小型民营胶厂受资金、技术等因素制约,难以应对胶价长期低迷的现状,可能会因压货,或因减少收购和加工而导致亏损,甚至面临倒闭风险。

(2)国营橡胶企业也面临巨大经营压力

胶价的持续下跌不仅给民营橡胶加工厂带来极大挑战,同时也给国营橡胶企业带来巨大压力。尤其是海南橡胶集团旗下3家橡胶制品企业连年亏损,2014年形势将更加严峻。

3.对策建议

(1)推进行业整合

民营橡胶加工厂分布较散、区域较广,部分民营胶厂环保意识较薄弱,环境治理投入少,治污不达标,严重破坏了环境;且许多小民营橡胶加工厂的橡胶产品档次低,既浪费了资源,又扰乱了市场秩序。在胶价长期低迷,民营橡胶加工厂处境艰难的形势下,应鼓励行业龙头抓住有利时机,推进行业整合,促进行业健康发展。

(2)加强橡胶企业经营管理

一是要强化成本管理,全面降低成本;二是拓展"产品服务"业务,打造新的盈利模式;三是加大套期保值力度,有效防范价格风险;四是积极推进"走出去"战略,寻求新的增长点。

(3)实施引进增量策略

海南橡胶集团旗下3家橡胶制品企业应加快引进战略合作伙伴,降低经营成本,改善产品结构,提高产品质量,争取扭亏为盈。

(蒋菊生)

中国台湾地区橡胶工业

从1929年中国台湾地区有了橡胶制品厂至今,台湾橡胶工业已有80多年的历史,是台湾最早的工业行业。2013年,台湾橡胶制品产值达到949.87亿元新台币,占全球1.17%,若加上台商海外工厂产值则超过2000亿元新台币以上,占全球的2.87%。

【基本情况】

1948年,台湾地区橡胶工业同业公会成立,旨在凝聚同业力量,促进同业繁荣发展。2012年2月,台湾地区橡胶工业同业公会根据环境与材料多元化发展需求,更名为"台湾橡胶暨弹性体工业同业公会",以扩大定义橡胶范围。

截至2014年5月,台湾橡胶暨弹性体工业同业公会有会员企业499家。按资本额和营业额把会员分为5个等级,有一级会员90家,二级会员55家,三级会员115家,四级会员55家,五级会员184家。台湾橡胶暨弹性体工业同业公会会员分级情况见表1,会员资本额与产品分析见表2。

表1 台湾橡胶暨弹性体工业同业公会会员分级情况 万元新台币

分级	资本额	营业额
一级	2000以上	12000以上
二级	800~1999	6000~12000
三级	400~799	3000~5999
四级	200~399	1000~2999
五级	200以下	1000以下

表2 台湾橡胶暨弹性体工业同业公会会员资本额与产品分析

会员厂资本额分布					按产品生产厂家数				
资本额/新台币	家数	占比/%	资本额累计/千元新台币	占比/%	原料	轮胎	工业用品	资源回收	橡胶机械
10亿元以上	16	3.2	164475688	86.9	6	5	4	0	1
1~10亿元	58	11.6	17182570	9.1	20	4	29	0	5
1000~9999万元	246	49.3	6897758	3.6	24	22	177	6	17
999万元以下	179	35.9	771250	0.4	29	6	129	2	13
合计	499	100	189327266	100.0	79	37	339	8	36
占比/%					16	7	68	2	7

【产　值】

2013 年,台湾橡胶制品产值为 949.87 亿元新台币,其中,轮胎总产值为 478.95 亿元新台币,占橡胶业总产值的 50.4%;非轮胎橡胶制品的工业用橡胶制品产值 223.77 亿元新台币,占橡胶业总产值的 23.6%。其他橡胶制品为 247.15 亿元新台币,占橡胶业总产值的 26%。全球与台湾橡胶制品产值分析见表 3,2007～2012 年台湾橡胶制品产值比例见表 4。

表 3　2013 年全球与台湾橡胶制品产值分析表　　亿美元

橡胶制品分类	全球		台湾			全球台商	
	产值	占比/%	产值	台湾/%	占全球/%	产值	占全球/%
轮胎类	1870.00	65	17.12	51	0.60	65.05	2.27
非轮胎类别	1000.00	35	16.49	49	0.57	17.31	0.60
合计	2870.00	100	33.61	100	1.17	82.36	2.87

表 4　2007～2012 年台湾橡胶制品产值比例　　%

年度	轮胎	工业用橡胶制品	其他橡胶制品
2007	49.94	20.45	29.61
2008	48.22	22.46	29.32
2009	50.73	20.56	28.71
2010	49.21	23.01	27.79
2011	50.20	23.01	26.80
2012	50.85	23.10	26.05
2013	50.42	23.56	26.02

【生产经营】

表 5　2013 年台湾主要橡胶制品生产情况　　百万元新台币

橡胶制品	产量	同比/%	销售值	同比/%
汽车轮胎/万条	2223.4	0.87	33588.2	-2.64
摩托车外胎/万条	1102.5	0.88	5804.14	-2.84
胶管/万 m	6502.8	13.05	2036.43	2.04
胶带/万元	384668.4	-12.28	3944.62	-11.97
橡胶油封/万元	813728	5.38	8714.01	3.43
橡胶手套/万双	16087.3	2.37	874.75	-2.79

轮胎是台湾橡胶制品中产值最大的产品。目前台湾专业生产车辆轮胎的厂商以南港、泰丰、正新、建大、华丰、台湾普利司通等6家公司为主。在2013年世界轮胎75强中，台商轮胎5家上榜。正新自2011年超越美国固铂后，一直位居第9名；建大10.63亿美元，同比（下同）增长4.1%，排名第31；南港5.42亿美元，下降6.6%，排名第44；泰丰排名第57；华丰排名第61。这5家台商营业额占全球的3.63%，增长4.5%。

台湾轮胎厂除可以满足台湾汽车一年约35万辆的新车市场和677万辆汽车保有量替换轮胎市场外，外销量维持65%以上，历年平均出口单价均低于内销平均单价。2013年外销单价为1359元新台币/条，内销价格为1855元新台币/条。2013年汽车外胎生产22234千条，增长0.9%；出口15965千条，出口率65%；总销售额33588.2百万元新台币，下降2.6%。

台湾新车用轮胎市场，基本是台湾普利司通和正新各占50%。

替换胎市场，长期以来的前3名是法国米其林、日本普利司通和日本横滨。2013年进口轮胎品牌达107种。

台湾轮胎翻新企业13家，年翻新量大约120万条，产值约新台币12亿元。翻新种类主要以大卡车及大客车轮胎为主。

【技术研发】

台湾橡胶工业奠基于第二次世界大战后日本留下的橡胶产业，以及战后自日返台的技术人员。从20世纪70年代鞋类发展初期到20世纪90年代产业外移，这是台湾企业引进国外橡胶制品技术的鼎盛时期，台湾橡胶业的技术发展与合作主要以日本和美国为主。台湾主要企业与国外技术合作情况见表6，台湾橡胶弹性体产业研发经费占营业额比例见表7。

表6　台湾主要企业与国外技术合作情况

企业名称	合作重点	国外合作厂家
泰丰轮胎公司	轮胎	日本住友橡胶工业株式会社
正新橡胶公司	轮胎	日本 TOYO RUBBER CORP
建大工业公司	轮胎	美国 COOPER
华丰橡胶公司	轮胎	日本住友橡胶工业株式会社
台湾普利司通公司	轮胎	日本普利司通(80%)
中台橡胶公司	工业用品	日本 ASAHI CORP
台裕橡胶公司	工业用品	日本丰田合成(45%)
亿全橡胶公司	工业用品	日本滚华护膜工业
台湾华尔卡工业	工业用品	日本 BARUKA 工业(55%)
协机工业公司	工业用品	日本 YOKOHAMA RUBBER CO.(49%)
三五橡胶公司	PU 传动带	日本阪东化学株式会社
全兴油封企业公司	油封	日本 NOK CORP
厚生公司	一般制品	日本凡山工业
台湾合成橡胶公司	SBR	美国 B. F. GOODRICH CO.
	BR	日本宇部兴(UBE)株式会社

续表

企业名称	合作重点	国外合作厂家
中国合成橡胶公司	炭黑	美国 CONTINENTAI CARBON CO.
南帝化学工业公司	NBR	美国 B. F. GOODRICH CO.
	合成乳胶	日本 NIPPON ZEON CO.
国联矽工业公司	白炭黑	德国 DEGUSSA
必丕志公司	DIASI 白炭黑	日本德山曹达株式会社
	特殊用途白炭黑	美国 PPG
国成工业公司	精炼胶	日本合成橡胶公司(30%)

表 7　台湾橡胶弹性体产业研发经费占营业额比例

行业	研发经费比例/%	家数
轮胎业	1.81	19
工业用品业	0.25	48
一般制品业	0.50	23
合计	1.08	90

【进出口】

1. 出口

2013 年,台湾橡胶制品出口额为 16.83 亿美元(未包括胶鞋类),下降 4.51%。其中轮胎出口 11.24 亿美元,占总出口值的 67%。出口国家和地区以美国、日本及欧洲为主。出口美国的轮胎总产值占轮胎出口总产值的 31%,仍居外销之首。

2013 年,非轮胎橡胶制品出口值 5.54 亿美元,占橡胶总出口值的 33%,其中出口美国 1.62 亿美元,占非轮胎橡胶制品出口值的 29.2%。出口中国大陆 0.72 亿美元,占 13.1%。2012 ~ 2013 年台湾橡胶制品出口统计见表 8,2012 ~ 2013 年台湾轮胎出口主要地区情况见表 9,2012 ~ 2013 年台湾非轮胎橡胶制品出口主要地区见表 10。

表 8　2012 ~ 2013 年台湾橡胶制品出口统计

产　　品	2012 年		2013 年		金额比/%
	数量	金额/千美元	数量	金额/千美元	
子午线轮胎/条	8501620	461454	11248476	540282	17.08
汽车外胎/条	8385317	349896	6393283	242691	-30.64
汽车内胎/条	224160	2399	203257	1785	-25.59
摩托车外胎/条	5709373	147361	5550527	139551	-5.3
摩托车内胎/条	1583200	6097	1295069	4857	-20.34
自行车外胎/条	8626653	64455	8860020	62176	-3.54

续表

产　品	2012 年		2013 年		金额比/%
	数量	金额/千美元	数量	金额/千美元	
自行车内胎/条	18129260	30724	16658011	27430	-10.72
翻新轮胎/条	19879	1381	12674	507	-63.29
其他外胎/条	2171391	110206	2178682	101679	-7.74
其他内胎/条	1494441	3734	1172119	3193	-14.49
车胎类小计/条	**54845294**	**1177707**	**53572118**	**1124151**	**-4.55**
已使用汽胎/kg	6062930	3427	7566731	4523	31.98
胶管/kg	5605184	26332	5678070	21928	-16.72
V 带/kg	772243	6196	1028268	7426	19.85
平面输送带/kg	22927366	95577	20027291	80108	-16.18
其他传动带/kg	3071008	14412	2932222	14974	3.90
橡胶油封/kg	6605843	124766	7114694	129306	3.64
橡胶手套/kg	1547345	13576	1540174	12668	-6.69
胶丝/kg	336619	1959	339102	1727	-11.84
橡胶绝缘胶带/kg	2214212	10871	1731309	7281	-33.02
橡胶滚筒/kg	205790	1370	254433	1494	9.05
其他橡胶制品/kg	54891846	285750	52023275	276971	-3.07
非轮胎类小计/kg	**104240386**	**584236**	**100235569**	**558406**	**-4.3**
合计		1761943		1682557	-4.51

表 9　2012～2013 年台湾轮胎出口主要地区情况

2012 年				2013 年			
排名	出口国家和地区	金额/亿美元	占比/%	排名	出口国家和地区	金额/亿美元	占比/%
1	美国	3.53	29.9	1	美国	3.51	31.2
2	日本	1.40	11.9	2	日本	1.41	12.5
3	加拿大	0.65	5.5	3	加拿大	0.61	5.4
4	巴西	0.60	5.1	4	澳大利亚	0.42	3.7
5	澳大利亚	0.47	4.0	4	巴西	0.39	3.4
6	英国	0.34	2.9	6	俄罗斯	0.35	3.1
7	印度	0.24	2.1	7	沙特阿拉伯	0.26	2.3
8	沃里斯与住塔那岛	0.24	2.0	8	英国	0.24	2.2
9	俄罗斯	0.22	1.9	9	墨西哥	0.24	2.1
10	德国	0.22	1.9	10	荷兰	0.20	1.8
	前 10 国小计	7.93	67.1		前 10 国小计	7.62	67.6
	其他国家	3.89	32.9		其他国家	3.62	32.4
	合计	11.82	100.0		合计	11.24	100.00

表10　2012～2013年台湾非轮胎橡胶制品出口主要地区

2012年				2013年			
排名	出口国家和地区	金额/亿美元	占比/%	排名	出口国家和地区	金额/亿美元	占比/%
1	美国	1.75	30.1	1	美国	1.62	29.2
2	中国大陆	0.91	15.7	2	中国大陆	0.72	13.1
3	日本	0.39	6.4	3	德国	0.29	5.2
4	中国香港	0.27	4.7	4	日本	0.26	4.7
5	德国	0.24	4.2	5	中国香港	0.24	4.4
6	英国	0.21	3.6	6	英国	0.19	3.4
7	越南	0.18	3.1	7	越南	0.17	3.1
8	荷兰	0.16	2.8	8	澳大利亚	0.14	2.6
9	澳大利亚	0.15	2.6	9	加拿大	0.14	2.5
10	加拿大	0.13	2.3	10	荷兰	0.11	2.0
	前10国小计	4.39	75.6		前10国小计	3.89	70.2
	其他国家	1.42	24.4		其他国家	1.65	29.8
	合计	5.81	100.0		合计	5.54	100

2.进口

2013年,台湾橡胶制品进口额约为6.54亿美元,下降7.1%。其中进口轮胎3.28亿美元,占进口总额的50%。从中国大陆进口0.71亿美元,名列第一。从日本进口0.67亿美元,泰国0.66亿美元,德国0.23亿美元。2012～2013年台湾橡胶制品进口统计见表11,2012～2013年台湾轮胎进口主要地区情况见表12。

2013年台湾非轮胎类进口3.26亿美元,占进口总额的50%。前四大进口地区中,从日本进口1.0亿美元,占30.6%,从中国大陆进口0.47亿美元,占14.5%,从泰国进口0.42亿美元,占12.7%,从美国进口0.25亿美元,占7.6%。2012～2013年台湾非轮胎橡胶制品进口主要地区见13。

表11　2012～2013年台湾橡胶制品进口统计

产　品	2012年		2013年		金额比/%
	数量	金额/千美元	数量	金额/千美元	
子午线轮胎/条	3214134	269292	3277739	262819	-2.40
汽车外胎/条	47070	5676	35319	3126	-44.93
汽车内胎/条	339112	1149	380815	1495	30.11
摩托车外胎/条	720308	7691	637585	8121	5.59
摩托车内胎/条	187537	286	133076	232	-18.88
自行车外胎/条	5633010	27347	5543254	27966	2.26

续表

产品	2012 年		2013 年		金额比/%
	数量	金额/千美元	数量	金额/千美元	
自行车内胎/条	4042124	4346	3470449	3648	-16.06
翻新轮胎/条	1201	460	791	369	-19.78
其他外胎/条	1240529	19901	1030661	18676	-6.16
其他内胎/条	1009450	1563	763010	1317	-15.74
车胎类小计/条	**16434475**	**337711**	**15272699**	**327769**	**-2.94**
已使用汽胎/kg	906839	625	498670	195	-68.8
胶管/kg	5153440	51310	4591153	47452	-7.52
V 带/kg	510924	7341	438734	7729	5.29
平面输送带/kg	924769	10943	394986	8581	-21.58
其他传动带/kg	1286413	34826	1252837	33514	-3.77
橡胶油封/kg	2140101	63148	2213459	65490	3.71
橡胶手套/kg	6815508	35581	6750641	35317	-0.74
胶丝/kg	3196772	12229	3265268	10994	-10.10
橡胶绝缘胶带/kg	183608	2115	66029	1501	-29.03
橡胶滚筒/kg	14096	380	46300	740	94.74
其他橡胶制品/kg	32251386	148434	24278847	114951	-22.56
非轮胎类小计/kg	**52477017**	**366307**	**43298254**	**326269**	**-10.93**
合计		704643	—	654233	-7.1

表 12　2012～2013 年台湾轮胎进口主要地区情况

2012 年				2013 年			
排名	进口地区	金额/亿美元	占比/%	排名	进口地区	金额/亿美元	占比/%
1	日本	0.85	25.1	1	中国大陆	0.71	21.7
2	泰国	0.64	18.8	2	日本	0.67	20.4
3	中国大陆	0.60	17.9	3	泰国	0.667	20.2
4	印度尼西亚	0.215	6.3	4	德国	0.23	6.9
5	德国	0.207	6.1	4	印度尼西亚	0.20	6.0
6	法国	0.15	4.4	6	法国	0.14	4.3
7	马来西亚	0.10	3.1	7	马来西亚	0.10	3.1
8	韩国	0.10	2.9	8	韩国	0.10	3.0
9	捷克	0.069	2.0	9	菲律宾	0.09	2.6
10	越南	0.059	1.7	10	西班牙	0.05	1.5
	前 10 小计	2.99	88.4		前 10 小计	2.94	89.7
	其他	0.39	11.6		其他	0.34	10.3
	进口合计	3.38	100.0		进口合计	3.28	100.0

表 13　2012～2013 年台湾非轮胎橡胶制品进口主要地区

2012 年				2013 年			
排名	进口地区	金额/亿美元	占比/%	排名	进口地区	金额/亿美元	占比/%%
1	日本	1.22	33.3	1	日本	1.00	30.6
2	泰国	0.56	15.3	2	中国大陆	0.47	14.5
3	中国大陆	0.44	12.0	3	泰国	0.42	12.7
4	美国	0.27	7.5	4	美国	0.25	7.6
5	马来西亚	0.24	6.7	5	马来西亚	0.23	6.9
6	德国	0.16	4.4	6	德国	0.18	5.4
7	韩国	0.12	3.4	7	韩国	0.12	3.7
8	印度尼西亚	0.12	3.2	8	印度尼西亚	0.11	3.2
9	法国	0.08	2.2	9	新加坡	0.08	2.6
10	越南	0.07	2.0	10	越南	0.06	1.9
	前 10 国小计	3.29	89.9		前 10 国小计	2.91	89.2
	其他	0.37	10.1		其他	0.35	10.8
	进口合计	3.66	100.0		进口合计	3.26	100.0

【原材料】

1. 天然橡胶

台湾所用天然橡胶全部依赖进口，2013 年台湾进口天然橡胶 10.99 万吨，增长 2.12%。进口前 4 国为泰国 3.69 万吨，占进口总量的 33.6%；印度尼西亚 3.34 万吨，占 30.4%；越南 2.63 万吨，占 23.9%；马来西亚 1.13 万吨，占 10.2%。2013 年台湾天然橡胶进口地区见表 14。

表 14　2013 年台湾天然橡胶进口地区　t

	天然橡胶液	天然橡胶	合计	2012 年进口量	同比/%
泰国	5912.56	31019.32	36931.87	33725.82	9.51
印度尼西亚		33422.58	33422.58	26881.20	24.33
越南	79.68	26197.02	26276.70	33386.91	-21.30
马来西亚	1626.40	9626.19	11252.59	13096.73	-14.08
斯里兰卡		1502.58	1502.58	170.20	782.83
柬埔寨		461.62	461.62	302.40	52.65
缅甸	80.00		80.00	20.00	300
美国	0.48	52.81	53.29	54.33	-1.93
其他		0.20	0.20	0.21	-5.21
合计	7699.11	102282.32	109981.43	107701.34	2.12

2. 合成橡胶

台湾乙烯产能世界排名第9，合成橡胶原料产能世界排名第7。目前，台湾生产供应合成橡胶的种类以苯乙烯－丁二烯橡胶（SBR）、聚丁二烯橡胶（BR）、丙烯腈－丁二烯橡胶（NBR）、丙烯腈－丁二烯胶乳（NBR LATEX）及热塑性橡胶（TPE）为主。除供应台湾橡胶厂需求外，大量外销。台橡及南帝公司在大陆设厂，所需原料如丁二烯、苯乙烯等，主要来自中油、台塑石化、台湾苯乙烯以及国乔公司供应，不足部分进口。其他合成胶如IR、IIR、EPDM、CR、ECO、ACM、Q、HNBR、FKM等特殊合成橡胶则依赖进口。台湾合成胶及橡胶弹性体在世界橡胶弹性体产业界占有重要位置。台湾热塑性弹性体规模年总产能58万吨，其中李长荣35万吨，奇美13万吨，台橡5万吨及英全5万吨。2012～2013年台湾橡胶弹性体原材料进口情况见表15。

表15　2012～2013年台湾橡胶弹性体原材料进口情况

产品名称	2012年		2013年		金额比/%
	数量/t	金额/万美元	数量/t	金额/万美元	
SBR胶乳	8797.42	2309.6	8057.33	1772.4	-23.26
CR胶乳	411.86	1473	418.23	130.8	-11.20
NBR胶乳	2201.57	318.7	2802.80	344.9	8.22
其他胶乳	85.34	24.5	37.85	9.2	-62.45
TPR	8149.93	3658.2	7810.01	3238.2	-11.48
SBR	50487.41	14798.0	48483.59	10676.2	-27.85
BR	23266.65	7293.6	29414.30	6376.2	-12.58
IIR	3907.80	1527.2	4177.43	1416.5	-7.25
CIIR BIIR	9920.30	4765.9	9102.85	4001.1	-16.05
CR	8357.37	3757.9	8746.97	3474.2	-7.55
NBR	7813.59	3311.0	9597.98	3327.2	0.49
IR	2957.98	1312.3	3089.63	1103.1	-15.94
EPDM	17708.92	5606.0	16123.09	3637.3	-35.12
混合胶	130.93	49.6	99.78	31.2	-37.10
聚硫橡胶	120.22	101.1	100.33	85.9	-15.03
其他合成胶	5550.96	2675.2	5359.97	2248.9	-15.94
小计	**149868.24**	**51656.1**	**153422.13**	**41873.3**	**-18.94**
炭黑	75562.46	10411.3	69851.44	9324.0	-10.44
促进剂	2233.96	859.0	2333.15	865.3	0.73
防老剂	4181.30	1793.8	5301.33	2316.5	29.14

3. 炭黑

中橡公司是台湾唯一的炭黑生产厂，年产能12.5万吨，占台湾炭黑市场70%～80%。目前，中橡公司除在台湾有1家工厂外，也积极通过并购等方式建厂提升竞争力，包括在安徽马鞍山、辽宁鞍山和重庆等地的3家生产厂，以及在美国的3家生产厂、印度1家生产厂共计8家生产工厂，年总产能70多万吨。

目前台湾地区进口炭黑有中国大陆、韩国、泰国、加拿大及澳洲等地区，2013年进口总量为6.99万吨，下降7.6%。其中，从中国大陆进口炭黑5.15万吨，占进口总量的73.7%，下降10.5%；从韩国进口8.20万吨，占11.7%；从美国进口2.29万吨，占3.3%；从日本进口2.11万吨，占3.0%。进口前4名总计6.41万吨，占91.7%。2013年台湾炭黑主要进口地区及数量统计见表16。

表16　2013年台湾炭黑主要进口地区及数量统计

地区	2013年进口量/t	2012年进口量/t	金额/万美元	金额比/%
中国大陆	51482.89	57497.80	5622.3	-10.5
韩国	8204.57	7882.04	1171.2	4.1
美国	2288.51	1940.95	738.0	17.9
日本	2106.43	2397.03	500.3	-12.1
加拿大	1484.00	1701.59	274.6	-12.8
德国	351.85	3372.06	248.3	4.3
泰国	1599.50	1643.00	238.6	-2.7
比利时	342.62	391.38	144.7	-12.5
俄罗斯	651.20	541.75	99.4	20.2
荷兰	269.66	243.04	87.4	11.0
印度	687.85	418.00	85.2	64.6
意大利	133.98	82.41	35.5	62.6
新加坡	60.00	70.00	31.1	-14.3
马来西亚	136.00	295.60	20.3	-54.0
捷克	6.02	3.32	9.6	81.5
其他	46.34	117.35	17.5	-60.5
合　计	69851.44	75562.46	9324.0	-7.56

（邓雅俐）

区域品牌建设

中国(衡水)工程橡胶产业

【基本现状】

工程橡胶产品主要是指利用高弹性高分子化合物天然橡胶和合成橡胶作基材,依据实际应用技术的需求,按照自然科学的原理调配后经硫化制成,主要应用于基本建设工程上的产品。基本建设工程泛指:道路桥梁、房屋楼宇、隧道涵洞、港口码头、河渠渡槽、围坝闸堰,以及石油开采、供水排污、供变电设施等工程的建设与修复。工程橡胶属于橡胶制品大类中橡胶杂品类。

1. 产业分布

随着国家对基础设施建设投资力度的不断加大,工程橡胶行业发展迅速。目前我国工程橡胶产业主要分布在三大区域,有两大产业集群。三大区域主要是指河北衡水、四川新津、江浙一带;两大产业集群主要是指河北衡水工程橡胶产业集群、成都新津路桥构件产业集群;江浙一带企业较为分散,没有集群效应。具体市场份额见表1。

表1 各区市场份额

项目	衡水	新津	江浙	其他地区
市场份额/%	60	21	14	5

河北省工程橡胶企业主要集中在衡水市,成为我国工程橡胶行业发展的重要区域。集群发展是衡水工程橡胶行业发展的显著特点,产业集群已成为衡水工程橡胶行业发展的重要组织形式和载体,并在经济发展中发挥着越来越重要的作用。衡水工程橡胶产业集群作为河北工程橡胶特色的区域性产业组织形态,2012年被评为“河北省中小企业示范产业集群”。

2. 种类

工程橡胶主要有防排水材料、桥梁支座 、桥梁伸缩装置、橡胶坝等四大类168个品种。目前我国工程橡胶产品规格没有统一的规范,主要是根据设计者的设计图纸进行生产,初步统计,产品规格型号上万种。

3. 地域品牌

河北衡水是全国最具影响力的产业集群,曾被国家授予“中国(衡水)工程橡胶产业制造基地”、“中国橡胶制品之乡”、“中国公铁交通配套产品铸造基地”称号;被河北省授予“河北省十强特色产业”、“河北省最具成长性特色产业”称号。

4. 产业规模

截至2013年底,河北省工程橡胶生产企业有146家,其中138家在衡水地区。目前河北衡水工程橡胶产业协会会员单位57家,其中生产企业46家(年产值均在3000万元以上,其中产值超10亿元企业2家、5亿~10亿元1家、1亿~5亿元15家),金融单位6家,流通企业1家,大中专院校4家。2013年,在国家紧缩银根、铁路建设速度放缓的宏观形势下,衡水工程橡胶产业保持了稳步发展的态势。2013年河北省工程橡胶产业实现总收入150亿元,其中衡水工程橡胶产业实现总收入145亿元。衡水工程橡胶产业规模现状见表2。

5. 生产许可及认证

全国获得公路桥梁支座产品生产许可证的企业有130家,其中河北省工程橡胶产业制造基地获证企业达到78家,占全国获证企业的半数以上;全国获得橡胶止水带产品生产许可证的企业共计147家,其中河北省获证企业达到88家,占到了全国获证企业的半数以上。

全国共有20家企业的盆式支座产品通过铁道部CRCC认证,进入铁路建设市场,其中河北衡水通过认证企业达到5家,见表3。

表 2　衡水工程橡胶产业规模现状

年收入	企业名称
10 亿元以上	衡水宝力工程橡胶有限公司
	衡水中铁建工程橡胶有限责任公司
5 亿 ~10 亿元	衡水橡胶股份有限公司
	衡水市橡胶总厂有限公司
	衡水冀军桥闸工程橡胶有限公司
	衡水通途工程制品有限公司
	丰泽工程橡胶科技开发股份有限公司
	衡水格林铸鑫科技有限责任公司
	衡水贵平工程橡塑有限公司
	河北华虹工程材料有限公司
1 亿 ~5 亿元	衡水百金复合材料科技有限公司
	衡水大众橡塑有限公司
	衡水震泰隔震器材有限公司
	衡水华瑞工程橡胶有限公司
	河北衡水黄河工程橡塑有限公司
	衡水大禹工程橡塑科技开发有限公司
	衡水佳兴工程橡胶有限公司
	衡水众鑫工程橡塑有限公司

表 3　衡水盆式支座产品通过 CRCC 认证企业

序号	企业名称
1	衡水宝力工程橡胶有限公司
2	衡水中铁建工程橡胶有限责任公司
3	衡水橡胶股份有限公司
4	衡水冀军桥闸工程橡胶有限公司
5	丰泽工程橡胶科技开发股份有限公司

10 家企业的桥梁伸缩装置产品通过铁道部 CRCC 认证,进入铁路建设市场,其中河北衡水通过认证企业达到 5 家,见表 4。

表 4　衡水桥梁伸缩装置产品通过 CRCC 认证企业

序号	企业名称
1	衡水宝力工程橡胶有限公司
2	衡水中铁建工程橡胶有限责任公司
3	衡水橡胶股份有限公司
4	衡水冀军桥闸工程橡胶有限公司
5	丰泽工程橡胶科技开发股份有限公司

46 家企业的橡胶止水带产品通过铁道部 CRCC 认证,进入铁路建设市场,其中河北衡水通过认证企业达到 36 家。

【科技创新】

河北衡水工程橡胶产业协会专家技术委员会,积极助推企业和行业技术进步。几年来,协会专家技术委员会共为会员企业审定企业标准 17 个,开发新产品 75 项,7 家企业参与了交通运输公路桥梁盆式支座部标准的起草和修订工作。

衡水拥有全国首家橡胶产业生产力促进中心;拥有衡水市工程橡胶研究所、河北省工程橡胶工程技术研究中心,拥有国家级工程橡胶产品质量监督检验中心。

与石家庄铁道大学、北京化工大学、东南大学等多所院校建立了战略合作关系,共同推进技术进步。

2013 年新增专利 67 项,其中发明专利 3 项、实用新型专利 60 项、外观设计专利 4 项。衡水在行业内专利总数达到 418 项,占全国同类产品专利的 70% 以上。

【名牌产品】

河北衡水 5 家企业率先通过了中国橡胶工业协会质量授信资格,并被中国橡胶工业协会在全国进行品牌推荐。拥有“群力”牌、“恒力”牌两个中国驰名商标。8 家企业的 27 种产品获得“中国交通企业名牌产品”称号。名牌商标所属企业见表 5。

表5　名牌商标所属企业

全国驰名商标	隶属企业
群力	衡水中铁建工程橡胶有限责任公司
恒力	衡水橡胶股份有限公司

【基建与技改】

自2008年实施了占地3150亩的河北省重点产业支撑项目——“中国(衡水)工程橡胶产业制造基地项目”后，先后又有多个工程橡胶新建、改扩建项目入园，形成了高度聚集、高度产业化的工程橡胶产业专业化园区。园区目前总占地4000余亩，园内企业60多家，年收入120多亿元。

2013年园区新上和改扩建项目6个，总投资4.35亿元，见表6。

表6　2013年新上改扩建项目

项目名称	投资/万元	投资主体
丰泽扩建项目	8000	丰泽工程橡胶科技开发股份有限公司
宝力扩建项目	12000	衡水宝力工程橡胶有限公司
祥利扩建项目	5000	衡水祥利工程橡胶有限公司
亿力技改项目	4000	衡水亿力工程橡胶机械制造有限公司
衡橡股份扩建项目	6000	衡水橡胶股份有限公司
新建3000万米波纹管项目	8500	衡水宏祥波纹管有限公司

【展　望】

根据《交通运输“十二五”发展规划》，“十二五”期间，我国公路总里程达到450万公里。“十二五”期间，新增国家高速公路2.3万公里，高速公路总里程达到10.8万公里，我国交通基本建设投资总规模约6.2万亿元，对工程橡胶产品的需求量约为620亿元，平均每年约为124亿元。

铁路方面，“十二五”期间，每年的铁路投资额平均约在7000亿元，5年即3.5万亿元，每年的工程橡胶产品用量约为70亿元。

“十二五”期间市政、水利等建设，每年对工程橡胶产品的需求量将在200亿元以上。现在进入“十二五”末期，基础设施建设有增无减，市场前景仍相当广阔。

(刘　卿)

中国(三门)胶带产业集群

【现状分析】

1.胶带产业所属分支及国内产业布局

胶带是橡胶工业的一个重要分支。根据使用功能不同,胶带分为输送带和传动带两大类。输送带是物料运输的重要部件,适用于短距离、连续化输送散装物料或成件物品的场合。传动带是重要的机械功率传递部件,广泛地应用于电子通讯、汽车、火车、农机等需要传动、变速的领域。

我国胶带企业分布广、数量多,相对较集中。胶带企业集中在山东、浙江、江苏、河北和上海市。据中国橡胶工业协会统计,山东、浙江和河北三省规模以上企业输送带产量分别约占全国输送带总产量的25%。而全国V带产量的70%以上集中在长三角地区,浙江三门、天台两县V带生产能力超过10亿Am,V带生产和市场规模占到全国的40%以上。

2.三门胶带产业集群发展特点

三门县橡胶行业起源于20世纪60年代的“家庭作坊”,90年代产业得到初步发展。进入21世纪后,橡胶产业发展明显加快,国际竞争力进一步提升,部分产品技术水平达到世界先进水平,表现出如下特点:

产业集聚初步形成。目前三门橡胶行业产业规模分别占浙江省总量及全国总量的20%和13%,其中胶带的产业规模已占全国的25%。橡胶企业主要集中分布于城西、珠岙和高枧一带,分别约占全县橡胶企业的25%、22%、43%,产业集群初步形成。

生产能力不断提高。2012年,三门县从事橡胶制品的各类企业达300多家,从业人员数约3万人,产值约60亿元。全县上规模橡胶制品企业20家,从业人员1.2万人,产值32.1亿元;其中产值5千万元以上的有13家,超亿元的有8家。此外,2000~2010年,全县上规模橡胶制品企业产值保持27.22%的年均增长率(仅2008年为负增长),占全县上规模企业数的16.5%左右,是三门县经济发展的支柱产业。

研发能力不断增强。截至2013年底,三门县橡胶企业拥有省级技术和研发中心3个,拥有国家级高新技术企业4家。企业参加国家标准制定20个,其中主导起草的有7个;参与行业标准制定10个,其中主导起草的有5个。技术创新、新产品不断涌现,自2007年以来三门橡胶企业省级以上项目研发每年维持在3个以上。

公共服务开始起步。2005年6月18日,三门县橡胶行业协会成立。2008年,由三维、奋飞、紫金港、凯欧等7家县内龙头企业出资筹建了三门县海翔橡胶商贸城有限公司,推动了三门县橡胶物流中心的建设。浙江橡胶制品质量检测中心(三门)在2008年4月正式挂牌运行,成为浙江省唯一专业从事橡胶制品综合检测的省级中心,基本满足了橡胶企业的检测需求。2013年9月25日,三门中亚橡胶公用型保税仓库正式投入使用。

品牌建设得到重视。截至2013年底,三门县橡胶行业拥有中国驰名商标4个,浙江名牌产品3个,浙江省著名商标5个,台州名牌产品7个。2006年,三门县被中国橡胶工业协会命名为“中国(三门)胶带工业城”;2010年被浙江省商务厅命名为“浙江省胶带出口基地”;2011年被浙江省经济和信息化委员会命名为“浙江省胶带产业示范基地”;2012年,三门胶带被台州市名牌产品认定委员会认定为台州区域名牌产品。

3.三门胶带产业集群的优势分析

从三门胶带产业集群资金要素的来源来看,主要来自本地民营企业家的资金,所以将其归结为内源性产业集群。三门胶带产业集群也具备内源性产业集群的优势:

地方根植性强。内源性产业集群的发展模式与本地产业密切相关,企业经济行为嵌入到地方社会、文化和政治关系中,地方根植性相对较强,地方资源的综合利用度较高。三门胶带企业办厂谋发展的过程中,各类经济主体之间形成了一种相互依存的产业关联,建立了相互间的信任与合作关系,通过三门橡胶行业协会形成了若干对会员行为进行约束的正式或非正式制度。

价值链完整性好。成百上千的中小企业集聚在一个城镇,在企业集群内部,企业间相互竞争,通过产品市场的细分,形成了品种、规格、样式齐全的产品链。已形成胶带类(三角带、同步带、平板胶带、输送带、汽摩V带等)、管类(水管、油管等)、杂件(脚踏垫、密封件等)、交通设施类(减速带、防撞块、路锥等)等四大类产品。

知识共享程度高。内源型集群的知识溢出或者表现为集群的主导企业有意识的输出,或者表现出集群企业之间的互相模仿,这样导致产业集群规模越来越大,形成巨大的产能规模。20世纪80年代,三门几个在上海国有橡胶企业上班的老工人退休回乡后,将学来的工艺带回家乡,并开始在回收的废旧橡胶中提炼出二手胶生产低端橡胶用品,于是大家纷纷仿效。三门胶带产业的第一波发展,快速模仿功不可没。

抗风险能力较强。内源型集群掌握了生产和销售的全过程,价值链功能较完整,集群企业对市场较敏感,比较容易根据市场需求变化及时调整生产。集群对最终产品的价值实现控制能力较强,企业比较容易地自主选择所从事的环节。但是,当此类产品面临被替代或淘汰的风险时,由于整个集群几乎投资于同一最终产品的价值链,整个集群就会面临较大的投资风险。

总的来说,三门胶带产业集群这些年的发展主要是量的积累,无论是对于整个区域还是对一个企业来说,这种量的积累都是必须的而且是发展过程中不可逾越的一个环节。充分利用三门胶带产业集群原发性形成的四大优势,对产业集群升级有莫大帮助。

4.三门胶带产业集群的劣势分析

三门县已经成为橡胶产业大县,但产业大而不强,同样也具备内源性产业集群的诸多问题,这让三门胶带产业集群的升级无法实现质变。

企业规模较小。三门县橡胶制品行业企业中,规模以上企业占6.7%左右,说明主营业务收入2000万元以下的小企业占据了绝大多数。

集群内企业生产分散重复,能支撑和带动行业发展的龙头企业较少。从表1中国工业协会提供的2012年胶带企业10强来看:V带企业排名中三门县虽然有3家企业上榜,但是只有浙江三维进入前3强(第2名),后面2家三门企业与前3的差距比较明显,并不算同级别的企业;传送带企业排名中也只有浙江三维入榜,且排名只有第7名。从上市公司家数看,目前三门橡胶制品产业没有一家企业上市,只有浙江三维进入完成报会,等待上市,而奋飞橡塑和紫金港胶带尚未完成股改,离上市还有较大的差距。中橡协胶管胶带分会评出2012年胶带企业10强见表1。

表1 2012年胶带企业10强

企业名称	地域	V带/万Am	企业名称	地域	输送带/万 m^2
浙江三力士橡胶股份有限公司	浙江省绍兴县	41025.60	山东祥通橡塑集团有限公司	山东省济宁市	3797.01
浙江三维橡胶制品股份有限公司	浙江省三门县	35826.00	浙江双箭橡胶股份有限公司	浙江省桐乡市	2941.82
尉氏县久龙橡塑有限公司	河南省尉氏县	29063.40	阳泉煤业奥伦胶带分公司	山西省阳泉市	2864.22
尉氏县中原橡胶有限公司	河南省尉氏县	19771.00	山东安能输送带橡胶有限公司	山东省兖州市	2682.00

续表 1

企业名称	地域	V 带/万 Am	企业名称	地域	输送带/万 m^2
浙江奋飞橡塑制品有限公司	浙江省三门县	8992.00	青岛华夏橡胶工业有限公司	山东省青岛市	2099.00
浙江保尔力胶带有限公司	浙江省天台县	8364.93	保定华月胶带有限公司	河北省保定市	2008.00
浙江沪天胶带有限公司	浙江省天台县	5526.00	浙江三维橡胶制品股份有限公司	浙江省三门县	1998.00
山东悦龙橡塑科技有限公司	山东省莱州市	4650.00	江苏凯嘉胶带有限公司	江苏省盐城市	1928.00
尉氏县三力橡胶厂	河南省尉氏县	4022.26	张家港市华申工业橡塑制品有限公司	江苏省张家港市	1837.00
浙江紫金港胶带有限公司	浙江省三门县	2523.00	安徽中意胶带有限公司	安徽省安庆市	1740.00

注:资料来源于中国橡胶工业协会 2012 年四季度统计数据。

集群割裂发展。“一镇一品”是浙江产业集群经济发展的特色,而产业集群也天生具备区域性的特点。三门的珠岙、高枧、吴岙和天台的洪畴、三合等乡镇在地域上比较邻近,胶带产业的蓬勃发展也成为两个区域的共同特色。

从企业的角度看,V 带前 10 强企业中三门县占据 3 家,天台县占据 2 家,两个相邻县占据了 V 带 10 强的一半,从产量来看占据了 10 强的 38.33%。如果两县能在良性竞争的基础上合作,可以发挥更大的集群外部效应。

盈利能力较弱。内源性产业集群内由于企业间的竞争更多的是在成本与价格之间的竞争,所以很多民企发家源于模仿和仿冒,创新能力很难增强。这些因素导致三门县高档产品份额少,低端产品比重较大,产品附加值偏低,产业的整体利润率水平不高。

从浙江上市的 2 家公司浙江三力士橡胶有限公司和浙江双箭橡胶股份有限公司的 2009 ~ 2013 年年报了解胶带企业目前的盈利情况:前者是国内 V 带企业老大,近 4 年来除 2011 年由于橡胶价格暴涨盈利偏低外,毛利率均在 22% 以上;后者排名国内输送带企业第二,毛利率在 2012 年和 2009 年均 23% 左右,而在 2010 ~ 2011 年低于 15%。可见两家胶带企业的利润并不高,而且容易受到天然橡胶价格大幅上涨的影响。从此推断,在三门县大多胶带企业规模小于这两个龙头企业,创新能力更低的情况下,该县胶带集群企业盈利水平并不高。

技术人才匮乏。目前国内的橡胶人才主要集中在轮胎领域,胶带行业人才则相对紧缺。三门县科协调研的 25 家橡胶企业结果:技术人员占员工总人数的 6.25%;而浙江省制造业 2011 年末单位专业技术人员占比为 12.33%。25 家企业中有 6 家企业直接表示缺乏专业的技术人才或者缺乏对目前员工橡胶知识的培训。

【采取措施】

1. 加大橡胶重点企业集团的扶持

积极引导企业通过兼并重组、上市融资、联盟合作等多种途径,打造符合台州市培育目标的大企业集团,享受相应的扶持政策;通过政策适当倾斜,促使资源向行业龙头、骨干企业集中,形成资源优势集聚和资源效率提升。继续培育一批技术创新能力和产品市场占有率居全国同行业领先地位的橡胶企业。

2. 实施企业和区域“双品牌”战略

鼓励橡胶企业加强自主品牌建设,建立国家、省、市三级品牌梯队。对创建市级、省级乃至国家级品牌的企业,根据政策给予相应奖励。围绕驰名、著名商标的构成要件,选派业务骨干深入企业,以面对面指导、点对点跟踪的方式,及时向上推荐申报驰名、著名商标。

此外,要扩大"中国胶带工业城"这块区域性品牌的影响力,利用各类展会举办橡胶产品发布会,并对企业实行摊位费全额补助,进一步加大产业的对外推广力度。

3.区域合作互赢共建胶带集群

三门县政府可以借鉴永康五金产业集群跨域发展形成永武缙跨区域五金产业集群的成功经验,努力撮合与天台县政府的合作。双方共同组建调研小组,针对双方橡胶企业的产业链进行深入调研,寻求一条差异互补的产业发展道路,形成利益同盟;争取市级政府牵头促成三门县和天台县政府合作机制,并修改两地政府的绩效考核体系,更重视所在区域整体发展的评价;订立合作契约或公约,成为双方政府在合作中内部的约束机制。

4.加快产业结构优化和技术升级

鼓励橡胶企业加快行业产品结构调整,提升产业档次,优化产品结构;推动县内橡胶企业引进一大批科技含量高、产业带动性强、市场前景广的好项目、大项目,延长产业链条。例如,2012年三维橡胶成立浙江维泰橡胶有限公司,建设年产10万吨低温乳聚丁苯胶项目,从而正式进入原料生产领域。

此外,推进区域内企业与外资企业、上市公司、区外企业技术合作,引进产品线或者技术,推进工艺升级或者产品升级。例如,浙江尊华橡塑工业有限公司通过美国的合资伙伴引进三条美国技术生产线,生产用于矿山的耐高温大型输送带,每条生产线产值达1.5亿元,亩产值接近1000万元。

5.建立橡胶行业技术服务中心

三门橡胶行业技术服务中心方案设计已完成,目前正在稳健推进中。该中心的成立有助于解决三门橡胶企业研发进度缓慢、科研人员不足、技术瓶颈突破乏力等问题;也有助于解决大专院校学生实践场所紧缺、科研针对性不强、科技成果转化不足等问题。

未来主要从以下两个方向寻求突破:由大专院校的专家为橡胶制品质量检测中心提供技术支撑,为三门橡胶企业提供产品质量分析报告;由三门橡胶企业和大专院校组建校外实践基地,每年组织学生实习,并与院校师生共同进行项目研发以及提供难题解决方案。

(章一多　黎贤滔)

橡胶工业
主要科技成果

橡胶工业主要科技成果

【基本情况】

中国橡胶工业自1915年诞生以来，经历近一个世纪的发展，已成为世界橡胶工业大国，并正向世界橡胶工业强国迈进。

进入21世纪，我国橡胶工业始终保持持续稳定的发展，生胶消耗量、橡胶工业总产值和轮胎产品产量是最具说服力的3组数据；自2002年，我国生胶消耗量达306万吨，居世界第一位，10多年来一路领先，至2013年生胶消耗量830万吨，为全球的29.6%，平均递增速度约9.7%，见表1。表2是进入21世纪我国橡胶工业总产值数据，2013年达9298亿元，平均递增速度21%，十分可观。2005年起，我国轮胎总产量2.5亿条，居世界第一位，至今仍一路领先。2013年轮胎总产量5.29亿条，子午化率为90%，子午线轮胎平均递增率为28.3%，见表3。2013年，全国子午胎增长幅度与全国汽车产量（2211.68万辆）增幅相当（14.8%）。2014年预计总产量5.62亿条，子午化率约91%，

胶带、胶管、胶鞋等其他各类主要橡胶产品的产量均居世界首位，可见中国作为世界橡胶工业大国的地位是无可置疑的。

表1 2001～2013年我国橡胶消耗量 万t

项 目	2001	2002	2003	2004	2005	2006	2007	2008	2009	2010	2011	2012	2013
消耗量	279	306	310	340	400	450	505	550	588	645	690	730	830
递增率/%	7.2	9.7	1.3	9.7	17.6	12.5	12.6	12.2	6.9	9.7	7.0	6.0	13.7

表2 2001～2013年我国橡胶工业总产值 亿元

项 目	2001	2002	2003	2004	2005	2006	2007	2008	2009	2010	2011	2012	2013
工业总产值	894	1065	1313	1624	2189	2735	3400	4107	4775	6059	7282	8366	9298
递增率/%	10	20	23	24	34	25	26	20	15	27	20	15	11

表3 2001～2013年轮胎产量及增长率

项目	2001	2002	2003	2004	2005	2006	2007	2008	2009	2010	2011	2012	2013
轮胎总产量/亿条	1.23	1.40	1.65	2.10	2.50	2.80	3.30	3.50	3.80	4.43	4.56	4.7	5.29
增长率/%	9.5	13.8	17.9	27.3	19.1	12.0	17.9	6.1	8.6	16.6	2.93	3.1	12.5
子午胎产量/亿条	0.43	0.45	0.76	1.10	1.49	1.81	2.30	2.64	3.0	3.75	3.98	4.14	4.76
增长率/%	17.8	27.1	40.7	44.2	35.5	22.0	27.8	14.6	13.8	25.0	6.13	4.0	14.9
轮胎子午化率/%	35	39	46	52	59	64	70	75	79	84.7	87	88	90

我国作为世界橡胶工业大国的地位不断巩固，但迈向世界橡胶工业强国的目标仍存差距：

1. 产业转型、产品升级力度低

橡胶工业转方式、调整结构力度不足，同质化产品产能增长，部分产品结构性过剩，造成同行以拼价格求生存的残酷竞争。

2. 产品集中度偏低，品牌效应薄弱

就轮胎工业而言，2012 年世界前 3 强普利司通、米其林、固特异的销售收入之和达 763.54 亿美元，占全球轮胎销售收入的 40.7%，而我国在全球 75 强中 26 家企业，其销售额总计 241.6 亿美元，不足普利司通（284.5 亿美元）和米其林（274.1 亿美元）独家的销售额，集中度明显偏低。

3. 企业普遍存在科技创新能力不足、科技投入偏低、基础研究乏力、科技人才短缺、科技成果推广力度不够

国家要求高新技术企业销售额 2 亿元以上的研发经费比例为 3% 以上，2 亿元以下和 5000 万以下的企业分别为 4% 和 6%。但企业实际投入往往低于这个比例，严重影响科技开发力度。

4. 自动化、信息化、数字化、智能化等高新技术研发推广艰难

机器人制造和应用代表一个国家制造业的水平，是我国制造业从大国走向强国的重要手段和途径，而在橡胶工业中的开发、推广明显不足，影响生产的稳定性和生产效率的提高。

轮胎行业信息化、智能化的成果已屡见开发，但推广难度仍很大。

5. 循环经济、资源化利用、低碳经济、清洁生产理念不齐、措施不力

创新是行业发展的不竭动力，创新机制的建立和创新人才的培养又是实现创新事业的精髓。

进入新世纪以来，国家科技部在橡胶行业分别组建了相关行业唯一的“工程技术研究中心”，从而建立了行业创新平台和人才培养机制。其中有以软控股份为依托单位的“国家橡胶与轮胎工程技术研究中心”、以阳谷华泰为依托单位的“国家橡胶助剂工程技术研究中心”和以炭黑研究院为依托单位的“国家炭黑材料工程技术研究中心”。

国家发改委联合相关部门批准组建的“国家认定的企业技术中心”已经发展至 22 个，分别是三角轮胎、华南轮胎、软控股份、风神轮胎、双钱轮胎、贵州轮胎、成山轮胎、天津赛象、益阳橡机、桂林橡机、神马集团、兴达钢帘线、安徽中鼎、株洲时代新材、双星集团、黄海轮胎、玲珑轮胎、广东巨轮模具等，中心在建设企业技术平台方面发挥了重要作用。

2011 年国家发改委还分别在橡胶行业组建了由软控股份和三角轮胎为依托单位的轮胎工业原材料、轮胎装备和轮胎工艺技术两个国家重点实验室。该实验室为轮胎工业的技术进步搭建了新的技术创新平台。

2008 年开始国家科技部重新认定高新技术企业，并联合有关部委组织了大批“国家重点新产品计划项目”的认定。

在国家级不同层次的技术创新机制的带动下，橡胶企业不断完善自身的技术创新体系，纷纷组建省级和企业的技术中心。部分还建立上下游结合、产学研结合的创新机制，加强人才队伍建设，不断优化产品结构，提高效益、降低能耗、加大科研投入，以科学发展观统领企业发展，使企业逐步成为科技进步的主战场，为企业真正成为技术创新的主体发挥巨大作用。

2013 年我国橡胶工业炼胶工艺的技术改造和创新取得显著突破。炼胶是橡胶产品性能获得保证的关键工艺，其能耗占轮胎生产总能耗的 43%，环保和烟气排放的危害也较严重。近年来开发的低温一次法连续炼胶工艺和湿法混炼技术均形成了科技成果，降低能耗 30% 左右，并显著提高胶料的物理机械性能。软控股份、三角集团、北京万向新元公司和华工百川均具备了提供一次法低温炼胶成套装备和技术的能力，并在行业中逐步推广。湿法混炼技术首先在株洲安宝麟峰新材料公司、北京万汇一方公司和华南轮胎公司率先通过了中国石化联合会的技术鉴定，成功开发了含 30 ~ 60 份白炭黑的湿法混炼共沉胶，为绿色轮胎填充大量白炭黑提供了技术基础，并在云南勐腊曼庄胶厂建成了我国第一条湿法混炼橡胶生产自动化生产线，该技术对推动我国天然橡胶的自动化生产具有重要意义。北京万向新元公司开发的炼胶烟气处理技术已在八一轮胎公司获得应用。

由软控股份公司开发的RFID电子标签技术在轮胎全生命周期控制系统的应用取得行业的普遍关注。在轮胎成型中植入小小的芯片，就可以通过数据采集，解决轮胎企业从原材料、炼胶、成型、硫化、质检、仓储、物流、销售直至翻新等全过程的历史数据可追溯，大大提高了工艺执行率。该技术正逐步发展为车联网技术，及时监测轮胎行驶过程的温度、压力、速度等数据，对确保轮胎和车辆的行驶安全具有重要意义。该项目已被国家科技部列入重大科技项目，项目的实施和推广应用将极大地提高我国轮胎产品的国际竞争力。

机器人制造技术也在业内取得重大进展，信息化、自动化和精细化管理越来越在行业内引起重大关注。行业通过科技创新，进一步调整产品结构大力发展绿色轮胎，加快了原材料和橡胶制品的绿色化进程。

目前，橡胶助剂的绿色产品比例超过92%，清洁生产工艺取得显著成效，炭黑工业和废旧橡胶利用等产业节能减排效果显著，单位炭黑产品的CO_2排放下降19.3%，每吨再生胶耗电下降20%。行业总体节能减排效益十分显著。

【主要科技成果】

2001年以来国家级科学技术奖励项目见表4。

2013年橡胶行业主要科技成果见表5。

表4　2001年以来国家级科学技术奖励项目

成果名称	完成单位	奖励等级	获奖时间
同步转子密炼机	青岛科技大学（原青岛化工学院）	国家科技进步二等奖	2001年
6000吨/年子午胎专用硅烷偶联剂	南京曙光化工总厂	国家科技进步二等奖	2002年
万吨级/油、油/气新工艺炭黑生产技术	炭黑工业研究设计院	国家科技进步二等奖	2002年
子午胎专用新结构钢帘线生产技术	江苏兴达钢帘线公司	国家科技进步二等奖	2004年
高精密度自动物料输送称重配料系统及产业化应用	青岛高校软控股份公司	国家科技进步二等奖	2004年
亲核芳环取代氢新途径及液相催化氢化新方法制备RT－培司	山东圣奥化工有限公司	国家科技进步二等奖	2004年
3万吨/年丁基橡胶生产技术	北京化工大学、燕山石化公司橡胶厂	国家发明技术二等奖	2006年
巨型工程子午胎成套生产技术和装备开发	三角集团有限公司、天津赛象科技公司	国家科技进步一等奖	2007年
高性能新型弹性体（TPV）的动态硫化制备技术	北京化工大学、山东道恩公司	国家技术发明二等奖	2008年
超低断面抗湿滑低噪声乘用子午线轮胎	山东玲珑有限公司	国家科技进步二等奖	2010年
连续低温裂解废橡胶资源化利用成套技术与装备	青岛科技大学	国家科技进步二等奖	2011年

表5　2013年橡胶行业主要科技成果

成果名称	完成单位	获奖情况
废旧轮胎综合利用系列标准研究	北京橡胶工业研究设计院	中国石油和化学工业联合会科技进步一等奖
氯丁橡胶大釜聚合技术	赛鼎工程有限公司、山西合成橡胶集团有限责任公司	中国石油和化学工业联合会科技进步一等奖
汽车轮胎安全控制关键技术研究及事故案例分析	北京橡胶工业研究设计院	中国石油和化学工业联合会科技进步二等奖
符合欧盟REACH法规的化学品管理方法研究及应用	中国石油天然气股份有限公司石油化工研究院	中国石油和化学工业联合会科技进步二等奖
硫黄回收高温设备技术及橇装集成综合研究	中国石油集团工程设计有限责任公司西南分公司	中国石油和化学工业联合会科技进步二等奖
49″~63″巨型轮胎超宽幅胶胚挤出成型关键工艺及装备	北京化工大学、时风巨兴轮胎有限责任公司	中国石油和化学工业联合会科技进步二等奖
军用越野子午线轮胎生产技术及系列化产品开发	三角轮胎股份有限公司	中国石油和化学工业联合会科技进步二等奖
耐高温聚氨酯脲弹性体的设计、结构及性能研究	青岛科技大学、青岛理工大学	中国石油和化学工业联合会科技进步三等奖
环保型充油乳聚丁苯橡胶系列化产品的开发与生产	中国石油兰州石化公司合成橡胶厂、中国石油化工研究院兰州化工研究中心	中国石油和化学工业联合会科技进步三等奖
硅酮密封胶全自动连续化生产线	佛山市金银河智能装备股份有限公司	中国石油和化学工业联合会科技进步三等奖
宁波顺泽5万吨/年丁腈橡胶装置工程设计	山东齐鲁石化工程有限公司	中国石油和化学工业联合会科技进步三等奖
TPU专用无卤阻燃剂制备与应用	济南泰星精细化工有限公司	中国石油和化学工业联合会科技进步三等奖
聚烯烃用专用无卤阻燃剂	广东聚石化学股份有限公司	中国石油和化学工业联合会科技进步三等奖
环保增塑剂对苯二甲酸二辛酯(DOTP)	浙江建业化工股份有限公司	中国石油和化学工业联合会科技进步三等奖
5万吨/年合成橡胶项目	中建安装工程有限公司、浙江信汇合成新材料有限公司	中国石油和化学工业联合会科技进步三等奖
丁腈橡胶新技术及系列化新产品开发	中国石油天然气股份有限公司兰州化工研究中心	中国石油和化学工业联合会技术发明二等奖

续表 5－1

成果名称	完成单位	获奖情况
原位气泡拉伸法制备聚合物纳米复合材料	北京化工大学	中国石油和化学工业联合会技术发明二等奖
高效无卤阻燃剂和阻燃高分子材料制备的关键技术研究	沈阳化工大学	中国石油和化学工业联合会技术发明二等奖
一种高效节能的摩擦传动与啮合传动复合 V 带传动系统新技术及应用	浙江肯莱特传动工业有限公司	中国石油和化学工业联合会技术发明二等奖
环保型煤矿用钢丝绳芯阻燃输送带	安徽中意胶带有限责任公司	中国石油和化学工业联合会技术发明二等奖
帆布芯耐高热输送带 EP200－EP1200	无锡宝通带业股份有限公司	国家重点新产品
30 英寸高超高性能轮胎	广州市华南橡胶轮胎有限公司	广东省科技成果一等奖
氮气回收系统全面技改	广州市华南橡胶轮胎有限公司	广东省科技成果一等奖
冬季冰雪路面防滑轮胎的开发	广州市华南橡胶轮胎有限公司	广东省科技成果三等奖
低碳、绿色、环保高性能卡客车子午胎研发	三角轮胎股份有限公司	山东省企业技术创新优秀新产品一等奖
轿车胎芯胶、气密层胶、胎面胶配方的研发	三角轮胎股份有限公司	山东省企业技术创新优秀成果一等奖
225/60R17 TR777 等冬季轮胎开发	三角轮胎股份有限公司	山东省企业技术创新优秀新产品二等奖
全钢载重子午线冬季轮胎的研制与开发	风神轮胎股份有限公司	河南省工信厅科技成果二等奖
球面导向球型支座	衡水宝力工程橡胶有限公司、河北省工程橡胶工程技术研究中心	河北省质量管理优秀成果
低噪轮胎开发	中策橡胶集团有限公司	浙江省重大科技专项重点工业项目
绿色子午线轮胎的开发	中策橡胶集团有限公司	2013 年杭州市优秀新产品、新技术一等奖
卡客车轮胎配方优化及新型原材料应用研究	三角轮胎股份有限公司	企业技术创新优秀成果二等奖
33/35 英寸工程子午胎提升产品的研制开发	三角轮胎股份有限公司	企业技术创新优秀新产品二等奖
纳米氧化锌应用研究项目	三角轮胎股份有限公司	企业技术创新优秀成果三等奖
炭黑生产 850℃级新型高温空气预热器开发	中橡集团炭黑工业研究设计院	自贡市科技进步三等奖
用于油墨、涂料的高档色素炭黑研制	中橡集团炭黑工业研究设计院	自贡市科技进步三等奖
用于电缆屏蔽料和塑料抗静电的易分散导电炭黑开发	中橡集团炭黑工业研究设计院	自贡市科技进步一等奖
TBR 风力系列新产品开发	风神轮胎股份有限公司	公司科技成果二等奖

续表 5－2

成果名称	完成单位	获奖情况
开发 PCR 新产品	风神轮胎股份有限公司	公司科技成果二等奖
运梁车、提梁机专用子午线轮胎的开发研制	风神轮胎股份有限公司	公司科技成果二等奖
降低硫化杂胶发生率	风神轮胎股份有限公司	公司科技成果三等奖
提高 TBR 轮胎动平衡合格率	风神轮胎股份有限公司	公司科技成果三等奖
人、机、任务匹配工程	风神轮胎股份有限公司	公司科技成果三等奖
载重汽车普通断面子午线轮胎剖析项目	风神轮胎股份有限公司	公司科技成果三等奖
全丁苯胶胎面配方的推广应用	风神轮胎股份有限公司	公司科技成果三等奖
常压连续脱硫设备	新东岳集团	成果鉴定
摩托车外胎胶囊充氮气自动定性硫化新工艺	新东岳集团	成果鉴定
49～63 英寸巨型轮胎超宽幅胶胚挤出成型关键工艺及装备	北京化工大学、时风集团	成果鉴定
非沥青基高分子自粘胶膜新产品	衡水中铁建工程橡胶有限责任公司	成果鉴定
天然橡胶/白炭黑湿法混炼技术及共沉胶应用	株洲安宝麟峰新材料有限公司、广州市华南橡胶轮胎有限公司、北京万汇一方科技发展有限公司	成果鉴定
耐磨天然橡胶制品湿法生产关键技术及产业化	烟台鑫海耐磨胶业有限公司、烟台鑫海矿山机械有限公司	成果鉴定
芳纶原材料苯甲酸氯清洁化生产工艺技术	上海方纶科技开发有限公司	成果鉴定
高温液流雾化直接法生产不溶性硫黄新工艺	河北阿克思福化工有限公司	成果鉴定
防水快装伸缩装置	衡水宝力工程橡胶有限公司、河北省工程橡胶工程技术研究中心	成果鉴定
钢铰橡胶支座及其制备方法	衡水宝力工程橡胶有限公司	成果鉴定
合成材料调高盆式支座	衡水宝力工程橡胶有限公司、河北省工程橡胶工程技术研究中心	成果鉴定
公路桥梁摩擦摆式减、隔震支座	衡水宝力工程橡胶有限公司	成果鉴定
公路桥梁钢铰板式橡胶支座	衡水宝力工程橡胶有限公司、河北省工程橡胶工程技术研究中心	成果鉴定
橡胶用不溶性硫黄技术开发	山东阳谷华泰化工股份有限公司国家橡胶助剂工程技术研究中心	成果鉴定

续表 5－3

成果名称	完成单位	获奖情况
改良型间苯二酚－甲醛树脂关键技术研究	山东阳谷华泰化工股份有限公司、国家橡胶助剂工程技术研究中心	成果鉴定
配套轮胎性能研究项目	三角轮胎股份有限公司	成果鉴定
高强度长寿命钢丝绳芯输送带制备技术及应用	无锡宝通带业股份有限公司	成果鉴定
江苏省研究生工作站	无锡宝通带业股份有限公司	成果鉴定
江苏省民营科技企业	无锡宝通带业股份有限公司	成果鉴定
中国化工行业技术创新示范企业	无锡宝通带业股份有限公司	成果鉴定
XY－4S2800A/XYD－F4S2800 橡胶输送带压延生产线	大连橡胶塑料机械股份有限公司	成果鉴定
汽车 ABS 系统轮毂轴承用磁性橡胶密封件	安徽中鼎密封件股份有限公司	成果鉴定
新型组合式汽车悬架横向稳定杆衬套	安徽中鼎密封件股份有限公司	成果鉴定
便携式油锯化油器用橡胶导管	安徽中鼎密封件股份有限公司	成果鉴定
汽车散热器复合式减震垫	安徽中鼎密封件股份有限公司	成果鉴定
有机锌关键技术研究及产业化	江苏爱特恩高分子材料有限公司	成果鉴定
中心分流式高效低温炼胶工艺与装备研究应用	山东八一轮胎制造有限公司	成果鉴定
钢丝圈包胶机热贴流程技术	山东八一轮胎制造有限公司	成果鉴定
一次法混炼技术的应用	山东八一轮胎制造有限公司	成果鉴定
预分散母胶粒在全钢子午线轮胎中的应用	山东八一轮胎制造有限公司	成果鉴定
一种高比表面积炭黑的生产方法	中橡集团炭黑工业研究设计院	发明专利
高浓度含盐有机废液焚烧装置和工艺	中橡集团炭黑工业研究设计院	发明专利
炭黑与油加工联产方法及设备	中橡集团炭黑工业研究设计院	发明专利
一种氰基聚芳醚酮树脂及其制备方法	中橡集团炭黑工业研究设计院	发明专利
一种高纯炭黑及其生产方法	中橡集团炭黑工业研究设计院	发明专利
改进黏合体系的轮胎三角胶组合物及其制备方法和应用	中策橡胶集团有限公司	发明专利
IPN 交联结构的轮胎胶料及其混炼方法和应用	中策橡胶集团有限公司	发明专利
IPN 交联结构的轮胎基部胶胶料及其混炼方法和应用	中策橡胶集团有限公司	发明专利
IPN 交联结构的轮胎胎体胶料及其混炼方法和应用	中策橡胶集团有限公司	发明专利
IPN 交联结构的轮胎垫胶胶料及其混炼方法和应用	中策橡胶集团有限公司	发明专利
IPN 交联结构的轮胎冠部胶胶料及其混炼方法和应用	中策橡胶集团有限公司	发明专利
集约型超大规模高性能轿车子午线轮胎生产系统	中策橡胶集团有限公司	发明专利
一种采用缠绕式钢丝带束层结构的子午胎及其制造方法	中策橡胶集团有限公司	发明专利
一种测量橡胶材料抗尖锐物刺扎性能的试验装置	中策橡胶集团有限公司	发明专利
柔性自动生产线式全钢丝载重子午胎成型方法	三角轮胎股份有限公司	发明专利
子午线轮胎全自动柔性生产方法(TRS)	三角轮胎股份有限公司	发明专利
全钢丝载重子午胎缠绕贴合钢丝冠带条的生产方法	三角轮胎股份有限公司	发明专利

续表 5-4

成果名称	完成单位	获奖情况
组群硫化设备进行轮胎定型、硫化的方法	三角轮胎股份有限公司	发明专利
工程子午胎三维缠绕方法	三角(威海)华盛轮胎有限公司	发明专利
花纹载重子午线轮胎(BY88)	山东八一轮胎制造有限公司	发明专利
花纹载重子午线轮胎(BY06)	山东八一轮胎制造有限公司	发明专利
轮胎(花纹载重子午线 BY35)	山东八一轮胎制造有限公司	发明专利
花纹载重子午线轮胎(BY26)	山东八一轮胎制造有限公司	发明专利
花纹载重子午线轮胎(BY25)	山东八一轮胎制造有限公司	发明专利
轮胎(子午线 BYT698)	山东八一轮胎制造有限公司	发明专利
轮胎(子午线 BYT696)	山东八一轮胎制造有限公司	发明专利
轮胎(子午线 BYA699)	山东八一轮胎制造有限公司	发明专利
成品工程胎翻转运输专用车	风神轮胎股份有限公司	发明专利
活性载体法制备低锌硫化活性剂	北京橡胶工业研究设计院	发明专利
一种耐高温输送带	无锡宝通带业股份有限公司	专利优秀奖
一种用于阻燃钢丝绳芯输送带的芯胶及其制备方法	无锡宝通带业股份有限公司	发明专利
一种丁苯胶耐高热输送带覆盖胶及其制备方法	无锡宝通带业股份有限公司	发明专利
一种耐高热输送带用中间胶及其制备方法	无锡宝通带业股份有限公司	发明专利
一种耐热耐磨输送带覆盖胶及其制备方法	无锡宝通带业股份有限公司	发明专利
一种输送带覆盖层用粘土橡胶纳米复合材料及其制备方法	无锡宝通带业股份有限公司	发明专利
一种用于耐热输送带的粘合胶及其制备方法	无锡宝通带业股份有限公司	发明专利
一种难燃耐热织物芯输送带用覆盖胶及其制备方法	无锡宝通带业股份有限公司	发明专利
一种白炭黑补强氯丁橡胶覆盖胶及其制作方法	无锡宝通带业股份有限公司	发明专利
一种钢丝绳芯输送带用钢丝绳芯体粘贴胶及其制备方法	无锡宝通带业股份有限公司	发明专利
一种用于输送带的超耐磨覆盖胶及其制备方法	无锡宝通带业股份有限公司	发明专利
一种白炭黑补强的高耐磨覆盖胶及其制备方法	无锡宝通带业股份有限公司	发明专利
带有翻转装置的双复合挤出联动生产线	山东八一轮胎制造有限公司	发明专利
带有热帖和工艺装置的双复合生产线	山东八一轮胎制造有限公司	发明专利
浮油脂肪酸为原料合成妥尔油脂肪酸钴的方法	江阴市三良化工有限公司	发明专利
一种高品质不溶性硫黄的生产方法	山东尚舜化工有限公司	发明专利
一种 DM 合成过程中的搅拌装置	科迈化工股份有限公司	发明专利
橡胶促进剂均二苯硫脲含量的分析方法	科迈化工股份有限公司	发明专利
N-(1,3-二甲基丁基)-N′-苯基对苯二胺的生产工艺及设备	山东尚舜化工有限公司	发明专利

续表 5－5

成果名称	完成单位	获奖情况
高盐废水吸收环己烷法制氯代环己烷尾气工艺	山东阳谷华泰化工股份有限公司	发明专利
氧气氧化法合成促进剂 NS 的装置及应用	山东阳谷华泰化工股份有限公司	发明专利
橡胶硫化促进剂 NS 的联产合成工艺	山东阳谷华泰化工股份有限公司	发明专利
一种橡胶硫化促进剂一硫化四异丁基秋兰姆的制备方法	濮阳蔚林化工股份有限公司	发明专利
一种环保型复合黏合增进剂的制备方法	江苏卡欧化工有限公司	发明专利
一种橡胶复合塑解剂及其制备方法	江苏卡欧化工有限公司	发明专利
密炼机切线型转子的新型冷却结构	大连橡胶塑料机械股份有限公司	发明专利
刷式电梯扶手自动贴合机	大连橡胶塑料机械股份有限公司	发明专利
储布装置浮动架位置控制系统	大连橡胶塑料机械股份有限公司	发明专利
碳纤维预浸料浸胶生产线用双工位翻转卷取装置	大连橡胶塑料机械股份有限公司	发明专利
恒压式液压调距装置电气控制系统	大连橡胶塑料机械股份有限公司	发明专利
上下震动展平装置	大连橡胶塑料机械股份有限公司	发明专利
碳纤维在线涂胶生产线	大连橡胶塑料机械股份有限公司	发明专利
热膨胀消除装置	大连橡胶塑料机械股份有限公司	发明专利
熔体齿轮泵中齿轮转子的相位调整方法	大连橡胶塑料机械股份有限公司	发明专利
中心分流式一步法炼胶工艺方法及系统	大连橡胶塑料机械股份有限公司	发明专利
含磷和氮大分子膨胀型阻燃剂及其合成方法	安徽中鼎密封件股份有限公司	发明专利
一种汽车转向管柱转向轴橡胶密封罩组件及其制造工艺	安徽中鼎密封件股份有限公司	发明专利
一种橡胶软管总成及其制备方法	安徽中鼎密封件股份有限公司	发明专利
一种洗衣机橡胶水封材料及其制备方法	安徽中鼎密封件股份有限公司	发明专利
一种无卤阻燃低温收缩热缩管材及其制备方法	安徽中鼎密封件股份有限公司	发明专利
一种利用液化天然气冷能液相粉碎橡胶的方法及其装置	华南理工大学	发明专利
一种连续陈化法中品位不溶性硫黄生产设备及制备方法	无锡华盛橡胶新材料科技股份有限公司	发明专利

【2014 年新国家标准】

日前国家标准化管理委员会发布新近批准的 567 项国家标准，其中涉及橡胶行业有 30 项，于 2014 年 9 月 1 日起执行。2014 年公布的部分橡胶行业国家标准见表 6。

表 6　2014 年公布的部分橡胶行业国家标准

国家标准编号	国家标准名称	代替标准号
GB/T 4498.1－2013	橡胶 灰分的测定 第 1 部分：马弗炉法	GB/T 4498－1997
GB/T 5563－2013	橡胶和塑料软管及软管组合件 静液压试验方法	GB/T 5563－2006
GB/T 5567－2013	橡胶和塑料软管及软管组合件 耐真空性能的测定	GB/T 5567－2006

续表 6

国家标准编号	国家标准名称	代替标准号
GB/T 5568 - 2013	橡胶或塑料软管及软管组合件 无曲挠液压脉冲试验	GB/T 5568 - 2006
GB/T 9572 - 2013	橡胶和塑料软管及软管组合件 电阻和导电性的测定	GB/T 9572 - 2001
GB/T 10541 - 2013	近海停泊排吸油橡胶软管	GB/T 10541 - 2003
GB/T 10544 - 2013	橡胶软管及软管组合件 油基或水基流体适用的钢丝缠绕增强外覆橡胶液压型 规范	GB/T 10544 - 2003
GB 14784 - 2013	带式输送机 安全规范	GB/T 14784 - 1993
GB/T 14853.1 - 2013	橡胶用造粒炭黑 第1部分:倾注密度的测定	GB/T 14853.1 - 2002
GB/T 14853.4 - 2013	橡胶用造粒炭黑 第4部分:堆积强度的测定	GB/T 14853.4 - 2002
GB/T 14853.5 - 2013	橡胶用造粒炭黑 第5部分:颗粒尺寸分布的测定	GB/T 14853.5 - 2002
GB/T 14853.6 - 2013	橡胶用造粒炭黑 第6部分:单个颗粒破碎强度的测定	GB/T 14853.6 - 2002
GB/T 18422 - 2013	橡胶和塑料软管及软管组合件 透气性的测定	GB/T 18422 - 2001
GB/T 18505 - 2013	汽车轮胎动平衡试验方法	GB/T 18505 - 2001
GB/T 18506 - 2013	汽车轮胎均匀性试验方法	GB/T 18506 - 2001
GB/T 30193 - 2013	工程机械轮胎耐久性试验方法	
GB/T 30194 - 2013	农业轮胎滚动周长测试方法	
GB/T 30195 - 2013	汽车轮胎耐撞击性能试验方法	
GB/T 30196 - 2013	自体支撑型缺气保用轮胎	
GB/T 30197 - 2013	工程机械轮胎作业能力测试方法 转鼓法	
GB/T 30198 - 2013	汽车轮胎不圆度试验方法	
GB/T 30200 - 2013	橡胶塑料注射成型机能耗检测方法	
GB/T 30308 - 2013	氟橡胶 通用规范和评价方法	
GB/T 30309 - 2013	多硫化物硅烷偶联剂	
GB/T 30310 - 2013	化学纤维帘线、纱线和线绳附胶量测定的试验方法	
GB/T 30311 - 2013	浸胶芳纶纱线、线绳和帘线拉伸性能的试验方法	
GB/T 30312 - 2013	浸胶纱线、线绳和帘线热收缩试验方法	
GB/T 30313 - 2013	汽车制动系统高温输气橡胶软管及软管组合件	
GB/T 30314 - 2013	橡胶或塑料涂覆织物 耐磨性的测定 泰伯法	
GB/T 30315 - 2013	浸胶帘线往复曲挠疲劳试验方法	

【展　望】

建立科技创新体系，培养科技创新人才，依据科技创新平台实现科学发展，才能使企业在激烈的市场竞争中立于不败之地，实现企业和行业的可持续发展，这是行业科技进步的主旋律。

2014 年国内外经济形势仍存在一些不确定因素，在复杂的经济形势下，更需要加快科技进步的步伐，不断发展绿色化工，实现绿色制造。2014 年 3 月 1 日中国橡胶工业协会发布的“绿色轮胎技术规范”是我国首部绿色轮胎行业自律标准，于 2014 年 3 月 1 日开始试行，标准号为 XXZB/LT—(02—2014)。“规范”对绿色轮胎的产品性能、原材料使用和生产工艺技术提出具体要求。尽管这个规范是行业自律性标准，还不具备强制执行的约束力，但作为中国轮胎行业的企业都应该自觉执行行业的自律标准，共同推进我国轮胎工业的绿色发展。

将中国橡胶工业由大国建成世界橡胶工业强国是近一个世纪以来中国几代橡胶人的“强国梦”。近年来，中国橡胶工业协会根据行业发展提出了实现“强国梦”的十大战略方针，即新材料发展战略、多元化市场战略、低碳经济战略、循环经济战略、橡胶产品名牌战略、现代营销模式战略、兼并重组战略、现代企业管理战略、技术创新战略和人才战略。认真组织实施十大战略，是我国橡胶工业不断缩短与世界橡胶工业发达国家的差距，力争在“十三五”末期，全面进入世界橡胶工业强国行列的重要举措。2014 年中国橡胶工业协会组织行业专家编制出版了《橡胶工业强国发展战略研究》一书，该书的出版发行将提出我国橡胶工业强国的发展目标、路径和战略措施，为实现中国橡胶工业的强国梦作出新的贡献。

（许春华）

橡胶行业标准

胶鞋标准

一、概述

中国是世界公认的胶鞋生产大国、贸易大国和消费大国。据中国橡胶工业协会胶鞋分会对具有一定规模胶鞋企业的年产量统计,2013 年我国胶鞋年生产量约为 3.5 亿双;产值约为 52.9 亿元。据中国皮革协会提供的数据显示,鞋类(包含胶鞋)出口有近百亿双销往世界约 200 个国家和地区,出口额 337 亿美元(不含鞋材),出口鞋类数量及金额分别占世界鞋类出口数量及金额的 73% 和 40% 。

当前我国正处在工业化、城镇化加快发展的重要阶段,胶鞋产品的国内需求步入了快速增长期,社会对胶鞋的刚性需求将长期存在。国内鞋类(包含胶鞋)销售市场年总量为 27 亿 ~30 亿双,超过每人每年两双水平,占世界鞋类消费市场的 15%,胶鞋行业因此仍然保持着广阔的发展空间。

我国胶鞋行业在快速发展过程中长期积累的矛盾已日益凸现。首先是资源环境制约加大,胶鞋行业是资源消耗量大的产业,行业发展在很大程度上仍然依赖物质资源的大量投入。其二,胶鞋行业是废弃物排放量较高的产业,环境污染对行业发展的制约越来越突出。其三,胶鞋行业是典型劳动密集型的产业,劳动力成本不断攀升、安全生产成本逐年提高使得胶鞋行业发展必须走出一条自动化、智能化生产的工业道路。其四,胶鞋企业规模小,数量多、布局不合理、产品同质化严重,低端产品产能过剩以及重复投资建设存在加剧之势,制约了我国胶鞋生产向现代化生产发展。虽然我国胶鞋产能位居世界首位,但企业平均规模却远远低于世界先进水平,这是胶鞋行业竞争力不强的重要原因。其五,我国虽然是鞋类出口大国,但很少有自己的民族品牌走出国门进入国际主流市场。由于产品单一、缺乏创新,低价格竞争已经使我国胶鞋在走向海外时遇到了瓶颈。欧盟虽在近两年里终止了对华鞋类高达 16.5% 的反倾销税,但仍然在市场准入、知识产权、设立绿色贸易壁垒等方面采取强有力的措施,制约着我国胶鞋产品进入欧盟市场。

在低成本竞争优势逐渐丧失,转型升级刻不容缓的形势下,全国橡标委胶鞋分技术委员会把标准化工作作为工业转型升级和宏观调控的重点工作来抓,这将使标准化工作在规范和支撑胶鞋工业有序发展方面起到应有作用。

二、胶鞋行业产品结构分类和标准体系框架

我国胶鞋品种经过百余年的发展,已形成了布面胶鞋、胶面胶鞋、运动鞋、橡塑鞋(冷粘鞋和注塑鞋等)、特殊性能的胶鞋以及其他产品(鞋用配件)等六大类产品。打破了我国传统胶鞋只是由“布面胶鞋”和“胶面胶鞋”这两类产品组成的局面,胶鞋业已发展为以橡胶、热塑性弹性体为底材,以各种纺织物、天然皮革、合成革为帮材的多用途胶鞋类品种。据不完全统计,目前我国胶鞋品种已达 4000 余种,其中 30% 左右为高中档产品。

我国胶鞋各品种的分布:

胶面胶鞋约占整个胶鞋产量的 7% 左右,约 30% 出口;12% ~15% 是具有防护功能(劳动防护或日常防雨)的胶面胶鞋;50% 为工矿靴。

布面胶鞋产量约占胶鞋总产量的 40% 左右,专业运动鞋约占 10% 、轻便运动鞋(即普通运动鞋)占 18% ,布面童胶鞋占 10% ,劳动鞋占 12% ,其他鞋类占 3% 左右。

随着胶鞋行业不断地发展和各类新型产品的涌现,全国橡标委胶鞋分技术委员会在近期又编制了胶鞋行业标准体系,在体系框架下进行胶鞋行业标准化工作,具体见图 1。

全国橡标委胶鞋分技术委员会通过对胶鞋行业产品进行深入了解,组织制定各类产品所对

应的标准。例如，布面胶鞋有 HG/T 2018－2014《轻便胶鞋》的标准规范，胶面胶鞋有 HG/T 2019－2011《黑色雨靴（鞋）》、HG/T 2020－2011《彩色雨靴（鞋）》、GB 25037－2010《工矿靴》的标准规范，冷粘鞋有 HG/T 3085－2011《橡塑冷粘鞋》的标准规范，专业运动鞋有 GB/T 19706—2005《足球鞋》、GB 21536－2008《田径运动鞋》的各专业运动鞋标准规范等，具体见表 1 和表 2。

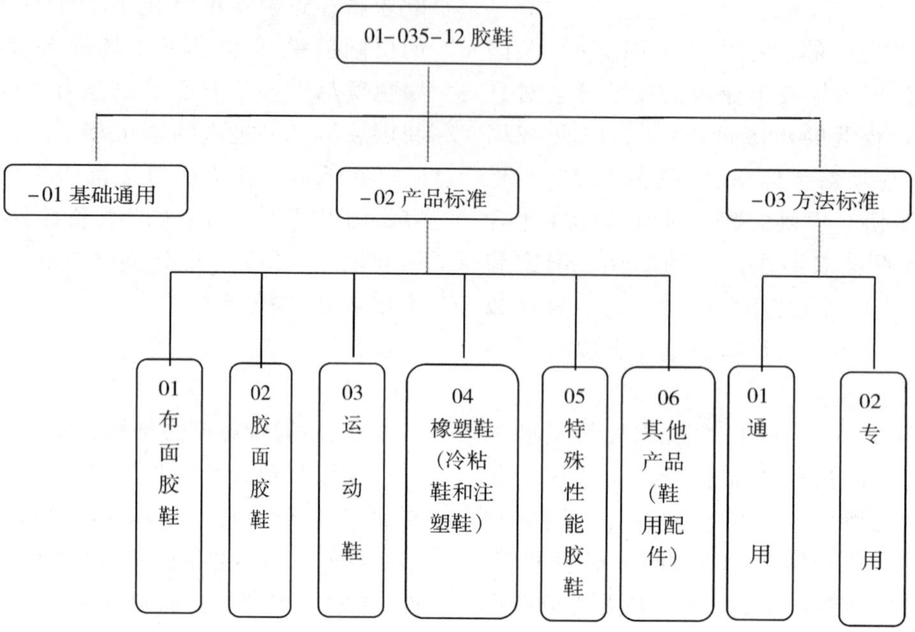

图 1　胶鞋标准框架

三、现行胶鞋行业标准

根据胶鞋标准体系框架，全国橡标委胶鞋分技术委员会组织制、修订了 19 项国家标准和 48 项行业标准。随着人民生活水平的提高和国内外市场需求的变化，以及胶鞋工业科技水平的不断发展，人们对鞋的要求除美观、舒适外，更为关注的是穿着卫生、安全、健康、环保等，同时发达国家常以技术性贸易壁垒方法来限制我国鞋类的出口。面对这一系问题，全国橡标委胶鞋分技术委员会加快了研究胶鞋类的环保性、安全性和健康性，紧跟国际绿色潮流，与国际标准发展相适应，制定了 GB 25038－2010《胶鞋健康安全技术规范》国家强制性标准，该标准是国内第一个关于制鞋行业环保、健康、安全的标准。这有助于进一步扩大我国胶鞋行业产品的出口，阻挡国外不良产品的进入，也为我国消费者构筑了一道绿色保护屏障，提高我国胶鞋企业的环保、健康、安全等生产意识。

1. 胶鞋行业国家标准

我国胶鞋行业原有国家标准 18 项。在 20 世纪 80 年代末 90 年代初，国家标准清理整顿时，原有标准统一调整为化工行业标准。在 21 世纪初，随着我国胶鞋行业的发展，全国橡标委胶鞋分技术委员会组织制、修订 19 项国家标准，具体见表 1。

2. 胶鞋行业行业标准

胶鞋行业共有 48 项化工行业标准，其中产品标准 22 项，方法标准 25 项，基础通用标准 1 项，具体见表 2。

表 1　归口(TC35/SC9)全国橡标委胶鞋行业管理的国家标准

序号	标准号	标准名称	标准分类	备注
1	GB 21536－2008	田径运动鞋	产品	
2	GB/T 21396－2008	鞋类 成鞋试验方法 帮底黏合强度	方法	
3	GB/T 21284－2007	鞋类 成鞋试验方法 保暖性	方法	
4	GB/T	鞋类－鞋帮和鞋衬的试验方法－水汽的渗透和吸收	方法	已报批
5	GB/Q	鞋类－卫生安全性能技术规范	基础	已报批
6	GB/T 24152－2009	篮排球运动鞋	产品	
7	GB 25036－2010	布面童胶鞋	产品	
8	GB 25037－2010	工矿靴	产品	
9	GB 25038－2010	胶鞋健康安全技术规范	产品	
10	GB/T 24129－2009	运动鞋、胶鞋外底无痕迹试验方法	方法	
11	GB/T 30907－2014	胶鞋、运动鞋减震性能试验方法	方法	
12	GB/T 30909－2014	胶鞋 丙烯腈迁移量的测定	方法	
13	GB/T 30910－2014	胶鞋 2－巯基苯并噻唑、二硫化二苯并噻唑的测定迁移量	方法	
14	GB/T 19706－2005	足球鞋	产品	已报批
15	20110412－T－606	胶鞋 整鞋挥发性有机物(VOC)含量的测定	方法	已报批
16	20131485－T－606	儿童雨靴(鞋)	产品	正在修订中
17	20131493－T－606	胶鞋 多环芳烃含量试验方法	方法	正在修订中
18	20131494－T－606	胶鞋 有机锡含量试验方法	方法	正在修订中
19	20131495－T－606	胶鞋术语	基础	正在修订中

表 2　归口(TC35/SC9)全国橡标委胶鞋行业管理的行业标准

序号	标准号	标准名称	标准分类
1	HG/T 2403－2007	胶鞋检验规则、标志、包装、运输、贮存	基础
2	HG/T 2411－2006	鞋底材料 90 度屈挠试验方法	方法
3	HG/T 2726－2010	微孔鞋底材料撕裂强度试验方法	方法
4	HG/T 2870－2014	乒乓球运动鞋	产品
5	HG/T 2871－2008	胶鞋整鞋屈挠试验方法	方法
6	HG/T 2872－2009	橡塑鞋微孔材料视密度试验方法	方法
7	HG/T 2873－2008	胶鞋鞋底屈挠试验方法	方法

续表 2－1

序号	标准号	标准名称	标准分类
8	HG/T 2874－2010	鞋用微孔材料热收缩性的测定	方法
9	HG/T 2875－2010	橡塑鞋微孔材料交联密度特征值试验方法	方法
10	HG/T 2876－2007	橡塑鞋微孔材料压缩变形试验方法	方法
11	HG/T 2877－1997	拖、凉鞋帮带拔出力试验方法	方法
12	HG/T 2878－2007	胶鞋试穿试验规则	方法
13	HG/T 2489－2007	鞋用微孔材料硬度试验方法	方法
14	HG/T 3611－1999 (2010)	鞋类模拟行走(寿命)试验方法	方法
15	HG/T 3663－2014	胶鞋抗菌性能的试验方法(琼脂平板法)	方法
16	HG/T 3664－2000	胶面胶靴(鞋)耐渗水试验方法	方法
17	HG/T 3689－2014	鞋类耐黄变试验方法	方法
18	HG/T 3780－2005	鞋类静态防滑性能试验方法	方法
19	HG/T 2016－2001	篮排球运动鞋	产品
20	HG/T 2017－2011	普通运动鞋	产品
21	HG/T 2018－2014	轻便胶鞋	产品
22	HG/T 2019－2011	黑色雨靴(鞋)	产品
23	HG/T 2020－2011	彩色雨靴(鞋)	产品
24	HG/T 2182－2008	棉胶鞋	产品
25	HG/T 2495－2007	劳动鞋	产品
26	HG/T 3081－1999 (2010)	胶面防砸安全靴	产品
27	HG/T 3082－2010	橡胶鞋底	产品
28	HG/T 3084－2010	注塑鞋	产品
29	HG/T 3085－2011	橡塑冷粘鞋	产品
30	HG/T 3086－2011	橡塑凉拖鞋	产品
31	2010－3455T－HG	鞋类 橡胶部件喷霜试验方法	方法
32	2010－3457T－HG	鞋用胶乳海绵	产品
33	2011－0635T－HG	胶鞋 胶制部件与织物粘合强度的测定	方法
34	2011－0636T－HG	胶鞋 鞋底试验方法 压缩变形性	方法

续表 2－2

序号	标准号	标准名称	标准分类
35	2011－0637T－HG	胶鞋内底、衬里及鞋垫试验方法 抗汗性	方法
36	2011－0638T－HG	网球鞋	产品
37	2011－0639T－HG	鞋用网眼布	产品
38	2011－0640T－HG	羽毛球鞋	产品
39	2011－0641T－HG	越野胶鞋	产品
41	2012－0922T－HG	胶鞋扭转性能试验方法	方法
42	2012－0923T－HG	胶鞋漆膜伸长率试验方法	方法
43	2012－0924T－HG	慢跑胶鞋	产品
44	2012－0925T－HG	鞋用微孔回弹性试验方法	方法
45	2012－0926T－HG	休闲胶鞋	产品
46	2012－1454T－HG	胶鞋 运动鞋附件 鞋眼	产品
47	2012－1454T－HG	举重鞋	产品
48	2012－1454T－HG	鞋眼拔出力试验方法	方法

以上是胶鞋行业现行标准，基本覆盖我国胶鞋的各种产品。这些标准自发布后，各企业基本都采纳实施。产品标准的实施率达 100%，方法标准也基本上都得到实施。

四、国外先进标准

1. 国际主要发布鞋类标准机构及分布

国际主要发布标准机构及分布见表 3。

表 3　国际主要发布标准机构及分布

标准	发布标准的机构	适用国家
IEC	国际电工委员会	世界大部分国家
ISO	国际标准化组织	世界大部分国家
EN	欧洲标准化委员会	欧洲
ASTM	美国测试和材料学会	美洲
DIN	德国标准学会	德国
BSI	英国标准学会	英国
SATRA	鞋类和联合贸易研究协会	世界上部分国家
AATCC	美国纺织化学家和染色学家协会	美洲
CAN/CGSB	加拿大标准学会	加拿大
FTMS	美国联邦政府	美国
JIS	日本标准协会	日本
NF	法国标准化协会	法国
AS/NZS	澳大利亚/新西兰标准学会	澳大利亚/新西兰
US CPSC	美国消费品安全委员会	美国

IEC、ISO、EN、ASTM、DIN、SATRA 所制定的标准有 846 项，除安全防护职业鞋外均是方法标准。

2. 国际主要发布鞋类标准机构的特点

国际标准化组织 ISO 下设有 TC216 鞋类委员会，专门研究鞋类检测方法，并紧跟国际鞋类技术发展趋式，开发相关项目检测方法，如有机锡、邻苯二甲酸盐、富马酸二甲酯等项目的试验方法，在国际上处于领先水平。ISO 相关鞋类标准基本上都是方法标准（除安全防护职业鞋外），没有涉及产品标准，客户或贸易商一般都是选用方法后自己制定指标要求。

鞋类和联合贸易研究协会 SATRA 属于一个专门研发鞋类技术的协会，标准比较齐全，但不对外公开，只对会员开放，标准查阅比较难。目前国际上很大部分客户和贸易商均采用 SATRA 标准作为检测依据。SATRA 标准基本上都是方法标准，没有涉及产品标准，客户或贸易商一般也都是选用方法后自己制定指标要求。

英国标准学会 BS 标准有专门针对鞋类的检测标准 BS 5131 系列标准 99 个，但均是 20 世纪 90 年代制定的标准，目前均无更新，在国际上的采用率比较低。随着全球经济一体化的发展，部分检测标准的认可度和适用范围正在先前基础上逐步扩大，表现为在检测标准序号前标准代号的增多，如直接引用欧盟标准 BS EN 13522:2001 等。

美国测试和材料学会 ASTM 针对鞋类检测标准也比较齐全，但其使用范围相对较小，一般只在美洲国家，在国际上采用率不是很高，标准基本上都是方法标准（除安全防护鞋外），没有涉及产品标准，客户或贸易商一般也都是选用方法后自己制定指标要求。

欧盟 EN 标准的鞋类检测标准比较齐全，且不时有新的法律法规发布，主要针对有毒有害物质和鞋类物理安全性能。

五、与国际标准之间存在的差异

综观国外标准不难发现，国外标准在基础标准的内容方面，与国内差异不是很大，在方法标准方面比胶鞋标准要多，一些发达国家依仗其雄厚的技术力量和资金支持制定了大量的检测方法标准，成为国际标准的主要来源。我国胶鞋行业包括其他的鞋类标准委员会主要是修改采用国际标准，有的标准实行等同采用，但在数量方面还有很大差距，在新的测试方法、新的测试仪器和设备方面仍需做大量的工作。全国橡标委胶鞋分会所归口的产品标准，绝大数填补国际空白，如耐克公司有 20% 的产品、匡威公司有 90% 的产品采用 HG/T 2018－2014《轻便胶鞋》。

六、我国胶鞋标准发展方向

1. 进一步在保障人民群众生命安全的前提下，加快推进胶鞋生产安全标准化工作

全国橡标委胶鞋分技术委员会对胶鞋有害物质含量或释放量的检测方法问题进行了探讨，组织起草有关检测方法标准。

2. 密切关注世界先进标准动向，推进胶鞋标准的改革

组织有关专家，对国外先进标准进行跟踪，力争提高采标率。同时，结合胶鞋行业实际情况制定出我国先进的胶鞋标准，彻底摒弃胶鞋行业不重视环保、卫生的旧观念。

全国橡标委胶鞋分技术委员会在今后的几年里，将构建一系列注重安全、卫生、环保的标准以及与其相对应的胶鞋类测试方法标准，并以其为工作的第一抓手，通过对国外先进标准的跟踪，从提高采标率到制定一系列领先国际的新标准。

3. 构建一个更适应胶鞋行业新形势发展的标准体系

（1）通用基础标准

布面胶鞋、胶面胶鞋、橡塑鞋、运动鞋绿色设计、常用术语、标识标志、工艺、售后服务。

（2）安全要求及检测方法

胶鞋、橡塑鞋、运动鞋通用安全、有毒有害物质限值检测方法，产品及试验方法。

（3）主要配件及材料

鞋用五金以及鞋面、鞋里、鞋底所用材料的产品试验方法。

（4）其他

学生鞋、护士鞋以橡胶或其他弹性体为鞋底的各类休闲运动鞋以及室内用鞋、劳动鞋。

(5)加大标准化科研项目的组织管理力度

随着体育运动全民化和制鞋技术的高度发展,全国橡标委胶鞋分技术委员会近几年内将不断组织全国各鞋类研究中心研发人员运用人体力学等一系列科技手段,测定人体在穿着不同鞋时所受到的不同作用力,以期使得人体获得最大舒适和健康。

七、结束语

在协会的引导下,今后的胶鞋标准化工作中,企业要自发、主动地参与标准化工作,提高生产水平,促进行业可持续发展。

(马燕红)

浸胶骨架材料标准

一、发展概况

浸胶骨架材料产品是橡胶制品的重要组成部分，作为橡胶制品的关键承力部件，直接决定着橡胶制品的质量。浸胶骨架材料既是典型的加工型传统工业产品，又是和高新技术密切相关的新材料产品，其质量和性能决定着橡胶制品的各项性能和应用领域。目前，我国浸胶骨架材料已经发展成为一个以高端化学纤维、先进橡胶等新材料为原材料，利用行业最新技术，制造适合于橡胶工业应用骨架材料产品的新型行业。它是体现橡胶制品节能减排、安全生产、综合利用的关键，也是未来引领传统橡胶制品更新换代的强力支撑。

全国橡标委浸胶骨架材料分技术委员会是在浸胶骨架材料行业领域内，从事全国性标准化工作的技术组织，负责本专业领域内的标准化技术归口工作。标委会在2009年经过国家标准化管理委员会批复成立，目前共有委员27名，分别来自于本行业领域内的生产单位、使用单位及相关大专院校、科研院所、检测机构。标委会成立以来，分析研究浸胶骨架材料领域标准化现状和发展，规划建立了浸胶骨架材料领域的标准体系，目前已经完成制修订国家标准8项，行业标准12项。标准应用范围涉及轮胎、输送带、传动带、胶管等行业，既促进了国内浸胶骨架材料行业的技术进步，又为本行业的产品升级、结构调整、节能减排、贸易促进等方面提供了重要的技术支持。

二、技术标准体系

浸胶骨架材料技术标准体系分为：通用基础标准、产品标准、方法标准、管理标准4个类别；同时根据本行业产品结构特点，将浸胶骨架材料产品划分为：浸胶帘子布、浸胶帆布、浸胶线绳、浸胶纱线四大类。这四大类不但分别对应了产品标准，也分别对应了各自的试验方法标准，形成了本行业技术标准体系。技术标准体系框架见图1。

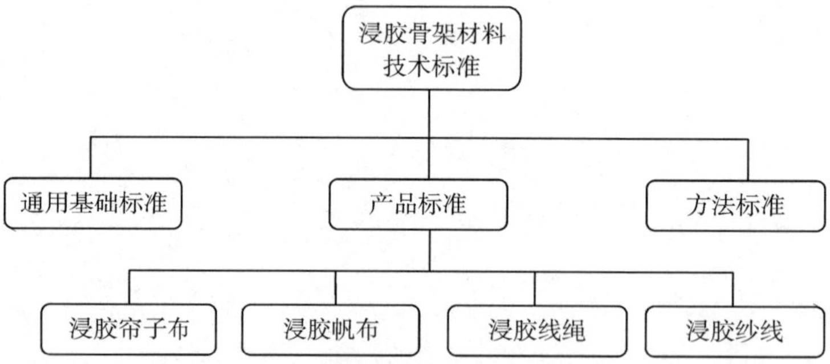

图1 技术标准体系框架

目前，浸胶骨架材料分技术委员会共归口标准13项，其中，国家标准4项，行业标准9项，全部为推荐性标准。经过几年的发展，浸胶骨架材料行业的标准从无到有，正在逐步完善以基础标准、产品标准、方法标准为主的标准体系。随着行业的发展，浸胶骨架材料标准体系将发展成为指导我国浸胶骨架材料产品生产、保证和提高产品质量、规范市场和贸易的完整性技术文件，这必将推动浸胶骨架材料行业的规范和技术进步。浸胶骨架材料行业现行标准见表1。

表 1　浸胶骨架材料行业现行标准

标准编号	标准名称	类别
GB/T 30310－2013	化学纤维帘线、纱线和线绳附胶量测定的试验方法	方法
GB/T 30311－2013	浸胶芳纶纱线、线绳和帘线拉伸性能的试验方法	方法
GB/T 30312－2013	浸胶纱线、线绳和帘线热收缩试验方法	方法
GB/T 30315－2013	浸胶帘线往复曲挠疲劳试验方法	方法
HG/T 4235－2011	输送带用浸胶涤棉帆布	产品
HG/T 2821.1－2013	V带和多楔带用浸胶聚酯线绳 第1部分:硬线绳	产品
HG/T 2821.2－2012	V带和多楔带用浸胶聚酯线绳 第2部分:软线绳	产品
HG/T 4393－2012	V带和多楔带用浸胶芳纶线绳	产品
HG/T 4394－2012	胶管用浸胶聚酯线	产品
HG/T 3781－2014	同步带用浸胶玻璃纤维绳	产品
HG/T 4612－2014	输送带用耐撕裂浸胶钢帘子布	产品
HG/T 4613－2014	橡胶水坝用浸胶水坝布	产品
HG/T 2820－1996	输送带用锦纶和涤锦浸胶帆布(已修订报批,待发布)	产品

三、2013～2014年标准制修订计划

目前,浸胶骨架材料行业有6项标准处于批准阶段,6项正在修订过程中。

1.2013年共完成6项标准制修订项目,已经报批,目前处于批准阶段;其中4项国家标准,2项为化工行业标准,详情如下:

(1)国家标准《浸胶帆布 经向卷曲度和密度试验方法》

本标准规定了使用卷曲度仪或拉力试验机测定浸胶帆布经向纱线卷曲度的试验方法,以及使用织物密度镜测定浸胶帆布经向和纬向密度的试验方法。

本标准适用于以涤纶纤维、锦纶纤维为经向材料制造的浸胶帆布中经向纱线卷曲度和经纬向密度的测定。

(2)国家标准《浸胶帆布 硬挺度试验方法》

本标准规定了使用规定设备测定浸胶帆布硬挺度的试验方法。

本标准适用于锦纶、涤纶、涤锦、涤棉浸胶帆布硬挺度的测定。

(3)国家标准《浸胶线绳 黏合强度试验方法》

本标准规定了使用T－抽出法测定浸胶线绳与硫化橡胶黏合强度的试验方法。

本标准适用于化学纤维制造的浸胶软线绳、浸胶硬线绳及玻璃纤维制造的浸胶玻璃纤维绳与硫化橡胶黏合强度性能的测定,也可用于化学纤维制造的浸胶纱线、浸胶帘线与硫化橡胶黏合强度性能的测定。

(4)国家标准《浸胶帆布 黏合强度的试验方法》

本标准规定了浸胶帆布与橡胶硫化后黏合强度性能的试验方法。

本标准适用于浸胶帆布黏合强度性能的测定。

(5)行业标准《耐热多楔带用浸胶聚酯线绳》

本标准规定了耐热多楔带用浸胶聚酯线绳的产品分类、技术要求、试验方法、检验规则以及标志、包装、贮存和运输。

本标准适用于以三元乙丙橡胶(EPDM)为基材的耐热多楔带制造用浸胶聚酯线绳的品质鉴定和验收。

(6)行业标准《橡胶软管用浸胶芳纶线》

本标准规定了橡胶软管用芳纶线的产品分类、技术要求、试验方法、检验规则以及标志、包装、贮存和运输。

本标准适用于橡胶软管用浸胶芳纶线和非浸胶芳纶线的品质鉴定及验收,其他橡胶制品用芳纶线也可以参照执行。

2.2014 年计划完成 6 项标准制修订项目,目前处于起草阶段。其中 5 项为国家标准,1 项为化工行业标准。国家标准《浸胶聚酯帘子布技术条件和评价方法》、《锦纶 66 浸胶帘子布技术条件和评价方法》为产品标准,这两项标准是根据国内外橡胶制品行业现状,结合国内外大型轮胎、胶管、胶带生产企业的需求,针对目前全球贸易一体化的状况,以先进技术来规范这两类产品的技术条件及评价试验方法,使两项标准技术内容更加适应于下游橡胶制品行业,从而加快推进本行业的技术进步。

(1)制定国家标准《浸胶聚酯帘子布技术条件和评价方法》

本标准拟规定橡胶工业用浸胶聚酯帘子布技术条件和评价方法。

本标准适用于橡胶工业用浸胶聚酯帘子布的技术评价和品质鉴定。

(2)制定国家标准《浸胶纱线 黏合剥离力的试验方法》

本标准拟规定浸胶纱线、浸胶帘线、浸胶线绳黏合剥离力的试验方法。

本标准适用于浸胶纱线、浸胶帘线、浸胶线绳与橡胶硫化后黏合剥离力测定的试验。

(3)制定国家标准《浸胶线绳 拉伸性能的试验方法》

本标准拟规定由涤纶纤维和锦纶纤维制造的浸胶帘线、浸胶线绳、浸胶纱线拉伸性能的试验方法。

本标准适用于浸胶帘线、浸胶线绳、浸胶纱线拉伸性能的测定。

(4)制定国家标准《锦纶 66 浸胶帘子布技术条件和评价方法》

本标准拟规定橡胶工业用锦纶 66 浸胶帘子布技术条件和评价方法。

本标准适用于橡胶工业用锦纶 66 浸胶帘子布的技术评价和品质鉴定。

(5)制定国家标准《浸胶骨架材料术语及定义》

本标准拟规定浸胶骨架材料的术语与品种定义及浸胶骨架材料的性能及试验术语的定义。

本标准适用于橡胶工业用浸胶骨架材料的术语和定义。

(6)制定行业标准《普通输送带用整体织物带芯》

本标准拟规定普通输送带用整体织物带芯的定义、规格型号、技术要求、试验方法、检验规则、标志、包装、贮存和运输。

本标准适用于普通输送带用整体织物带芯,其他输送带用整体织物带芯也可以参照执行。

四、未来发展

未来几年,全国橡标委浸胶骨架材料分技术委员会将紧紧围绕国标委《标准化事业发展“十二五”规划》和工信部《新材料产业“十二五”发展规划》的指导思想和发展目标,重点关注新材料、节能环保、安全、民生等社会、行业的热点和难点问题,开展本领域内的国家标准、行业标准的制修订工作,拟制定标准项目 35 项,其中国家标准 25 项,行业标准 10 项。

(王炳昕)

橡胶机械标准

【基本现状】

1. 标准制修订工作

(1)完成标准报批稿

2012年底,全国橡胶塑料机械行业共完成10项行业标准的审查,其中橡胶机械标准有3项,见表1。这10项标准经过各项审核程序已于2013年6月顺利完成报批工作。

表1 2013年橡胶机械行业报批标准

标准名称	标准属性	制/修订	归口单位
轮胎定型硫化机安全要求	GB/T	制定	标委会
橡胶塑料注射成型机能耗检测方法	GB/T	制定	标委会
轮胎激光散斑无损检测机	HG/T	制定	橡机分会

注:标委会为全国橡塑机械标委会;橡机分会为全国橡塑机械标委会橡胶机械分会。

(2)完成标准送审稿

2013年橡胶机械行业计划项目共计6项,均是行业标准。目前已全部完成标准送审稿,见表2。

表2 2013年标准送审稿

标准名称	标准属性	制/修订	归口单位
环形胎面硫化机	HG/T	制定	橡机分会
环形胎面贴合机	HG/T	制定	橡机分会
轿车子午线轮胎第二段成型机	HG/T	修订	橡机分会
轿车子午线轮胎第一段成型机	HG/T	修订	橡机分会
轮胎X射线检验机	HG/T	制定	橡机分会
轮胎均匀性试验机	HG/T	制定	橡机分会

2. 标准复审工作

2013年已完成国家标准和行业标准复审1项,即将要进行的国家标准和行业标准复审22项,见表3。

表3　2013 年复审的国家标准和行业标准

标准号	标准名称	复审结论
已完成复审的国家标准和行业标准		
GB/T 13579 - 2008	轮胎定型硫化机	修订
待复审的国家标准和行业标准		
GB 22530 - 2008	橡胶塑料注射成型机安全要求	标委会
HG/T 2148 - 2009	密闭式炼胶机炼塑机检测方法	标委会
HG/T 2150 - 2009	橡胶塑料压延机检测方法	标委会
HG/T 3120 - 1998(2009)	橡胶塑料机械外观通用技术条件	标委会
HG/T 3228 - 2001(2009)	橡胶塑料机械涂漆通用技术条件	标委会
HG/T 2108 - 1991(2009)	橡胶机械噪声声压级的测定	橡机分会
HG/T 3106 - 2003(2009)	内胎硫化机	橡机分会
HG/T 3231 - 2003(2009)	内胎硫化机检测方法	橡机分会
HG/T 3110 - 2009	橡胶单螺杆挤出机	橡机分会
HG/T 3122 - 1998(2009)	轮胎高速耐久试验机技术条件	橡机分会
HG/T 3123 - 1998(2009)	轮胎强度、脱圈、静负荷试验机技术条件	橡机分会
HG/T 3223 - 2000(2009)	橡胶机械术语	橡机分会
HG/T 3222 - 2001(2009)	V 带鼓式硫化机系列与基本参数	橡机分会
HG/T 3224 - 2001(2009)	试验用开放式炼胶机	橡机分会
HG/T 3226.1 - 2009	轮胎成型机头 第 1 部分:折叠式成型机头	橡机分会
HG/T 3227.1 - 2009	轮胎外胎模具 第 1 部分 活络模具	橡机分会
HG/T 3227.2 - 2009	轮胎外胎模具 第 1 部分 两半模具	橡机分会
HG/T 3230 - 2009	橡胶单螺杆挤出机检测方法	橡机分会
HG/T 3232 - 2009	软边力车胎成型机	橡机分会
HG/T 3233 - 2009	垫带硫化机	橡机分会
HG/T 3685 - 2000(2009)	轿车子午线轮胎第一段成型机技术条件	橡机分会
HG/T 3686 - 2000(2009)	轿车子午线轮胎第二段成型机技术条件	橡机分会

3. 标准立项工作

(1) 已上报国家标准和行业标准

2013 年上报的 4 项国家标准计划,目前已经下达;2013 年第四季度上报的 2 项行业标准,分别通过了工信部原材料司和节能司 2013 年 12 月初组织的答辩,正在编制申报项目材料 1 项,见表 4。

表 4　国家标准和行业标准制修订计划

标准项目名称	标准性质	标准类别	制修订	完成时间	归口单位
国家标准					
橡胶塑料加压式捏炼机	推荐性	产品	修订	2015 年	标委会
废橡胶废塑料裂解油化成套生产装备	推荐性	产品	制定	2014 年	标委会
橡胶塑料挤出机能耗检测方法	推荐性	方法	制定	2015 年	标委会
橡胶塑料机械用电磁加热节能系统通用技术条件	推荐性	方法	制定	2014 年	标委会
行业标准					
橡胶再生罐	推荐	产品	制定	2015 年	橡机分会
管、板材橡塑发泡成型设备	推荐	产品	制定	2015 年	橡机分会

(2)标准申请

目前收到的企业申请行业标准立项 1 项,见表 5。

表 5　企业申请立项行业标准

标准项目名称	标准级别	标准性质	标准类别	制修订
HG/T 3227.1－2009 轮胎外胎模具 第 1 部分:活络模具	行标	推荐性	产品	修订

注:HG/T 3227.1－2009 位于标准复审第 16 项。

4. 国际橡胶塑料机械标准化推进工作

(1)2013 年 2 月,全国橡胶塑料机械标准化技术委员会征集了 7 家单位共 8 位专家作为 ISO/TC270/WG1 注册专家及代表参加 ISO/TC270/WG1 橡胶塑料注射成型机安全工作组的工作,制定橡胶塑料注射成型机安全要求国际标准。

(2)2013 年 5 月,标准化技术委员会参加在德国法兰克福召开的 ISO/TC270/WG1 首次工作会议。会议确定制定一个以 EN 201:2009 为基础的、充分考虑到各国国情的、全世界适用的橡胶塑料注射成型机安全要求国际标准;会议还讨论了部分橡胶塑料注射成型机安全要求国际标准草案。

(3)2013 年 6～8 月,组织国内的 ISO/TC270/WG1 注册专家对橡胶塑料注射成型机安全要求国际标准草案进行讨论,提出了我国意见(初稿),并在国内进行了征求意见,形成了正式的中国意见,提交给 ISO/TC270/WG1 秘书处。

(4)2013 年 11 月,针对各参与国提出的意见,标委会秘书处组织国内的 ISO/TC270/WG1 注册专家召开了预备会议,会议根据我国生产现状,对各国提出的意见进行讨论,并统一拿出我国的结论性意见。

(5)2013 年 12 月份,标委会秘书处参加了 ISO/TC270 年会和 ISO/TC270/WG1 第二次工作会议。ISO/TC270 年会讨论和批准了修改后的 ISO/TC 270 工作计划,听取了 ISO/TC 270 秘书处的工作报告。ISO/TC 270 下次工作会议与 ISO/TC270/WG1 工作会议一起于 2014 年 11 月份在土耳其的伊斯坦布尔召开。ISO/TC270/WG1 第二次工作会议讨论了部分参与国提出的意见,未完成讨论的意见和未达成一致的意见将在下一次工作会议上讨论。成立了术语和定义、危险分析两个特别工作小组,中国作为小组成员将完成术语和定义、危险分析这两部分的工作。

5. 全国石油和化工行业优秀标准

2013 年 8 月，由大连橡胶塑料机械股份有限公司负责起草的 GB 25434 – 2010《橡胶塑料压延机安全要求》获得了全国石油和化工行业优秀标准奖。

【展　望】

1. 标准制修订工作

2014 年的橡机机械行业标准制修订计划项目共 7 项，见表 6。

表 6　2014 年橡胶机械行业标准制修订计划项目

标准项目名称	标准性质	标准类别	制修订	完成年限	归口单位
国家标准					
橡胶塑料加压式捏炼机	推荐性	产品	修订	2015 年	标委会
废橡胶废塑料裂解油化成套生产装备	推荐性	产品	制定	2014 年	标委会
橡胶塑料挤出机能耗检测方法	推荐性	方法	制定	2015 年	标委会
橡胶塑料机械用电磁加热节能系统通用技术条件	推荐性	方法	制定	2014 年	标委会
行业标准					
工程机械轮胎成型机	推荐	产品	制定	2014	橡机分会
工程机械轮胎胎面胶自动缠绕机	推荐	产品	制定	2014	橡机分会
胶片冷却机	推荐	产品	制定	2014	橡机分会

2. 申报标准计划项目

标委会将从标准复审结论为“修订”的标准中选择部分项目申报 2014 年标准计划，有承担单位意向的项目将优先申报。

3. 对本标委会归口的标准进行宣贯、研讨及咨询服务

本标委会将采取宣传贯彻研讨会议、刊物、网站等多种方式对归口的标准进行宣传贯彻、研讨及咨询服务。

4. 跟踪国外先进的技术和标准发展动态

密切关注国际标准化组织、欧洲标准化技术委员会等国际与先进国家和地区的标准化技术组织的标准动态。加强采标力度；着重在安全标准、能耗标准等方面与国际先进标准接轨。

5. 开展国际标准化工作

标委会将继续积极参与 ISO/TC 270 塑料橡胶机械技术委员会的工作，选派橡胶塑料机械行业龙头企业参与国际标准的起草工作。

（何　成）

绿色轮胎技术规范

进入21世纪10年后，绿色发展成为人类追求其生存环境的新目标，工业生产领域节能减排、保护环境成为产业升级和可持续发展的重点。

一、制定技术规范是实现绿色轮胎产业化的重要结点工作

减少汽车尾气排放已成为全球高度关注的热点之一，而轮胎与汽车二氧化碳排放息息相关。绿色轮胎滚动阻力低，燃油消耗少，可大量减少汽车二氧化碳的排放。同时，还具有出色的操纵稳定性、更短的制动距离和更好的耐损坏性，对减少交通事故、提高经济效益和社会效益具有积极意义。

根据工业和信息化部原材料工业司函［2012］180号文的要求，为推动中国绿色轮胎产业化进程，中国橡胶工业协会组织国内部分轮胎企业承接了《绿色轮胎产业发展研究》课题。根据课题研究成果，应抓紧研究和制定与之相关的技术规范、标准，建设和完备与之配套的室内外试验条件，使之具备在中国推行绿色轮胎标签制度的条件，让中国绿色轮胎尽快市场化，迅速提高中国轮胎的质量水平，扩大国产高端轮胎的比例，适应国内消费者选购优质轮胎的要求，稳定高品质轮胎的出口需要。

绿色轮胎的广义概念是指节能、环保、安全的轮胎产品，其应以优选材料、改进技术、优化工艺、提高性能4项技术措施为实施重点，以期达到生产全过程践行绿色制造理念，应用过程倡导绿色使用的目的。

绿色轮胎的社会属性具有以下四个特点和两大目标做支撑。

一是绿色轮胎制造符合以下整体要求：

使用环保、无毒无害符合欧盟REACH环保标准的原材料；

生产过程实现低能耗、低噪音、低粉尘、低烟气；

产品具有节油、安全、高磨耗、可翻新特性，符合绿色轮胎标签认证规定的滚动阻力、噪音、湿滑技术指标和环保要求。

二是绿色轮胎应用倡导科学使用，轮胎企业应首先成为积极的倡导者和实施者。

遵守国家有关规定，遏制超载；

科学使用轮胎，倡导翻新，提高翻新率和翻新次数；

杜绝不“三包”轮胎流入市场。

三是以绿色轮胎产业化为契机，推进轮胎行业节能、环保和清洁生产水平。在行业内提出4项研发技术和13项推广技术建议，以此提升轮胎制造质量，促进产业升级。

四是制定绿色轮胎技术标准，为启动绿色轮胎标签制度做好技术准备，参考欧盟轮胎标签法规第一阶段指标限值和有关国标限值，对符合绿色轮胎标准的产品进行分级并加贴标签。

两大目标是：力争经过2年或稍长时间努力，有50%以上子午胎生产企业实现绿色轮胎生产；在其轮胎年产量中有50%产量为绿色产品。

在轮胎行业淘汰落后产能实现绿色轮胎产业化形成行业共识的前提下，中橡协组织完成了《绿色轮胎技术规范》的编制。

二、绿色轮胎技术规范对实现产业升级具有实际意义

1.符合建设节能、环保、低碳社会的需要，是建设世界橡胶工业强国的重要组成部分。相对节能、环保、低碳而言，绿色轮胎不但提高了制造工艺和使用性能，更可视为普通子午胎的换代产品。在实现强国战略中，绿色轮胎在其产品领域具有更加突出的代表性，与世界一线轮胎产品比更具竞争力。

2.可以借此淘汰落后轮胎产能，实现产业转

型优化升级。在轮胎结构性产能过剩愈演愈烈的情况下，大量低端产品充斥市场，特别在国际市场，中国轮胎成了“两低”（价格低、档次低）产品的代名词。在政府主管部门不断加大淘汰落后产能声势的推动下，轮胎行业自身应加大产品更新的速度，缩短与世界先进水平差距，以利加快产业优化升级进程。

3. 实现绿色轮胎产业化，是提高中国轮胎质量水平和企业品牌形象的有效途径，有利于行业持续健康发展。真正有技术研发优势基础管理规范的企业，通过优选材料、严格工艺、精工细作，在质量均一性上下功夫，中国轮胎的品牌形象可大幅提升，创造世界轮胎名牌通过时间检验，得到消费者认可，依靠领军企业的多面创新，从而带动行业持续健康发展。

4. 生产绿色轮胎要推行环保生产工艺，采用绿色环保原材料，真正实现“四低”（低能耗、低噪声、低粉尘、低烟气）的生产工艺过程。此举可大大促进轮胎生产企业清洁生产和环保水平的提高。

三、绿色轮胎技术规范指标设置示例

规范不同于一般的产品标准，在对绿色轮胎产品（汽车子午胎）进行分级规范的同时，提出产品单位能耗、污染物排放要求，提出推荐工艺技术、主要原材料使用要求和产品验证方法。2014年3月，中橡协正式发布了《绿色轮胎技术规范》协会自律标准，从2014年3月1日开始试行，自律标准编号为XXZB/LT－102－2014，主要指标示例如下：

1. 绿色轮胎产品限值指标

绿色轮胎滚动阻力准入限值应符合GB/T 29042的规定，见表1。

表1　绿色轮胎滚动阻力准入限值

轮胎类型			轮胎滚动阻力系数[a]/$N\cdot kN^{-1}$
轿车轮胎			11.5
微型、轻型载重汽车轮胎	单胎负荷指数≤121（负荷能力≤1450kg）	速度符号≥N	10.0
		速度符号≤M	7.5
	单胎负荷指数>121（负荷能力>1450kg）		7.5
载重汽车轮胎			7.5

注：a 雪地轮胎限值可增加1 N/kN。

绿色轮胎湿路面抓着性准入限值，轿车子午线轮胎应符合（EC）No 661/2009的规定，载重汽车子午线轮胎应符合ECE/TRANS/WP.29/2013/66的规定，见表2、表3、表4。

表2　轿车子午线轮胎湿路面抓着性准入限值

使用类型	湿地防滑指数（G）
雪地轮胎，速度符号（“Q”或以下，不包括“H”）表明允许最大速度不高于160km/h	≥0.9
雪地轮胎，速度符号（“R”或以上，包括“H”）表明允许最大速度高于160km/h	≥1.0
普通（公路型）轮胎	≥1.1

表 3　微型、轻型载重汽车轮胎湿路面抓着性准入限值

使用类型	使用条件	湿地防滑指数(G)	
		其他类型	牵引型
普通轮胎		≥0.95	≥0.85
雪地轮胎		≥0.95	≥0.85
	在大雪条件下使用的雪地轮胎	≥0.85	≥0.85
特殊用途轮胎		≥0.85	≥0.85

表 4　载重汽车轮胎湿路面抓着性准入限值

使用类型	使用条件	湿地防滑指数(G)	
		其他类型	牵引型
普通轮胎		≥0.65	≥0.65
雪地轮胎		≥0.65	≥0.65
	在大雪条件下使用的雪地轮胎	≥0.65	≥0.65
特殊用途轮胎		≥0.65	≥0.65

绿色轮胎滚动噪声准入限值应符合(EC) No 661/2009 规定,见表 5 和表 6。

表 5　轿车子午线轮胎滚动噪声准入限值

轮胎类型	名义断面宽/mm	限值 dB(A)
轿车轮胎 A	≤185	70
轿车轮胎 B	>185　≤215	71
轿车轮胎 C	>215　≤245	71
轿车轮胎 D	>245　≤275	72
轿车轮胎 E	>275	74

注:对于雪地轮胎、增强型轮胎,或这些类型的任意组合,上表的限值应提高 1dB(A)。

表 6　载重汽车子午线轮胎滚动噪声准入限值

轮胎类型	使用类型	限值 dB(A)
微型/轻型载重汽车轮胎	普通轮胎	72
	牵引型轮胎	73
载重汽车轮胎	普通轮胎	73
	牵引型轮胎	75

注 1:对于特殊用途轮胎,上表的限值应提高 2dB(A)。

注 2:微型/轻型载重汽车轮胎牵引型雪地轮胎的限值应提高 2dB(A)。

注 3:对于微型/轻型载重汽车轮胎和载重汽车轮胎所有其他类型的雪地轮胎,上表的限值应提高 1dB(A)。

2. 绿色轮胎能耗和清洁生产管理指标

绿色轮胎的清洁生产技术和管理指标应符合表 7 的规定，其中单位产品综合能耗应符合 GB 29449 能耗先进值的规定。

表 7　绿色轮胎清洁生产技术和管理指标

项目		指标
1 资源能源消耗指标		
单位产品新鲜水消耗量[a](m^3/t 轮胎)		≤6.60
单位产品综合能耗[b](tce/t 轮胎)	全钢子午线轮胎	≤0.285
	半钢子午线轮胎	≤0.380
橡胶消耗量(t 三胶/t 轮胎)	全钢子午线轮胎	≤0.53
	半钢子午线轮胎	≤0.45
2 产品生产技术特征指标		
产品合格率/%		≥98
3 资源综合利用指标		
余热余压利用率/%		≥90
工业用水重复利用率/%		≥95
工业固体废物综合利用率/%		≥97
4 污染物产生指标		
废水产生量(m^3/t 轮胎)		≤4.50
基准废气产生量(m^3/t 三胶)		≤2000
炼胶颗粒物/$mg \cdot m^{-3}$		≤12
非甲烷总烃/$mg \cdot m^{-3}$		≤10
5 生产工艺及装备指标		
炼胶工艺		低温连续炼胶
硫化工艺		氮气硫化
6 清洁生产管理指标		
清洁生产审核制度执行		执行《清洁生产审核暂行办法》(国家发展和改革委员会、国家环境保护总局令　第 16 号)
清洁生产部门和人员配备		职能明确
环境管理体系认证		按 GB/T 24001 通过认证
建设项目环保"三同时"执行情况		同时实施
合同能源管理		效果明显
能源管理体系认证		持续改进

注：a 新鲜水消耗：指淡水消耗。

b 综合能耗：指轮胎生产过程综合能耗。

3.绿色轮胎污染物排放指标

绿色轮胎生产过程中的水污染物和大气污染物排放应符合 GB 27632 规定，分别见表 8 和表 9。

表 8　绿色轮胎生产过程中的水污染物排放限值　mg/L(PH 值除外)

序号	污染物项目	直接排放限值	间接排放限值	污染物排放监控位置
1	PH 值	6~9	6~9	企业废水总排放口
2	悬浮物	10	150	
3	五日生化需氧量(BOD_5)	10	80	
4	化学需氧量(COD_{CR})	70	300	
5	氨氮	5	30	
6	总氮	10	40	
7	总磷	0.5	1.0	
8	石油类	1	10	
单位胶料基准排水量(m^3/t)		7	直接排放的基准排水量适用于相同类型间接排放	排水量计量位置与污染物排放监控位置一致

表 9　绿色轮胎生产过程中的大气污染物排放限值

序号	污染物项目	生产工艺或设施	排放限值/ $mg \cdot m^{-3}$	基准排气量 (m^3/t 胶)	污染物排放监控位置
1	颗粒物	炼胶装置	12	2000	车间或生产设施排气筒
2	甲苯及二甲苯合计	胶浆制备、浸浆、胶浆喷涂和涂胶装置	15	-	
3	非甲烷总烃 a	炼胶、硫化装置	10	2000	
4		胶浆制备、浸浆、胶浆喷涂和涂胶装置	100	-	

注：a 待国家污染物监测方法标准发布后实施。

4.绿色轮胎生产工艺推荐技术

绿色轮胎生产工艺推荐技术参见表 10，具体内容参见附录 A。

5.绿色轮胎不应使用、限制使用和推荐使用的主要原材料品种

(1)不应使用的原材料

2015 年 1 月起，国内所有子午线轮胎配方中不应使用，所有进口轮胎中不应含有以下原材料。

①高芳油

高芳油是指芳香烃的碳原子数占整个油的碳原子数 30% 以上的油品。高芳油中含有多环芳烃，特别是苯并芘(BaP)，对人体有强的致癌性和其他危害。

表 10　绿色轮胎生产工艺推荐技术

类型	序号	内容	序号	内容
推荐实施	1	小药料自动称量技术	9	冷却水循环利用技术
	2	炼胶硫化废气除臭技术	10	胎面/胎侧连续称量控制技术
	3	低温连续混炼技术	11	半钢轮胎纤维压延、全钢轮胎内衬层压出/压延电子束预硫化技术
	4	锅炉烟气脱硫/除尘/脱硝技术	12	轮胎自动化成型及半部件大卷化技术
	5	高温管道及硫化机隔热保温技术	13	变频控制技术
	6	高温充氮硫化技术	14	余热发电和利用技术
	7	炭黑管道输送技术	15	分压供蒸汽技术
	8	橡胶助剂造粒技术	16	硫化后蒸汽回收利用
逐步取消		胎面底面涂胶浆技术		

②防老剂 D

对眼睛、皮肤、黏膜和上呼吸道有刺激性。对皮肤有致敏作用，受热分解放出有毒的氧化氮烟气。

③促进剂 NOBS

含有亚硝胺，对人体有强致癌性和其他危害。

④秋兰姆类超促进剂 TMTM、TMTD

含有亚硝胺，对人体有强致癌性和其他危害。

⑤吗啡啉硫黄给予体 DTDM

含有亚硝胺，对人体有强的致癌性和其他危害。

⑥五氯硫酚类塑解剂

具有致癌性，对人体危害较大。

⑦SBR1712/SBR1721

充油为高芳油，其中含有多环芳烃，特别是苯并芘（BaP），对人体有强的致癌性和其他危害。

（2）限制使用的原材料

间苯二酚及预分散类型

间苯二酚主要在生产环境产生间苯二酚的烟雾，容易产生毒害作用，建议采用间苯二酚甲醛树脂等类型的产品来替代。

（3）推荐使用的原材料

推荐使用按发布后的《绿色轮胎环保原材料指南》认定的主要原材料品种。

（赵文权）

贸易摩擦

贸 易 摩 擦

1. 阿根廷对我国橡胶传送带采取反倾销措施

2013年1月3日,阿根廷经济与公共财政部外贸国务秘书处照会中国驻阿根廷经商参赞处,通告阿方决定延长对原产于巴西和中国的硫化橡胶传送带(宽度大于或等于300毫米、用纺织材料加固)的反倾销调查期限。

2013年12月27日,阿根廷经济和公共财政部外贸国务秘书处照会商务部,通报阿方对原产于中国的硫化橡胶传送带(宽度大于或等于300毫米、用纺织材料加固)反倾销调查取证阶段已结束,并决定采取征收178%的反倾销税(从价税)的最终措施。该措施有效期5年,于2013年12月27日起生效。

2. 美或重审对我国非公路用胎"双反"案

2013年1月7日,美国国际贸易法院对我国非公路用轮胎"双反"司法诉讼案作出重审判决,认定美反补贴修正法案的追溯适用并未违宪,要求美商务部对本案反补贴调查中的部分问题进行重新认定,美商务部须于60天内提交裁决结果。

2011年12月19日,美联邦巡回上诉法院裁定美商务部在视中国为非市场经济国家的情况下进行反补贴调查缺乏法律授权。2012年3月5日,美商务部和国内产业向美上诉法院提出申请,要求重审该案,并推动国会立法推翻该判决。2012年3月13日,奥巴马总统正式签署"反补贴修正法案"。2012年6月,美上诉法院将本案发回美国国际贸易法院重审,要求其就该法案中反补贴调查和双重计算调整分别使用不同日期是否违宪等问题进行审理。

3. 阿根廷将提高轮胎等100种产品进口关税

2013年1月23日,阿根廷政府通过第25号法令,正式公布了拟提高进口关税的产品清单,对包括各类车辆轮胎在内的100种产品征收35%的进口关税,该措施有效期至2014年年底。

4. 印度将对中国炭黑征收反倾销税

2013年3月13日,印度商工部反倾销局对来自中国、澳大利亚、俄罗斯及泰国的炭黑产品反倾销期中复审调查做出裁决,中国相关对印出口炭黑的企业将被征收每千克0.423美元的反倾销税。

上述终裁系对2009年印度对中国炭黑反倾销期中复审的仲裁结果。

2011年8月,由印度轮胎制造商协会向印度商工部申请,针对2009年印度商工部对中国、俄罗斯、伊朗、澳大利亚、泰国、马来西亚等6国的炭黑产品发起的反倾销调查进行期中复审。

2011年12月2日,在反倾销案复审期间,印度保障措施局对产于中国的橡胶用炭黑启动特殊保障措施调查。2012年7月31日印度保障措施局发布对原产于中国的炭黑特保调查终裁,建议征收特别保障税,征税期为3年,从价税率分别为第1年30%,第二年25%,第3年20%。

5. 土耳其对我国硫化橡胶传送带征收反倾销税

2013年3月15日,商务部发布预警称,土耳其对原产于中国、印度和越南的硫化橡胶传送带做出反倾销日落复审终裁:继续对涉案产品征收反倾销税,为期5年。

6. 埃及对中国卡客车胎进行反倾销日落复审立案调查

2013年3月26日,埃及工业外贸部决定对进口自中国和印度的卡客车轮胎进行反倾销日落复审立案调查。涉案产品海关编码为40112000。倾销调查期为2012年全年,损害调查期6年,自2007年至2012年。Alexandria Tire Company 于1月17日向埃及工业外贸部提出该案申请。

本案原审调查2006年9月9日立案,2008年3月10日作出肯定性终裁。对中国企业征收31%~60%的反倾销税,对印度征收46%~

59%的反倾销税。原案涉案金额为1325.31万美元。

7.印度对中国和泰国进口轮胎征收反倾销税

2013年4月10日,印度财政部宣布对从中国和泰国进口的斜交胎征收反倾销税,征收期限为5年。

其中,对从泰国进口的斜交胎每公斤征税0.86美元;对从中国进口的斜交胎每公斤征税1.31美元。同时征收反倾销税的产品也包括内胎和垫带。

8.哥伦比亚对我国轮胎作出反倾销终裁决定

2013年6月14日,哥伦比亚贸工部外贸司颁布第0124号决议,对原产于我国的大客车或货运机动车径向和常规轮胎反倾销案作出终裁。根据终裁结果,哥方对税号为4011.20.90.00的常规轮胎不征收反倾销税,但对税号为4011.20.10.00的径向轮胎征收反倾销税,税额征收方法为:设定基价为5.37美元/千克。当报关FOB价低于基价时,税额为两者差价。

9.印度延长对华橡胶化工产品反倾销征税

2013年7月5日,印度财政部海关中央委员会发布公告,称涉及我国的橡胶化工产品(Rubber Chemicals)反倾销税延长一年,征至2014年5月4日。

印度于2007年7月6日对原产于中国及韩国的橡胶化工产品发起反倾销调查,2008年10月1日做出肯定性终裁,2008年12月12日发布征税公告,自2008年5月5日起征税。2013年4月30日启动日落复审。

10.土耳其对我国尼龙纱线进行反倾销日落复审调查

2013年7月26日,应国内企业申请,土耳其对原产于中国的尼龙纱线进行反倾销日落复审立案调查。涉案产品海关编码为5402.31。

2007年10月,土耳其对原产于中国的尼龙纱线进行反倾销立案调查;2008年9月,土耳其对此案做出肯定性终裁。

11.我国6家轮胎企业在美遭专利侵权指控

2013年8月14日,日本东洋轮胎美国公司向美国国际贸易委员会(ITC)提出申请,指控泰国、中国、美国共21家企业对美出口、在美进口或在美销售的小客车和货车轮胎侵犯了其在美注册专利,其中包括6家中国企业。

此次遭东洋轮胎指控的共有6家中国轮胎制造商、1家泰国轮胎制造商、14家总部设在美国的轮胎分销商,所涉及的轮胎产品包括11种品牌与型号。根据东洋轮胎提交的报告,这6家被指控的中国轮胎企业分别是香港三A轮胎、双星东风轮胎、华南橡胶轮胎、山东永泰化工集团、山东玲珑轮胎以及潍坊顺福昌橡塑有限公司。

12.美国对中美轮胎产品发起“337调查”

2013年9月16日,美国国际贸易委员会(ITC)对20多家中美企业生产的轮胎发起“337调查”。

ITC当天发表声明说,调查涉及中国山东潍坊顺福昌橡塑有限公司(Weifang Shunfuchang Rubber&Plastic Co.,Ltd 译名来自公司网站,下同)、山东玲珑轮胎股份有限公司(Shandong Linglong Tyre Co.,Ltd)等7家中国企业,以及美国Omni贸易公司(American Omni Trading Co. LLC)等14家美国企业和1家泰国企业。

声明说,日本东洋橡胶工业株式会社及其美国子公司今年8月14日提出申诉,指控美国进口及在美国市场销售的轮胎产品侵犯了该公司专利,要求美国国际贸易委员会启动“337调查”,发布排除令和禁止进口令。

13.印度就对我国橡胶助剂反倾销日落复审案举行听证会

2013年11月7日,印商工部反倾销局在商工部就对原产于中国和韩国的橡胶助剂(MBT、CBS、TDQ、PVI、TMT、PX-13(6PPD))反倾销日落复审调查举行听证会。

2007年7月6日,印度对原产于中国和韩国的橡胶助剂(MBT、CBS、TDQ、PVI、TMT、PX-13(6PPD))进行反倾销立案调查;2008年10月1日,印度对此案作出肯定性终裁。2013年4月30日,印度对原产于中国和韩国的橡胶助剂(MBT、CBS、TDQ、PVI、TMT、PX-13(6PPD))进行反倾销日落复审立案调查。

14.巴西对进口自我国摩托车轮胎征反倾销税

2013年12月18日,巴西外贸委员会公布,决定对进口自中国的摩托车轮胎、碱性耐火材料分别征收反倾销税。具体反倾销税额度分别为每公斤2.21美元至7.4美元、每吨536.52美元，征税期限均为5年。

15.美国将对我国输美非公路用轮胎和橡胶磁铁征"双反"关税

2014年1月6日，美国国际贸易委员会作出日落复审裁定，决定继续对中国输美非公路用轮胎和橡胶磁铁征收反倾销和反补贴的“双反”关税。

根据美国国际贸易委员会当日发布的声明，经日落复审，该委员会6名委员一致裁定维持中国输美非公路用轮胎和橡胶磁铁的反倾销和反补贴令，并维持台湾地区输美橡胶磁铁的反倾销令。声明说，该委员会认为取消对从中国进口的上述产品征收“双反”关税，可能导致在可预见的时间内再度对美国相关产业造成实质性损害。

橡胶磁铁双反案于2007年10月12日立案，2008年8月11日，美正式对我橡胶磁铁征收反倾销和反补贴税，反倾销税率为105%至185.28%，反补贴税率为109.05%。

2013年11月20日，美国际贸易委员会发布公告，决定对适用于中国橡胶磁铁反倾销和反补贴税令进行快速日落复审，以确定取消上述税令是否有可能导致损害继续或再度发生。

16.美国对我国工程机械轮胎作出反倾销终裁

2014年1月14日，美国商务部对我国新充气工程机械轮胎（新充气非公路用轮胎）作出反倾销日落复审终裁。

2013年6月4日，美国商务部发布公告，对原产于中国的新充气工程机械轮胎作出反倾销新出口商复审终裁，裁定中国涉案企业特瑞堡轮胎工业产品（邢台）有限公司的倾销幅度为0。

涉案产品海关编码为：40112010.25、40112010.35、40112050.30、40112050.50、40116100.00、40116200.00、40116300.00、40116900.00、40119200.00、40119340.00、40119380.00、40119440.00、40119480.00。

2013年10月30日，美国商务部发布公告，应山东玲珑集团的申请，对原产于中国的新充气非公路用轮胎进行反倾销情势变迁复审立案，以确定山东玲珑集团是招远利奥橡胶制品有限公司的权利义务继承者。2013年8月26日，山东玲珑集团向美国商务部提交反倾销情势变迁复审的请求。涉案产品海关编码为4011.20.10.25，4011.20.10.35，4011.20.50.30，4011.20.50.50，4011.61.00.00，4011.62.00.00，4011.63.00.00，4011.69.00.00，4011.92.00.00，4011.93.40.00，4011.93.80.00，4011.94.40.00，4011.94.80.00。

2013年12月20日，美国商务部对华新充气工程机械轮胎（新充气非公路用轮胎）作出反补贴快速日落复审终裁：贵州轮胎股份有限公司税率为2.52%；河北兴茂轮胎有限公司35.13%；天津国际联合轮胎橡胶有限公司6.85%；中国普遍税率5.65%。

17.巴西对部分国家和地区轮胎实施反倾销

2014年1月16日，巴西政府宣布，为保护当地轮胎业免受不正当竞争损害，从即日起对从韩国、泰国、中国台湾和乌克兰进口的轮胎实施反倾销。

反倾销措施已获巴西外贸委员会批准。该委员会指责从这些国家和地区进口的轮胎在巴西的售价比原产地还要低，给本土轮胎业造成了损害。

在巴西全国轮胎工业协会的请求下，巴西工贸部于2011年12月开始反倾销调查。经过两年多的调查，工贸部最终认定倾销事实成立。

2013年8月7日，巴西贸易保护局致函我国驻巴西使馆经商参处，称已结束对进口自中国的汽车轮胎反倾销复审，复审结果决定将对我国产汽车轮胎征收1.08至2.17美元/公斤的反倾销税，为期5年。巴西对中国轮胎进行的反倾销调查从2012年下半年开始，主要针对13寸和14寸机动小客车轮胎。

18.巴西对我国自行车轮胎征收反倾销税

2014年2月18日，巴西外贸委员会发布第5号令，决定对进口自中国的自行车轮胎征收0.28～3.85美元/公斤的反倾销税，征税期限5年，涉案产品南共市税号为4011.50.00。

2013年8月28日，巴西贸易保护局致函我国驻巴西使馆经商参处，称决定对进口自中国的自行车轮胎反倾销延期6个月裁决，涉案产品南共市税号为：4011.50.00。

19. 美国ITC终止对我国橡胶树脂的337调查

2014年1月15日，美国国际贸易委员会(ITC)发布公告，对橡胶树脂337调查案(337－TA－849)作出终裁，裁定部分肯定且部分驳回行政法官对该案的初步裁决，并终止对该案的337调查。

美国ITC最终裁定以下被诉方违反了337条款：Precision Measurement International LLC of Westland公司、中国华奇(张家港)化工有限公司、香港华奇集团有限公司、华奇集团(英国)有限公司、美国彤程化学公司、上海伦赛国际贸易公司、彤程集团有限公司、华奇集团马绍尔群岛有限公司。同时，美国ITC发布一个10年期的有限排除令，并裁定公共利益因素并不能阻碍该救济令的发布或实施。最后，美国ITC裁定，在支付进口价值19%的保证金后，涉案产品可以在总统复议期间进入美国市场。

大　事　记

2013 年中国橡胶工业大事记

1. 中橡协召开第 31 次秘书长会议

中国橡胶工业协会第 31 次秘书长会议 2012 年 12 月 26 ~ 28 日在北京召开。会议讨论了《中国橡胶工业协会 2012 年工作总结和 2013 年工作计划》、关于协会设立人事劳资部门的提议等，提交 2013 年 3 月在青岛召开的八届二次理事及常务理事会议审议。

会长邓雅俐做了“贯彻落实科学发展观 推进协会建设发展”的发言。她强调，2013 年协会要做好的几项重点工作是：落实橡胶强国奋斗目标和框架意见；加快推进绿色轮胎产业化；推动轮胎试验场的建设进程；坚持推进品牌战略；促进转型升级；推进建立天然胶稳定基金；推动杜仲胶产业的发展；调整优化橡胶原材料结构；办好中国橡胶会展，打造一流的橡胶展览和论坛。同时指出，要在坚持协会改革建设所取得的成果基础上，进一步加强协会自身建设，建立协会文化，塑造团队精神，用 16 个字概括出中国橡胶工业协会的团队精神，即“团结协作，执行有力，勤奋敬业，奋发有为”；提出在不断总结经验的基础上，持续完善制度建设，一方面是重在执行落实现有制度，另一方面是探索建立有利于人才成长等新的体制机制。

各分会（委员会）秘书长、直管部门负责人在述职的基础上，总会秘书长与之签订了 2013 聘任上岗协议；会议评选出 2012 度单项先进单位。轮胎分会、橡胶制品分会、胶管胶带分会被评为统计工作先进单位；营销工作委员会、力车胎分会、橡胶机械模具分会被评为财务工作先进单位；轮胎分会、胶管胶带分会、橡胶制品分会被评为刊物工作先进单位；废橡胶综合利用分会、橡胶助剂专业委员会、炭黑分会被评为网站工作先进单位。

根据国资委对协会理事数量的有关限定，同时为方便协会专业活动的开展，会议决定，各分会（委员会）对现有会员进行梳理，原则上只有本专业的会员可在本分会（委员会）中任理事及以上职务，非专业会员不在分会（委员会）中担任理事及以上职务，但仍可交叉成为会员，参加不同专业的活动。对于现有的交叉理事等，要逐步理顺。

会议期间，还组织召开了在京全体工作人员大会。

2. 中橡协启动编制橡胶工业污染防治技术政策

3 月 4 日，中国橡胶工业协会发出通知，橡胶工业污染防治技术政策的编制开始启动。这项工作由环保部下达计划，石化联合会承担、中橡协具体承担技术政策的编制。

根据要求，由中橡协成立项目小组组织实施，主要工作为调研咨询、整理技术资料、编制开题报告并参与论证、起草征求意见稿和编制说明、形成送审稿和报批稿。

本次橡胶工业污染防治技术政策，主要从轮胎、炭黑、废橡胶等 3 个行业中提出具体内容。对行业污染防治工作相关的技术现状进行全面梳理，从原料选择、过程控制、清洁生产、废弃物处理及资源化、二次污染防治、鼓励发展的技术、运行管理及风险防范等多个方面进行调研论证，提出针对性强、可操作、切实可行的污染防治技术政策和要求，为推动橡胶行业技术进步、结构调整和污染防治工作提供指导。

3. 中橡协八届二次理事会强调行业转型升级

3 月 25 日，中国橡胶工业协会八届二次理事及常务理事会议在青岛召开，出席会议的理事、常务理事代表 302 人，会议由协会副会长、风神轮胎董事长王锋主持。

会议审议通过了《中国橡胶工业协会 2012 年工作总结和 2013 年工作计划（讨论稿）》报告，审议通过了协会设立人事劳资部门和力车胎分会更名的报告；听取了协会 2012 年度会费收支情况的报告。会议通报了协会评价推介 2013 年度中国橡胶工业百强企业、协会推荐品牌产品、诚信轮胎经销商、诚信橡胶产业服务商及诚信橡胶贸易商、会员企业按专业划分管理、杜仲橡胶生产及应用状况、整合协会信息交流平台等几项工作。

邓雅俐会长在题目为“转型升级，创新驱动，促进橡胶工业平稳较快发展”的发言中，报告了2012年橡胶行业生产经营情况及特点。通过分析2013年行业将面临的国际和国内环境形势及矛盾问题，对行业目前面临的机遇和挑战作出了分析判断，从增强自主创新能力，把发展从规模扩张为主转向提升质量和效益为主；推进绿色轮胎产业化；抓住机遇实施企业兼并重组，提高产业集中度；实施品牌拉动战略、促进转型升级；提升信息化、自动化水平；减少产品及主要原材料的对外依存度；推进建立天然胶稳定机制等多个方面提出了行业和企业调整转型的方向、任务和重点工作。

4.2013 中国橡胶年会在青岛召开

3月26日，由中国橡胶工业协会主办的2013中国橡胶年会暨中国橡胶工业展在青岛隆重举行。来自国内外橡胶行业的代表共计3000多人出席了本次会议和展览。

本次会议的主题是：调整结构、转型升级、创新驱动、绿色发展。主会场会议分析了2013年中国经济形势，总结了2012年橡胶行业的运行情况，分析预测了2013年橡胶行业面临的形势并进行了发展预测，介绍了全球天然橡胶生产现状，分析了全球汽车市场动态，分享了中国轮胎出口情况以及美欧轮胎市场情况。中国橡胶工业协会在会上还发布了2013年度中国橡胶行业百强企业、协会推荐品牌、诚信轮胎经销商和诚信橡胶贸易商。

会议还设置了天然橡胶、合成橡胶，橡胶机械模具，再生胶/胶鞋，新技术轮胎，热塑性弹性体（TPE），力车胎等6个分会场，内容丰富，形式灵活，针对性强。

同期举办的中国橡胶工业展，展出面积2700多平方米，共128个展位。举办的会议沙龙、展商沙龙，以及各种丰富多彩的展示和联谊活动。

5.《绿色轮胎产业发展研究》课题通过验收

4月9日，由中国橡胶工业协会承担的工信部原材料工业司委托研究课题——《绿色轮胎产业发展研究》，在广州召开课题总结论证会，通过了验收并结题。

为贯彻国家关于节能减排和低碳绿色的工业发展方针，进一步推进中国绿色轮胎产业发展进程，中国橡胶工业协会成立绿色轮胎产业发展研究课题组，双钱、三角、华南、风神、杭州中策、玲珑、贵州、米其林、炭黑工业研究设计院、朗盛等10家中外轮胎公司、原材料公司和研究院参与课题的研究工作。经过一年的时间，最终形成了国内外轮胎产业概况和发展绿色轮胎的意义、绿色轮胎产品指标要求、绿色轮胎推荐工艺条件、绿色轮胎能源和资源指标、绿色轮胎环保原材料推荐指南目录等5个课题报告。

课题结论表明，国内现已具备扩大发展绿色轮胎产品的基本条件，中橡协在该课题研究的基础上，将组织制定《绿色轮胎行业自律标准》，并研究和编制《绿色轮胎企业自愿声明制度实施办法》，在行业推行绿色轮胎非强制性分级。

6.推进杜仲胶开发及应用

4月28日，杜仲产业联盟在青岛召开了杜仲胶开发及应用座谈会。

会议研讨了杜仲胶提取技术进展，不同提胶工艺的技术经济比较和需要重点攻关的技术难题；杜仲胶资源培育有关问题；杜仲胶生产设备制造进展和面临的突出问题。杜仲胶应用研发进展，重点交流在轮胎、高铁减震部件、制鞋、医疗器材和塑料改性领域的应用研发进展。杜仲胶的推广应用和质量指标要求；杜仲胶生产企业与专业研究机构和下游用户的衔接与合作等，推动我国杜仲胶事业的发展。

工信部4月发布了《废旧轮胎综合利用行业准入公告管理暂行办法》，并于5月1日起施行。

7.中橡协研究制定轮胎行业准入条件

中橡协组织开展《轮胎行业准入条件》的研究制定工作。7月4日，中橡协召集部分轮胎企业、橡胶工程公司以及全国轮标委专家，先期对《准入条件》组织了小范围的讨论，并提出了修改意见。大家一致认为，应使新的《准入条件》具备可知性和可操作性，真正对轮胎行业的发展起到规范作用。

此次《准入条件》是在工信部2010年出台的

《轮胎产业政策》的基础上进行修改制定。工信部希望在《准入条件》出台后，采取网上公告的方式，由地方工信部门对当地轮胎企业进行核准，并上报工信部，工信部将组织行业专家按“轮胎生产企业准入公告申请书”的内容进行核准，最终由工信部批准，对符合《准入条件》的企业进行公告管理。进入公告的轮胎企业，将可以享受到国家政策以及银行等的支持，以此达到淘汰落后产能、抑制产能过剩以及改变市场监管缺失的目的。

8.2013年度全球轮胎75强彰显中国轮胎发展后劲

9月2日，美国《橡胶与塑料新闻》公布的2013年度全球轮胎75强排行榜中，中国轮胎企业在排名中最为亮丽。其中大陆上榜企业26家，加上5家台湾企业，在75强中占31席，占总数的41%。中国正新橡胶和中策橡胶2家企业进入前10强；中国有5家企业进入前20强。在销售收入增幅最大的10家企业中，中国占9家，显示了中国轮胎行业强大的发展后劲。增幅排名前5位的企业全部来自中国，分别是青岛赛轮、中策橡胶集团、新疆昆仑、四川海大及山东金宇。在轮胎投资额排名中，中国也是轮胎投资额最大的国家。

9.杜仲胶装置建设和应用开发取得进展

9月20日，全球首套万吨级合成杜仲胶——反式异戊胶（TPI）工业化生产装置在青岛投产，改写了世界无反式异戊胶万吨级工业化生产装置的历史。同时，湖北杜仲科技实业有限公司年产300吨天然杜仲胶提取装置建成并试产成功。杜仲胶应用开发取得进展，青岛第派新材公司使用合成杜仲胶配方的轮胎胎面经德国权威机构检测，已达到欧盟AA级标准；株洲时代新材料公司与湘西老爹生物有限公司合作，成功将天然杜仲胶应用于高铁减震等部件；合成杜仲胶在运动鞋中底的使用也取得较好效果。

10.中橡协组织编制《轮胎行业清洁生产评价指标体系》

9月27日，中国橡胶工业协会发出通知，正式开始了《轮胎行业清洁生产评价指标体系》的编制工作。

这项工作是根据国家发改委要求和有关安排，由中国橡胶工业协会对已发布的和正在编制的清洁生产标准和评价指标体系进行整合修编，形成《轮胎行业清洁生产评价指标体系》，以加强轮胎行业的清洁生产。

为做好这项工作，中橡协会组建了《轮胎行业清洁生产评价指标体系》编制专家小组，负责该标准的整合修编工作，并安排中策橡胶集团和广州市华南橡胶轮胎有限公司负责提出标准讨论稿。

11.中橡协进一步推进建立天然橡胶稳定基金

10月23日，在第十四届全国橡胶工业信息发布会召开期间，中国橡胶工业协会组织国内主要轮胎企业再次对天然橡胶稳定基金方案修改稿进行研讨。

大家认为尽管目前天然橡胶价格低迷，但并不意味着轮胎企业对天然橡胶稳定基金的要求就不迫切了。天然橡胶价格低迷时期，正好为制定方案提供了一个好时机，一旦天然橡胶价格再次大幅波动，基金就可以发挥作用。基金的任务不是单纯打压价格，而是要稳定市场，收窄价格波动幅度。天然橡胶价格过高或过低都会影响企业的正常生产经营和行业的稳定发展。基金要发挥的是平抑市场波动的作用。

中策橡胶集团董事长沈金荣、上海华谊（集团）公司顾问岳春辰、风神轮胎股份有限公司董事长王锋、赛轮股份有限公司总经理王建业、华南橡胶轮胎有限公司副总工程师石峥以及三角集团、贵州轮胎、天津国联、双喜轮胎等企业的代表分析了基金的筹资规模和运作，从不同角度对方案提出了进一步意见。

中橡协会长邓雅俐表示，建立天然橡胶稳定基金非常必要，协会将进一步做好组织推进工作，细化方案，深入分析利弊和风险，明确责权利，把这项工作做好。

12.《绿色轮胎技术规范》上网公示

2013年12月27日，由中国橡胶工业协会组织制定的《绿色轮胎技术规范》行业自律标准在中国橡胶工业协会网站公示，在行业内广泛征求意见，并于2014年3月1日由中国橡胶工业协会正式发布，开始试行。

减少汽车尾气排放已成为全球高度关注的热点之一，而轮胎与汽车二氧化碳排放息息相关。

绿色轮胎滚动阻力低，燃油消耗少，可大量减少汽车二氧化碳的排放，同时还具有出色的操纵稳定性、更短的制动距离和更好的耐损坏性，对减少交通事故、提高经济效益和社会效益具有积极意义。

13. 中橡协会7个分会(委员会)换聘理事长

按照《中国橡胶工业协会分支机构管理细则》关于分会(委员会)理事长单位和理事长不搞终身制，实行轮换聘任制，聘任期为两年的规定，至2013年底，胶管胶带、橡胶助剂、橡胶制品、营销、骨架材料、废橡胶综合利用、乳胶7个分会(委员会)理事长单位及理事长任期已满。经过征求意见、分会推荐，总会批复，分会(委员会)会员(代表)大会确认，协会主席团审议通过，7个分会(委员会)理事长单位及理事长换聘如下：

1. 聘任青岛橡六输送带有限公司刘海青总经理为胶管胶带分会新一任理事长(任期2013年9月~2015年9月)。

2. 聘任科迈化工股份有限公司王树华董事长为橡胶助剂专业委员会新一任理事长(任期2013年10月~2015年10月)。

3. 聘任株洲时代新材料科技股份有限公司杨军总经理为橡胶制品分会新一任理事长(任期2013年11月~2015年11月)。

4. 聘任河南豫德隆商贸有限公司柴宝柱董事长为营销工作委员会新一任理事长(任期2013年11月~2015年11月)。

5. 聘任山东大业股份有限公司窦勇董事长为骨架材料专业委员会新一任理事长(任期2013年11月~2015年11月)。

6. 聘任唐山兴宇橡塑工业有限公司高世兴董事长为废橡胶综合利用分会新一任理事长(任期2013年12月~2015年12月)。

7. 聘任桂林紫竹乳胶制品有限公司陶然总经理为乳胶分会新一任理事长(任期2013年12月~2015年12月)。

同时，经征求协会主席团意见，推举中国橡胶工业协会副会长、风神轮胎股份有限公司董事长王锋为中国橡胶工业协会高级副会长。

(邓雅俐)

2013 年中国橡胶工业十大新闻

1. 橡胶价格全年持续低迷

2013 年，天然橡胶和合成橡胶价格持续波动低迷，天然橡胶价格呈现先抑后扬再纠结态势，全年价格走势在 16600 元～27100 元/吨，库存居高不下；合成橡胶价格低迷，企业开工不足，装置整体开工率在 61% 左右。受此影响，轮胎等橡胶制品销售价格也逐步下降。

2. 橡胶行业整体盈利状况扭转向好

受橡胶原材料价格低迷影响，2013 年橡胶行业除炭黑产业外，整体盈利状况基本呈现扭转向好。据中橡协统计，前 10 个月行业销售收入利润率为 5.45%，较前三季度提高了 0.21 个百分点，结束了连续 3 个月下行走势；行业销售收入同比保持微幅增长，增幅走势趋平，其中轮胎销售收入同比为负增长；出口交货值增幅同比连续 3 个月正增长，但增幅微小。

3. 一批国家产业政策出台或完成制修订

受工信部委托，中国橡胶工业协会已完成《轮胎行业准入条件》征求意见稿，并上报给工信部。

2013 年 1 月，商务部发布了《轮胎理赔技术规范》和《轮胎理赔鉴定人员专业技术要求》2 个行业标准，并于 9 月 1 日开始实施；工信部 4 月发布了《废旧轮胎综合利用行业准入公告管理暂行办法》，并于 5 月 1 日起施行。

中橡协完成对《轮胎外胎加工贸易单耗标准》的修订，并通过了海关总署、中国石油和化学工业联合会的审定；对国家发改委牵头制定的《产业结构调整目录》提出修改建议；受环保部委托，完成《橡胶行业污染防治技术政策》的编制工作；受国家发改委、工信部、环保部委托，完成《再生橡胶行业清洁生产水平评价技术要求》征求意见稿。

4. 中橡协加快行业自律标准制定工作

在完成工信部立项的《绿色轮胎产业发展研究》课题基础上，中国橡胶工业协会组织完成了《绿色轮胎技术规范》（征求意见稿）自律标准，已开始在行业内征求意见，2014 年一季度正式发布；调查研究中国实施轮胎标签制度，研究设立“绿色轮胎技术支持中心”和编制《绿色轮胎环保原材料指南》等初步设想；完成了《轮胎清洁生产评价指标体系》的整合修订工作初稿；制定了《力车胎工艺技术规范》；完成了《胶鞋产品健康安全技术达标行业自律公约》；完成了《高热稳定性不溶性硫黄》行业自律标准。

5. 轮胎投资热带动橡机行业产销两旺

2013 年，轮胎行业又掀起新一轮投资热潮，粗略统计，新增全钢胎产能 2000 万条，半钢胎产能 1 亿条以上。受此影响，我国橡胶机械行业又现产销两旺局面，2013 年销售收入达 120 亿元，出口创汇达 2.2 亿美元，均创历史新高，销售收入占全球份额的 30%，连续 10 年位居榜首。

6. 贸易摩擦形势仍然严峻

2013 年，国外对中国橡胶行业的贸易摩擦仍然频繁发生。如埃及对华卡客车轮胎发起反倾销日落复审调查；美国对华非公路用轮胎展开日落复审调查，对我 6 家轮胎企业进行 337 调查；巴西对我自行车轮胎内胎发起反倾销调查，对进口自中国的摩托车轮胎征收 2.21 美元～7.4 美元/千克反倾销税等。面对国外频繁的贸易摩擦，相关商协会均迅速组织国内涉案企业积极应对，同时及时发布国内外橡胶产品进出口情况，呼吁企业做好预警。

7. 杜仲胶装置建设和应用开发取得进展

2013 年 9 月 20 日，全球首套万吨级合成杜仲胶——反式异戊胶（TPI）工业化生产装置在青岛投产，改写了世界无反式异戊胶万吨级工业化生产装置的历史。同时，湖北杜仲科技实业有限公司年产 300 吨天然杜仲胶提取装置建成并试产成功。杜仲胶应用开发取得进展，青岛第派新材公司使用合成杜仲胶配方的轮胎胎面经德国权威机构检测，已达到欧盟AA级标准；株洲时代新材料公司与湘西老爹生物有限公司合作，成功地将天然杜仲胶应用于高铁减震等部件；合成杜仲胶在运动鞋中底的使用也取得较好效果。

8. 橡胶企业走出去及兼并重组取得成效

2013年，我国橡胶企业在走出去和兼并重组方面继续取得重大成果。如软控在美国阿克隆市成立了北美研发中心，加上欧洲和中国本部的研发中心，已经完成了研发的国际化布局；同时，完成了覆盖全球的5个销售大区的建设。双钱集团通过股权合作项目的增资和收购方式分别获得并持有新疆昆仑轮胎有限公司、朝阳浪马轮胎有限责任公司51%的股权。株洲时代新材与全球汽车零配件供应商德国采埃孚集团（ZF）签署主购买协议，斥资约2.9亿欧元整体收购ZF集团旗下的橡胶与金属业务（BOGE），成为国内汽车减震降噪产品重要供应商。

9. 废橡胶综合利用行业实施环保升级

为了适应可持续发展及循环经济的要求，建设节约型社会，保护和改善环境，废橡胶综合利用行业2013年将环保升级工作作为重点，确定了三大任务：淘汰“小三件”不安全设备，改变废轮胎粉碎工艺；制定环保型再生橡胶行业自律标准，淘汰煤焦油；改变再生胶高温高压脱硫工艺，采用常压连续环保脱硫工艺。

10. 自动化信息化助推橡胶行业转型升级

由于企业环境成本、用工成本、物流成本等不断提高，亟须采用高端技术和装备，提高劳动效率、降低人工成本、提高产品品质，这也是橡胶企业转型升级的必由之路。因此，企业对机器人等自动化技术、智能化和信息化技术需求迫切，很多企业都实施了工艺流程智能化和信息化管理，以及加大自动化设备的应用，同时开始重视电子商务这一异军突起的销售新模式。

橡胶工业进出口贸易

橡胶工业进出口贸易

【基本情况】

据国家统计局统计,2013 年全国规模以上橡胶制品企业 3500 家,较 2012 年增加 153 家。其中,轮胎制造业 565 家;橡胶板、管、带制造企业 761 家;橡胶零件制造企业 669 家;再生橡胶制造企业 164 家;日用及医用橡胶制品制造企业 229 家;橡胶鞋制造企业 507 家;其他橡胶制品制造企业 605 家。

2013 年,我国橡胶制品进出口贸易保持较快增长,增速较 2012 年小幅提高,同时大幅超过石油和化工行业整体增速,成为拉动行业进出口贸易,尤其是出口贸易的主要动力。2013 年,全国橡胶制品进出口贸易额 582.26 亿美元,比上年(下同)增长 8.34%,小幅提高 1.32 个百分点,高于全行业进出口贸易增速 6.34 个百分点。其中,进口贸易额 103.36 亿美元,增长 4.71%;出口贸易额 478.9 亿美元,增长 9.15%。橡胶制品进出口贸易额占石油和化工行业进出口贸易总额的 8.95%。贸易顺差 375.54 亿美元,贸易顺差比上年扩大 10.44%,增幅较 2012 年提高 3 个百分点。2009 ~ 2013 年我国橡胶制品进出口贸易额走势见表 1。

表 1　2009 ~ 2013 年我国橡胶制品进出口贸易额走势　　亿美元

年份	进出口总额	同比/%	进口额	同比/%	出口额	同比/%	贸易顺差	同比/%
2009	304.42	-24.54	51.39	2.86	253.03	-28.41	201.64	-33.56
2010	408.09	34.05	77.23	50.27	330.86	30.76	253.64	25.79
2011	504.57	23.64	94.06	21.80	410.51	24.07	316.45	24.76
2012	537.45	7.02	98.71	6.03	438.74	7.24	340.03	7.45
2013	582.26	8.34	103.36	4.71	478.90	9.15	375.54	10.44

从贸易方式情况看,橡胶制品加工贸易比重下降明显,低于一般贸易比重。作为轮胎出口传统市场的欧美国家经济复苏缓慢,轮胎加工贸易订单下滑,导致轮胎加工贸易下降明显。2013 年,橡胶制品一般贸易 274.36 亿美元,增长 16.18%,占进出口贸易总额的 47.12%;加工贸易 254.86 亿美元,下降 0.4%,占进出口贸易总额的 43.77%。其中,轮胎外胎加工贸易 146.09 亿美元,占轮胎进出口贸易额的 85.25%,较 2012 年均有所下降。2013 年我国橡胶制品贸易方式结构见表 2。

我国橡胶制品进出口贸易涉及 220 多个国家和地区,主要有:美国、日本、泰国、马来西亚和德国等。其中,进口贸易涉及 130 多个国家和地区,进口贸易额前 5 名国家是:泰国(占 24.05%)、马来西亚(占 16.24%)、日本(占 11.17%)、德国(占 7.15%)和印度尼西亚(占 6.41%);出口贸易涉及 220 多个国家和地区,出口贸易额前 5 名国家是:美国(占 29.36%)、俄罗斯(占 4.92%)、日本(占 4.04%)、英国(占 3.89%)和德国(占 3.31%)。

表 2　2013 年我国橡胶制品贸易方式结构

亿美元

产品名称	进出口总额	一般贸易		加工贸易	
		进出口额	占比/%	进出口额	占比/%
橡胶制品	582.26	274.36	47.12	254.86	43.77
新充气橡胶轮胎	171.37	20.26	11.82	146.09	85.25
橡胶内胎	6.32	2.46	38.92	3.66	57.91
翻新轮胎	0.54	0.32	59.26	0.07	12.96
橡胶带	11.37	7.87	69.22	2.82	24.80
胶管	14.47	11.47	79.27	2.13	14.72
手套	6.25	2.79	44.64	3.24	51.84
胶鞋类	266.12	153.26	57.59	81.86	30.76
其他橡胶制品	105.82	75.94	71.76	14.99	14.17

贸易顺差额前 5 名国家地区是：美国（占 35.98%）、俄罗斯（占 6.25%）、英国（占 4.64%）、中国香港（占 3.52%）、澳大利亚（占 2.97%）。2013 年中国大陆橡胶制品进出口贸易情况见表 3。

表 3　2013 年我国大陆橡胶制品进出口贸易情况

国别和地区	进口额/亿美元	占比/%	国别和地区	出口额/亿美元	占比/%	国别和地区	顺差额/亿美元	占比/%
进口总额	103.36	100.00	出口总额	478.90	100.00	总额	375.54	100.00
泰国	24.86	24.05	美国	140.35	29.36	美国	135.13	35.98
马来西亚	16.79	16.24	俄罗斯联邦	23.52	4.92	俄罗斯联邦	23.46	6.25
日本	11.55	11.17	日本	19.30	4.04	英国	17.44	4.64
德国	7.39	7.15	英国	18.58	3.89	中国香港	13.23	3.52
印度尼西亚	6.63	6.41	德国	15.82	3.31	澳大利亚	11.17	2.97
美国	5.22	5.05	中国香港	13.33	2.79	加拿大	10.33	2.75
越南	4.47	4.32	澳大利亚	11.31	2.37	阿联酋	9.67	2.57
意大利	4.36	4.22	加拿大	10.58	2.21	荷兰	9.24	2.46
韩国	4.22	4.08	阿联酋	9.68	2.02	德国	8.43	2.24
中国台湾	1.79	1.73	荷兰	9.52	1.99	日本	7.75	2.06

【进出口贸易】

1.橡胶原料进出口贸易

(1)天然橡胶

2013年,我国天然橡胶进口247.4万吨,增长13.64%,进口额63.97亿美元,下降6.1%;天然橡胶出口1.36万吨,增长1.8%,出口额0.35亿美元,下降23.8%,主要是国际天然橡胶价格大幅下跌,导致贸易额大幅萎缩。2013年我国天然橡胶进出口贸易情况见表4。

表4 2013年我国天然橡胶进出口贸易情况

产品名称	进口				出口			
	数量/万t	金额/亿美元	同比/%		数量/万t	金额/亿美元	同比/%	
			数量	金额			数量	金额
天然橡胶合计	247.40	63.97	13.64	-6.08	1.36	0.35	1.80	-23.83
天然胶乳	33.56	6.33	5.61	-7.11	0.31	0.06	5701.46	4027.10
天然橡胶烟胶片	32.62	9.33	56.76	30.66	0.74	0.21	-3.15	-22.52
技术分类天然橡胶(TSNR)	179.48	47.83	10.34	-10.41	0.18	0.05	-63.12	-71.95
其他初级形状的天然橡胶	1.73	0.47	-29.36	-37.78	0.13	0.04	51.72	62.25
巴拉塔胶等及类似的天然树胶	0.01	0.00	39.34	15.79	0.00	0.00	-20.40	-44.74

2013年,我国天然橡胶进口贸易国家中,泰国居第一位,进口贸易额36.48亿美元,占全国的57.04%;印度尼西亚居第二位,进口额11.16亿美元,占全国的17.45%;马来西亚居第三位,进口额8.58亿美元,占全国的13.41%。前3位国家进口天然橡胶贸易额56.22亿美元,占全国的87.9%。越南居第四位,缅甸居第五位,分别占全国进口天然橡胶贸易额的7.18%和1.90%。2013年我国天然橡胶进口前10个国家见表5。

表5 2013年我国天然橡胶进口前10个国家

国家地区	进口量/万t	进口额/亿美元	进口额占比/%
天然橡胶合计	247.40	63.97	100.00
泰国	143.79	36.48	57.04
印度尼西亚	41.70	11.16	17.45
马来西亚	32.04	8.58	13.41
越南	18.14	4.59	7.18
缅甸	4.40	1.22	1.90
老挝	2.98	0.80	1.25
柬埔寨	1.69	0.41	0.64
印度	0.71	0.21	0.33
科特迪瓦	0.50	0.13	0.21
喀麦隆	0.42	0.09	0.14

(2)合成橡胶

2013 年,我国合成橡胶进口量小幅增长但贸易额大幅下降,累计进口 154.53 万吨,进口额 44.66 亿美元,分别增长 6.54% 和下降 12.95%;出口 21.47 万吨,出口额 5.68 亿美元,分别下降 3.45% 和 21.91%。我国合成橡胶进口大于出口,进口依存度比较高。进口量比较大的产品是丁苯橡胶、丁二烯橡胶、丁基橡胶以及乙丙橡胶等。其中,丁苯橡胶进口 49.57 万吨,增长 5.84%;丁二烯橡胶 23.32 万吨,下降 1.05%;丁基橡胶 25.17 万吨,增长 9.05%;乙丙橡胶 25.21 万吨,增长 19.04%。2013 年我国合成橡胶进出口贸易情况见表 6。

表 6　2013 年我国合成橡胶进出口贸易情况

产品名称	进口		同比/%		出口		同比/%	
	数量/万 t	金额/亿美元	数量	金额	数量/万 t	金额/亿美元	数量	金额
合成橡胶	154.53	44.66	6.54	-12.95	21.47	5.68	-3.45	-21.91
丁苯橡胶	49.57	11.44	5.84	-14.09	10.62	2.50	2.90	-20.64
丁二烯橡胶	23.32	5.51	-1.05	-26.54	3.37	0.76	-4.61	-36.09
丁基橡胶	25.17	10.73	9.05	-4.29	1.57	0.54	-30.28	-30.99
氯丁橡胶	2.12	0.91	0.91	-6.73	0.35	0.15	-38.98	-43.43
丁腈橡胶	11.95	2.88	-0.47	-20.63	1.44	0.25	-12.76	-28.11
异戊二烯橡胶	3.98	1.23	-24.65	-38.78	0.26	0.07	12.75	-12.50
乙丙橡胶	25.21	7.56	19.04	-11.35	0.31	0.14	-9.59	19.89
其他合成橡胶	13.20	4.39	20.16	6.56	3.55	1.27	6.52	-6.19

我国合成橡胶进口贸易国家和地区中,韩国居第一位,进口额 8.05 亿美元,占进口贸易额的 18.03%;日本居第二位,进口额 8.38 亿美元,占进口贸易额的 18.76%;美国居第三位,进口额 7.65 亿美元,占进口贸易额的 17.13%。2013 年我国合成橡胶进口国家和地区见表 7。

表 7　2013 年我国合成橡胶进口国家和地区

国家和地区	进口额/亿美元	进口额占比/%	国家和地区	进口额/亿美元	进口额占比/%
韩国	8.05	18.03	比利时	1.82	4.08
日本	8.38	18.76	波兰	0.62	1.39
美国	7.65	17.13	英国	0.79	1.77
俄罗斯联邦	3.78	8.46	荷兰	0.74	1.66
中国台湾	2.09	4.68	印度尼西亚	0.38	0.85
泰国	1.56	3.49	意大利	0.37	0.83
德国	1.48	3.31	新加坡	0.5	1.12
加拿大	2.45	5.49	中国	0.31	0.69
法国	1.69	3.78	墨西哥	0.32	0.72
马来西亚	1.18	2.64	巴西	0.22	0.49

(3)炭黑

2013年,我国进口炭黑9.39万吨,进口贸易额2.35亿美元,分别增长11.64%和10.66%;出口炭黑72万吨,出口贸易额7.64亿美元,分别增长9.5%和5.2%。

我国进口炭黑贸易国家和地区有30个,出口贸易国家和地区有95个。其中,进口贸易美国居第一位,占21.7%;日本居第二位,占21.28%;韩国居第三位,占17.45%。出口贸易泰国居第一位,占15.84%;印度尼西亚居第二位,占14.66%;印度居第三位,占12.96%。2013年我国炭黑进出口国家和地区见表8。

表8　2013年我国炭黑进出口国家和地区

国家和地区	进口额/亿美元	占比/%	国家和地区	出口额/亿美元	占比/%
炭黑总计	2.35	100.00	炭黑总计	7.64	100.00
美国	0.51	21.70	泰国	1.21	15.84
日本	0.50	21.28	印度尼西亚	1.12	14.66
韩国	0.41	17.45	印度	0.99	12.96
德国	0.21	8.94	日本	0.72	9.42
中国台湾	0.14	5.96	中国台湾	0.55	7.20
泰国	0.12	5.11	韩国	0.47	6.15
比利时	0.10	4.26	越南	0.34	4.45
加拿大	0.07	2.98	波兰	0.28	3.66
荷兰	0.06	2.55	马来西亚	0.23	3.01
捷克	0.06	2.55	美国	0.21	2.75

2.橡胶制品进出口贸易

(1)进口贸易

2013年,我国橡胶制品进口贸易额突破百亿美元大关,达到103.36亿美元,增长4.71%。其中,橡胶轮胎外胎进口9.83亿美元,增长18.6%;橡胶内胎进口289万美元,增长18%;翻新轮胎进口574万美元,增长212.49%;橡胶带进口3.19亿美元,增长3.93%;胶管进口6.41亿美元,增长10.65%;胶鞋进口12.68亿美元,增长13.12%。

从进口橡胶制品的产品结构看,进口橡胶制品所占比重较小,进口复合橡胶及复合胶板片带比重仍然较大。2013年进口轮胎外胎占9.51%;进口橡胶带占3.09%;进口胶管占6.2%;进口胶鞋占12.27%;进口其他橡胶制品占67.8%,其中,进口未硫化的复合橡胶及未硫化的橡胶板片带36.65亿美元,占其他橡胶制品进口贸易额的比重为52.3%。2013年我国橡胶制品进口结构见表9。

从分省市情况看,2013年橡胶制品进口贸易排名前10位的是:山东、上海、广东、江苏、浙江、福建、云南、辽宁、北京和天津。2013年前10个省、市橡胶制品进口贸易91.16亿美元,占全国橡胶制品进口贸易额的88.2%,较2012年提高0.2个百分点。2013年我国各地区橡胶制品进口贸易情况见表10。

表 9　2013 年我国橡胶制品进口结构

产品名称	数量/万 t	金额/亿美元	同比/%		金额占比/%
			数量	金额	
橡胶制品	—	103.36	—	4.71	100.00%
新充气橡胶轮胎	11.86	9.83	10.82	18.62	9.51%
橡胶内胎	0.04	0.03	-2.61	18.04	0.03%
翻新轮胎	0.04	0.06	184.34	212.49	0.06%
橡胶带	1.91	3.19	2.15	3.93	3.09%
胶管	3.80	6.41	10.45	10.65	6.20%
手套	1.81	1.09	26.31	12.45	1.06%
胶鞋类	3.10	12.68	14.40	13.12	12.27%
防水鞋靴	0.02	0.03	24.37	57.41	0.03%
滑雪、防护鞋	2.04	9.48	12.50	13.11	9.17%
运动、网球、篮球鞋	1.03	3.17	18.13	12.89	3.07%
其他橡胶制品	174.08	70.07	14.81	1.06	67.80%

表 10　2013 年我国各地区橡胶制品进口贸易情况

地区	进口额/亿美元	同比/%	占比/%	地区	进口额/亿美元	同比/%	占比/%
山东	21.96	10.36	21.25	湖北	0.81	6.55	0.78
上海	20.23	7.71	19.57	山西	0.68	8.82	0.66
广东	11.62	9.66	11.25	内蒙古	0.67	77.79	0.65
江苏	11.59	-5.55	11.22	贵州	0.67	-31.82	0.65
浙江	5.69	-19.99	5.51	黑龙江	0.65	-11.08	0.63
福建	4.86	26.42	4.7	河北	0.44	15.12	0.42
云南	4.28	35.14	4.14	江西	0.42	14.77	0.41
辽宁	4.25	8.98	4.11	四川	0.38	22.43	0.37
北京	4.16	-16.05	4.02	湖南	0.24	10.49	0.23
天津	2.51	5.97	2.43	陕西	0.12	-13.91	0.12
重庆	1.75	-10.91	1.7	广西	0.08	-87.3	0.08
吉林	1.31	-4.04	1.27	新疆	0.05	48.62	0.05
安徽	1.1	2.78	1.07	甘肃	0.01	-34.24	0.01
海南	1.06	149.57	1.03	青海	0	62.31	0
河南	0.91	14.94	0.88	西藏	0	-60.79	0
宁夏	0.83	34.49	0.8				

从贸易方式分析,2013 年我国橡胶制品进口,一般贸易占比仍然较大,一般贸易进口占进口贸易额的 76.69%,增加 1.26 个百分点;加工贸易进口占 10.25%,下降 1.06 个百分点。2013 年我国橡胶制品进口贸易方式见表 11。

表 11　2013 年我国橡胶制品进口贸易方式

产品名称	进口总额/亿美元	一般贸易		加工贸易	
		进口额/亿美元	占比/%	进口额/亿美元	占比/%
橡胶制品	103.36	79.27	76.69	10.60	10.25
新充气橡胶轮胎	9.83	8.53	86.82	0.32	3.29
橡胶内胎	0.03	0.01	28.64	0.02	53.88
翻新轮胎	0.06	0.00	1.62	0.00	0.03
橡胶带	3.19	1.93	60.43	0.95	29.89
胶管	6.41	5.16	80.41	0.88	13.79
手套	1.09	0.94	85.91	0.08	7.15
胶鞋类	12.68	12.02	94.80	0.01	0.08
其他橡胶制品	70.07	50.68	72.33	8.33	11.89

从进口贸易分国别和地区情况看,我国橡胶制品进口贸易排名前 10 位国家和地区是:泰国(24.86 亿美元,占 24.05%)、马来西亚(16.79 亿美元,占 16.24%)、日本(11.55 亿美元,占 11.17%)、德国(7.39 亿美元,占 7.15%)、印度尼西亚(6.63 亿美元,占 6.41%)、越南(4.47 亿美元,占 4.33%)、美国(5.22 亿美元,占 5.05%)、意大利(4.36 亿美元,占 4.22%)、韩国(4.22 亿美元,占 4.08%)、中国台湾(1.79 亿美元,占 1.73%)。

(2)出口贸易

2013 年,我国橡胶制品出口贸易继续保持增长,贸易额增速大幅超过石油和化工全行业出口贸易额,成为拉动行业出口贸易增长的主要动力。统计数据显示,2013 年,全国橡胶制品出口贸易额 478.9 亿美元,增长 9.15%。其中,新充气橡胶轮胎出口 499.36 万吨,出口额 161.55 亿美元,分别增长 13.33% 和 1.68%;橡胶内胎出口 19.12 万吨,出口额 6.29 亿美元,分别下降 4.31% 和 4.78%;胶鞋出口 211.2 万吨,出口额 253.44 亿美元,分别增长 4.51% 和 12.72%。2013 年我国橡胶制品出口贸易情况见表 12。

从出口贸易额比重分析,橡胶制品出口贸易占比重较大的是胶鞋和轮胎外胎。其中,胶鞋占 52.92%、轮胎外胎占 33.73%、橡胶内胎占 1.31%、橡胶带占 1.71%、胶管占 1.68%。2013 年我国橡胶制品出口贸易结构见表 13。

按贸易方式分析,我国橡胶制品加工贸易出口占比重较大,但在逐年下降。2013 年,这一比重继续大幅下降。2013 年橡胶制品一般贸易出口比重由 2012 年的 36.86% 提高至 40.74%;加工贸易出口比重由 2012 年的 55.8% 下降至 51%。其中,轮胎外胎加工贸易出口占 90.23%,橡胶内胎加工贸易出口占 58.03%,手套加工贸易出口占 61.24%,胶鞋加工贸易出口比重占 32.3%。其中,手套和胶鞋类产品加工贸易比重降幅较大。2013 年我国橡胶制品出口贸易方式见表 14。

表 12　2013 年我国橡胶制品出口贸易情况

名称	数量/万 t	金额/亿美元	同比/%	
			数量	金额
橡胶制品	—	478.90	—	9.15
新充气橡胶轮胎	499.36	161.55	13.33	1.68
橡胶内胎	19.12	6.29	-4.31	-4.78
翻新轮胎	0.97	0.48	-14.14	36.98
橡胶带	24.77	8.19	3.56	0.21
胶管	16.54	8.05	7.58	10.05
手套	7.98	5.16	6.57	1.69
胶鞋类	211.20	253.44	4.51	12.72
防水鞋靴	8.31	5.09	11.19	12.00
滑雪、防护鞋	111.25	146.81	1.45	10.96
运动,网球,篮球鞋	91.64	101.53	7.87	15.42
其他橡胶制品	78.88	35.74	4.77	29.93

表 13　2013 年我国橡胶制品出口贸易结构

产品名称	出口额/亿美元	占比/%
橡胶制品	478.90	100.00
轮胎外胎	161.55	33.73
橡胶内胎	6.29	1.31
翻新轮胎	0.48	0.10
橡胶带	8.19	1.71
胶管	8.05	1.68
手套	5.16	1.08
胶鞋	253.44	52.92
其他橡胶制品	35.74	7.46

从分地区情况看,2013 年,我国橡胶制品出口贸易额排前 10 位的是:广东(占 23.84%)、山东(占 21.67%)、福建(占 14.59%)、浙江(占 12.33%)、江苏(占 7.78%)、上海(占 2.84%)、四川(占 1.90%)、河南(占 1.86%)、江西(占 1.81%)、天津(占 1.79%)。2013 年我国各地区橡胶制品出口贸易情况见表 15。

表 14　2013 年我国橡胶制品出口贸易方式

产品名称	出口总额/亿美元	一般贸易		加工贸易	
		出口额/亿美元	占比/%	出口额/亿美元	占比/%
橡胶制品	478.90	195.09	40.74	244.26	51.00
新充气橡胶轮胎	161.55	11.73	7.26	145.76	90.23
橡胶内胎	6.29	2.45	38.89	3.65	58.03
翻新轮胎	0.48	0.32	66.20	0.07	14.58
橡胶带	8.19	5.94	72.57	1.86	22.71
胶管	8.05	6.31	78.40	1.25	15.53
手套	5.16	1.85	35.86	3.16	61.24
胶鞋类	253.44	141.24	55.73	81.85	32.30
其他橡胶制品	35.74	25.25	70.66	6.66	18.63

表 15　2013 年我国各地区橡胶制品出口贸易情况

省市	出口额/亿美元	同比/%	占比/%	省市	出口额/亿美元	同比/%	占比/%
广东	114.17	9.45	23.84	湖北	3.24	12.83	0.68
山东	103.76	3.92	21.67	新疆	2.85	306.99	0.6
福建	69.86	12.9	14.59	湖南	2.53	28.88	0.53
浙江	59.05	11.11	12.33	重庆	2.22	6.43	0.46
江苏	37.26	3.69	7.78	广西	1.68	7.98	0.35
上海	13.62	-4	2.84	山西	0.92	9.08	0.19
四川	9.11	19.21	1.9	陕西	0.67	128.02	0.14
河南	8.93	5.13	1.86	吉林	0.64	9.25	0.13
江西	8.69	24.37	1.81	西藏	0.55	16.05	0.11
天津	8.59	-5.02	1.79	云南	0.34	420.15	0.07
辽宁	6.91	4.25	1.44	内蒙古	0.24	0.69	0.05
安徽	6.76	14.31	1.41	宁夏	0.05	110.05	0.01
河北	4.41	8.74	0.92	海南	0.05	15.78	0.01
黑龙江	4.32	99.16	0.9	甘肃	0.04	200.8	0.01
北京	3.85	7.95	0.8	青海	0	128.68	0
贵州	3.6	12.81	0.75				

①轮胎出口贸易

2013年,我国出口新充气轮胎499.36万吨,出口贸易额161.55亿美元,分别增长13.33%和1.68%。其中,小客车轮胎出口175.54万吨,出口贸易额61.85亿美元,分别增长16.5%和5.19%;客或货车轮胎出口267.01万吨,出口贸易额81.33亿美元,分别增长14.39%和0.91%;摩托车轮胎出口9.25万吨,出口贸易额2.88亿美元,分别增长11.29%和11.57%;自行车胎出口8.12万吨,出口贸易额2.41亿美元,分别下降7.59%和3.13%。从结构来看,我国轮胎出口品种主要是小客车轮胎、客或货车轮胎,两种产品出口贸易额占轮胎出口贸易额的比重接近90%。2013年小客车轮胎出口创汇比重占38.28%;客或货车轮胎出口创汇比重占50.34%,较2012年基本保持不变。2013年我国轮胎出口情况见表16。

表16　2013年我国轮胎出口情况

产品名称	数量/万t	金额/亿美元	同比/%		占比/%	
			数量	金额	数量	金额
轮胎合计	499.36	161.55	13.33	1.68	100.00	100.00
小客车新充气橡胶轮胎	175.54	61.85	16.50	5.19	35.15	38.28
客或货运车新充气橡胶胎	267.01	81.33	14.39	0.91	53.47	50.34
航空器用新充气橡胶轮胎	0.04	0.08	-15.46	-6.65	0.01	0.05
摩托车新充气橡胶轮胎	9.25	2.88	11.29	9.57	1.85	1.79
自行车新充气橡胶轮胎	8.12	2.41	-7.59	-3.13	1.63	1.49
农用人字型充气橡胶轮胎	8.29	2.55	6.02	1.32	1.66	1.58
辋圈≤61cm建筑充气轮胎	1.66	0.51	-29.24	-27.64	0.33	0.32
辋圈>61cm建筑充气轮胎	3.45	1.28	-14.61	-26.25	0.69	0.79
其他新人字形橡胶轮胎	1.21	0.38	11.77	4.39	0.24	0.24
其他农林用新充气橡胶胎	1.26	0.40	-2.17	-9.22	0.25	0.25
辋圈≤61cm其他建筑轮胎	5.04	1.13	2.75	-2.82	1.01	0.70
辋圈>61cm其他建筑轮胎	9.21	3.53	3.04	-11.60	1.85	2.19
未列名新的充气橡胶轮胎	9.28	3.21	3.41	-4.31	1.86	1.99

2013年,欧美等发达国家经济企稳回升,复苏进程加快,面对国际市场变化,我国轮胎出口贸易继续保持增长,尤其对欧美等传统轮胎市场出口增速明显加快。2013年,我国轮胎出口到美国115.43万吨,出口额37.81亿美元,分别增长24.01%和13.2%,贸易比重分别占23.11%和23.41%,分别增加1.99和2.39个百分点,贸易额仍居第一位。英国上升至第二位,出口到英国19.65万吨,出口额6.68亿美元,分别增长20.55%和8.09%,贸易比重分别占3.94%和4.13%;出口到俄罗斯19.37万吨,出口额5.97亿美元,贸易比重分别占3.88%和3.70%,贸易额居第三位。2013年,出口到英国、俄罗斯、沙特阿拉伯的轮胎总量出现快速增长,所占比例大幅提高,而出口到阿联酋的轮胎总量大幅下滑。2013年我国轮胎出口国家与地区见表17。

表 17　2013 年我国轮胎出口国家与地区

国别	出口量/万 t	占比/%	出口额/亿美元	占比/%	国别	出口量/万 t	占比/%	出口额/亿美元	占比/%
美国	115.43	23.11	37.81	23.41	德国	8.7	1.74	3.34	2.07
英国	19.65	3.94	6.68	4.13	巴基斯坦	8.12	1.63	2.43	1.51
俄罗斯联邦	19.37	3.88	5.97	3.7	荷兰	7.77	1.56	2.72	1.68
沙特阿拉伯	18.89	3.78	5.42	3.36	伊拉克	7.71	1.54	2.15	1.33
阿联酋	18.71	3.75	5.46	3.38	智利	7.37	1.48	2.38	1.48
澳大利亚	16.19	3.24	5.9	3.65	意大利	7.29	1.46	2.7	1.67
墨西哥	15.65	3.13	5.04	3.12	马来西亚	6.5	1.3	2	1.24
尼日利亚	13.37	2.68	3.86	2.39	南非	6.41	1.28	1.97	1.22
加拿大	12.25	2.45	4.36	2.7	印度尼西亚	6.3	1.26	1.96	1.21
巴西	11.01	2.2	3.53	2.18	菲律宾	6	1.2	1.83	1.13

我国轮胎出口格局总体保持稳定。2013 年，我国轮胎出口山东居第一位，出口轮胎 286.45 万吨，占全国的 57.36%，出口额 86.75 亿美元，占全国的 53.7%；江苏居第二位，出口轮胎 40.09 万吨，出口额 15.95 亿美元，分别占全国的 8.03% 和 9.87%；浙江居第三位，出口轮胎 35.67 万吨，出口额 12.16 亿美元，分别占全国的 7.14% 和 7.53%。2013 年我国各地区轮胎出口贸易情况见表 18。

表 18　2013 年我国各地区轮胎出口贸易情况

省市	出口量/万 t	占比/%	出口额/亿美元	占比/%	省市	出口量/万 t	占比/%	出口额/亿美元	占比/%
山东	286.45	57.36	86.75	53.7	河北	1.28	0.26	0.48	0.3
江苏	40.09	8.03	15.95	9.87	新疆	1.17	0.23	0.39	0.24
浙江	35.67	7.14	12.16	7.53	陕西	0.92	0.19	0.28	0.17
福建	19.9	3.98	7.39	4.57	江西	0.91	0.18	0.35	0.21
河南	19.34	3.87	5.99	3.71	广西	0.41	0.08	0.23	0.14
广东	18.04	3.61	6.02	3.73	黑龙江	0.32	0.07	0.12	0.07
天津	14.84	2.97	5.17	3.2	吉林	0.18	0.04	0.08	0.05
上海	14.17	2.84	4.92	3.04	内蒙古	0.12	0.02	0.04	0.02
辽宁	11.13	2.23	3.72	2.3	云南	0.06	0.01	0.04	0.03
安徽	9.13	1.83	3.32	2.06	宁夏	0.04	0.01	0.01	0.01
贵州	8.89	1.78	3.05	1.89	湖南	0.01	–	0.01	–
重庆	3.88	0.78	1.27	0.79	海南	–	–	–	–
北京	3.73	0.75	1.26	0.78	西藏	–	–	–	–
山西	3.14	0.63	0.82	0.51	甘肃	–	–	–	–
四川	2.91	0.58	0.88	0.55	青海	–	–	–	–
湖北	2.62	0.52	0.85	0.52					

②胶鞋出口贸易

2013年，我国胶鞋出口呈现恢复性增长，增速较上年同期大为改善。全年累计出口胶鞋211.20万吨，增长4.51%，较上年同期由负转正；出口贸易额253.44亿美元，增长12.72%，同比翻一番。2013年我国胶鞋出口贸易情况见表19。

表19　2013年我国胶鞋出口贸易情况

产品名称	数量/万t	金额/亿美元	同比/%	
			数量	金额
胶鞋类	211.20	253.44	4.51	12.72
防水鞋靴	8.31	5.09	11.19	12.00
滑雪、防护鞋	111.25	146.81	1.45	10.96
运动、网球、篮球鞋	91.64	101.53	7.87	15.42

从出口国别情况看，2013年，我国胶鞋出口到欧美等传统市场增长缓慢，出口到东南亚以及拉丁美洲国家增长明显。其中，出口到美国61.38万吨，出口额91.54亿美元，贸易比重分别占29.06%和36.12%，贸易额居第一位，但是所占比重均有所下降；出口到日本11.87万吨，出口额12.8亿美元，贸易比重分别占5.62%和5.05%，贸易额居第二位，所占比重与上年基本持平；出口到俄罗斯9.47万吨，出口额15.88亿美元，贸易比重分别占4.48%和6.27%，贸易额居第三位。与此同时，出口到马来西亚、菲律宾、巴拿马、智利等东南亚和南美洲国家贸易量和比例均有不同程度的增长。2013年我国大陆地区胶鞋出口国家与地区见表20。

表20　2013年我国大陆地区胶鞋出口国家与地区

国家和地区	出口量/万t	占比/%	出口额/亿美元	占比/%	国家和地区	出口量/万t	占比/%	出口额/亿美元	占比/%
美国	61.38	29.06	91.54	36.12	菲律宾	3.97	1.88	2.85	1.12
日本	11.87	5.62	12.8	5.05	加拿大	3.95	1.87	5.29	2.09
俄罗斯联邦	9.47	4.48	15.88	6.27	南非	3.64	1.72	3.12	1.23
英国	9.07	4.29	9.94	3.92	巴拿马	3.49	1.65	3.28	1.29
德国	8.76	4.15	10.71	4.22	澳大利亚	3.4	1.61	4.32	1.7
中国香港	5.85	2.77	10.93	4.31	智利	3.08	1.46	3.44	1.36
马来西亚	4.61	2.18	4.67	1.84	阿联酋	3.05	1.45	3.05	1.21
荷兰	4.45	2.11	6.1	2.41	比利时	2.98	1.41	4.47	1.77
法国	4.24	2.01	4.82	1.9	意大利	2.74	1.3	3.89	1.53
西班牙	4.06	1.92	4.32	1.71	韩国	2.73	1.29	3.8	1.5

2013 年,我国胶鞋出口贸易广东省居第一位,出口 63.57 万吨,出口额 94.08 亿美元,分别占全国的 30.1% 和 37.12%;福建省居第二位,出口 55.43 万吨,出口额 60.55 亿美元,分别占全国的 26.25% 和 23.89%;浙江省居第三位,出口 43.58 万吨,出口 35.04 亿美元,分别占全国的 20.63% 和 13.83%;江苏省和山东省分别居第四、第五位。2013 年我国各地区胶鞋出口情况见表 21。

表 21　2013 年我国各地区胶鞋出口情况

省市	出口量/万 t	占比/%	出口额/亿美元	占比/%	省市	出口量/万 t	占比/%	出口额/亿美元	占比/%
广东	63.57	30.1	94.08	37.12	河北	0.8	0.38	0.68	0.27
福建	55.43	26.25	60.55	23.89	北京	0.66	0.31	0.53	0.21
浙江	43.58	20.63	35.04	13.83	重庆	0.57	0.27	0.65	0.26
江苏	12.6	5.97	12.58	4.96	西藏	0.46	0.22	0.52	0.21
山东	5.62	2.66	8.05	3.18	广西	0.44	0.21	1.05	0.42
江西	5.4	2.55	7.77	3.07	吉林	0.39	0.19	0.5	0.2
四川	3.77	1.78	7.96	3.14	贵州	0.26	0.12	0.29	0.12
上海	3.47	1.64	4	1.58	云南	0.15	0.07	0.19	0.08
黑龙江	2.54	1.2	4.13	1.63	陕西	0.15	0.07	0.17	0.07
河南	2.02	0.96	2.69	1.06	内蒙古	0.07	0.03	0.19	0.08
新疆	2	0.95	2.05	0.81	宁夏	0.01	0.01	0.01	0.01
天津	1.92	0.91	2.35	0.93	甘肃	0.01	–	0.02	0.01
安徽	1.69	0.8	1.65	0.65	青海	–	–	–	–
湖南	1.3	0.61	2.24	0.88	山西	–	–	–	–
辽宁	1.24	0.59	1.48	0.58	海南	–	–	–	–
湖北	1.09	0.52	1.99	0.79					

(刘国林)

中国橡胶工业统计

表 1　2009 ~ 2013 年全国橡胶工业主要产品产量统计

产品名称	2009 年	2010 年	2011 年	2012 年	2013 年
轮胎总产量/万条	38000	44000	45600	47000	52900
子午胎	29800	37000	39800	41400	47600
全钢	7200	8700	9000	10000	10700
半钢	22600	28300	30800	33500	36900
斜交胎	8200	7000	5800	5600	5300
摩托车外胎/万条	13720	14800	16000	17000	18500
力车胎外胎/万条	66464	73000	70700		
手推车	2000	1800			
自行车	50000	71200	70700	53000	51000
力车胎内胎/万条	63000	81600	77100	88000	88000
手推车	3000	1500	3100		
自行车	60000	60100	54000	53000	
输送带/万 m^2	27429	33700	42000	48000	52000
普通 V 带/万 Am	158333	172500	190000	210000	220000
橡胶胶管/万 Bm	89778	107500	110000	120000	130000
胶鞋/万双	203677	222000	145000	159000	150000
再生胶/万 t	250	270	300	350	380
钢丝帘子线/t	981800	1204208	1359605	1436814	1828000
帘子布/t	332600	385380	383883	363961	491000
炭黑/万 t	283	337	380	432	470

注:数据为中国橡胶工业协会调查统计数据。

续表

产品名称	2009 年	2010 年	2011 年	2012 年	2013 年
橡胶助剂/万 t	66	76	82	89	100
促进剂	25.78	25	28.2	32.2	36
防老剂	22.8	28	27.06	32	33
合成橡胶/万 t	182	217	234	301	294.3
丁苯	85	94	100	123	110
丁腈	5	8	10	13	14.2
顺丁	48	60	64	82.5	81.2
氯丁	4	4	7	5.9	4.5
丁基	4	4	5	7.9	10
乙丙	1.77	2	2	1.91	2
SBS	34.58	45	47	64.8	72.4
天然橡胶/万 t	64	69	72	80	85

注:数据为中国橡胶工业协会调查统计数据。

表 2　2009 ~ 2013 年橡胶工业全部独立核算工业企业主要经济指标

产品名称	企业单位数/个					亏损企业数/个				
	2009 年	2010 年	2011 年	2012 年	2013 年	2009 年	2010 年	2011 年	2012 年	2013 年
橡胶制品业	4720	4856	3186	3347	3500		228	274	325	309
1. 轮胎制造业	431	443	398	537	565		32	45	56	46
2. 力车胎制造业	112	101	69				7	4		
3. 橡胶板管带制造业	1009	1086	692	711	761		41	51	60	53
4. 橡胶零件制造业	1025	1090	635	652	669		34	51	57	66
5. 再生橡胶制造业	232	234	147	152	164		7	4	12	9
6. 日用橡胶制品业	303	295	205	217	229		28	27	32	43
7. 橡胶靴鞋制造业	711	708	484	530	507		41	47	53	50
8. 其他橡胶制品业	814	814	506	548	605		35	44	55	42
9. 橡胶制品翻修业	83	85	50				3	1		
轮胎翻修业	83	85	50				3	1		
橡胶工业专用设备制造业	207	205	132	139	143		7	9	17	17

续表 2－1

产品名称	亏损企业亏损额/万元					应收账款/万元				
	2009 年	2010 年	2011 年	2012 年	2013 年	2009 年	2010 年	2011 年	2012 年	2013 年
橡胶制品业		149504	251065	314434	342725	4849605	5683691	6611260	7353186	8702126
1. 轮胎制造业		83693	165694	213990	200996	2036285	2388714	3247927	3584118	4229257
2. 力车胎制造业		2356	3271			48647	38421	30858		
3. 橡胶板管带制造业		6870	13689	16729	27808	747562	901782	979426	1166180	1511909
4. 橡胶零件制造业		13462	18145	23224	24677	757366	914697	890479	928220	1087291
5. 再生橡胶制造业		444	357	1060	1189	100054	98514	73087	79287	117231
6. 日用橡胶制品业		15868	16387	22896	23911	201341	210480	216106	229116	268001
7. 橡胶靴鞋制造业		12175	16786	14874	21609	373085	423085	427901	524328	526436
8. 其他橡胶制品业		13968	16419	21660	42536	564014	678180	725028	841938	962001
9. 橡胶制品翻修业		668	317			21249	29818	20449		
轮胎翻修业		668	317			21249	29818	20449		
橡胶工业专用设备制造业		829	8787	8953	8304	262300	313880	388935	435412	431934

续表 2－2

产品名称	资产合计/万元					流动资产平均余额/万元				
	2009 年	2010 年	2011 年	2012 年	2013 年	2009 年	2010 年	2011 年	2012 年	2013 年
橡胶制品业	35258599	40997851	47251545	55174843	64458682	17257411	20920981	24734716	28116475	32108481
1. 轮胎制造业	19768804	23398727	28548550	33985611	39424184	8519304	10771141	13939058	15828631	18116806
2. 力车胎制造业	648875	557750	504100			289665	241280	220690		
3. 橡胶板管带制造业	3925073	4850596	5291893	6342383	8062224	2183190	2721243	3023907	3753867	4488972
4. 橡胶零件制造业	3365962	4158797	4378034	4712591	5484923	1983938	2433928	2601828	2755887	3020350
5. 再生橡胶制造业	582455	605379	523516	613515	968619	289274	275808	238896	289240	454311
6. 日用橡胶制品业	1396180	1587022	1605436	1864139	2044462	728448	845676	870236	1049961	1117217
7. 橡胶靴鞋制造业	2545319	2791497	2702436	3417689	3581481	1450107	1612821	1682286	2022179	2123485
8. 其他橡胶制品业	2820117	3048082	3419530	4238916	4892789	1685228	1868525	1996294	2416712	2787342
9. 橡胶制品翻修业	205813	341911	278052			128258	150560	161522		
轮胎翻修业	205813	341911	278052			128258	150560	161522		
橡胶工业专用设备制造业	1304576	1637286	1850312	2193522	2557379	863735	1100803	1281227	1384320	1665010

续表 2－3

产品名称	负债合计/万元					存货/万元				
	2009 年	2010 年	2011 年	2012 年	2013 年	2009 年	2010 年	2011 年	2012 年	2013 年
橡胶制品业		21866173	26296840	30190871	33185181	4821350	5936289	6831334	7239041	7776092
1. 轮胎制造业		14581838	17349480	19927649	21614612	2609857	3458666	4166199	4389291	4646878
2. 力车胎制造业		284954	309078			109581	111267	106721		
3. 橡胶板管带制造业		1807366	2440426	3028825	3708074	488442	567330	689876	810124	860585
4. 橡胶零件制造业		1515758	1920531	2024466	2242308	479948	566061	597427	610098	670995
5. 再生橡胶制造业		193498	235018	404017	450378	89959	69800	56341	73590	123931
6. 日用橡胶制品业		786640	851956	997237	1049100	207856	271413	279085	310409	342074
7. 橡胶靴鞋制造业		1276080	1453975	1738296	1812287	449386	446505	481234	569394	555655
8. 其他橡胶制品业		1337183	1651766	2070381	2308422	364221	416075	425516	476135	575974
9. 橡胶制品翻修业		82856	84609			22101	29172	28936		
轮胎翻修业		82856	84609			22101	29172	28936		
橡胶工业专用设备制造业		927562	1146188	1284671	1582037	223184	303039	353765	401509	580148

续表 2－4

产品名称	产品销售成本/万元					产品销售税金及附加/万元				
	2009 年	2010 年	2011 年	2012 年	2013 年	2009 年	2010 年	2011 年	2012 年	2013 年
橡胶制品业		48419292	61949076	71403879	79169492		258693	374586	483735	544247
1. 轮胎制造业		26160655	34073891	40174849	43771934		121216	173406	261109	285154
2. 力车胎制造业		776311	856730				10017	12845		
3. 橡胶板管带制造业		5525828	7141294	8209717	9656285		32738	48994	69725	71450
4. 橡胶零件带制造业		4386815	5506050	6474288	7269321		23227	38587	45705	52457
5. 再生橡胶制造业		1151143	1494699	1742935	1939080		11058	15697	15069	17594
6. 日用橡胶制品业		2106543	2585143	3280419	3813124		7726	19715	17911	26385
7. 橡胶靴鞋制造业		4147466	5014903	5283189	5769586		25798	26763	36537	41323
8. 其他橡胶制品业		3835983	4837184	6238483	6950161		24724	33925	37680	49884
9. 橡胶制品翻修业		328547	439182				2192	4652		
轮胎翻修业		328547	439182				2192	4652		
橡胶工业专用设备制造业		1179600	1535656	1899938	2431343		12591	11624	21320	18079

续表 2－5

产品名称	主营业务收入/万元					产品销售费用/万元				
	2009 年	2010 年	2011 年	2012 年	2013 年	2009 年	2010 年	2011 年	2012 年	2013 年
橡胶制品业	46420679	57774610	71927302	91909838	92798537		1422931	1671115	2079210	2347367
1. 轮胎制造业	22624154	28802145	38831911	46261163	51184366		795415	928921	1240301	1405393
2. 力车胎制造业	865185	1086537	1015373				15592	17750		
3. 橡胶板管带制造业	5835649	7355716	8518015	9725142	11516633		169867	212810	250018	267688
4. 橡胶零件制造业	4360600	6154844	6655950	7742729	8692111		154146	172062	194683	207604
5. 再生橡胶制造业	1473677	1589979	1773558	1856889	2290138		32293	37411	47285	53215
6. 日用橡胶制品业	2258331	2615506	2969316	3504585	4411744		60025	56706	75702	95480
7. 橡胶靴鞋制造业	4659375	5024145	5904160	6217787	6556761		80601	102308	112918	130590
8. 其他橡胶制品业	3963756	5145738	5705490	6601544	8146784		107122	130835	158303	187398
9. 橡胶制品翻修业	379952	487270	553530				7870	12312		
轮胎翻修业	379952	487270	553530				7870	12315		
橡胶工业专用设备制造业	1218050	1517328	1857379	2289699	2848590		29340	45081	54985	59356

续表 2－6

产品名称	管理费用/万元					财务费用/万元				
	2009 年	2010 年	2011 年	2012 年	2013 年	2009 年	2010 年	2011 年	2012 年	2013 年
橡胶制品业		1954123	2390874	2854618	3292505		583628	755560	1070716	1102800
1. 轮胎制造业		886848	1089249	1355082	1583924		374693	470749	724676	715871
2. 力车胎制造业		74836	22934				7379	11437		
3. 橡胶板管带制造业		248702	332653	374131	441496		48562	77105	97262	113066
4. 橡胶零件制造业		286899	367682	417544	445677		41823	55372	62350	67346
5. 再生橡胶制造业		30899	43829	66251	74021		11512	13317	24976	26966
6. 日用橡胶制品业		96634	100966	136018	166337		28508	29426	41178	46381
7. 橡胶靴鞋制造业		140923	183196	202048	220609		37059	44420	59312	60926
8. 其他橡胶制品业		175748	231240	303544	360441		30367	49365	60963	72244
9. 橡胶制品翻修业		12633	19125				3726	4369		
轮胎翻修业		12633	19125				3726	4369		
橡胶工业专用设备制造业		85599	112225	127812	151494		12272	19610	29495	31245

续表 2-7

产品名称	利息支出/万元					应交增值税/万元				
	2009 年	2010 年	2011 年	2012 年	2013 年	2009 年	2010 年	2011 年	2012 年	2013 年
橡胶制品业		463443	648311	912305	952248		1362544	1517322	1825267	2221684
1. 轮胎制造业		306841	436448	631400	656083		654769	651348	826150	1010175
2. 力车胎制造业		5208	9676				16315	24455		
3. 橡胶板管带制造业		32497	53691	67808	80041		195469	253079	282842	321233
4. 橡胶零件制造业		33960	42761	56143	51547		167357	191139	243271	317891
5. 再生橡胶制造业		9156	10466	20081	20209		47775	58969	64435	72578
6. 日用橡胶制品业		22707	24386	35792	38781		48477	53473	98167	131486
7. 橡胶靴鞋制造业		30623	36112	46723	43714		116397	134613	145818	167631
8. 其他橡胶制品业		20299	31370	54358	61873		104609	135222	164584	200690
9. 橡胶制品翻修业		2151	3399				11378	15024		
轮胎翻修业		2151	3399				11378	15024		
橡胶工业专用设备制造业		10692	14822	26235	25203		38234	42112	49775	59176

续表 2-8

产品名称	利润总额/万元					利税总额/万元				
	2009 年	2010 年	2011 年	2012 年	2013 年	2009 年	2010 年	2011 年	2012 年	2013 年
橡胶制品业	3221066	3956043	3997819	5104374	6237559	4854735	5775823	5889726	7388352	9003490
1. 轮胎制造业	1576901	1657822	1810512	2753863	3433910	2298238	2485472	2635266	3833660	4729239
2. 力车胎制造业	52638	66799	59741			86368	107007	97040		
3. 橡胶板管带制造业	456083	641595	676902	775892	922473	695763	912681	978975	1139763	1315156
4. 橡胶零件带制造业	327104	640573	494205	565065	649014	513251	861656	723932	852146	1019326
5. 再生橡胶制造业	118049	118432	116813	117021	164378	196558	189728	191479	193328	254550
6. 日用橡胶制品业	153485	153082	154302	194211	258216	216977	223513	227490	287735	416086
7. 橡胶靴鞋制造业	259639	330270	284296	273587	306667	422601	494682	445672	460023	515622
8. 其他橡胶制品业	253956	347470	363003	424735	502903	387960	501084	532150	621698	753477
9. 橡胶制品翻修业	23212	31996	38045			37019	49147	57721		
轮胎翻修业	23212	31996	38045			37019	49147	57721		
橡胶工业专用设备制造业	81470	130252	96294	104927	137653	130174	179772	150029	174932	214907

续表 2-9

产品名称	出口交货值/万元					工业总产值(现价)/万元				
	2009 年	2010 年	2011 年	2012 年	2013 年	2009 年	2010 年	2011 年	2012 年	2013 年
橡胶制品业	8954936	10490721	13684168	15421885	16877393	47678635	59066681	72822691	83658282	
1. 轮胎制造业	5156145	6238507	8846161	10166085	11333374	23060090	29025348	38500228	46882504	
2. 力车胎制造业	107681	96300	60692			922892	1133847	1111814		
3. 橡胶板管带制造业	460700	625685	741408	796643	778559	6061131	7615389	8966671	10180632	
4. 橡胶零件带制造业	626295	875265	910360	1009265	1033282	4575889	6325337	7055091	8215413	
5. 再生橡胶制造业	21782	7135	8849	17171	19424	1527745	1652524	1850393	1924395	
6. 日用橡胶制品业	872528	703789	1029508	1152262	1071764	2322676	2636389	3110852	3495153	
7. 橡胶靴鞋制造业	1174961	1282730	1383975	1648816	1597666	4710637	5068873	5945862	6190339	
8. 其他橡胶制品业	533350	661311	703215	884990	904730	4226502	5109667	5731709	6769847	
9. 橡胶制品翻修业	1495	0	0			391108	499308	550072		
轮胎翻修业	1495	0	0			391108	499308	550072		
橡胶工业专用设备制造业	82238	136972	157501	152204	180267	1323105	1605935	2350637	2585053	

续表 2-10

产品名称	工业销售产值/万元					全部从业人员平均人数/人				
	2009 年	2010 年	2011 年	2012 年	2013 年	2009 年	2010 年	2011 年	2012 年	2013 年
橡胶制品业	46802751	58039387	71758172	82077178		979660	1029290	928680	960758	
1. 轮胎制造业	22759101	28688449	38154106	46358609		289511	303128	299915	341394	
2. 力车胎制造业	903191	1114267	1097380			26232	22938	18876		
3. 橡胶板管带制造业	5882605	7420751	8781692	9910968		126188	139478	128006	127835	
4. 橡胶零件制造业	4438798	6156963	6922265	7954335		138421	154107	127938	120978	
5. 再生橡胶制造业	1496994	1616199	1802496	1871742		23880	22631	19161	19218	
6. 日用橡胶制品业	2304290	2573484	3028215	3430838		57353	60091	51432	54545	
7. 橡胶靴鞋制造业	4612653	4982451	5835388	6063842		214244	216882	189404	199550	
8. 其他橡胶制品业	4024299	5005411	5589030	6586844		96809	103343	88134	97238	
9. 橡胶制品翻修业	380820	481413	547611			7022	6692	5814		
轮胎翻修业	380820	481413	547611			7022	6692	5814		
橡胶工业专用设备制造业	1285860	1553301	2281216	2526902		24132	26270	24264	24611	

表 3　2009～2013 年橡胶制品出口量和出口额

产品名称	2009 年		2010 年		2011 年		2012 年		2013 年	
	出口量	出口额	出口量	出口额	出口量	出口额	出口量	出口额	出口量	出口额
一、(4011)新的充气橡胶轮胎/万条、万美元	30221	768561	36968	1038786	39737	1476885	4406000	1588740	4994000	1615456
机动小客车用新的充气橡胶轮胎	11489	319915	13761	404979	14932	556294	1506750	587949	1755418	618462
客车或货运机动车辆用新的充气橡胶轮胎	3814	351675	4931	504869	5320	740269	2334272	805942	2670106	813293
航空器用新的充气橡胶轮胎	1	375	1	424	1	659	502	890	424	831
摩托车用 新的充气橡胶轮胎	1343	8172	1972	13347	2529	21422	83106	26327	92485	28846
自行车用新的充气橡胶轮胎	8389	14514	11363	19610	11957	24036	87884	24854	81217	24075
其他新的人字形等胎面的充气橡胶轮胎	290	2470	316	3003	305	4221	10863	3656	12141	3816
未列名新的充气橡胶轮胎	867	21170	1024	28184	1011	35659	89704	33556	92761	32110
二、(4013)橡胶内胎/万条、万美元	35983	37036	39342	44777	44043	59232	200000	66094	191000	62936
客车、货运机动车辆用橡胶内胎	4579	14445	4794	17033	4354	20960	62236	21057	60713	20314
自行车用橡胶内胎	16726	11947	20633	15161	22292	19331	49624	22409	43556	19868
航空器用橡胶内胎	2	13	0	4	0	5	3	9	5	9
未列名橡胶内胎	14676	10631	13916	12579	17397	18936	97963	22619	86931	22744
三、(40121100－40121900)翻新轮胎/万条、万美元	34	618	71	1097	83	1359	11000	3539	10000	4848
四、(40122010－40122090)汽车用旧轮胎/万条、万美元	11	214	1308	162	22	353	3660	531	2004	706
五、(40129010－40129090)实心或半实心轮胎;胎面及轮胎衬带/t、万美元	39622	8943	53481	13039	56228	16935	58932	18375	55488	17147
六、(40101100－40103900)橡胶输送带、三角带、传动带/t、万美元	118280	33768	178628	53169	226000	77213	239154	81687	247671	81859

注 1:2010 年旧轮胎出口量以吨计。

注 2:2012、2013 年出口量以吨计。

续表

产品名称	2009 年		2010 年		2011 年		2012 年		2013 年	
	出口量	出口额	出口量	出口额	出口量	出口额	出口量	出口额	出口量	出口额
七、(40141000－40149000)橡胶避孕套等卫生医疗用品/t、万美元	8590	5273	9347	6868	9988	9069	10283	10196	15011	13491
八、(40151100－40151900)外科手套及其他手套/万双、万美元	359373	32356	83675	39972	70765	48451	74912	50712	79834	51569
九、(40161010－40169990)橡胶杂件/t、万美元	316793	97910	370500	133136	418315	171005	380169	190826	403156	262906
十、(40091100－40094200)橡胶管/t、万美元	80876	29025	127375	49388	150989	63458	153768	73194	165421	80547
十一、(40159010－40159090)橡胶医疗用衣着用品/t、万美元	3121	1284	2976	1888	3725	2125	3129	2229	3222	2621
十二、(40051000－40069020)未硫化橡胶板、片、带及制品/t、万美元	17989	4534	21822	5068	35359	12639	18956	5998	24560	7840
十三、(40070000－40082900)硫化橡胶线、绳、板、片、带及型材/t、万美元	131616	17124	147511	24777	177443	32297	171544	33205	180984	38940
十四、(40170010－40170020)硬质橡胶及制品/t、万美元	12412	2825	14884	3895	16141	4683	10968	6384	11677	4119
十五、(40030000－40040000)再生胶等/t、万美元	47791	3497	83348	6938	100844	8797	95235	9957	92690	9644
十六、胶鞋/万双、万美元	787658	1552743	355798	906981	374337	1113774	1437189	1256337	1535244	1465563
1.(64011010－64019900) 防水鞋靴	8312	34558	8068	46441	7891	55819	74716	45460	83079	50914
2.(64021200－64029910)滑雪鞋、防护鞋等	183859	1105372	168406	296800	180597	349474	550371	395856	564396	451810
3.(64041100－64041900)运动鞋、网球鞋、篮球鞋等	595487	412813	179324	563740	185850	708481	812102	815021	887769	962839

注 1:(64041100－64041900)运动鞋、网球鞋、篮球鞋等,2009 年出口量以吨计。

注 2:(40151100－40151900)外科手套及其他手套 2010、2011 出口量以吨计。

注 3:2012、2013 年出口量以吨计。

表 4　2009～2013 年橡胶制品进口量和进口额

产品名称	2009 年		2010 年		2011 年		2012 年		2013 年	
	进口量	进口额	进口量	进口额	进口量	进口额	进口量	进口额	进口量	进口额
一、(4011)新的充气橡胶轮胎/万条、万美元	75146	43240	1035.4	60043	1149	77378	107000	82838	119000	98261
机动小客车用新的充气橡胶轮胎	39419	21024	539	31412	593	43327	64556	49553	74785	56836
客车或货运机动车辆用新的充气橡胶轮胎	17225	8429	58	11788	62	14605	17076	10121	13986	10497
航空器用新的充气橡胶轮胎	2817	2168	5	2685	6	3048	4149	4345	4858	6015
摩托车用新的充气橡胶轮胎	26.4	13	2	41	7	127	356	405	226	220
自行车用新的充气橡胶轮胎	1264	892	320	1167	373	1661	1573	1557	1466	1493
其他新的人字形等胎面的充气橡胶轮胎	97.0	52	0.2	113	0.2	173	43	21	76	44
未列名新的充气橡胶轮胎	1828	861	102	1122	98	789	1430	1270	968	861
二、(4013)橡胶内胎/万条、万美元	138	56	204	219	257	298	365	245	354	288
客车、货运机动车辆用橡胶内胎	138	56	4.3	56	3.4	55	65	22	124	70
自行车用橡胶内胎	63.0	54	76	92	131	169	136	151	165	172
航空器用橡胶内胎	0.1	0.95	0.00	2.00	0.1	6	1	7	1	10
未列名橡胶内胎	96	44	124	69	122	68	163	64	64	36
三、(40121100－40121900)翻新轮胎/万条、万美元	26	22	0.4	115	0.1	129	137	184	388	574
四、(40122010－40122090)汽车用旧轮胎/万条、万美元	2271	112	4	145	4.2	172	4174	183	4634	176
五、(40129010－40129090)实心或半实心轮胎；胎面及轮胎衬带/t、万美元	3103	1933	3929	2178	4662	2783	4342	2914	4021	2744
六、(40101100－40103900)橡胶输送带、三角带、传动带/t、万美元	18303	20131	16083	28220	22100	30745	18670	30684	19073	31891

注 1：2009 年轮胎进口量、旧轮胎进口量以吨计。

注 2：2012、2013 年进口量以吨计。

续表

产品名称	2009年		2010年		2011年		2012年		2013年	
	进口量	进口额	进口量	进口额	进口量	进口额	进口量	进口额	进口量	进口额
七、(40141000－40149000)橡胶避孕套等卫生医疗用品/t、万美元	2511.664	3480.8	2634	3793	2831	5128	3210	5923	3723	14454
八、(40151100－40151900)外科手套及其他手套/万双、万美元	96953	3568	13844	5227	9291	6932	14325	9715	18094	10924
九、(40161010－40169990)橡胶杂件/t、万美元	48365	121334	64187	168759	72630	192838	65294	188277	71706	206582
十、(40091100－40094200)橡胶管/t、万美元	27394	36560	44679	56444	48406	66058	34389	57957	37983	64126
十一、(40159010－40159090)橡胶医疗用衣着用品/t、万美元	404	593	431	827	402	811	315	843	267	787
十二、(40051000－40069020)未硫化橡胶板、片、带及制品/t、万美元	1224550	193062	1003170	323621	855273	402483	1333803	447795	1541832	430275
十三、(40070000－40082900)硫化橡胶线、绳、板、片、带及型材/t、万美元	75663	29441	93650	44461	65931	42437	80662	43746	78439	41257
十四、(40170010－40170020)硬质橡胶及制品/t、万美元	776	2060	988	1602	746	1228	423	956	489	965
十五、(40030000－40040000)再生胶等/t、万美元	13824	1231	19035	1989	22300	2707	23993	2748	35659	3497
十六、胶鞋										
1.(64011010－64019900)防水鞋靴/万双、万美元	11	164	10	143	10	162	181	176	225	276
2.(64021200－64029910)滑雪鞋、防护鞋等/万双、万美元	195	8369	254	3246	330	4466	1560	4016	1808	4584
3.(64041100－64041900)运动鞋、网球鞋、篮球鞋等/万双、万美元	419	10869	761	13350	1065	19922	8041	24130	9795	28160

注1:(40151100－40151900)外科手套及其他手套2010、2011出口量以吨计。

注2:2012、2013年出口量以吨计。

表 5 2009～2013 年部分橡胶原材料进口情况

万 t、万美元

产品名称	2009 年		2010 年		2011 年		2012 年		2013 年	
	数量	金额	数量	金额	数量	金额	数量	金额	数量	金额
天然橡胶	171.06	281345	186.1	566665	210.2	938199	217.7	681081	247.4	639665
胶乳	30.01	37948	25.12	52616	27.05	80522	31.78	68196	33.56	63346
合成橡胶	59.9	136304	105.6	287081	146.1	540549	145	512961	154.5	446551
丁苯	12.1	17955	42.8533	96952	46.9	140427	46.8	133167	49.6	114407
顺丁	13.7	21385	26.1966	63717	24.7	90838	23.6	74954	23.3	55060
丁基	11.53	41830	17.0242	69363	23.5	112446	23.1	112130	25.2	107318
氯丁	0.33	1235	2.467	8682	2.1	9185	2.1	9784	2.1	9216
丁腈	6.32	12489	10.4555	28558	11.8	38905	12	36340	12	28843
异戊胶	2.47	4555	6.5669	19809	5	22022	5.3	20139	4	12330
橡胶助剂	18.12	47450	19.9262	58282	16.91	55988	15.27	53857	15.51	55574
促进剂	1.61	6264	1.719	8000	1.54	8067	1.34	7291	1.49	7379
防老剂	1.44	4917	1.4914	5201	1.36	4794	1.64	5404	1.9	6202
炭黑	8.9	15644	8.8561	20258	8.7	21490	8.41	21266	9.39	23534
尼龙帘子布	0.63	3694	0.61	4068	0.64	4725.57	0.8	5570	1.05	7020

表 6　2009～2013 年部分橡胶原材料出口情况

万 t、万美元

产品名称	2009 年		2010 年		2011 年		2012 年		2013 年	
	数量	金额	数量	金额	数量	金额	数量	金额	数量	金额
天然橡胶	0.346	631	2.54	8006	0.96	4585	1.34	4580	1.36	3489
胶乳	0.003	4.71	0.09	206.57	0.03	96	0.005	14	0.3123	570
合成橡胶	1.96	4407.99	1.6073	4198	29.26	105148	22.23	72693	21.5	56767
丁苯	1.08	1779.7	1.2656	3081	16.3	53627	10.32	31534	10.6	25027
顺丁	0.25	460.45	0.1827	543	4.6	18416	3.53	11821	3.4	7554
丁基	0.086	437.5	0.0105	41	1.84	8810	2.26	7763	1.6	5357
氯丁	0.024	96.54	0.0674	240	0.81	3443	0.57	2588	0.4	1464
丁腈	0.041	98.39	0.0103	31	1.72	3982	1.65	3497	1.4	2514
异戊胶	0.046	75.66	0.0708	262	0.21	949	0.23	784	0.3	741
橡胶助剂	8.7792	22877.44	13.1535	38208	12.688	40310	12.68	36658	17.29	50823
促进剂	3.54	8910.14	6.9043	19668	6.78	21808	6.17	15568	8.99	27882
防老剂	0.88	1476.06	0.7979	1742	0.97	2344	1.79	4235	2.89	6762
炭黑	16.19	14998.77	22.4942	23831	48.75	60083	65.75	72625	72	76393
尼龙帘子布	8.009	25777	8.72	33637.7171	9.21	43182.96	9.85	41557	10.19	40590

表 7　2009 ~ 2013 年全国公路里程及构成

万公里

项目	2009 年	2010 年	2011 年	2012 年	2013 年
公路总里程	386.08	400.82	410.64	423.75	435.62
高速公路	6.51	7.41	8.49	9.62	10.44
一级公路	5.95	6.44	6.81	7.43	7.95
二级公路	30.07	30.87	32.05	33.15	34.05
三级以下	343.56	356.10	363.28	373.56	383.18

表 8　2009 ~ 2013 年全国汽车产量统计

万辆

项目	2009 年	2010 年	2011 年	2012 年	2013 年
汽车总产量	1414.6	1865.4	1919.1	2059.7	2387.2
货车	318.4	401.5	356.7	339.9	333.8
客车	207.6	253.8	243.2	304.4	191.6
轿车	761	984	1045	1119.1	1330.1
大中型拖拉机	36.04	38.35	46.05	46.30	58.46
摩托车	2714.7	2761.9	2732.8	2593.6	2581.2
自行车	6228.9	7038.7	6001.6	6123.1	6012.9

表 9　2009 ~ 2013 年全国民用车辆拥有量

万辆

项目	2009 年	2010 年	2011 年	2012 年	2013 年
汽车保有量总计	7619	9086	10578	12089	13741
私人汽车保有量			7872	9309	10892
民用轿车保有量			4962	5989	7126
私人轿车			4322	5308	6410

表10 2013年中国橡胶工业协会会员企业排行榜（按销售收入）

一、轮胎

企业名称	销售收入/万元
中策橡胶集团有限公司	3380067
三角轮胎股份有限公司	1783201
佳通轮胎（中国）有限公司	1668582
中国正新橡胶公司	1568568
双钱集团股份有限公司	1432083
山东玲珑轮胎股份有限公司	1149285
兴源轮胎集团有限公司	1075700
风神轮胎股份有限公司	856266
赛轮股份有限公司	805498
山东金宇轮胎集团有限公司	694794

二、力车胎

企业名称	销售收入/万元
厦门正新橡胶工业有限公司	364357
杭州中策橡胶公司	287626
山东新东岳集团有限公司	124881
江苏三元轮胎有限公司	109232
青岛喜盈门双驼轮胎有限公司	106477
青岛东方工业品（集团）有限公司	101816
四川远星橡胶有限公司	97358
江苏飞驰股份公司	90486
天津万达集团公司	74470
伊诺华橡胶（平湖）有限公司	42414

三、胶鞋

企业名称	销售收入/万元
际华3537制鞋有限责任公司	279122
四川省资阳市征峰胶鞋有限公司	75915
际华3517橡胶制品有限公司	70545
际华3539制鞋有限公司	28103
荣光集团有限公司	32079
青岛环球集团股份有限公司	84539
鹤壁飞鹤股份有限公司	24727
浙江人本鞋业有限公司	22564
浙江中远鞋业有限公司	21500
莆田市双威体育用品有限公司	19727

四、胶管胶带

企业名称	销售收入/万元
陕西延长石油西北橡胶有限责任公司	171884
山东安能输送带橡胶有限公司	165974
山东祥通橡塑集团有限公司	157321
浙江双箭橡胶股份有限公司	113253
三力士股份有限公司	101350
天津鹏翎胶管股份有限公司	100351
阳泉煤业（集团）奥伦胶带分公司	97534
浙江三维橡胶制品股份有限公司	97148
保定华月胶带有限公司	95822
张家港市华申工业橡胶股份有限公司	90786

五、橡胶制品

企业名称	销售收入/万元
安徽中鼎控股（集团）股份有限公司	757811
株洲时代新材料科技股份有限公司	428422
宁波拓普集团股份有限公司	217061
陕西延长石油西北橡胶有限责任公司	171884
贵航股份红阳密封件公司	71401
际华三五一七橡胶制品有限公司	70545
江阴海达橡塑股份有限公司	65668
山东美晨科技股份有限公司	60503
衡水橡胶股份有限公司	52609
保定市诺博橡胶制品有限公司	40031

六、乳胶制品

企业名称	销售收入/万元
山东星宇手套有限公司	31242
桂林紫竹乳胶制品有限公司	28284
北京华腾橡塑乳胶制品有限公司	26107
上海科邦医用乳胶器材有限公司	20002
福建三信织造有限公司	15950
苏州嘉乐威企业发展有限公司	15432
张家港宏裕乳胶手套有限公司	14516
北京瑞京乳胶制品有限公司	14287
广州广橡企业集团有限公司双一乳胶厂	14239
安徽豪杰塑胶制品有限公司	12492

七、炭黑

企业名称	销售收入/万元
江西黑猫炭黑股份有限公司	469119
龙星化工股份有限公司	216420
苏州宝化炭黑有限公司	118529
大石桥市辽滨炭黑厂	84103
石家庄市新星化炭有限公司	83651
山东耐斯特炭黑有限公司	72234
山西永东化工有限公司	71426
山东金能科技股份有限公司	68692
河北大光明实业集团公司	65826
山东贝斯特化工有限公司	59920

八、助剂

企业名称	销售收入/万元
江苏圣奥化学科技有限公司	268300
山东尚舜化工有限公司	186896
天津科迈化工有限公司	158535
东北助剂化工有限公司	74539
阳谷华泰化工有限公司	69538
南京化学工业有限公司	65584
山西翔宇化工有限公司	64678
天津一化有限公司	64185
濮阳蔚林化工股份有限公司	62154
江苏爱特恩高分子材料有限公司	52000

九、钢丝帘线

企业名称	销售收入/万元
江苏兴达钢帘线股份有限公司	501013
贝卡尔特(中国)	450500
山东胜通钢帘线有限公司	265058
首长宝佳(中国)	187000
湖北福星科技股分有限公司	121000
山东大业股份有限公司	109073
高丽制钢(中国)	104800
骏马化纤股份有限公司	69630
安赛乐米塔尔荣成钢帘线	57300
张家港市胜达钢绳有限公司	49000

十、化纤帘线

企业名称	销售收入/万元
骏马化纤股份有限公司	372000
神马集团实业有限公司	286000
浙江尤夫科技工业有限公司	189000
浙江海利得新材料股份有限公司	141000
晓星化纤(嘉兴)有限公司	130000
江苏海阳化纤有限公司	113000
山东天衡化纤有限公司	84687
江苏太极实业新材料有限公司	76000
杭州帝凯工业布有限公司	58608
山东博莱特化纤有限公司	53435

十一、轮胎模具

企业名称	销售收入/万元
豪迈集团股份有限公司	133612
广东巨轮模具股份有限公司	87609
揭阳市天阳模具有限公司	42129
山东大王金利轮胎装备有限公司	24890
山东万通模具有限公司	20715
青岛元通机械有限公司	14890
合肥大道股份有限公司	10410
山东鸿基机械科技有限公司	10045
安徽迈吉尔模具有限公司	9573
山东恒益模具有限公司	8150

十二、废橡胶综合利用

企业名称	销售收入/万元
南京金腾橡塑有限公司	104828
南通回力橡胶有限公司	89679
江西国燕高新材料科技有限公司	43595
福建环科化工橡胶集团有限公司	39941
唐山兴宇橡塑工业有限公司	37300
莱芜市福泉橡胶有限公司	36374
京东橡胶有限公司	30164
安徽宏磊橡胶有限公司	29056
金轮橡胶(海门)有限公司	26990
浙江杭园特种橡胶有限公司	18556

(中国橡胶工业协会秘书处)

全球橡胶工业概况

国外轮胎市场概况

【基本现状】

2013 年，全球经济增长率平均为 2.9%（国际货币基金组织数据），是 2010 年以来的最低水平。总体来看，全球经济增长仍处于低速，并呈现“复苏整固、力量调整”的特征。世界经济增长持续多年的“南高北低”模式发生改变，新兴市场国家经济增速普遍下滑，新兴经济体不再是拉动世界经济增长的主要动力来源；美欧日经济出现明显向好趋势，发达经济体增速回升，重归拉动世界经济增长重要引擎位置。

不同组织的统计口径和数值呈现不同的全球经济增长率。国际货币基金组织统计（World Economic Outlook）采用的是世界产出（output）增长率，世界银行统计（Global Economic Prospects）采用的是世界实际 GDP 增长率。两者总结和推断的全球经济增长趋势是一致的，以 2009 ~ 2011 年数据为例，见表 1。

表 1　2009 ~ 2011 年不同口径统计的全球经济增长率　%

年份	国际货币基金组织统计	世界银行统计
2009 年	-0.6	-2.2
2010 年	5.1	4.0
2011 年	3.8	2.7

据国际橡胶研究组织 IRSG 统计，2013 年全球橡胶消费总量为 2684.2 万吨，其中天然橡胶 1139.7 万吨，合成橡胶 1544.5 万吨；全球橡胶生产总量为 2753.7 万吨，其中天然橡胶 1204.1 万吨，合成橡胶 1549.6 万吨。通常橡胶消费量的近 60% 用于生产轮胎。近 5 年全球橡胶消费情况见表 2。近五年全球橡胶消费量曲线见图 1。

表 2　2010 ~ 2014 年全球橡胶消费情况

年份		消费量/万 t	同比/%	全球经济增长率/%
2010 年	预测	2370	/	4.6
	实际	2504.6	/	5.1
2011 年	预测	2590	3.41	4.3
	实际	2579.1	2.97	3.8
2012 年	预测	2660	3.14	3.5
	实际	2597.8	0.73	3.2
2013 年	预测	2820	8.55	3.3
	实际	2684.2	3.33	2.9
2014 年	预测	2770	3.2	3.6

注：橡胶消费数据来源于 IRSG 统计资料；全球经济增长数据来源于国际货币基金组织（IFM）发布的 World Economic Outlook 报告。

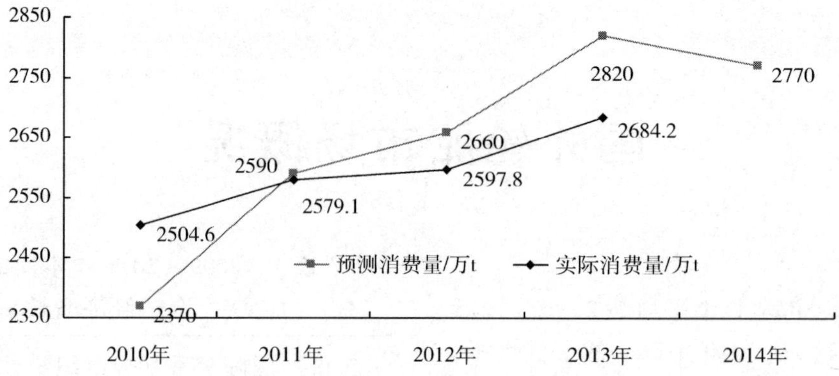

图 1　2010 ~ 2014 年全球橡胶消费量曲线

从表 2 及图 1 可见,2011 ~ 2013 年,全球橡胶实际消费量均比预测数据低;与此相对应的是,在此期间,全球经济增长率同样低于预期。由此表明,除全球橡胶消费量与全球经济增长率之间存在一种相关性之外,还说明此期间人们对经济增长所持态度过于乐观。

美国 Freedonia 集团公司预测,在 2016 年前全球轮胎需求年均增长 4.7%,在 2015 年底达到 33 亿条(含汽车轮胎、自行车轮胎、摩托车轮胎、工程轮胎、工业轮胎、航空轮胎等各种类型的轮胎),按货值计算约 2200 亿美元;全球行业分析公司(Global Industry Analysts Inc., GIA)预测,到 2018 年,全球汽车轮胎需求将达到 20 亿条。全球轮胎市场需求的增长情况见表 3。

表 3　全球轮胎市场需求的增长情况　　亿条

地 区	2005 年	2010 年	2015 年	年均增长率/%	
				2005 ~ 2010 年	2010 ~ 2015 年
世界总计	21.03	25.85	32.60	4.2	4.7
北美	4.74	4.60	5.00	-0.6	1.7
西欧	3.85	3.80	4.05	-0.3	1.3
东欧	1.33	1.67	1.98	4.6	3.5
亚太	9.14	13.25	18.45	7.7	6.8
拉美	0.89	1.20	1.53	6.2	5.0
非洲/中东	1.07	1.32	1.58	4.3	3.7

注:数据来源于 Freedonia 报告。

【美国市场】

据国际橡胶研究组织(IRSG)统计,2013 年,北美橡胶消费总量为 446.9 万吨(同比下降 0.7%),其中天然橡胶 166.2 万吨(同比下降 0.2%),合成橡胶 280.7 万吨(同比下降 1.0%)。近 3 年北美橡胶消费情况见表 4。结合现状分析,2013 年北美经济向好,工业制造活动复苏,橡胶消费量跌幅收窄,基本实现止跌企稳。

据美国橡胶制造商协会(RMA)统计,2013 年,美国轮胎出货量为 2.97 亿条,比 2012 年增加 1200 多万条,增长 4.6%。其中,原配胎出货量为 5240 万条,替换胎出货量为 2.449 亿条。整体情况是实际结果比原先预测的好,轮胎出货量达到了 RMA 预测值,而且替换胎表现尤为突出,扭转了上年负增长的局面。2010 ~ 2014 年美国轮胎出货情况见表 5。

表 4　2011～2013 年北美橡胶消费情况

年份	天然橡胶/万 t	合成橡胶/万 t	合计/万 t	同比/%
2011 年	176.9	297.0	473.9	/
2012 年	166.6	283.6	450.2	-5.0
2013 年	166.2	280.7	446.9	-0.7

注:数据来源于 IRSG 统计资料。

表 5　2010～2014 年美国轮胎出货情况

年份		轮胎出货量/亿条	同比/%	原配胎出货量/万条	同比/%	替换胎出货量/亿条	同比/%
2010 年		2.85	/	/	/	2.37	/
2011 年		2.84	-0.2	4200	/	2.42	2.1
2012 年	预测	2.90	2.1	4840	15	2.42	持平
	实际	2.84	0.2	4930	17	2.35	-2.9
2013 年	预测	2.90	2.1	5570	13	2.38	1.3
	实际	2.97	4.6	5240	6.3	2.44	3.8
2014 年	预测	3.02	1.6	5420	3.4	2.48	1.6

注:数据来源于 RMA 统计资料。

2013 年,替换胎对轮胎出货量的贡献率为 83%,与 2012 年持平。2011 年该比例为 85%。2012～2013 年美国轮胎出货量见图 2。

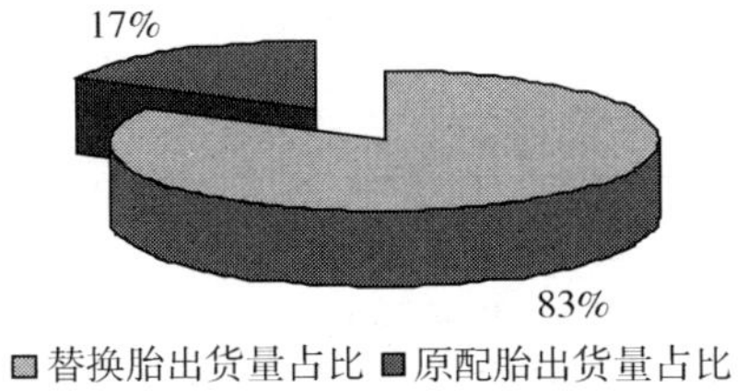

图 2　2012～2013 年美国轮胎出货量（原配胎 VS 替换胎）

据 RMA 预测,2014 年,基于美国经济形势进一步好转,失业率下降,房地产回暖,汽车销售以及汽车行驶里程数增加,从而促使轮胎销售增长,美国轮胎出货量有望增长约 2%,达到 3.02 亿条。2010～2014 年美国轮胎出货量见图 3。

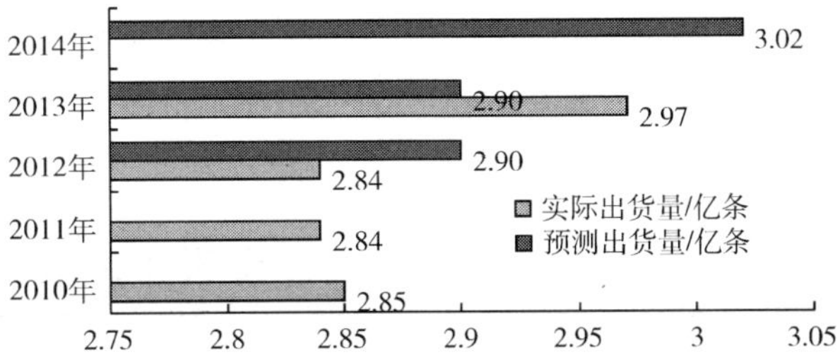

图 3　2010～2014 年美国轮胎出货量（实际量 VS 预测值）

在美国原配胎市场,2013 年,乘用轮胎出货量达 4300 万条,比 2012 年增加近 300 万条。此结果部分得益于 2013 年美国市场乘用车销售量达 1550 万辆,比 2012 年多 100 万辆。轻卡轮胎出货量为 450 万条,比 2012 年增长 7%。此结果反映出,2013 年随着美国轻卡产量提高,以及房地产建设和路桥工程项目逐渐恢复,市场对轻卡原配胎的需求增多。至于中/重型公路载重轮胎以及宽基轮胎,2013 年原配胎出货量为 490 万条,比2012年下降约4%。其原因在于2013年商用卡车和拖车的出货量有所下降。

基于2014年美国市场乘用车销售量将超过1600万辆,RMA预测,乘用原配胎出货量有望比2013年多150万条,达到4450万条。基于美国经济形势进一步好转,RMA预测,2014年轻卡原配胎出货量有望比2013年增长约2%,达到460万条。至于中/重型公路载重轮胎以及宽基轮胎,随着美国经济增速加大,也将拉动对轮胎的需求回升,有望增长4%,达到510万条。2010～2014年美国原配胎出货情况见表6。

表6　2010～2014年美国原配胎出货情况

年份	乘用轮胎/万条	同比/%	轻卡轮胎/万条	同比/%	载重/公交轮胎/宽基轮胎/万条	同比/%
2010年	3311	/	360	/	320	/
2011年	3570	7.8	420	16.6	490	53.1
2012年	4000	12	420	持平	510	4.0
2013年	4300	7.5	450	7.14	490	-3.92
2014年(预测)	4450	7.5	460	2.22	510	4.08

注:数据来源于RMA统计资料。

2013年美国替换胎市场中,在保有车辆行驶里程增加以及新上牌车辆增多的双重驱动下,乘用轮胎出货量超过预期,达到2亿条,比2012年增加了900万条,同比增长3%。轻卡轮胎出货量为2880万条,比2012年增加80万条,同比增长3%。至于中/重型公路载重轮胎以及宽基轮胎,2013年替换胎出货量为1590万条,与上年持平。

RMA预测,随着经济状况持续改善以及国家继续执行低油价政策,2014年乘用车替换轮胎的出货量可望增长1 %(200万条),轻卡替换轮胎出货量则将增长2%(60万条),中/重型公路载重轮胎以及宽基轮胎的替换胎出货量有望增长约2%(30万条)。2010～2014年美国替换胎出货情况见表7。

表7　2010～2014年美国替换胎出货情况

年份	乘用轮胎/亿条	同比变化率/%	轻卡轮胎/万条	同比变化率/%	载重/公交轮胎/宽基轮胎/万条	同比/%
2010年	2.006	/	2870	/	1580	/
2011年	1.944	-2.8	2860	持平	1650	4.4
2012年	1.914	-1.5	2800	-2.0	1590	-3.6
2013年	2.004	3.1	2880	2.8	1590	持平
2014年(预测)	2.024	1.0	2940	2.1	1620	1.9

注:数据来源于RMA统计资料。

产量、出货量以及销售量的区别:产量是指一定时期内的生产总量;出货量 = 产量 - 库存 = 投入市场的产品数量,是厂商统计数据;销售量是交到消费者手中的产品数量,是消费终端统计数据。三者的关系是产量≥出货量≥销售量。

据美国橡胶制造商协会(RMA)统计,2013年,消费类轮胎和商用类轮胎的出口量,由2012年3060万条提升到3090万条,同比增长小于1%。消费类轮胎是指由最终消费者购买并用于个人消费的轮胎,如轿车轮胎、家用皮卡轮胎等。商用类轮胎是指购买者购买后用于为社会再生产服务的轮胎,如中/重型载重轮胎、宽基轮胎等。2011~2013年美国轮胎出口量变化情况见表8。

表8 2011~2013年美国轮胎出口量变化情况

年份	出口轮胎/万条	同比变化率/%
2011年	3150	/
2012年	3060	-2.8
2013年	3090	0.9

注:数据来源于RMA统计资料。

2013年,RMA会员产量下降3.4%至1.563亿条。其中,乘用轮胎产量下降3.4%,轻卡轮胎产量下降7.8%,载重轮胎产量增长4.5%。2011~2013年美国轮胎产量变化情况见表9。

表9 2011~2013年美国轮胎产量变化情况

年份	RMA会员产量/亿条	同比/%			
		总量	乘用轮胎	轻卡轮胎	载重/公交轮胎/宽基轮胎
2011年	1.715	/	/	/	/
2012年	1.619	-5.6	-6.1	-2.3	-7.0
2013年	1.563	-3.4	-3.4	-7.8	4.5

注:数据来源于RMA统计资料。

美国本土生产的轮胎只占美国总需求量的51%~52%,因此,每年需要从国外进口占总需求量48%~49%的轮胎。据美国商务部统计,2013年,轮胎进口增长了12.4%。其中,乘用轮胎进口增长12.8%,轻卡轮胎增长18.5%,载重轮胎增长3.7%。列入HTSUS(美国税则号)4011.10.1010、4011.10.1020、4011.10.1030、4011.10.1040、4011.10.1050、4011.10.1060、4011.10.1070、4011.10.5000、4011.20.1005和4011.20.5010。201~2013年美国统计的进口中国轮胎数量变化情况见表10。2013年美国进口乘用轮胎主要原产地及数量见表11。

表10 2011~2013年美国进口中国轮胎数量变化情况

进口中国轮胎	2011年	2012年	2013年
进口量/万条	2456.5	3147.9	5084.7
进口额/亿美元	9.68184	12.65918	20.78271

注:数据来源于美国商务部统计资料。

据RMA年报披露,2013年,美国市场上最畅销卡车轮胎规格前5名见表12。其中,前3个规格也是2012年最抢手的前3名。表中的5个规格轮胎,分别占有原配轮胎市场82.4%的份额以及替换轮胎市场75%的份额。

表 11　2013 年美国进口乘用轮胎主要原产地及数量

国家/地区	进口数量/万条	同比变化率/%	均价/美元
中国大陆	4603.2456	55.8	38.06
韩国	1699.0408	-16.4	59.46
加拿大	1111.3834	-0.8	70.61
印度尼西亚	1081.7913	16.7	42.24
泰国	977.3337	1.8	46.84
墨西哥	976.8187	2.6	58.71
日本	828.7222	-8.7	80.26
中国台湾	694.5621	22.7	34.73
德国	345.5926	9.4	109.63
巴西	221.4253	-37.1	82.77
其他	1831.5513	16.6	72.36
总计	14371.4670	13.6	54.47

注:数据来源于美国商务部统计资料。

表 12　2013 年美国市场最畅销卡车轮胎规格前五名

排名	轮胎规格	原配轮胎市场份额/%	替换轮胎市场份额/%
1	295/75R22.5	37.9	30.2
2	11R22.5	27.7	22.7
3	11R24.5	8.2	10.8
4	225/70R19.5	6.3	5.7
5	255/70R22.5	2.3	/
	285/75R24.5	/	5.6
市场份额占比/%		82.4	75

注:数据来源于 RMA 统计资料。

在美国替换胎市场,3 类品牌出货量占比情况见表 13。2013 年厂商主线品牌产品中乘用替换胎出货量占该类轮胎总出货量的 84%,比上年增加 3 个百分点;轻卡替换胎出货量占该类轮胎总出货量的比例由 2012 年的 80% 上升到 84%。私人品牌是指轮胎批发/零售企业开发、创造、使用在本企业所销售的轮胎上的品牌。

2013 年独立轮胎经销商产品,其乘用轮胎出货量占该类轮胎总出货量 65%,与 2012 年持平;轻卡轮胎出货量占该类轮胎总出货量的比例由 2012 年的 79% 上升到 80%。2011 ~ 2013 年美国市场独立轮胎经销商出货量占比情况见表 14。

表 13　2011～2013 年美国替换胎市场 3 类品牌出货量占比情况

3 类品牌出货量	乘用替换胎占比/%			轻卡替换胎占比/%		
	2011 年	2012 年	2013 年	2011 年	2012 年	2013 年
厂商主线品牌	81	81	84	82	80	84
厂商副线品牌		10	8		9	7
私人品牌		9	8		11	9

注:数据来源于 RMA 统计资料。

表 14　2011～2013 年美国市场独立轮胎经销商出货量占比情况

年份	乘用轮胎占比/%	轻卡轮胎占比/%
2011 年	66	79
2012 年	65	79
2013 年	65	80

注:数据来源于 RMA 统计资料。

【欧洲市场】

据国际橡胶研究组织(IRSG)统计,2013 年,欧洲(含欧盟 27 国以及其他非欧盟国家)橡胶消费总量为 512.7 万吨,其中天然橡胶 147.5 万吨,合成橡胶 365.2 万吨,比上年略有增长。橡胶消费量在经历 2012 年大幅跳水(下降 7.5%)之后,2013 年实现止跌企稳。2011～2013 年欧洲橡胶消费情况见表 15。

据欧洲轮胎与橡胶制造商协会(ETRMA)统计,2013 年,欧洲替换胎市场销售量约为 2.11 亿条,除消费类轮胎下降 1% 之外,其他品类轮胎均有所增长。与 2012 年全面下降 13% 相比,2013 年基本扭转颓势。2011～2013 年欧洲市场替换胎销售情况见表 16。

表 15　2011～2013 年欧洲橡胶消费情况

年份	天然橡胶/万 t	合成橡胶/万 t	合计/万 t	同比/%
2011 年	166.3	385.6	551.9	/
2012 年	146.5	364.0	510.5	-7.5
2013 年	147.5	365.2	512.7	0.43

注:数据来源于 IRSG 统计资料。

表 16　2011～2013 年欧洲市场替换胎销售情况

轮胎类别	2011 年	2012 年		2013 年	
	销售量/万条	销售量/万条	同比/%	销售量/万条	同比/%
消费类轮胎	22359.7	19461.8	-13	19269.9	-1
载重轮胎	1017.2	823.1	-19	884.9	7.5
农用轮胎	186.6	165.2	-11	167.5	1.4
两轮车胎	856.8	761.1	-11	773.7	1.7
总计	24420.3	21211.2	-13	21096.0	-0.5

注:数据来源于 ETRMA 统计资料。

综合橡胶消费以及轮胎销售情况，2013 年欧洲轮胎橡胶业状况比之前预测好。2012 年底，欧盟委员会、ETRMA 等机构曾做出预测，受欧洲经济持续低迷的影响，2013 年欧洲轮胎市场销量有可能再创新低。

据 ETRMA 预测，欧洲轮胎市场经过 2012 年大幅下滑，2013 年筑底成功，2014 年有望迎来 3% ~4% 的增长，替换胎销售量达到 2.12 亿条。2011 ~2013 年欧洲替换胎市场销售量比较见图 4，2011 ~2014 年欧洲替换胎市场走势见图 5。

据 ETRMA 公布的 2014 年第一季度统计报告显示，相对于 2013 年的开局不佳，今年各品类轮胎销售全面告捷，分别取得 7% ~16% 的增长。其中，消费类轮胎销量增长 10%，载重轮胎销量增长达到 16%。2013 ~2014 年第一季度欧洲替换胎市场销售业绩比较见表 17。

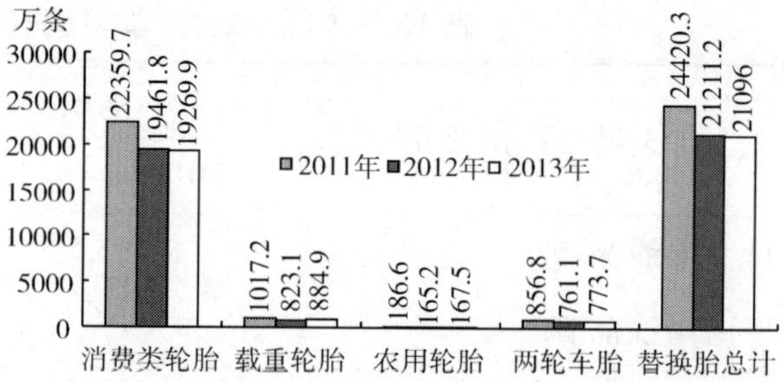

图 4　2011 ~2013 年欧洲替换胎市场销售量比较

图 5　2011 ~2014 年欧洲替换胎市场走势

表 17　2013 ~2014 年第一季度欧洲替换胎市场销售业绩比较

	消费类轮胎/万条	载重轮胎/万条	农用轮胎/万条	两轮车胎/万条
2013 年第一季度	4658.5	187.9	46.4	270.3
2014 年第一季度	5111.5	217.4	49.9	301.8
同比/%	10	16	7	12

注：数据来源于 ETRMA 统计资料。

【印度市场】

据印度信用等级评估机构 ICRA（ICRA Limited）报告，印度轮胎工业在经历了长达 10 年（2001 ~2011 年）的“井喷式”发展（年平均增长率 18%）之后，近年来已步入平稳发展阶段。全行业轮胎销售收入增速放缓，2011 ~2012 财年增长 5%，2012 ~2013 财年增长 2%；2013 ~2014 财年增长 3%，达到 4540 亿卢比；2014 ~2015 财年，随着多个子午线轮胎项目陆续达产，可望增长 6%。2011 ~2015 年印度轮胎销售收入变化见表 18。

据印度汽车轮胎制造商协会（Automotive Tyre Manufacturers Association，ATMA）统计，2012 ~2013 财年（4 ~12 月）共生产轮胎 9220.5 万条，比 2011 ~2012 财年（4 ~12 月）下降 2%，2011 ~2013 年印度轮胎生产量见表 19。

表 18　2011 ~2015 年印度轮胎销售收入变化

时 间	同比/%
2011 ~2012 财年	5
2012 ~2013 财年	2
2013 ~2014 财年	3
2014 ~2015 财年（预测）	6

注：数据来源于 ICRA 统计资料。印度财年为上年 4 月至次年 3 月。如 2013 ~2014 财年是从 2013 年 4 月 1 日到 2014 年 3 月 31 日。

表 19　2011～2013 年印度轮胎生产量

轮胎品种	2011～2012 财年(4～12 月)/万条	2012～2013 财年(4～12 月)/万条	同比/%
卡客车轮胎	1195.1	1270.9	6
轿车轮胎/吉普车轮胎*	2137.9	2388.3	12
轻卡轮胎	505.2	449.5	-11
微卡轮胎**	/	169.7	/
拖拉机前轮胎	205.9	211.3	3
拖拉机后轮胎	141.3	142.6	1
拖拉机挂车胎	74.8	67.7	-9
畜力车轮胎***	见其他轮胎		
电动车轮胎/自行车轮胎	1663.6	1215.8	-27
摩托车轮胎	3406.7	3208.0	-6
工业轮胎	见其他轮胎		
非公路轮胎	14.4	22.5	56
其他轮胎***	71.8	74.2	3
合 计	9418.4	9220.5	-2

注:数据来源于 ATMT 统计资料。

*从 2012～2013 财年开始,吉普车轮胎归到轿车轮胎统计。

*从 2012～2013 财年开始,新建微卡轮胎分类。

*从 2012～2013 财年开始,新建其他轮胎分类,并将工业轮胎和拉力/越野摩托车(ADV)轮胎归入该类统计。

从表 19 可见,2012～2013 财年发展较快的轮胎品种,排在第一位的是非公路轮胎,同比增长 56%;排在第二位的是轿车轮胎/吉普车轮胎,同比增长 12%。减产较多的轮胎品种,排在第一位的是电动车轮胎/自行车轮胎,同比下降 27%;排在第二位的是轻卡轮胎,同比下降 11%。

据印度汽车零部件制造商协会(ACMA)统计,印度生产的轮胎目前超过 80% 供本土使用,其余出口,但轮胎出口比例呈逐年增长趋势。2010～2020 年印度轮胎销售状况见表 20。

表 20　2010～2020 年印度轮胎销售状况

时间	本土消费/亿美元		出口国外/亿美元			合计/亿美元	出口占比/%
	替换胎	原配胎	北美	西欧	其他地区		
2010 年	40	180	11	23	4	258	14.7
2015 年(预测)	61	429	36	42	17	585	16.2
2020 年(预测)	103	697	106	129	40	1075	25.6

注:数据来源于 ACMA 报告。

据 ATMA 统计,2012～2013 财年(4～12 月)共出口轮胎 62.7 万条,比 2011～2012 财年(4～12 月)增长 7%,2011～2013 年印度轮胎出口量见表 21。

表 21　2011～2013 年印度轮胎出口量

轮胎品种	2011～2012 财年(4～12 月)/条	2012～2013 财年(4～12 月)/条	同比/%
卡客车轮胎	1680837	1778527	6
轿车轮胎/吉普车轮胎*	1268163	1314184	4
轻卡轮胎	1228694	1374309	12
微卡轮胎**	/	1236	/
拖拉机前轮胎	12725	19164	51
拖拉机后轮胎	21808	27342	25
拖拉机挂车胎	2480	1963	-21
收割机轮胎	69238	103895	50
电动车轮胎/自行车轮胎	643193	601571	-6
摩托车轮胎	708993	849653	20
非公路轮胎	56305	82362	46
其他轮胎***	170662	116648	-32
合 计	5863098	6270854	7

注:数据来源于 ATMT 统计资料。

* 从 2012～2013 财年开始,吉普车轮胎归到轿车轮胎统计。

* 从 2012～2013 财年开始,新建微卡轮胎分类。

* 从 2012～2013 财年开始,新建其他轮胎分类,工业轮胎、拉力/越野摩托车(ADV)轮胎和畜力车轮胎等归入该类统计。

从表 21 可见,2012～2013 财年出口增幅较大的轮胎品种,依次为拖拉机前轮胎、收割机轮胎、非公路轮胎、拖拉机后轮胎、摩托车轮胎、轻卡轮胎;出口下滑明显的有其他轮胎(工业轮胎、拉力/越野摩托车轮胎、畜力车轮胎等)、拖拉机挂车胎。

综上所述,世界最大的两个轮胎市场(美国、欧洲),也是中国轮胎集中出口的两大市场,自 2013 年开始已经逐渐走出颓势,在 2014 年将会有较好的表现。

目前印度市场已开始产品结构转型,中国轮胎企业要密切关注这种变化,及时调整跟进,始终保持将适销对路的产品输送到目标市场。

(周智屏　邓海燕)

青岛森麒麟轮胎有限公司

★产能规划与发展：

青岛森麒麟轮胎有限公司于2009年5月投产，占地面积1439亩，主要生产高性能半钢子午线轮胎和航空轮胎。项目整体规划分三期建设：一期规划自2009年至2014年建设半钢子午胎1500万条；二期规划自2015年至2018年扩建半钢子午胎1800万条，达到年产半钢子午胎3300万条的生产能力；三期规划自2019年至2022年再扩建半钢子午胎1700万条，最终形成年产半钢子午胎5000万条的生产能力。同时自2009年至2014年建设并形成航空胎8万条的生产能力。

★完善的产品线与欧洲先进技术：

公司引进整套的欧洲轮胎技术，截止目前，共计开发了7个系列的250个规格产品，产品覆盖了超高性能轿车胎、越野车胎、轻卡胎、出租车专用胎和雪地胎等。获得多项自主知识产权。

森麒麟坚持走以技术创新带动产业发展之路，坚持“创世界一流轮胎品牌”的企业目标。

热忱欢迎国内外客户及各界有识之士莅临参观考察，共同发展！

明星产品系列：

①航空胎：

2012年1月，我公司自主研发的波音737-800主轮胎通过了美国联邦航空局技术标准TSOC62e-2006《航空轮胎》规定的动态模拟试验及其他相关试验项目。2013年4月30日通过了中国民航局《技术标准规定项目批准书（CTSOA）》（适航证书）规定的全部试验项目，成为世界上屈指可数掌握高端航空轮胎核心技术的轮胎企业，也是中国率先掌握该技术的民营企业。

2014年2月，受中国民航局华东管理局适航审定处委托，我公司负责起草了中国民用航空技术标准规定CTSO-C62e《航空轮胎》。

②缺气保用轮胎：

2013年4月13日，我公司成功试制缺气保用轮胎，实车试验在零气压下以80km/h 行驶 160km无损坏，大大超过了缺气保用轮胎 80km/h 行驶 80km 的国际标准；采用世界领先水平的补强结构与支撑系统，解决了传统的缺气保用轮胎舒适性差的难题，很好地兼顾了轮胎在高速行驶下的良好舒适性。目前，公司已成为中国极少数能掌握高端缺气保用轮胎技术的厂家，涵盖16英寸、17英寸、18英寸、19英寸、20英寸全系列缺气保用胎。

③标签法用绿色环保胎：

2012年公司自主开发了标签法用冬夏全系列轮胎配方，并同时开发了超静音PCR、SUV等多款新花纹，经国家橡胶轮胎质量监督检测中心和荷兰RDW等权威检测机构测试后证明，滚动阻力及湿滑指标均达到欧盟标签法B/B级，噪音测试水平68dB，超过欧洲2018年标准，这标志着我公司成为中国率先达到欧盟绿色轮胎级要求的轮胎企业。

2014年第一季度，公司又成功研发出滚阻力A级轮胎、湿滑力A级轮胎，经北院测试，结果为滚阻5.02，经荷兰RDW权威机构测试，结果为湿滑1.62，已达到目前欧盟对于轮胎规定的最高等级，成为国内率先获取这一成果的轮胎企业。

④大尺寸高性能轮胎：

公司在超高性能轮胎产品的研发和生产方面处于国际先进水平，315/20ZR30、275/25ZR30和305/25ZR32等多个规格超高性能轮胎先后成功下线，率先成为中国生产20系列轮胎企业，并率先成为全球具备批量生产和稳定销售32英寸超高性能轮胎能力的企业。

★品牌与销售网络：

公司以路航（LANDSAIL）、德林特（DELINTE）和森麒麟（SENTURY）为主要品牌，随着质量改进的坚持不懈、服务体系的精益完善、销售网络的不断建设以及宣传工作的全面开展，品牌知名度与美誉度在国内外持续提升。2014年1月1日起，“路航”品牌轮胎宣传广告——“前进之路，科技领航”，正式在中央电视台1套和13套播出，播出日期至2014年12月31日。

公司以与客户建立长期、稳定、双赢的战略合作伙伴关系为核心，在多品牌市场战略推进中，现已建立遍布中国、北美、中南美、欧洲、非洲、大洋洲和亚洲等150多个国家和地区的全球销售网络，并已成为江淮汽车、华晨汽车、华泰汽车、卡威汽车的主流供应商。

★全面性、体系化质量管控

●质量方针：

承载期望，严抓细管，持之以恒，追求卓越

●质量管控保证：

技术开发——引进欧洲技术和团队，新产品的开发及持续改进严格按照规范流程执行

全程追溯——引入ERP系统、MES管理系统，完善信息化建设，充分整合利用各种资源，保证产品的可追溯性

体系认证及产品认证——先后通过了ISO9001、ISO/TS16949、ISO14001和OHSAS18001等体系认证，有效地覆盖从产品开发、原材料供应、生产过程控制、物流管理、售后服务、环境保护、员工健康安全等各个环节，并先后获得欧盟E-mark、中国CCC、美国DOT、欧盟R117、巴西INMETRO、海湾国家GCC认证、尼日利亚SONCAP、乌拉圭LATU等多项产品认证。

认证明细：

1、2009年08月，公司通过欧洲经济委员会E-mark产品认证。
2、2009年09月，公司通过国家强制性产品认证（CCC）。
3、2009年10月，公司通过美国交通部DOT产品认证。
4、2010年01月，公司通过欧盟轮胎滚动噪声E-mark认证。
5、2010年04月，公司通过巴西INMETRO产品认证。
6、2010年04月，公司通过ISO/TS16949体系认证，并取得相关证书。
7、2010年06月，公司通过海湾认证。
8、2010年08月，公司通过欧洲经济委员会轮胎滚动噪声及湿地抓着力R117认证。
9、2013年04月，公司通过欧洲经济委员会轮胎滚动噪声及湿地抓着力R117.02认证。
10、2013年05月，公司第二次顺利通过ISO/TS16949的换证复核，并取得相关证书。
11、2013年11月，我公司轮胎检测中心获得ISO17025国家实验室荣誉证书。
12、2013年11月，公司顺利通过三体系（ISO9001：2008、ISO14001：2004、ISO28001:2011）的监督审核，原有证书持续有效。

山东中一橡胶有限公司　总经理　郭永县

山东中一橡胶有限公司是一家以生产高性能半钢、全钢子午胎、钢丝绳芯及织物芯橡胶输送带为主的研发制造型企业。

公司创建于2004年，拥有先进的生产、研发、检测设备和专业化的技术团队，建立了完善的质量保证体系。公司目前拥有半钢子午胎年生产能力1800万条，橡胶输送带年生产能力2500万㎡，年产300万条全钢子午胎项目正在筹建中。公司占地面积60万㎡，公司拥有产品进出口权，并依靠自身完善的质量保证能力和过硬的产品品质一次性通过了ISO9001国际质量体系认证、全国工业产品生产许可证和“3C”强制性安全认证、ISO/TS16949质量管理认证、ISO14001环境管理体系认证、OHSAS18001职业健康安全管理体系认证、美国交通运输部DOT认证、欧盟ECE认证、中东地区GCC认证及巴西INMETRO认证、印度BIS认证，产品符合Reach法规与标签法，被省农业银行评为“AAA”级信用企业，并荣获“诚信文明单位”、“消费者满意单位”、“海关A类企业”等称号，消费市场遍及全国各地并出口到欧洲、北美洲、南美洲、非洲、澳洲、亚洲等几十个国家和地区，深得用户好评。

橡胶有限公司

环境管理体系认证证书
职业健康安全管理体系认证证书
CERTIFICATE FOR CHINA COMPULSORY PRODUCT CERTIFICATION
CERTIFICATE
CERTIFICATE

巨型全钢子午线轮胎的开拓者，

——代表了中国领先的技术水平

陆安巨型全钢子午线工程轮胎规格表											
27.00R49	30.00R51	33.00R51	36.00R51	37.00R57	40.00R57	46/90R57	50/80R57	53/80R63	55/80R63	56/80R63	59/80R63

福建省海安橡胶有限公司

厂址：福建省仙游县枫亭工业区A片区
电话：0594-6762999 传真：0594-7677668
网址：www.haianrubber.com.cn
邮箱：fjpthaian@163.com

正盛股份
低聚（高分散）二氧化硅生产商
•绿色轮胎 •高分散 •低滚动阻力轮胎

福建正盛无机材料股份有限公司

福建正盛无机材料股份有限公司位于福建省漳平市富山工业园白沙洋，下设福建省漳平市正昌化工有限公司、安徽凤阳赛吉元无机材料有限公司两个全资子公司。

公司拥有15项自主研发的知识产权,年产各种用途的白炭黑12万吨，其中橡胶用白炭黑（含高分散）10万吨；1.5万吨硅橡胶用精细白炭黑；0.5万吨高孔容白炭黑。产品分块状、粉状和微珠状三大系列，应用于轮胎制造业、硅橡胶、食品医药、日化、油漆涂料、鞋业、杀虫剂、饲料等行业。公司销售网络遍布全球，拥有对外经营贸易自主权，产品销往欧美、东南亚等70多个国家和地区，在国内设有广东、浙江、福建等5个办事处。

公司按照国际通行原则和方式进行经营与管理，取得国际知名的法国BV认证关于ISO/TS16949（汽车生产组件和服务组件）质量管理体系认证、FAMI-QS（欧洲饲料添加剂和预混合饲料厂商操作规范）质量管理体系认证、ISO14001:2004国际环境管理体系和ISO9001:2008质量管理体系认证，白炭黑产品2010年通过REACH注册。

橡胶制品&轮胎工业用白炭黑

微珠状产品 Micro-pearl

颗粒状产品 Granular

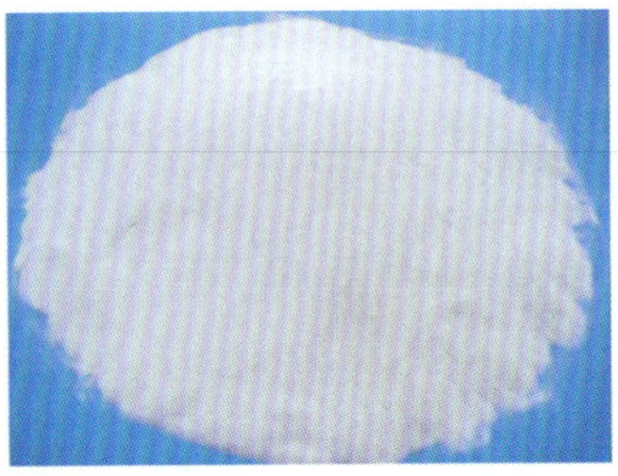

粉状产品 Powder

安徽生产基地

福建生产基地

地址：福建省漳平富山工业园区白沙洋
ADD: Baishayang Fushan Industrial Zone,
Zhangping city,Fujian China

电话/Tel：0086-597-7773291　7772688
传真/Fax：0086-597-7773010
E-mail：fjzsgf@163.com　fjzpzc@163.com

揭阳天阳模具有限公司

揭阳市天阳模具有限公司是我国较早从事子午线轮胎活络模具研发、生产、销售及服务一体的国家高新技术企业，注册资本3000万美元。公司始建于1958年，经过50多年的积累，已发展成为全国汽车轮胎模具行业龙头企业。公司占地面积60217m²，建筑面积约20000m²，拥有各种先进的工艺、动力设备500台（套），其中精密设备及数控设备200台（套）。企业现有员工530人，其中专业技术人员313人（专门从事研究开发的技术人员78人），占企业职工总数的59%，属技术密集型企业。

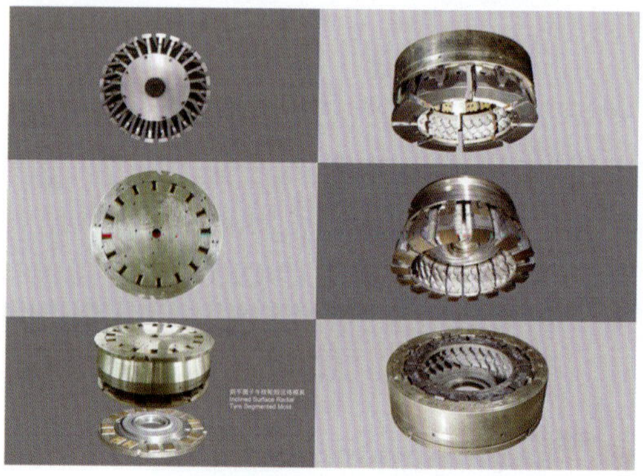

上世纪80年代，公司率先自行研制、开发的我国子午线轮胎活络模具填补了国内空白，并逐步改变了中国子午线轮胎活络模具依靠进口的历史。天阳模具系列产品是国家“八五”火炬计划、“九五”国家重点火炬计划项目，为我国子午胎活络模具行业的技术进步、接轨国际一流水平和替代国外进口起到了良好带头和示范作用，为行业发展作出了巨大贡献。先后获得国家科技部火炬优秀项目奖、国家火炬计划重点高新技术企业、知名品牌等殊荣。

2006年天阳公司被评为“中国子午线轮胎模具重点骨干企业”；2008年被评为“广东省诚信示范企业”，并获批“广东省级工程技术研发中心”；2009年被认定为国家“高新技术企业”；2011年天阳技术中心被评为“省级企业技术中心”。

天阳公司致力于打造国内轮胎模具的大型企业，近年来为与国际先进水平接轨，投巨资从美国、日本等引进整套完善的轮胎模具CAD/CAM加工系统，及世界先进的高端研发、生产设备，保证了企业的产品质量在国内同行业中始终处于领先地位。

天阳模具畅销国内外各大轮胎厂，并出口东南亚、日本、欧美等国家和地区。长期合作的国内外主要客户有：轮胎生产企业日本普利司通轮胎公司（日本本土）、日本住友轮胎公司（日本本土）、日本横滨轮胎公司（日本本土）、台湾山福模具公司（台湾）、利士中轮胎集团有限公司（泰国本土）、诺基压轮胎公司（芬兰本土）、固铂轮胎橡胶公司（美国本土）、德国大陆集团（德国本土）等等。

天阳公司以“真诚、务实、优质、高效”的经营理念，以先进的技术装备、制造工艺和完善的售后服务，愿竭诚为国内外广大客户提供优良的产品和优质的服务；并正向着打造世界轮胎模具业“航母”的目标坚实迈进！

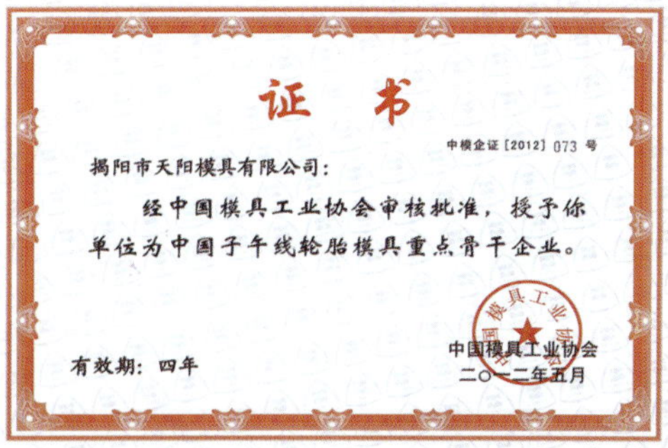
证　书

中模企证［2012］073 号

揭阳市天阳模具有限公司：

经中国模具工业协会审核批准，授予你单位为中国子午线轮胎模具重点骨干企业。

有效期：四年

中国模具工业协会
二〇一二年五月

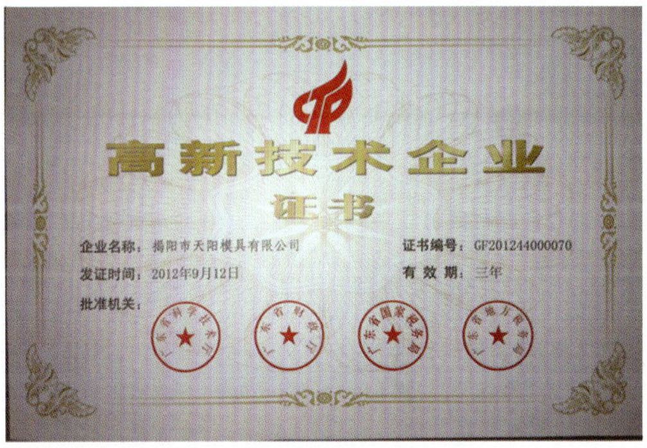
高新技术企业
证书

企业名称：揭阳市天阳模具有限公司　证书编号：GF201244000070
发证时间：2012年9月12日　有效期：三年
批准机关：

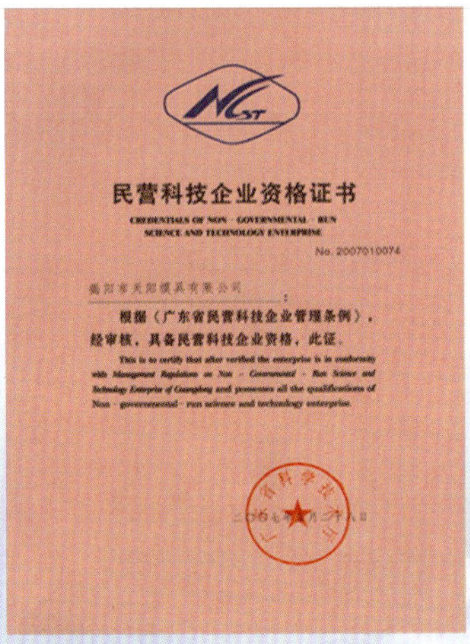
民营科技企业资格证书

CREDENTIALS OF NON - GOVERNMENTAL - RUN SCIENCE AND TECHNOLOGY ENTERPRISE

No. 2007010074

揭阳市天阳模具有限公司：

根据《广东省民营科技企业管理条例》，经审核，具备民营科技企业资格，此证。

This is to certify that after verified the enterprise is in conformity with Management Regulations on Non - Governmental - Run Science and Technology Enterprise of Guangdong and possesses all the qualifications of Non - governmental - run science and technology enterprise.

广东省高新技术产品
证书

揭阳市天阳模具有限公司

经审核，你公司的 单杆双轮机械反包金属鼓 产品2011年被认定为广东省高新技术产品。

批准文号：粤科高字〔2012〕21号。

有效期：三年。

二〇一二年二月

广东省高新技术产品
证书

揭阳市天阳模具有限公司

经审核，你公司的 大型工程车子午线轮胎活络模具 产品2011年被认定为广东省高新技术产品。

批准文号：粤科高字〔2012〕21号。

有效期：三年。

二〇一二年二月

替代进口助剂
Replace expensive imported additives
请选福诺品牌
Please select Fihonor
科技创新 成就夢想
福诺化工 主要产品
胶片（粉状、膏状、液体）隔离剂
胎胚内、外喷涂剂，胶囊涂饰剂
模具脱模剂，轮胎修饰剂
橡胶（白）炭黑分散剂，均匀剂
橡胶防臭氧龟裂蜡，内脱模剂
橡胶物理塑解剂，各种母胶粒

河北华密橡胶有限公司

HUAMI

河北华密橡胶有限公司是专业生产特种橡胶混炼胶产品，集科、工、贸为一体的综合性集团公司，公司位于河北省任县经济开发区，系河北省高新技术企业，河北省产业集群龙头企业，先后通过瑞士SGS认证、德国TUV的ISO9001，ISO14001、OHSAS 18001、ISO/TS16949:2009以及国军标管理体系认证。公司所属混炼胶事业部是特种混炼胶研发、生产与经营的专业机构，目前年产特种混炼胶2万吨，是中国北方较大的混炼胶生产基地。

混炼胶事业部有多条国内较先进的GK90E、GK190E混炼胶密炼生产线，建有设计7万吨级全自动橡胶混炼中心，并拥有先进的产品检验测量仪器和高性能材料研发能力。事业部具有20年以上的特种混炼胶生产经验，依靠自主研发的配方技术、生产工艺和严格的品检手段，能够保证特种混炼胶产品性能稳定，质量优异。所生产的丁腈橡胶、天然橡胶、三元乙丙橡胶、丙稀酸酯橡胶、硅橡胶、氟橡胶、氟硅橡胶及其他特殊混炼胶料，适用于生产各种橡胶制品，能够满足机械、汽车、船舶、工矿、油田等不同行业的需要，华密公司混炼胶事业部产品研发及生产严格遵循国家及行业相关标准，能够为国内外橡胶制品生产企业提供质量可靠的产品及优质全面的服务。

电话：0319-7576868　　7576898　传真：0319-7609988　　邮箱：business@hmxj.com　　网站：www.hmxj.com
地址：河北邢台市河头工业区　　邮编：055150

邢台坚久油压机械有限公司

XINGTAI JIANJIU HYDRAULIC MACHINERY CO.,LTD

我公司为一家国内专业生产高精密橡胶机械厂家；公司主创人员与核心团队从业外资企业十年以上；消化吸收国际先进的生产技术，并将国内先进性与实际性相结合，研发出系列有针对性的橡胶生产设备。本公司自成立以来，秉承“质量至上、精益求精、一切为了客户、为了一切客户、为了客户一切”的经营理念与服务宗旨！并提供您合理的价位，较完善的技术支持及售后服务，努力为客户提高生产效率，以此来回报社会各界的支持和厚爱！我们坚信：选择“坚久”是您橡胶制品生产上佳的选择！

此外，我公司还可以根据客户需求，定制特殊的专用硫化设备，真诚欢迎您的来电、来函咨询，让我们成为永久的合作伙伴！

油封专用真空平板硫化机

真空橡胶成型机

电话：0319-7576816　　7576829
传真：0319-7609988　　邮箱：jianjiu66@163.com
网站：www.jianjiumachinery.com
地址：河北邢台市河头工业区
邮编：055150

杭州中策清泉实业有限公司

项目简介

成型机

杭州中策清泉实业有限公司是中策橡胶集团有限公司的全资子公司。公司为了更好的发展和壮大，根据富阳市政府的总体规划，由富阳高桥迁建至富阳经济开发区新登新区，项目于2012年7月份破土动工，规划总用地572亩，项目总投资近30亿元。项目分二期建设，一期年产240万套高性能全钢载重子午胎，年产10万吨新工艺炭黑迁建项目，尾气发电迁建项目，年发电量6300万千瓦时；二期260万套高性能全钢载重子午胎。所有项目投产后，年产值达100亿元。主要生产设备引进于意大利、德国，拥有中国先进的全钢子午线轮胎生产线，生产技术在全国处于领先地位。

生产现场

公司非常重视环境管理，时刻遵循“控制污染、节能降耗、美化环境”的环保理念，遵循循环经济“减量化、再利用、资源化”的经济活动行为原则，以“珍惜资源、尊重环境”为发展理念，打造绿色新工厂。

我们在致力于企业快速发展的同时积极开展有效的环境管理实践活动。近年来，公司一直在发展循环经济、推进清洁生产，努力承担企业应承担的社会责任，加大环保资金的投入，促进污染防治，保护环境安全，新工厂在环境治理上总投资达1.2亿元。

冷却塔

双复合

生产厂房

汽轮机

地址：富阳市新登镇双清路98号

AOSO
奥莱斯轮胎

用户满意是我们的标准

畅行天下

奥莱斯轮胎下属品牌：奥莱斯、三田、佳仕宝、群英、腾金龙、佳顺、凡路达

湖北奥莱斯轮胎有限公司简介

湖北奥莱斯轮胎有限公司是集科研、设计、生产、销售于一体的轮胎公司。公司设有配方、结构、工艺研究所。采用国内、国际先进的生产技术及检测设备，拥有一大批专业轮胎技术人员和高级工程师。随着企业的不断壮大，为满足日益增长的市场需求和适应国家产业结构调整产品转型升级，公司在2013年底形成了240万套全钢子午线、1200万套轿车子午线轮胎的产能，是湖北汽车产业链的大型骨干企业。公司产品通过了“CCC”认证。公司自主研发的“奥莱斯”、“佳仕宝”、“三田”、“群英”、“凡路达”、“腾金龙”、“佳顺”等品牌系列轮胎，产品畅销国内30多少省、市、自治区，形成了稳定的市场网络，深受用户喜爱。

长期以来，公司不断加强制造过程的质量监控，一贯奉行“质量是企业的生命”的宗旨，不断加强售前、售后服务，赢得了广大消费者一致好评。

服务方针：以一流的质量管理和保证体系向用户奉献优质的产品。

服务宗旨：用户满意是我们的标准。

企业荣誉

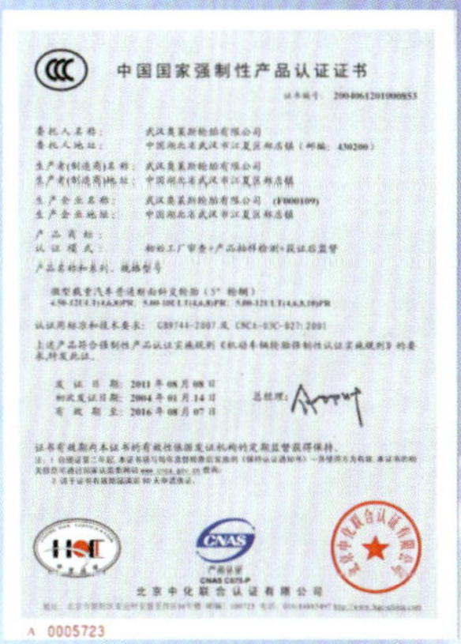

企业简介

河北协美橡胶制品有限公司是一家与台湾合资的企业。公司始建于1997年，位于中国自行车零件城西北约5公里处的董庄工业园区，毗邻邢清公路，交通十分便利。

公司占地百余亩，建筑面积3万平方米，建有现代化生产线12条，生产工艺先进，产品检测项目齐全，手段完善。公司是生产力车胎的专业厂家，主要产品为自行车、电动车内外胎，各种花色品种200多个，年生产外胎能力900万条，内胎3000万条。

公司现有员工800人，各类技术人员80多人，技术力量十分雄厚，产品档次不断提高，产品销往全国各个省市，并出口南美洲、东南亚、中东、非洲、欧美等国家与地区，深受国内外消费者青睐。真诚树信誉，质量创品牌是协美人永恒的追求。

董庄工业园生产基地

丰州镇工业园生产基地

地址：河北省平乡县董庄工业园001号　电话：0319-7936698/7936699　传真：0319-7936326
网址：www.xiemei.com　E-mail：hbxiemei@163.com

广州钻石车胎有限公司

广州钻石车胎有限公司成立于2009年，是由广州国际集团有限公司、广州市华南橡胶轮胎有限公司共同出资组建的，承接广州广橡企业集团有限公司钻石车胎厂（原广州第一橡胶厂）“钻石”牌摩托车胎业务的国有控股企业，总投资规模为2.3亿元。公司拥有先进的生产设备和检测装备，广泛植入汽车轮胎制造与研发的先进工艺技术，年产摩托车外胎1000万条、摩托车内胎1600万条，是华南地区大型的现代化摩托车轮胎生产企业之一。

“钻石”车胎品牌具有65年的深厚历史底蕴，以质量过硬、品质超卓而风行神州，蜚声海外。企业通过ISO9001：2000国际质量体系和“3C”等多项国内外认证。

目前，钻石摩托车胎为五羊-本田、大阳、大运、嘉陵等国内多家知名摩托车生产企业提供配套，产品远销全球多个国家和地区。

钻石车胎，驱动未来！

INTRODUCTION FOR GUANGZHOU DIAMOND TIRE CO., LTD.

“GUANGZHOU DIAMOND TIRE CO., LTD.”, A STATE HOLDING ENTERPRISE, WAS ESTABLISHED IN 2009 BY GUANGZHOU INTERNATIONAL CO., LTD, SOUTH CHINA RUBBER & TIRE CO., LTD AND GUANGZHOU FENGLI RUBBER & TIRE CO., LTD..IT CARRIESON “DIAMOND” BRAND MOTORCYCLE TIRE BUSINESS OF “GUANGZHOU GUANGXIANG ENTERPRISES GROUP CO., LTD.” (FORMER GUANGZHOU NO.1 RUBBER FACTORY). THE CAPITAL IS INVESTED BY THESE 3 COMPANIES, TOO. THE TOTAL AMOUNT OF INVESTMENT IS 230 MILLION RMB.THE COMPANY HAS THE ADVANCED PRODUCTION EQUIPMENT AND TEST INSTRUMENTS.IT IS ONE OF THE LARGE SCALE & MODERN MOTORCYCLE TIRE PRODUCERS IN SOUTH CHINA WITH THE ADVANCED TECHNOLOGY OF CAR TIRE PRODUCTION AND DEVELOPMENT. THE COMPANY CAN PRODUCE 10 MILLION PIECES OF TIRES AND 16 MILLION PIECES OF TUBES EACH YEAR.

“DIAMOND” BRAND TIRE HAS 65 YEARS OF HISTORY. IT'S FAMOUS AND WELL-KNOWN BOTH IN CHINA AND ABROAD BECAUSE OF ITS CONCEPT OF “QUALITY FIRST” AND THE TOP QUALITY. THE COMPANY HAS BEEN PASSED BY VARIOUS CERTIFICATIONS BOTH IN CHINA AND ABROAD, SUCH AS ISO9001：2000, ”3C” AND SO ON. “DIAMOND” BRAND MOTORCYCLE TIRE HAS BEEN AWARDEDAS THE “FAMOUS PRODUCT” AND “FAMOUS BRAND” OF GUANGZHOU CITY AND GUANGDONG PROVINCE.

“DIAMOND” MOTORCYCLE TIRES ARE MATCHED WITH MANY FAMOUS MOTORCYCLE PRODUCERS IN CHINA, LIKE WUYANG-HONDA, DAYANG,DAYUN, JIALING AND SO ON. THE GOODS ARE EXPORTED TO MANY COUNTRIES AND AREAS ALL OVER THE WORLD.

“DIAMOND” TIRE, “DIAMOND” QUALITY!

公司网站：www.gz-diamondtire.com
出口阿里巴巴网站：www.gzdiamondtire.com.cn
电话：020-34485270（内销）　020-34485281（出口）
地址：广州市从化鳌头镇万力路3号自编之二　邮编：510940

青岛华达橡胶制品有限公司

KESHUAI®
科帅
CROWN STAR

青岛华达橡胶制品有限公司位于青岛市胶南张家楼工业园区，公司成立于1995年，投资额为5000万元人民币。公司主营业务为摩托车轮胎的开发、生产及销售，公司外胎的生产规模为年产量800万条，内胎的生产规模为年产量2500万条。公司以先进的生产设备、精湛的制造工艺和严格的管理，生产高质量的轮胎产品，先后获取CCC认证、欧盟E-mark认证、美国DOT认证，ISO9001质量体系认证和尼日利亚SONCAP认证、巴西INMETRO认证。

公司贯彻全球化的经营观，确立“战略经营、质在管理”的经营理念，以市场为导向，以科技为先导，以大规模、高起点、外向型为手段，实施“以产品和技术领先”的发展战略，立足长远，全面发展高品质的轮胎，大力发展高品质的高端产品和特种化、专业化的轮胎。公司生产的“HUADA”、“CROWN STAR”、“ZUBBY”、“KESHUAI”、“SUPER HORSE”牌轮胎产品，在国内、外市场中得到了比较好的认可，出口业务已拓展到100多个国家和地区。

面对市场，华达公司将依靠一个坚定团结、锐意进取的领导班子和一支勇于拼搏的员工队伍，迎接挑战，在激烈的市场竞争中破浪前行。

青岛景程橡胶制造有限公司

QINGDAO JINGCHENG RUBBER PRODUCTS CO.,LTD

opin®　胶傲内胎® Pride from quality

展出产品 ：摩托车丁基胶内胎

Exhbits: MOTORCYCLE BUTYL INNER TUBE

公司简介：

青岛景程橡胶制造有限公司位于青岛市黄岛新区（原胶南市）张家楼镇工业园，公司成立于2003年，是目前山东省较大的摩托车丁基胶内胎的生产工厂。目前在职员工260多人，年可生产摩托车丁基内胎近800万条，是青岛地区从事丁基胶内胎较早和较大规模的工厂，并且注册有欧品内胎和胶傲内胎两个商标，产品已经通过ISO9001质量体系认证，尼日利亚SONCAP 认证，目前主要出口国家有、巴西、哥伦比亚、多米尼加等十几个南美国家，非洲地区尼日利亚、肯尼亚等，中东地区埃及、伊朗、阿富汗，以及部分亚洲国家和地区。公司以高品质的产品质量和优秀的信誉赢得了广大客户的信赖和支持，公司总经理孙秀军携全体员工期望与世界各地的客户成为友好的合作伙伴！

地址：中国青岛市黄岛新区张家楼镇工业园

ADD：The industrial Zone of Zhangjialou Town ，Huangdao New District ，Qingdao ，P. R. China

邮编：266406

电话（TEL）：+86-532-84130858

传真（FAX）：+86-532-84130858

E-mail:hwL0513@163.com

网　址：http://www.qdjingcheng.com

传承卓越 续写辉煌

海南天然橡胶产业集团股份有限公司

海南天然橡胶产业集团股份有限公司成立于2005年，公司承接了海南农垦的橡胶资产，注册资本人民币39.31亿元。目前公司橡胶种植面积353万亩，年自产干胶能力15万吨以上，年加工能力达到40万吨以上。橡胶面积和干胶产量均占全国的1/3左右，是中国较大的天然橡胶生产企业。 海南橡胶目前在海南岛拥有25家橡胶基地分公司、13家橡胶加工分公司、1家种苗分公司，在云南控制6家橡胶加工厂。公司还有13家子公司，员工总人数7.3万人。

2011年1月7日，海南橡胶（601118）在上海证券交易所正式挂牌上市，股票代码：601118。总股本39.31亿股，海南省农垦集团控股72.98%，上市融资47亿元。同年7月1日，上市不足半年的海南橡胶，同时入选上证180、上证50、沪深300、中证100四大指数，并成为中国资本市场农业板块上市公司中市值较大股票。

2011年1月7日现任海南橡胶副董事长、党委书记刘大卫与上海证券交易所签署上市协议标志着海南橡胶正式迈入资本市场

海南橡胶承袭了海南农垦在橡胶行业的主导地位，一直是国内天然橡胶行业标准制定的参与者和推动者，也是国内少数能大规模生产特种胶和专业胶等高品质产品的生产企业之一。公司以可持续发展为理念，以“诚信、稳健、共赢”为经营宗旨，立志传承卓越，续写辉煌。

2012年2月8日海南省农垦集团并购新加坡R1公司签约仪式在海口举行海南橡胶收购其15%股份

公司目前正以强化基地分公司建设为基础，在贸易和经营方面创造新的增加引擎和动力。公司的“三个转变”战略已初见成效，不断由资源拥有型向资源控制型企业转变，由单纯的生产型向生产经营型企业转变，产品也由低端单一向高端、差异化转变。

近年来，公司加大走出去力度，目前已经控制云南近1/4的橡胶资源。公司继参与收购世界较大橡胶贸易公司之一的新加坡R1公司股权之后，又相继在东南亚和非洲进行布局。公司在非洲种植橡胶和水稻项目，正在稳步推进。

2013年6月29日塞拉利昂橡胶及水稻种植加工项目合资协议签字仪式在三亚举行

2014年，海南橡胶与中橡集团曙光橡胶工业设计研究院联合成立“空军航空橡胶科研生产中心”，使公司的管理和品牌形象跃上新的台阶，此举将实现军用高档天然橡胶的国产化，系统解决航空用天然橡胶完全依赖进口现状，并逐步建立空军航空橡胶自主供应保障管理体系。

海南橡胶的战略目标，是成为以天然橡胶种植和加工为基础，集深加工、贸易、研发等于一体，在国内橡胶行业拥有话语权，对国际市场具有影响力的优秀上市企业。

海南橡胶经营理念：诚信、稳健、共赢
海南橡胶文化发展目标：传承卓越 续写辉煌
海南橡胶使命：聚胶点滴 奉献国计民生
海南橡胶愿景：国际海胶 幸福海胶
海南橡胶核心价值观：企业价值最大化 员工利益最大化
海南橡胶发展战略目标
成为在国际天然橡胶行业拥有话语权和影响力、可持续发展的橡胶综合企业集团，成为当之无愧的世界天然橡胶行业的领跑者。

乳胶丝生产线

胎面胶生产线

知知手套包装车间

威海市润通橡胶有限公司

WEIHAI RUNTONG RUBBER CO.,LTD

威海市润通橡胶有限公司是专业生产内胎、垫带的现代化企业，地处美丽的海滨城市—山东威海。

公司位于被联合国授予国际示范园区的文登经济开发区，占地面积10万多平方米，现有职工600多人，注册资金2000万元。主导产品分为“文峰”牌天然橡胶内胎(A类)、丁基橡胶内胎(B类)、垫带三大类，包括工程内胎、载重内胎、工业内胎及农业内胎四大系列上百种规格，年产能1000万条。产品具有尺寸规范、物性稳定、耐候性、抗老化、气密性好等特点，深受广大客户的青睐。公司质量管理日臻完善，生产的A类、B类内胎已分别通过了北京中化联合质量认证有限公司的产品认证、NQA英国国家质量保证有限公司的TS/16949认证。

公司一贯秉承“合作双赢”的经营理念，持续满足消费者不断提高的质量要求，以优质的产品和完善的售后服务，赢得了国内外用户的信赖。多年来为三角轮胎、玲珑轮胎、风神轮胎、固铂成山轮胎、双钱轮胎、青岛双星轮胎、江苏通用、贵州前进、山东恒丰等著名轮胎企业配套，长期保持良好的合作关系，产品畅销全国各地，同时还自营出口，产品销往中东、欧美、东南亚、南美等国家和地区。

润通公司全体员工诚邀海内外有识之士共同合作，共谋发展，实现双赢。

威海市润通橡胶有限公司
Weihai Runtong Rubber Co.,Ltd
地址：文登市经济开发区宁波路23号
Address: NO.23 Ningbo Road, Wendeng development zone Weihai, Shandong, China
邮箱：whruntong@163.com
E-mail:whruntong@yahoo.cn
国内贸易热线（the inland TEL）:0086-631-8252892 8252475
传真（FAX）：0086-631-8252479
国际贸易热线（the international TEL）：0086-631-8081579
传真（FAX）：0086-631-8188556

中国橡胶工业协会会员展示专版

聚金信化工有限公司

聚金信化工有限公司位于太湖之滨、长三角中心地带、国家历史文化名城、千年陶都——宜兴市。物产丰饶，经济发达，人杰地灵，毗邻沪宁，南望余杭，交通便捷，宁杭高铁穿城而过。

公司主要产品为广泛应用于橡胶制品、轮胎、胶管、胶带等行业的防老剂、不溶性硫磺、均匀剂、白炭黑分散剂等种类相对齐全的橡胶助剂产品。公司主导产品为：橡胶防老剂DTPD（3100），橡胶均匀剂JJXM—40、JJXR—50，高热稳定性不溶性硫磺，白炭黑分散剂JJXF—510、JJXF—511、JJXF—512等。

公司注重橡胶助剂生产管理与新品研发，先后通过产品质量管理体系和环境管理体系认证，生产工艺先进，测试手段齐全；与国内知名科研院所、高等院校建立了长期合作关系，致力于“绿色”橡胶助剂新产品的研发和产业化进步。

聚金信化工秉承“诚信为金、聚赢天下”的经营理念，公司以“为绿色橡胶工业服务”为己任，追求人与自然的和谐发展。将一如既往的以专业的团队、先进的技术、始终如一的优质产品、稳定及时的供货为客户提供快速高效的全面服务。

色谱仪

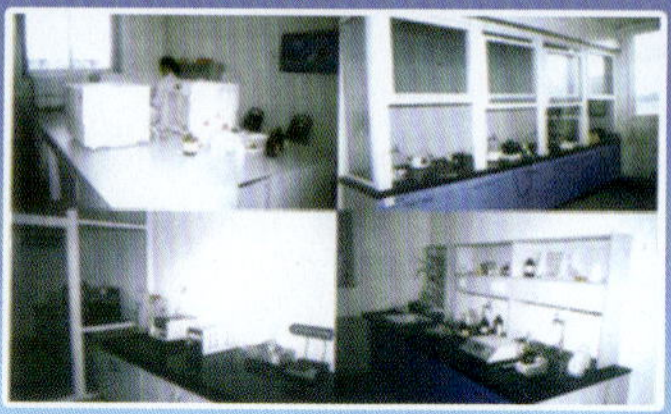

实验室

北京中物联联合认证中心
环境管理体系认证证书
注册号：06511E20001R0S
宜兴市聚金信化工有限公司
江苏省无锡市宜兴市新建镇工业园，邮编：214253
环境管理体系符合
GB/T24001-2004 idt ISO14001:2004
证书覆盖范围
橡胶防老剂DTPD的生产及相关管理活动
颁证日期：2011年02月14日　有效期至：2014年02月13日

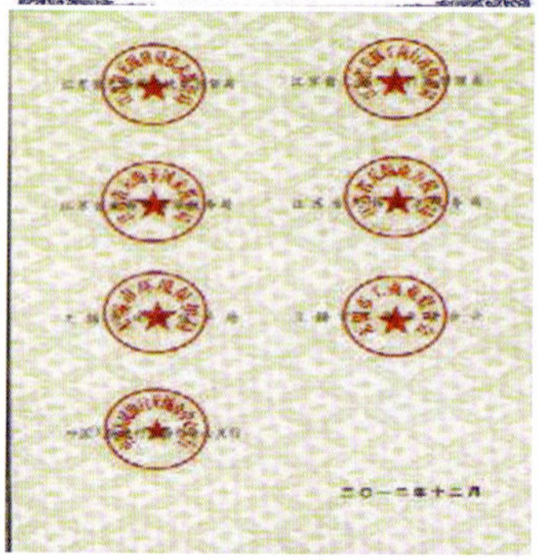

证书

产品名：橡胶防老剂DPTD3100

产品性能：典型的后效型对苯二胺类橡胶防老剂，可以有效地弥补对苯二胺类防老剂6PPD和4040NA早期抗老化效果好而后期略差的缺点，适应于天然橡胶，顺丁橡胶、丁苯橡胶、丁腈橡胶、氯丁橡胶等合成橡胶；属于轮胎用高效防老剂的品种之一。防老剂DPTD能彻底改变应用防老剂4100NA及6PPD轮胎外观变红的缺陷。

产品名：橡胶均匀剂JJXR—50

产品性能：1.提高不同粘度和不同极性橡胶混合时的均匀性，同时可以使其他填充快速混合均匀；2.有利于提高混炼、压延、压出等工艺，提高挤出速率和挤出胶料尺寸的稳定性，利于脱模操作；3.能快速降低胶料门尼粘度，缩短混炼时间；4.对炭黑及其他配合剂的分散起到非常好的作用，提高配合剂在胶料中的相容性，减少喷霜，从而赋予胶料特殊的物理机械性能；5.适用于轮胎气密层、内胎及轮胎胶囊，可以明显增加产品气密性；6.提高胶料各批次之间的质量稳定性、均一性等。

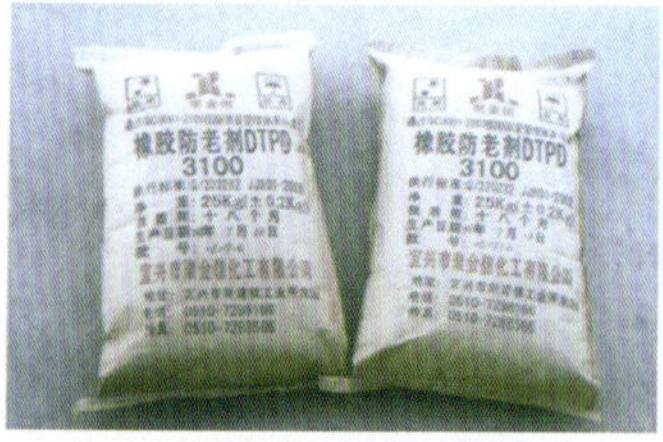

产品包装

传真：051087281385　地址：宜兴市新建镇工业集中区
网址：www.jujinxin.cn　邮箱：809308873@qq.com
联系电话：0510-87288166　13806155083 储女士
13806153083 钱先生

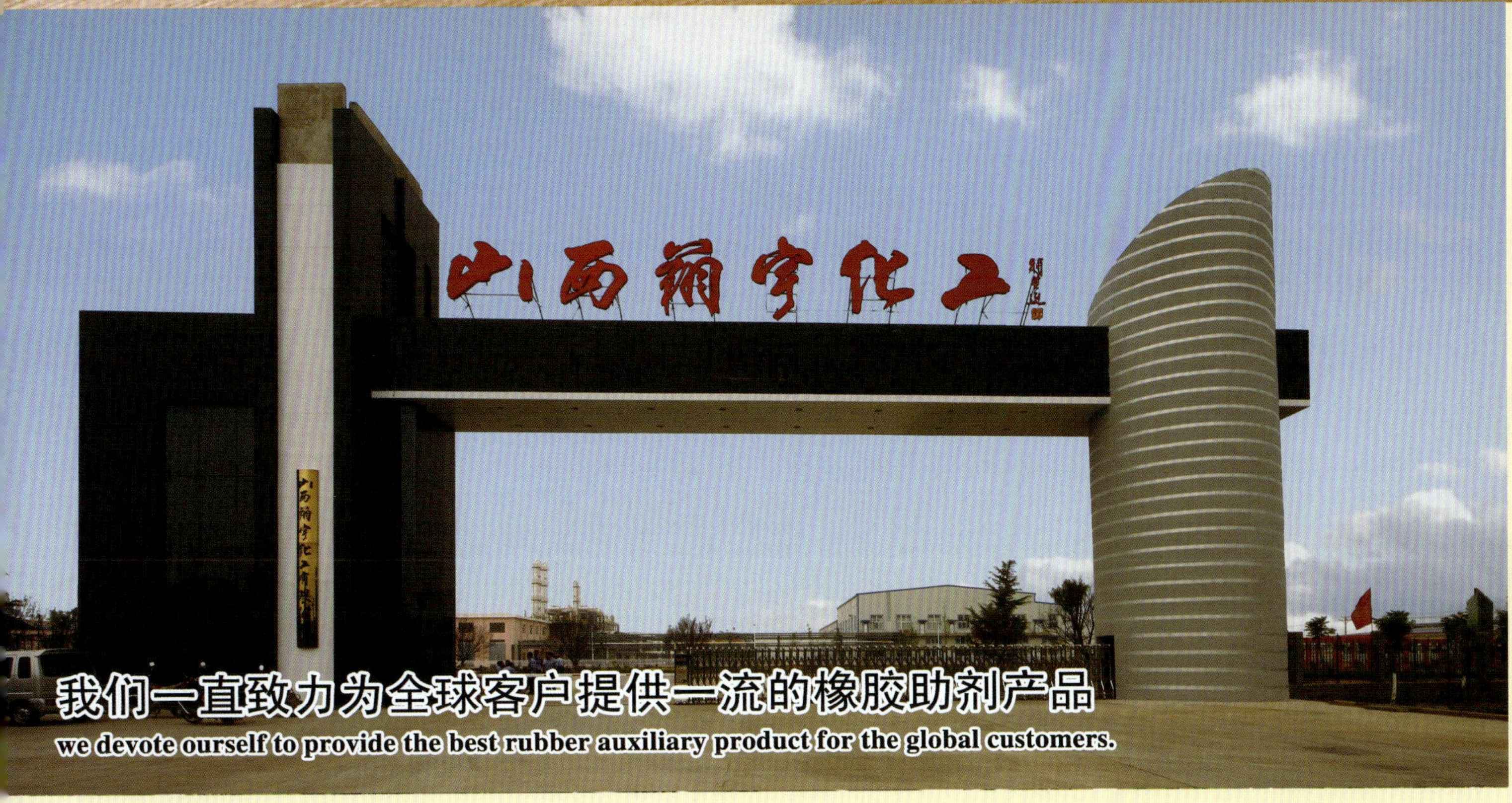

企业概况

Business summary

山西翔宇化工有限公司始创于2000年3月，是一家集研发、生产和销售橡胶防老剂、染料中间体产品为一体的科技型民营精细化工企业。公司位于山西省运城市临猗县丰喜工业园区，占地面积800余亩，注册资金16800万元，现有员工1000余人。公司拥有自己的技术与品牌——“洁荧”，技术力量雄厚，生产工艺先进，拥有一批经验丰富的专业技术人才和管理人才，质量可靠，管理科学。企业与国内外10余家科研机构和高等学校建立了长期良好的合作关系，致力于技术创新、产品创新和管理创新，从而确保产品在同行业中具备强有力的竞争优势。目前公司年综合生产能力达40000吨，公司总资产15亿元以上，年实现销售收入10亿元。主要产品有：橡胶防老剂4020（6PPD）、橡胶防老剂4010NA（IPPD）、RT培司、吐氏酸、磺化吐氏酸等。公司拥有自主进出口经营权，产品自营出口，销往欧美、印度、日本、俄罗斯、新加坡、中国台湾、香港等国家和地区，深受国内外用户的青睐。

公司先后取得国家质量管理体系认证、环境管理体系认证、职业健康管理体系认证；通过欧盟REACH法规注册；各项经营资质齐全，连年被省、市确定为重点化工企业；公司先后获得“运城市先进企业”和“临猗县功臣企业”，农行山西分行授予“AAA”级信用企业等，是山西省重点支持发展的精细化工骨干企业之一。

RT培司
4-ADPA

防老剂4020
ANTIOXIDANT（6PPD）

防老剂4010NA
ANTIOXIDANT（IPPD）

THE BRIEF INTRODUCTION OF SHANXI XIANGYU CHEMICAL INDUSTRIES CO.,LTD.

Shanxi Xiangyu Chemical Industries Co.,Ltd. was found in March 2000,is a high-tech private fine chemical enterprise which devoted to research,product and sale of the rubber antioxidant,dyestuff intermediate products.The company is located in Fengxi Industrial Zone,Linyi County,Shanxi Province,covers 800 acres,the registered capital of 168 million yuan,more than 1,000 employees.The company has its own technique and unique brand"Jie Ying",strong technical force,advanced production technology,has a team of experienced professional technicians and management personnel,reliable quality,scientific management.The enterprise has established a long-term relations of cooperation with more than 10 domestic and foreign research institutions and universities,commit to technology innovation,product innovation and management innovation to ensure our products have a strong competitive advantage in the industry.Currently,the annual output is 40,000 tons,the total assets is 1.5 billion yuan and annual sales income is 1 billion yuan.The main products are:RUBBER ANTIOXIDANT 4020(6PPD),RUBBER ANTIOXIDANT 4010(IPPD),RT BASE,TOBIAS ACID,SULPHO TOBIAS ACID and so on.Our company has independent import and export operation rights of the PRC,the products are exported in Europe,India,Japan, Russia,Singapore,Taiwan,Hong Kong and other countries and regions,identified by domestic and foreign customers.

The company has acquired national quality management system certification,environmental management system certification, occupational health,Management system certification, Registration by the EU REACH regulation; the qualification is complete.Successive years be identified as the key chemical enterprise by the procince.Our company has won the" hundred private enterprises in Shanxi Province" 。 “the fires one hundred credit model enterprise of Shanxi Province” , “the trustworthy enterprise of Shanxi Province” , “the advanced enterprise of YunCheng” , “top thirty company of one hundred credit company” and “the hero enterprise of Linyi County" ,be awarded the "AAA" credit enterprise by the Shanxi Branch of Agricultural Bank of China,in one of the enterprise which Shanxi Province government to support the development.

地址：山西省临猗县丰喜工业园区　ADD：Fengxi Industrial Zone,Linyi County,Shanxi Province,China
电话（tel）:+86-0359-4062361 4062751 4062806 4062775 传真（fax）:+86-0359-4062694 4062750

安徽微威胶件集团有限公司

安徽微威胶件集团有限公司（简称“安徽微威集团”）创建于1990年7月，座落在历史文化名城桐城市，是国家高新技术企业，桐城市明星企业。

公司占地面积35000m²，建筑面积22000m²；现有职工180余人，其中有各类专业技术人员39人，是专业设计、研发、生产经营汽车橡胶塑料零配件等的科技型企业。公司总资产1.2亿元，固定资产4700万元，注册资金5128万元；拥有各种先进的生产、检测设备280余台/套。主要生产、经营胶管类、减震类、密封防尘类、线束保护类、其他类共五大系列汽车（工程机械）橡胶塑料零配件，年生产能力800万/台（套）。

公司旗下拥有模具制造、胶管制品、塑料制品、冲压件制品和进出口等8个子公司。是中国汽车工业协会、中国橡胶工业协会等行业协会会员。2004年建立并实施ISO/TS16949汽车行业质量体系，2013年建立并实施ISO14001:2004体系和OHSAS18001:2007体系。公司与合肥工业大学联合成立了“安徽微威集团合肥工业大学减震降噪研究中心”，与重庆大学联合成立了“安徽微威胶件集团公司重庆大学光电工程学院智能材料研究中心”。先后荣获“安徽省汽车零部件知名企业”、“安徽省诚信企业”、“明星企业”、“市级科技进步奖”、“安徽省质量信得过企业”、“高新技术企业”、“第22批安徽省认定企业技术中心”等殊荣。

公司地址：安徽省桐城市范岗镇（邮编：231460）
法人代表、董事长：李斌商　座机：0556-6020288
手机：13033193999
总 经 理：李俊　座机：0556-6021290
手机：13155567999
联系电话：0556-6010088
传　　真：0556-6010888
网　　址：www.china-ww.com
电子信箱：ww88888@188.com

马鞍山宏力橡胶制品有限公司

马鞍山宏力橡胶制品有限公司是国内给排水管道系统橡胶密封制品的龙头企业和技术领先者，是国家火炬计划重点高新技术企业、安徽省高新技术企业、安徽省民营科技企业、安徽省橡胶工业“十一五”科技创新与技术改造优秀企业、马鞍山市“专精特新”企业、马鞍山市民营百强企业、马鞍山市优秀民营企业等，被认定为马鞍山市创新型企业、马鞍山市知识产权试点单位、马鞍山市橡胶密封制品工程（研究）中心、马鞍山市高性能橡胶密封技术重点实验室、马鞍山市认定企业技术中心。广泛用于给排水、矿山、冶金、化工、机械以及众多基础工程。

公司是国家橡胶与橡胶制品标准化技术委员会密封制品分技术委员会（SAC/TC35/SC3）委员单位、中国橡胶工业协会橡胶制品分会理事单位、省橡胶协会副理事长单位，是国家《城市供水行业2010年技术进步发展规划和2020年远景目标》橡胶密封圈专题的起草单位，国家标准GB/T21873-2008《橡胶密封件给、排水管及污水管道用接口密封圈材料规范》、GB/T23658-2009《弹性体密封圈　输送气体燃料和烃类液体的管道和配件用密封圈的材料要求》、GB/T 27572-2011《橡胶密封件—110℃热水供应管道的管接口密封圈材料规范》的起草人单位，是30多部国家及行业标准的制定/审查单位之一。

公司适时响应市场要求，研发了众多工程、工矿类和输水、输油、输燃气系列管道系统橡胶密封制品。作为管道系统橡胶密封制品制造的资深公司和技术领先者，宏力公司生产的T型、O型、K型、A型、N1型、W型以及PVC管密封、钢塑复合管切割端头封塑气包等20余系列300多种橡胶密封圈，已与国内大多数的球墨铸铁管、PCCP钢筒复合管以及其他管材的生产企业相配套。

公司拥有进口应力松弛仪、进口耐臭氧仪、国际硬度计等系列研发、检测设备，可为客户提供从设计、生产到服务的完整解决方案。1998年通过ISO9001体系认证，2008年通过法国BV体系认证和产品认证，拥有50多人的研发队伍，自主研发的三元乙丙（EPDM）橡胶密封圈、防滑脱橡胶密封圈、STD型柔性接口橡胶密封圈、波纹法兰垫、高速离心机用无骨架唇形橡胶密封圈等主导产品，均被认定为安徽省高新技术产品、安徽省重点新产品，获得国家创新基金支持，获授国家自主知识产权10多项。宏力公司的产品和服务已遍布众多国家和地区，每年为1万多公里管道配套密封，未出现过质量事故，拥有较高的品牌美誉度，深得用户的信赖。

宏力公司将继续遵循以管理、技术创新为导向，诚信为本的经营理念，不断开拓进取。

防滑脱胶圈

波纹法兰垫

K型橡胶密封圈

三元乙丙胶圈

O型输水胶圈

Standard T型橡胶密封圈

满盘波纹法兰垫

神马实业股份有限公司

神马实业股份有限公司位于平顶山市建设路中段63号，是河南率先在上海挂牌的上市公司，股票代码600810。

1981年12月1日，我国全套引进日本旭化成技术的尼龙66浸胶帘子布生产线一期工程投料试车成功，尼龙66浸胶帘子布和工业丝一举填补国内空白，结束了中国高品质轮胎骨架材料长期依赖进口的历史。

1991年11月23日，批准组建中国神马帘子布（集团）有限公司，公司成为批准的中国120家试点企业集团之一。1993年9月27日，中国证券监督委员会审核批准控股子公司神马实业股份有限公司公开发行股票。1994年1月6日，神马实业股份有限公司作为河南省股份制试点企业，成为河南省率先在上海证券交易所上市公司。

神马实业股份有限公司的主导产品包括尼龙66工业丝、斜交胎用帘子布、子午胎用帘子布、芳纶帘子布、输送带用EP帆布、NN帆布、传送带用尼龙66中低旦丝帘子布、巨型胶管专用帘子布、尼龙66同性布等。

世界领先的工艺装备和现代化的管理，造就了一流的产品质量。神马牌工业丝是航空轮胎、军用轮胎指定的原料，是工程等特种轮胎、管、带较佳骨架材料。神马实业股份公司已成为米其林、普利司通、固特异等公司的全球战略供应商产品行销全球30多个国家和地区，并与40余家世界500强企业建立了合作、贸易关系，在世界相关行业享有较高声誉。

目前，神马实业股份有限公司形成了横跨化纤、化工两大行业，尼龙66盐、帘子布（工业丝）、工程塑料三大支柱产业“三足鼎立”，地毯丝、气囊丝、芳纶纤维等相关多元产业集群发展的新格局。

保障房建设惠及职工

精心检查产品质量

安全检查

捻织生产线

神马股份帘子布发展公司生产车间

原丝生产线

BAOSTEEL 宝钢金属

宝钢集团是国内较大的以钢铁为主业，生产高技术含量、高附加值钢铁精品的制造企业。2012年，宝钢集团连续9年入选世界500强，位列197位，并当选为“全球受尊敬的公司之一”。

宝钢金属有限公司是宝钢集团多元业务旗舰子公司之一。业务涵盖钢铝两片罐、印铁、工业气体、线材制品、型钢、汽车服务等。服务区域遍布全国，积极开拓海外业务，海外制造单元已在越南建成投产。

江苏宝钢精密钢丝有限公司是宝钢金属的全资子公司，坐落于江苏省海门市经济开发区，东依黄海，南邻长江，地理位置优越，交通便捷。

公司主营汽车轮胎用钢帘线、硅片切割用钢丝等线材制品延伸加工业务。一期项目投产后将形成年产5万吨精密钢丝生产能力，其中钢帘线4.5万吨，超细钢丝0.5万吨，远期规划海门基地将达到年产20万吨的生产能力，并在未来5年内成为国内具有竞争力的钢帘线和超细钢丝生产企业之一。

依托宝钢优质原料的供应优势、技术创新和协同研发机制，公司将着力于为国内外客户提供高品质、高性价比的产品，对客户需求有更加灵敏的响应，为客户创造更大的价值。

勇于负责·变更创新

诚信协同·创造价值

江苏宝钢精密钢丝有限公司

福星 Fuxing 湖北福星新材料科技有限公司

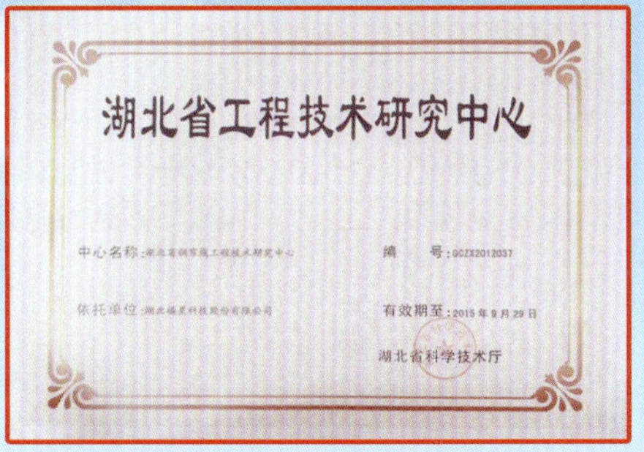

湖北省钢帘线工程技术研究中心

湖北福星科技股份有限公司经过33年发展，现已成为国家大型企业、国家重点高新技术企业、湖北省“巨人工程”企业、A股上市公司。先后获得“全国五一劳动奖状”、“全国质量管理先进单位”、“全国文明示范乡镇企业”、“中国最具挑战潜力十大民营企业”、“中国优秀诚信企业”、“全国文明单位”等荣誉，从2005年开始，连续被评为“中国工业行业排头兵”。 福星科技下辖福星惠誉房地产公司和福星新材料科技有限公司两个全资子公司。

湖北福星新材料科技有限公司主要生产钢帘线、预应力PC钢绞线、钢丝绳、轮胎钢丝等四大系列、80多个品种、1000多种规格的产品，年生产能力为35万吨。现拥有员工4000多人，2012年，实现销售收入23.5亿元，出口创汇2350万美元。2013年销售收入与上年基本持平。

企业地址：湖北省汉川市沉湖镇福星街1号　　邮　　编：431608
公 司 办：0712-8740058　　传　　真：0712-8740089
销售电话：0712-8740098　0712-8740078　　企业网址：www.chinafxkj.com

OTIZ 亚东工业(苏州)有限公司
ORIENTAL INDUSTRIES (SUZHOU) LTD.
遠東集團
FAR EASTERN GROUP
输送带骨架材料
Conveyor Belt
轮胎帘子布
Tire Cord
OTIZ produces tire cord for radial tire. We use High Module Low Shrinkage Yarn for weaving tire cord, high performance at stable dimension, high tenacity, and low hot air shrinkage.
OTIZ 的帘子布主要作为子午轮胎的骨架材料,采用高模低缩聚酯纤维编织,具有尺寸稳定性好、强度高、干热收缩率低的优良物性。
OTIZ can provide greige and treated fabrics from light (15 oz/sq yd) to extra heavy (120 oz/sq yd) weight and up to 90 inches in width. Typically, these fabrics are coated with PVC/PU or laminated with rubber to make final products such as conveyor belts and tarpaulin.
OTIZ可以提供从轻型 (15 oz/sq yd) 到超重型 (120 oz/sq yd)、幅宽90英寸的胚布和浸胶布。这些帆布与PVC/PU涂层或橡胶结合则可以成为最终产品如输送带和防水油布。
Customer-Focused
Innovation · Service · Quality
以客户需求为中心 — 创新·服务·品质
1688 Yin Zhong South Road, Wu Zhong Economic Development District, Suzhou, P. R. China.
中国江苏省苏州市吴中经济开发区尹中南路1688号
Tel: +86-512-65951888
Fax:+86-512-65965198
http://www.otiz.com.cn
中国橡胶工业协会会员展示专版

Anai 安耐®

河北安耐胶带有限公司

河北安耐胶带有限公司是专业输送带生产企业，是中国橡胶工业协会会员单位。公司成立于1993年，主要产品包括普通用途织物芯输送带（EP布芯、尼龙布芯、棉帆布芯等），特殊用途织物芯输送带（耐高温、耐热、耐寒、一般阻燃、耐酸碱、耐油、食品等）、煤矿用织物叠层阻燃输送带、钢链输送带及挡边大倾角输送带。产品被广泛应用于冶金、煤炭、焦化、采矿、港口、电力、建材等多个不同行业。

2011年公司投入5000多万元资金进行技术改造，新建了炼胶中心，配备了下落式密炼机及上辅机小料自动称量配料系统，并购置了国内先进的四辊压延机生产线及恒张力自动调控成型机。

下落式高速密炼机和上铺机小料自动配料称量系统的应用，实现了小料配料过程的全自动化，避免了人为因素对配料过程的影响，生产的胶料质量优良，性能稳定，生产过程能源更节约，更环保。

四辊压延生产线实现了覆盖胶在布胚上的热贴合，使输送带整体成型质量更稳定，生产效率也更高。

恒张力自动调控成型机生产线的应用，实现了布坯成型过程中每层帆布张力的一致，使带胚成型质量有了质的提高。

这些设备的安装使用，改进了输送带加工工艺，使生产过程控制得更精确，大大提高了输送带半成品及成品的质量。

“安耐”牌输送带多年来荣获“河北省优质产品”、“河北省消费者信得过产品”等荣誉称号，公司业务现已扩大至国内20几个省市及俄罗斯、南非、菲律宾、越南、韩国、蒙古等数十个国家。

创造专业典范，追求恒久卓越，“安耐”愿与有志之士共同成长！

浙江环球鞋业有限公司

浙江环球鞋业有限公司是中国橡胶工业协会胶鞋分会理事单位，中国（瑞安）胶鞋名城功勋企业。公司创办于 1988 年，现有员工 1200 余人，其中各类专业技术人员 67 人，企业总资产 8880 万元，占地 14668 平方米，建筑面积 35761 平方米，拥有 9 条具有国内先进水平的胶鞋生产线，具有年产 1500 万双中高档布面胶鞋的综合生产能力，主要技术经济指标居国内胶鞋行业前列。

公司主要生产硫化与冷粘两大胶鞋产品，产品分为运动鞋和休闲鞋各类童鞋，胶鞋产值和销售额连续三年突破亿元，其中 2013 年达 19000 万元，再创历史新高，实现利税同步增长。并挤入瑞安市 50 强企业。

公司的“环球”牌胶鞋内销全国各省、市、区，已形成遍布全国的销售网络体系。公司拥有进出口自营权，部分产品销往欧洲、朝鲜及中俄等边境地区。2010 年公司加快了外向型经济的发展，产品远销美国等发达国家，取得开拓国际市场的新突破。公司坚持“质量取胜于市场，信誉取信于顾客”的营销方针，不断提升环球品牌的认知度和市场占有率。2008 年初公司在央视投放广告，进一步加强了品牌的宣传力度、提升品牌的市场影响力，

公司坚持按行业标准组织生产和控制产品质量，2009 年通过 ISO9001：2008 国际质量体系认证。2006 年通过了标准化良好行为企业和计量检测体系确认，把企业管理和产品质量提高到了新的水平。继实施“质量立企”、“品牌兴企”战略，励精图治连续实现中国橡胶工业协会质量授信产品。

董事长：余月钦

环球厂貌

环宇开拓 誉满全球

- 瑞安市三星级企业
- 瑞安市行业领军企业

地址：浙江省瑞安市仙降镇工业区　　邮编：325217
电话：0577-65580633 / 8750　　传真：0577-65031068
http://www.chinahuanqiu.cn　　E-mail:huanqiu.shoes@163.com

河南荣光鞋业有限公司

河南荣光鞋业有限公司是国内大型鞋类生产企业。公司总面积16万平方米，其中生产区面积13万平方米，生活区面积3万平方米，现拥有员工6000多名，资产总值5.8亿元，年产“荣光”、“锐卡”牌布胶鞋、旅游鞋、注塑鞋3000多万双，年工业产值5亿元，年创利税5000万元。产品畅销国内市场并出口欧美、中非、东南亚等30多个国家和地区。企业拥有自营出口权，通过ISO9001国际质量体系认证，公司先后被授予“全国质量达标企业”、“出口创汇先进企业”、“河南省优秀民营企业”等荣誉称号。

荣光鞋业恪守“诚信为本，致力于久远”，将始终不渝地遵循“追求卓越、至臻至诚、回馈社会、造福世人”的发展理念，与时俱进，开拓创新，竭诚希望与海内外客商和各界朋友建立长期友好合作，共展宏图。

车 间

生活区大门

厂区大门

地　　址：河南省上蔡县荣光路西段

电　　话：0396-6939666

传　　真：0396-6939777

浙江中远鞋业有限公司

中远旗下品牌：

GFLA
杰飞乐

LO CEO EPORT
乐卡仕

nickelodeon SpongeBob SQUAREPANTS
海绵宝宝

中远鞋业有限公司是中国橡胶工业协会胶鞋分会理事单位，公司坐落于中国硫化鞋鞋都浙江省瑞安市仙降街道，是一家集综合开发、生产和销售硫化鞋为主业的大型休闲体育用品生产企业。

公司成立20多年来，随着经营规模的不断壮大，销售市场的蓬勃发展，在行业的领军地位不断稳固，已成为中国硫化鞋行业的时尚流派代表；2010年，公司董事长以敏锐独到的眼光、品牌差异化的战略引进美国维亚康姆公司海绵绵宝宝童鞋品牌，率先开创国内行业硫化鞋走品牌路线的全新模式，在品牌塑造的同时，也树立了中远人时尚、叛逆、特立独行的个性，推动了中远企业进入了崭新的飞速发展阶段。随后，公司又创立了“LOCEOEPORT乐卡仕”和“飞乐”两个成人鞋品牌，继而形成了三足鼎立之势，公司销售量与品牌知名度迅速提升。

目前，公司现有员工1000余人，拥有7条具有国际先进水平的标准化硫化鞋生产线，年生产能力1300多万双，营销网点遍布全国各地。在努力拓展国内市场的同时，亦以高瞻远瞩的商业战略眼光瞄准全球市场，产品曾经远销世界五大洲40多个国家和地区，深受全球客商的一致信赖和好评，居国内同行业出口创汇前列。

中宏橡胶
ZHONGHONG RUBBER
环保型多功能
废橡胶复原机
该设备高产量、低能耗、环保型，生产过程无废气废水，且废旧橡胶转化率高，生产出来的再生橡胶质量好，稳定性强、门尼粘度低、反弹少。该设备具备耐用性强、故障率低、占地面积少、维护操作简单、省人工、自动化等优点。
专利号：ZL 201320047909.3
专利产品 必究 专利号：ZL 201320047980.1
设备型号
ZH-FYJ130 尺寸：约7000mm×1300mm×3000mm 产量：300-500KG
ZH-FYJ160 尺寸：约9000mm×1300mm×3000mm 产量：500-800KG
ZH-FYJ180 尺寸：约10000mm×1300mm×3000mm 产量：800-1000KG
设备额定电压：三相380V及400V两种选配，频率：0~50HZ。
13173732288 0576-87111709
台州中宏废橡胶综合利用有限公司
地址：浙江省玉环县滨港工业城
网址：http://www.cnzhxj.cn
Email: yftzxj@163.com 传真：0576-87105151

SIBUR

西布尔集团股份公司

西布尔—俄罗斯、独联体和东欧油气化工的龙头企业

西布尔集团是一家拥有特殊的商业模式的天然气加工和石化公司，该商业模式定位于两大主要板块的一体化——燃料 - 原料板块与石化加工板块（加工成基础聚合物、合成橡胶、塑料、有机合成产品、半成品和其他的石化产品）。

截至2012年12月31日，西布尔集团在27个生产基地为来自世界大约60个国家、分布在燃料能源、汽车制造、建筑、化工及其他行业超过1500家大型客户制造产品，集团员工总人数超过3万人。按集团合成橡胶生产能力（年62.2万吨），西布尔集团跻身世界十大领先企业。

2011年，西布尔集团在俄罗斯的产品份额为：异戊二烯橡胶16%，丁基橡胶29%，丁二烯橡胶35%，乳聚丁苯橡胶50%，溶聚丁苯橡胶100%，丁腈橡胶82%，热塑性弹性体100%。

作为公司主要部门之一的合成橡胶部包括三个主要企业："陶里亚蒂橡胶"有限责任公司、"沃罗涅日合成橡胶"开放式股份公司、"克拉斯诺亚尔斯克合成橡胶厂"开放式股份公司。

"沃罗涅日合成橡胶"公司是俄罗斯较大的高品质橡胶、乳胶和热塑性弹性体生产者之一，并且是较大的丁二烯橡胶的生产者。西布尔热塑性弹性体生产能力为每年8.5万吨, 完全满足国内市场在所有细分市场的全部需求。

2013年8月初，西布尔与中石化集团以"克拉斯诺亚尔斯克合成橡胶厂"开放式股份公司为基础建立合资企业的交易正式交割。交易的结果是中石化收购了克拉斯诺亚尔斯克合成橡胶厂25%+1股，交易得到相关管理机构的批准。股东们还另外计划研究是否将克拉斯诺亚尔斯克合成橡胶厂丁腈橡胶产能从每年4.25万吨扩大到每年5.6万吨的问题。

"陶里亚蒂橡胶"公司生产三种橡胶：丁基橡胶、共聚橡胶和异戊二烯橡胶，除此之外，还生产单体、馏分和高辛烷值汽油添加剂。牌号SKI-3S的异戊二烯橡胶得到俄罗斯消费者权益保护局的批准，可在食品工业中使用（用来生产可与食品接触的设备填充成分和包装材料）。企业内正在完成将产能扩大10%、达到每年5.3万吨的丁基橡胶生产装置改造。与陶里亚蒂市地方部门的紧密合作下，公司建设了配备必要的基础设施及其他服务综合体的石化工业园，在此，"陶里亚蒂橡胶"公司将起到"锚"的作用，工业园也已对外来公司的投资开放。目前，与西布尔在陶里亚蒂的现有生产场地毗连的工业园生产基地已准备好安置新的生产装置，并能够向入驻企业提供必需的基础设施。工业园总面积能达到400多公顷（包括"陶里亚蒂橡胶"公司的生产场地），可以划出70公顷的面积用于其他企业安置入驻。工业园的优势是便利的地理位置、资源的保障（电能、热能、用水、净化设施、仓库）及快速启动生产的可能性。

在西布尔集团科技综合体的组成内（以过去的沃罗涅日合成橡胶科技中心为基础），建立了合成橡胶研究中心作为公司研究和开发合成橡胶的主要平台。新的研发中心，就像西布尔集团化学工艺科学中心"托木斯克石化科研所"一样，将从事有前景的研发，参加用于许可的工艺包的编制以及制定实用性的商业计划。

2012年，在与印度较大的私人公司信诚工业合资企业的框架内，在贾姆讷格尔（印度）建设年产能10万吨的丁基橡胶生产工厂。鉴于此，西布尔集团的子公司西布尔印度石化（SIBUR Petrochemical India）投入运作。新公司的任务在于支持该丁基橡胶大型项目的建设，在整个南亚地区促进西布尔集团的利益。

在中国运营着贸易公司西布尔国际贸易（上海）有限公司，其在上海、天津、青岛和广州设有办事处，是西布尔集团下属企业产品的独家销售公司。

俄罗斯西布尔有限责任公司北京代表处 (SIBUR)
北京市朝阳区建国门外大街甲六号中环世贸中心D座25层2504室
邮编:100022
电话: 010-85679790, 85679791, 85679793
传真: 010-85679792
e-mail: sibur_china@foxmail.com
starag2@gmail.com
Website: www.sibur.ru
www.siburchina.cn

西布尔国际贸易（上海）有限公司
中国上海浦东新区世纪大道88号金茂大厦2508B室
总机: 021- 50988933/5098 8577
传真: 021- 5098 8600
e-mail: almaz@sibur-int.cn
Office@sibur-int.cn
Website: www.sibur-int.com

上海科邦医用乳胶器材有限公司

上海科邦医用乳胶器材有限公司成立于2003年1月24日，公司性质：私营有限责任公司（自然人投资或控股），注册资金人民币1118万元整。公司注册、生产、经营地址：上海市闵行区纪丰路98号。现有员工400人左右。

目前公司拥有一万多平方米的生产厂房，四条全自动乳胶手套生产流水线，全套PE薄膜卫生手套生产设备，及先进的检测设备和检测设施（包括无菌检验），并拥有符合医疗器械生产要求的净化车间。已通过ISO13485医疗器械质量体系认证和欧盟CE认证。公司自始至终把产品质量放在第一位，严格执行国家无菌医疗器械生产管理规定，建立了一整套完善的管理控制程序。经过持续不断的经营管理创新，上海科邦已发展成为具有竞争力的生产医疗行业用的医用手套产品的民营制造商。

上海科邦主要产品涵盖了一次性使用灭菌橡胶外科手套、一次性使用医用橡胶检查手套、一次性薄膜（PE）卫生手套、一次性使用非灭菌橡胶外科手套、KB-P型医用喷气气垫、KB-PB型医用波动喷气气垫等系列产品。借助于上海的人才高地优势，并始终坚持人性化的管理风格，上海科邦集聚了一大批高素质技术骨干和经营管理人才。自此，上海科邦医用乳胶器材有限公司向产品多元化经营迈出了坚实的一步。

上海科邦先后获得 “五星级诚信创建企业”、2012年度“市场拓展十佳企业”等，公司的“科邦”品牌系列产品2007～2013年蝉联“上海医疗器械行业名优产品”，“劳动关系和谐AA级企业”等荣誉证书。

上海科邦凭借良好的商业信誉、强大的技术实力、覆盖全国的销售网络已成为国内众多专业医疗机构及相关行业的战略合作伙伴。同时，为下游客户提供快捷高效的产品服务，以保证产品的供应与流通。公司全体同仁秉承“呵护双手，关爱生命，我们一直在努力”的企业宗旨，始终保持“追求卓越、精致服务”的精神，一如既往的与新老客户密切合作，提供稳定、优质的产品和服务。

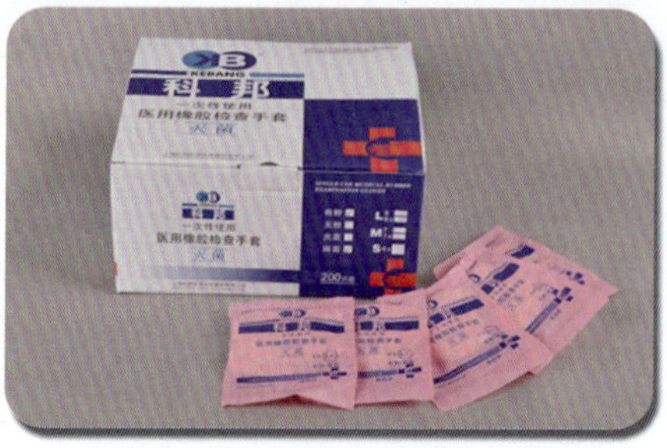

一次性使用医用橡胶检查手套（灭菌）

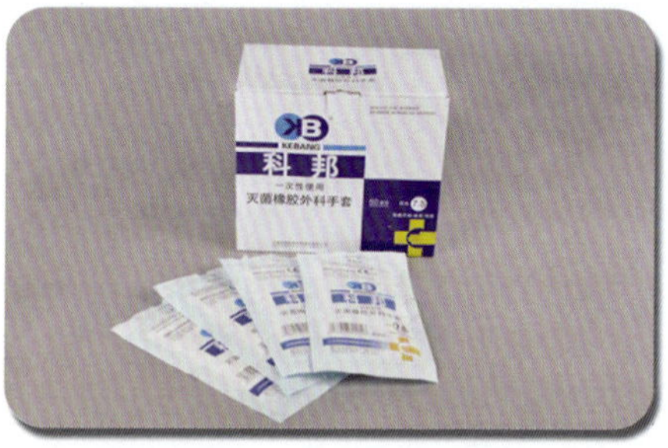

一次性使用灭菌橡胶外科手套

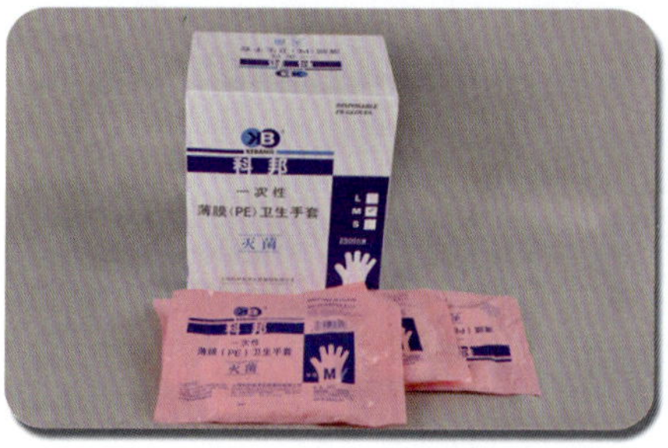

一次性薄膜（PE）卫生手套

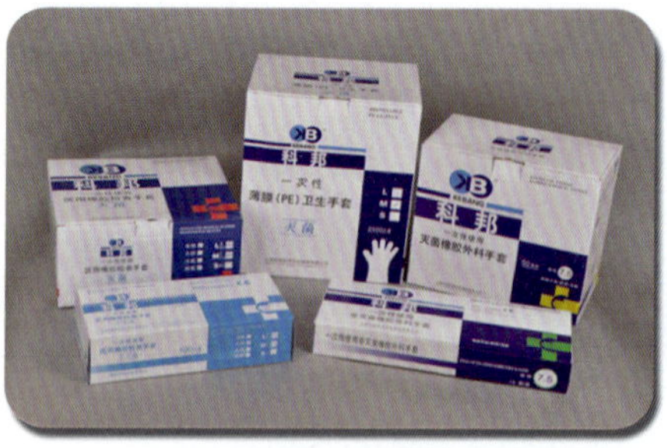

手套系列

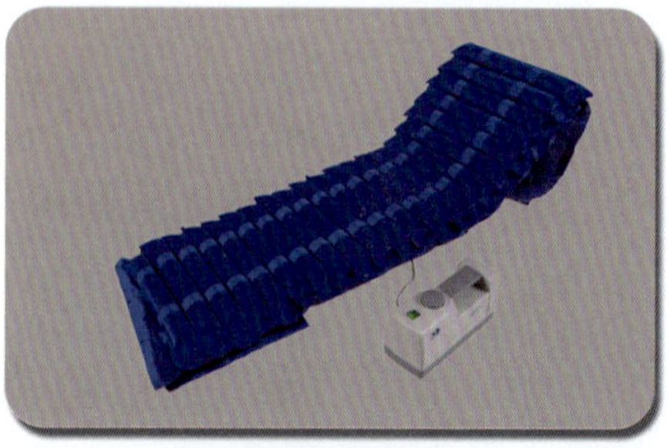

医用波动气垫

中国橡胶工业协会 主办
CHINA RUBBER INDUSTRY ASSOCIATION
三刊一网
您的品牌推广理想合作伙伴与展示窗口
◆《中国橡胶》
全球化视角、中英文版、
海内外发行
◆中国橡胶网
www.cria.org.cn
打开中国橡胶网，
尽知天下橡胶行业事。
◆《中国橡胶工业年鉴》
橡胶行业逐年编辑
的大型工具书
◆《中国橡胶网刊》
精华版中国橡胶网
每年两期
具有六大特性
权威性、专业性、指导性、实用性、广泛性、准确性
电话：86-10-84924066 84916907 84915391 传真：010-84928207 邮箱：chinarubber@cria.org.cn 62267464@163.com